光辉照耀　沧江果熟

中国脱贫攻坚临翔篇章

吕洪良　编著

華中科技大學出版社
http://www.hustp.com
中国·武汉

图书在版编目(CIP)数据

中国脱贫攻坚临翔篇章/吕洪良编著. —武汉:华中科技大学出版社,2021.12
ISBN 978-7-5680-7843-6

Ⅰ. ①中… Ⅱ. ①吕… Ⅲ. ①扶贫-工作概况-临翔区 Ⅳ. ①F127.744

中国版本图书馆 CIP 数据核字(2021)第 267480 号

中国脱贫攻坚临翔篇章 吕洪良 编著
Zhongguo Tuopin Gongjian Linxiang Pianzhang

策划编辑:周清涛
责任编辑:苏克超
封面设计:廖亚萍
责任校对:张汇娟
责任监印:周治超
出版发行:华中科技大学出版社(中国·武汉) 电话:(027)81321913
武汉市东湖新技术开发区华工科技园 邮编:430223
排　　版:华中科技大学惠友文印中心
印　　刷:湖北金港彩印有限公司
开　　本:710mm×1000mm 1/16
印　　张:20.5 插页:4
字　　数:346 千字
版　　次:2021 年 12 月第 1 版第 1 次印刷
定　　价:98.00 元

华中出版

本书若有印装质量问题,请向出版社营销中心调换
全国免费服务热线:400-6679-118 竭诚为您服务

■ 临翔区主城区

■ 南美拉祜族乡九年制学校

扶贫干部们在讨论项目规划

异地搬迁村——驿亭新村的云雾栽培蔬菜大棚

内容提要

ABSTRACT

本书是对国家级贫困县——云南省临沧市临翔区实现高质量脱贫过程的纪实性回顾与总结。全书主体部分共 15 章,全面展示和反映临翔区委区政府坚决贯彻落实习近平总书记关于脱贫攻坚的一系列重要论述和党中央国务院决策部署,带领广大干部群众创造性开展脱贫攻坚伟大实践,凝结成的临翔高质量脱贫攻坚故事。第一章和第二章集中反映临翔区委区政府深入学习习近平新时代中国特色社会主义思想,特别是习近平扶贫开发战略思想和党的十八大、十九大精神,并转化为临翔脱贫攻坚强大动力和创造性实践的具体过程。第三章至第六章集中反映临翔区在脱贫攻坚过程中如何保精准、抓重点、聚民心、促先导,为完成脱贫攻坚奠定基础和创造条件。第七章集中反映华中科技大学、上海市崇明区及云南省省直机关对临翔区实施的脱贫帮扶工作。第八章至第十三章集中反映临翔区产业扶贫、医疗扶贫、教育扶贫、就业扶贫、规划扶贫、生态扶贫情况。第十四章和第十五章集中反映临翔区脱贫攻坚过程中的精神保障和政治保障。

序言

GENERAL PREFACE

云南省临沧市临翔区是教育部安排华中科技大学定点帮扶的国家级贫困县。2013 年党中央、国务院部署开展打响脱贫攻坚战特别是 2015 年全面实施精准扶贫精准脱贫以来，区委书记尚东红带领临翔区委区政府一班人，坚持以习近平新时代中国特色社会主义思想特别是习近平扶贫开发战略思想为指导，紧紧围绕"两不愁三保障"的扶贫工作目标，坚决贯彻落实党中央、国务院决策部署。在云南省、临沧市的直接指导和扶贫帮扶单位的通力协作下，区委区政府创造性地实施了一系列卓有成效的扶贫政策举措，在思想理论武装、精准施策、基础设施建设、产业扶贫、就业扶贫、教育扶贫、就业扶贫、生态扶贫、扶智与扶志、政治保障等方面，都做出了许多富有创造性且卓有成效的探索，确保了高质量脱贫目标的实现。

自 2015 年对临翔区全面开展精准扶贫定点帮扶工作以来，华中科技大学高度重视，全面动员，与临翔人民共同打响了一场消灭区域性绝对贫困的战争。学校举全校之力，应临翔脱贫之所需，在教育、医疗、科技、产业、规划、环境等方面对临翔实施了一系列帮扶举措。学校党委书记、校长带头多次深入扶贫一线，推进扶贫工作，全校 30 个单位，每年 200 多人次赴临翔区开展帮扶工作，为临翔脱贫做出了力所能及的贡献，受到了教育部的肯定和其他高校的好评。学校对临翔区开展的精准扶贫定点帮扶项目 2017—2019 年连续三年获评"教育部精准扶贫精准脱贫十大典型项目"，学校自 2017 年以来连续四年在国务院扶贫办组织的定点帮扶单位年度考核评估中被评为"好"，特别是学校在科技扶贫、产业扶贫、定点村扶贫等方面的做法得到了教育部的多次推荐。在全国脱贫攻坚总结表彰大会上，学校扶贫办受到了党中央、国务院的表彰。

经过几年的定点帮扶工作，华中科技大学和临翔区结下了深厚情谊。2020 年，在新冠肺炎疫情袭来、学校遭遇重大困难和挑战的艰难时刻，刚刚摆脱绝对贫困的临沧市和临翔区干部群众倾情倾力相助，在防疫用品和生活物资方面给予学校支持与帮助，全校师生甚为感动也深受教育。脱贫不脱帮扶，华中科技大学将坚决贯彻党中央、国务院决策部署，在帮助临翔区稳定脱贫基础上继续推进临翔区的乡村振兴工作。为了推动在扶贫点的乡村振兴，学校已经成立华中科技大学乡村振兴研究院，正汇集各学科专家智慧，深入探讨乡村振兴的理论与实践问题，以帮助临翔区尽快在乡村振兴方面取得突破。

目 录

CONTENTS

引言

攻坚大考 临翔答卷

一、临翔区基本情况

临翔区位于云南省西南部，地处怒江和澜沧江的分水岭上，距省会昆明市 598 千米，距缅甸皎漂港 1035 千米，是云南五大出境通道的重要节点，是云南省临沧市的主城区。总面积 2652 平方千米，辖 7 个乡 1 个镇 2 个街道，89 个村、15 个社区，1114 个村民小组，总人口约 37 万人（2020 年数据）。临翔区少数民族众多，民族风情浓郁，有傣、彝、拉祜等 23 个少数民族，有世居民族 11 个，少数民族占总人口的 21%。山区面积占 97%，有林地 283 万亩，耕地 36.3 万亩，森林覆盖率达 74.26%，年平均气温 17.2℃。先后被评为"国家级森林城市""恒春之都""中国十佳绿色城市""省级园林城市""省级文明城市"，素有"中国象脚鼓文化之乡""中国碗窑土陶文化之乡"的美誉，是亚洲微电影艺术节的永久举办地。

临翔区的历史可以追溯到明宣德年间。明宣德五年（1430 年）六月始设治，以景东的勐缅、勐梳地，置勐缅长官司，属勐卯安抚司。新中国成立后，1950 年属大理专区，1952 年属缅宁专区。1954 年 7 月，缅宁县更名为临沧县，属临沧专区。1959 年，临沧县、双江县合并，改名临双县，年底恢复临沧、双江两县建制。2003 年 12 月 26 日，国务院批准撤销临沧县设立临翔区。2014 年，临翔区被省委省政府补充确定为云南省解放战争时期革命老区。

临翔是中国的"锗矿之都""三土之乡"，是亚洲第一大锗金属矿区，探明锗煤储量 1390 万吨，占世界储量的六分之一、全国储量的四分之一。锗产品的研发居全国之首，销售量居亚洲第一。这里的稀土、硅藻土、高岭土储量大，硅藻土储量 8.22 亿吨，高岭土可采储量 1018 万吨，占全国储量的八分之一。

临翔是滇西南生物多样性重点保护区，全区森林覆盖率达 74.26%，活立木蓄积 1140 万立方米，植物 79 科 471 种，国家一、二、三级保护植物 80 余种。临翔是洁净能源汇聚的地方，辖区内有澜沧江和怒江两大水系，径流面积覆盖全区。水资源总量 22.84 亿立方米，水能蕴藏量达 39.59 万千瓦，水能资源可开发量 19.4 万千瓦，是全市重要的水电能源基地。风能、太阳能、生物质能蕴藏丰富，开发潜力较大，是“国家可持续发展实验区”“全国低碳国土实验区”。

临翔是云南高原特色农业产业重要基地，已累计建成高原特色农业产业基地 230 万亩，茶叶、核桃、坚果、咖啡、烤烟、甘蔗等种植规模和产量位列全市前茅，是全国重点产茶县，普洱茶的上品——昔归茶就产于临翔。

临翔是中国的“恒春之都”，年平均气温 17.2℃，冬无严寒，夏无酷暑，四季如春。城区海拔 1460 米，是最适宜人类生存和活动的黄金区域；每立方厘米空气富含 2600 个负氧离子，有“天然氧吧”之称；被评为“中国十佳绿色城市”“中国十大避暑、避寒旅游城市”。

二、临翔区脱贫攻坚优秀答卷

党中央、国务院向全党全国发出脱贫攻坚决战令以来，在云南省委省政府及临沧市委市政府的坚强领导下，临翔区坚持以习近平总书记扶贫开发重要论述为指导，以脱贫攻坚统领经济社会发展全局，认真贯彻落实“五级书记抓扶贫”责任制，层层压实工作责任，在华中科技大学、上海市崇明区、云南省公安厅、中国银行云南省分行和临沧市直 13 个挂包部门的倾情倾力帮扶下，紧紧围绕“两不愁三保障”总目标，强化责任落实、政策落实、工作落实，脱贫攻坚工作取得了决定性进展。2018 年实现脱贫摘帽。2019 年全区 4 个贫困乡 56 个贫困村，10814 户 43021 人建档立卡贫困人口全部脱贫清零，贫困发生率从 2014 年的 23.89%下降至零。

实现“劳有所得”，通过加大产业投入，探索优化产业扶贫模式，贫困人口人均可支配收入从 2014 年的 2606 元增加到 2019 年的 9347 元，增长了 259%；实现“住有保障”，累计完成 26770 户农村危房改造，全面消除农村 C、D 级危房；实现“学有所教”，小学适龄儿童入学率达 99.9%，初中毛入学率达 117.87%；56 个贫困村适龄少年儿童 100%入学，贫困户子女无义务教育阶段辍学学生；实现“病有所医”，10 个乡镇卫生院和 89 个村卫生室全面达标，按标准配备乡村医生 324 名，实行“住院风险预警机制”，有效确保了贫困人口不因病返贫、因病致贫；实现“饮有所取”，累计实施饮水工程1421项，进一步解决、提升了12.5万人饮水安全保障。

通过5年艰苦的脱贫攻坚，临翔区这个全国扶贫开发重点县发生了沧海桑田的变化。党建扶贫“双推进”得到了充分实践，农村群众生活条件发生了翻天覆地的变化，各族群众精神面貌焕然一新，一些好经验、好机制逐渐形成，干部与群众的关系更加紧密。2016年，博尚镇幕布村党支部被中共中央和云南省委表彰为“先进基层党组织”，南美乡党委被云南省委表彰为“先进基层党组织”，凤翔街道中山村党支部被评为“2019年度云南省党支部规范化建设达标创建示范党支部”。临翔区供销合作社获中华全国供销合作总社“金扁担改革贡献奖”“全国供销系统先进集体”；临翔区荣获“全国2017—2018年电商示范百佳县”，“电商扶贫车间”入选《全国电商扶贫案例》。2018年，云南省产业扶贫现场会在临翔区召开。《因地制宜 强化产业支撑 促进稳定脱贫》这一产业扶贫典型案例被国务院扶贫办纳入国家师资库。在2018年、2019年、2020年省级扶贫成效考核中，临翔区连续三年被评为“好”等次。中共临沧市临翔区委员会获2020年云南省脱贫攻坚“先进集体”奖。

2020年7月，接受国家脱贫攻坚普查。7月20日至8月3日，临沧市派驻第一普查工作组（凤庆普查工作组）进驻临翔区，分成54个普查小组，对全区90个村（社区）703个自然村10814户建档立卡户开展现场调查登记。8月底，临翔区国家脱贫攻坚普查相关信息数据顺利通过市级、省级和国家验收。全区脱贫攻坚呈现出群众满意度高、脱贫成效明显、脱贫成色好的特点，千百年来困扰临翔人民的区域性整体贫困和绝对贫困问题得到了历史性解决。

第一章

理论武装　政策指引

坚持科学理论的指导和理论创新，是中国共产党的一大特色和优势，也是革命、建设和改革开放取得成功的重要法宝。党的十八大以来，特别是全面打响脱贫攻坚战以来，临沧市临翔区委区政府坚持把学习贯彻习近平新时代中国特色社会主义思想，特别是习近平扶贫开发战略思想作为做好脱贫攻坚工作的先导。

第一节　悟透理论　统一思想

中共临沧市委常委、临翔区委书记尚东红同志在区委理论学习中心组学习时对全区干部的学习提出了六个方面的明确要求：一要在加强学习、提高本领上狠下功夫；二要在解放思想、改革创新上狠下功夫；三要在迸发激情、勇于担当上狠下功夫；四要在求真务实、真抓实干上狠下功夫；五要在完善机制、鲜明导向上狠下功夫；六要在领导带头、团结奋斗上狠下功夫。

一、深入学习习近平新时代中国特色社会主义思想

党的十八大以来，区委区政府重点围绕习近平新时代中国特色社会主义思想和党的十八大、十九大及十八届、十九届中央委员会各次全会精神，进行了深入学习，坚持以理论学习促脱贫攻坚工作。区委理论学习中心组发挥龙头作用，有力引领全区各级各部门学习。一是全区各级领导班子带头学。临翔区把理论学习贯穿于区委理论学习中心组、区委常委会议、区

政府常务会议、专题学习会议等各个环节之中。各级领导干部以高度的政治自觉、思想自觉和行动自觉，在学原著、悟原理上下功夫，用务实的精神、良好的学风，以上率下、以上促下，示范带动全区学习贯彻工作往深里走、往实里抓。2015年以来，在区委的带动下，各级党委（党组）组织相关学习400余场（次），各级领导干部撰写相关学习体会文章和调研报告2000余篇。二是各级党委（党组）理论学习中心组集中学习研讨。各级党委（党组）理论学习中心组组织开展集中学习研讨活动，充分发挥引领作用，有力带动全区各级各部门学习。三是各级各部门及时传达学习。各级各部门以干部职工会形式及时传达学习，用习近平总书记和党的最新理论精神指导思考问题、谋划工作、推动发展。四是加强组织培训。限于篇幅，这里就部分重点学习内容做概括介绍。

1.以“中国梦”激励临翔干部群众

尚东红书记在区委中心组2015年度第一次学习专题培训会议上讲话时说，党的十八大以来，以习近平同志为核心的党中央从坚持和发展中国特色社会主义全局出发，提出了中华民族伟大复兴的中国梦。梦想是最令人心动的旋律，又是最引人奋进的动力。我们要把全面小康目标升华成民族复兴的重要里程碑，抓住发展中存在的突出矛盾，瞄准经济、社会和人的素质全面提升，凝心聚力，抢抓机遇、谋取跨越，不断开创临翔经济社会发展新局面。她提出，要以全面建成小康社会的战略布局为引领，奋力谱写临翔跨越发展新篇章。要突出区位优势，力求在引领发展上走在前列；突出转型升级，力求在产业发展上走在前列；突出绿色崛起，力求在生态建设上走在前列；突出城乡统筹，力求在改善民生上走在前列；突出专项整治，力求在洁净临沧上走在前列。

2.第一时间学习贯彻党的十九大精神

党的十九大召开后，临翔区把学习党的十九大精神作为理论学习的重中之重，第一时间邀请省级、市级宣讲团成员进行专题报告，区委理论学习中心组持续深入学习。2017年11月24日，区委理论学习中心组举行第四次集中学习，主要任务是：持续深入学习党的十九大报告，集中研学习近平新时代中国特色社会主义思想。尚东红书记在主持学习时明确提出，学习宣传贯彻党的十九大精神和习近平新时代中国特色社会主义思想，关键是要把党的十九大做出的各项重大决策部署落实到各项工作和具体行动中。一是要解放思想，释放改革开放创新的动力和活力。二是要抢抓机遇，切实担起推动跨越发展的历史责任。三是要主动作为，把党的十九大提出的战略部署逐一落到实处。

3.深入学习习近平新时代中国特色社会主义思想

习近平新时代中国特色社会主义思想是党的十九大的灵魂，把习近平新时代中国特色社会主义思想写入党章是党的十九大的历史性贡献。2017年12月5日，区委理论学习中心组再次安排集中学习党的十九大精神和习近平新时代中国特色社会主义思想，重点是准确把握党的十九大关于贯彻新发展理念，建设现代化经济体系的重大部署。主要任务是：深刻领会我国经济已由高速增长阶段转向高质量发展阶段，正处在转变发展方式、优化经济结构、转换增长动力的攻关期，建设现代化经济体系是跨越关口的迫切要求和我国发展的战略目标的重要论述，深入学习贯彻深化供给侧结构性改革、加快建设创新型国家、实施乡村振兴战略、实施区域协调发展战略、加快完善社会主义市场经济体制、推动形成全面开放新格局等重大部署，把党的十九大精神转化为推动临翔跨越发展的务实举措和生动实践，主动服务和融入国家发展战略，找准国家战略与临翔发展的契合点，找准工作的着力点和突破口，全力抢抓发展机遇，在更高起点上谋划和推动临翔跨越发展。

2019年1月15日，区委理论学习中心组组织第三次集中学习习近平新时代中国特色社会主义思想和党的十九大精神，认真研读《习近平谈治国理政》第一卷、第二卷和《习近平新时代中国特色社会主义思想三十讲》，特别是习近平总书记视察广东、上海和在中央全面深化改革委员会第五次会议上的重要讲话，在纪念刘少奇同志诞辰120周年座谈会上的重要讲话，学习党章和《中国共产党纪律处分条例》等有关党内法规，重点领会把握习近平总书记关于加强党的政治建设等重要指示精神，牢固树立“四个意识”，坚定“四个自信”，把准政治方向、站稳政治立场、保持政治定力，严守政治纪律、政治规矩，不忘初心、对党忠诚，坚决维护习近平总书记党中央的核心、全党的核心地位，坚决维护党中央权威和集中统一领导，坚决贯彻落实习近平总书记重要指示批示和党中央决策部署，让习近平新时代中国特色社会主义思想往深里走、往心里走、往实里走。

4.深入学习党的建设理论

党的十八大以来，党的领导和党的建设被提升到前所未有的高度，并被不断赋予新的内涵和要求，全面从严治党向纵深推进。2017年12月28日，区委理论学习中心组第六次集中学习的主要任务是：深刻认识过去五年党和国家全面从严治党的卓越成效，深入学习十八届中央纪律检查委员会向中国共产党第十九次全国代表大会的工作报告，准确把握坚定不移全面从严治党的重要意义和新时代党的建设总要求，深入学习贯彻把党的政治建设摆在首位，用习近平新时代中国特色社会主义思想武装全党、建设高素质专业化干部队伍，加强基层党组织建设、持之以恒正风肃纪、夺取反腐败斗争压倒性胜利，健全党和国家监督体系、全面增强执政本领等重大战略部署和工作安排，坚定不移推进全面从严治党，大力弘扬“临沧作风”，加强全区干部队伍建设，推动临翔跨越发展。

5.深入学习习近平生态文明思想

尚东红书记2018年10月26日在区委理论学习中心组集中学习时提出，要自觉把思想和行动统一到习近平生态文明思想上来，推动全国、全省生态环境保护大会精神在临翔落地生根、开花结果。她说，党的十八大以来，习近平总书记以马克思主义政治家、战略家、理论家的深刻洞察力、敏锐判断力和战略定力，深刻把握新时代我国人与自然关系的新形势新矛盾新特征，把生态文明建设作为统筹推进“五位一体”总体布局和协调推进“四个全面”战略布局的重要内容，推动一系列根本性、开创性、长远性工作，提出一系列新理念新思想新战略，促进生态环境保护发生历史性、转折性、全局性变化，形成了习近平生态文明思想。

6.深入学习党的纪律建设要求

纪律建设是党的建设的重要组成部分。2018年12月21日，区委理论学习中心组2018年第八次集中学习的主题是抓好守纪。要求全区党员领导干部要发挥示范引领作用，做学条例、守纪律的表率，做学规明纪的表率。要抓好执纪，用好监督执纪“四种形态”，其重中之重是用好“第一种形态”，对党员干部苗头性、倾向性问题，要多提醒、多打招呼、多批评教育，让咬耳、扯袖成为常态。

7.深入开展“不忘初心、牢记使命”教育实践活动

党的十九大提出将在全党统一安排“不忘初心、牢记使命”教育实践活动。2019年7月5日，区委理论学习中心组2019年度第七次集中学习的主题是：深入学习贯彻中央“不忘初心、牢记使命”主题教育工作会议精神和习近平总书记在会上的重要讲话精神，以及省委“不忘初心、牢记使命”主题教育工作会议精神。主要任务是：深入学习贯彻习近平新时代中国特色社会主义思想和党的十九大精神，认真贯彻落实中央《关于进一步激励广大干部新时代新担当新作为的意见》，全面贯彻省委书记陈豪同志在云南省主要领导干部深入学习贯彻习近平新时代中国特色社会主义思想专

题研讨班暨2018年省委理论学习中心组第四次集中学习会议上的讲话和市委理论学习中心组会议精神，深刻认识习近平总书记关于干部担当作为的一系列重要论述，更加自觉地向习近平总书记看齐，把思想和行动统一到中央要求上来，做到政治过硬、本领高强，更好地担负起党和人民赋予的重要职责，以新时代新担当新作为开拓临翔高质量跨越式发展新境界。

二、深入学习习近平总书记考察云南重要讲话精神

2015年1月和2020年1月，习近平总书记两次到云南考察，针对云南经济社会发展发表了重要讲话，云南省和临沧市对贯彻落实习近平总书记讲话精神做出了系列决策部署。临翔区委区政府通过深入学习习近平总书记重要讲话精神，结合临翔脱贫攻坚和经济社会发展实际，推动省委和市委决策部署的落实。

1.以习近平总书记重要讲话精神谋划临翔跨越式发展

在区委中心组2015年度第四次集中研学会议上，尚东红书记在主持讲话时说，为贯彻落实好习近平总书记考察云南重要讲话精神，按照省委、市委闯出跨越式发展（又称“跨越发展”）路子的重大决策和总体部署，围绕这个主题，以区委理论学习中心组会议形式开展集中研学和交流发言。统一思想、提高认识，坚定跨越发展的信心、决心。习近平总书记视察云南重要讲话精神的核心要义，就是以“四个全面”为战略布局，以“主动服务和融入国家发展战略”为契机，以“五个着力”为抓手，闯出一条跨越式发展的路子来，实现“三个定位”战略目标。省委九届十次全会把学习贯彻习近平总书记考察云南时的重要讲话精神和云南实际紧密结合起来，从战略的高度对云南闯出一条跨越式发展路子及时做出了部署和安排，为云南省主动融入国家发展战略，在更高起点上谋划和推动跨越式发展，谱写好中国梦云南篇章描绘了一幅新的宏伟蓝图，影响深远、意义重大。

以巡视对标习近平总书记重要讲话落实情况。中共临翔区委理论学习中心组2017年度第三次集中学习的主题是：认真贯彻《中共云南省委印发〈关于中央第十一巡视组对云南省开展巡视“回头看”反馈意见的整改方案〉的通知》（云委〔2017〕4号）要求和市委理论学习中心组2017年度第三次集中学习会议精神，对习近平总书记考察云南重要讲话精神再学习、再讨论。深刻检视用习近平总书记系列重要讲话特别是考察云南重要讲话精神武装头脑、指导实践，查找工作方面存在的差距和不足，问题根源，提出整改措施，认真抓好整改，推动全区经济社会跨越式发展，确保圆满完成

年初确定的各项目标任务。

2.专题学习研讨临翔跨越发展问题

2019年3月2日，区委理论学习中心组围绕“以总书记考察云南重要讲话精神促进临翔跨越发展”的主题进行2019年度第二次集中学习和专题研讨，尚东红书记在主旨发言中提出了以下几点。

(1)在习近平总书记考察云南重要讲话精神的指引下，攻坚克难、奋力前行，为实现跨越发展打下坚实基础。2015年1月，习近平总书记考察云南并发表重要讲话，对云南提出了“一跨越”(闯出一条跨越式发展的路子来)、“三个定位”(努力成为我国民族团结进步示范区、生态文明建设排头兵、面向南亚东南亚辐射中心)、“五个着力”(着力保持经济平稳健康发展，着力推进现代农业建设，着力推进生态环境保护，着力推动民族团结进步事业，着力发挥党组织作用、从组织上落实从严治党要求)等重要指示。在习近平总书记考察云南重要讲话精神的指引下，形成了跨越发展的共识，取得了跨越发展的阶段性成效，提出要正确认识临翔实现跨越发展面临的问题和形势。

(2)要清醒认识阻碍实现跨越发展的问题和不足。一是对跨越发展的认识不到位，发展信心不足。在学习贯彻习近平总书记对云南的指示要求上还没有吃深悟透，对跨越发展的要求认识不足、领会不深，导致全区经济发展速度不够快，经济总量还比较小。二是产业发展散小弱，“一县一业”优势不明显。总体来看，我区农业产业发展比较分散粗放，规模化、组织化程度低，加之工业底子薄、规模小。三是面临跨越发展与生态保护的双重压力。随着经济发展、建设速度加快，生态环境保护的压力也随之增大，如何处理好跨越发展与环境保护的关系是摆在我们面前的一个重要难题。四是干部作风还有待进一步转变。少数干部不作为、慢作为甚至乱作为，主动担当、无私奉献、追求跨越的责任感、紧迫感、危机感不强。

(3)要坚定信念，临翔实现跨越发展有基础有条件。一是习近平新时代中国特色社会主义思想为我们实现跨越发展指明了方向、提供了遵循。二是在发展重要战略机遇期下，临沧经济社会发展“三个阶段性特征”更加凸显，临翔发展面临更大机遇。三是中央经济工作会议为临翔推动高质量跨越发展带来了诸多政策机遇。四是临翔的资源优势正成为推动跨越发展的不竭动力。

(4)要把习近平总书记考察云南重要讲话精神作为开展一切工作的“魂”和“纲”，突出科技、突出创新，在高质量跨越发展中当好排头兵。在基础设施建设中当好排头兵。牢固树立大交通理念，按照市委市政府建设“飞燕型”陆路交通体系的要求，全力抓好大临铁路、墨临高速、临清高速、临双高速、云临高速建设要素保障，推进“四好农村路”建设，启动“美丽公路”项目建设，有效助推“五网”基础设施建设。在产业转型升级中当好排头兵。坚持走“两型三化”高质量发展路子，围绕“三张牌”建设目标，在科技创新上求突破，推动一、二、三产业融合发展。在生态环境保护和美丽家园建设中当好排头兵。牢固树立绿水青山就是金山银山的理念，压实生态文明建设责任，协调推进“生态美、发展美、风气美”建设，率先把临翔区建成最美丽家园。在推进新型城镇化建设中当好排头兵。围绕市委市政府对临沧中心城区“人居福地，生命之城”的规划定位和“一中心、四组团”葫芦型空间结构布局，进一步完善城乡规划，优化城镇布局。在全面加强党的建设中当好排头兵。

(5)要狠抓作风建设，提高干部的执行力、落实力，真正把习近平总书记对云南工作的重要指示精神落到实处。一是领导要带头。领导干部在工作中发挥好带头作用，是党的基本工作经验和重要工作方法，也是党的优良传统和作风。二是督查要强化。要建立落实情况台账和督查结果通报制度，对各项重点任务，持续开展督促检查，定期跟踪问效。三是纪律要严明。要进一步牢固树立纪律意识，突出“严”字当头，充分发挥纪律建设的治本作用，驰而不息持续正风肃纪，始终保持惩治腐败的高压态势，使纪律成为带电的高压线，使铁的纪律转化为党员干部的日常习惯和自觉遵循，覆盖到党员干部做人做事的方方面面。

3.对实现临翔跨越发展进行再学习再研讨

2020年5月21日，区委理论学习中心组进行2020年度第一次集中学习的主要任务是：深入学习习近平总书记考察云南重要讲话精神，深刻把握云南“四个突出特点”和临翔区情，强化工作落实，为推动临翔高质量跨越发展努力奋斗。

尚东红书记在讲话中说，这“四个突出特点”在临翔有几个方面的具体体现。第一，在牢牢把握临沧经济社会发展“三个阶段性特征”和“两次跨越”战略上，临翔全区经济社会健康稳定发展，这是我们最大的历史方位。第二，临翔基础设施建设不断加快，但支撑能力还较弱，发展不平衡不充分问题较为突出，工业化、城镇化、现代化发展滞后，这是我们最大的短板弱项。第三，临翔地处祖国西南边陲，民族问题、宗教问题相互交织，维护民族团结，解决宗教问题艰巨而繁重，这是我们最大的政治任务。第四，临翔山清水秀、天蓝地绿，气候良好、物产丰富，加上美的村庄、美的城市、美的风气，在筑牢区域乃至国家生态安全屏障的基础上，率先把临翔建成更加美丽的地方，这是我们最大的时代命题。第五，作为临沧的中心城市，临翔是云南乃至中国连接南亚东南亚的枢纽中心，主动服务和融入把临翔建设成为中国面向南亚东南亚辐射中心的重要门户，这是我们最大的使命担当。全区各级各部门要学习好领会好习近平总书记考察云南重要讲话精神，深刻把握这“四个突出特点”，以全局眼光和辩证思维，进一步深化区情认识，更好担负起新时代的使命和责任。

一要紧盯攻坚硬任务，全力推进脱贫攻坚与乡村振兴有效对接。这就要持续巩固提升脱贫攻坚成果，加快推进乡村振兴，塑造全域旅游品牌。

二要增强边疆民族地区治理能力，抓好民族团结进步创建。一是要按照“重点突破、以点带面、示范引导、全面推进”的思路，认真组织实施第三轮（2019—2021 年）示范创建工程三年行动计划，以全面改善和提升少数民族群众生产生活条件为目标，组织实施抗震安居、产业培育壮大、基础设施建设、公共服务提升、村寨环境整治、劳动者素质提高等工程。二是要积极教育引导各族群众牢固树立正确的国家观、民族观、宗教观、历史观、文化观，把少数民族多姿多彩的优秀文化保护好、展示好、传承好，深入开展多层次多领域多样化的民族联谊活动，增进各民族间感情交流，推动民族团结进步事业健康发展。三是要建立健全涉及民族宗教因素矛盾纠纷排查化解工作机制，健全区、乡、村三级同步监测监管，把问题解决在基层、处理在萌芽状态。四是加强对宗教事务的规范管理，全面正确贯彻落实党的宗教信仰自由政策，依法管理宗教事务，积极引导宗教与社会主义社会相适应。五是要抓住这次疫情防控和全省打击整治跨境违法犯罪专项行动的机会，以打击零星贩毒、吸毒为重点，对宗教极端势力、宗教渗透、非法入境、跨国婚姻、“跨境学童”，以及境外非政府组织对边境地区进行渗透、走私、贩枪、拐卖妇女儿童等问题加以治理，推动整个打击整治边境违法犯罪活动取得实实在在的成效。

三要加强生态环境保护，筑牢生态安全屏障。绿水青山、蓝天白云、空气清新的环境是临翔最宝贵的财富，最大的竞争力。我们不仅要从“绿水青山就是金山银山”的角度来思考，更要从维护区域生态安全的角度来发现、认识、提升生态环境的价值，始终坚持生态优先、绿色发展，多措并举、综合施策，动员全社会积极行动起来，突出“生态美、发展美、风气美”，进一步扛实生态建设和环境保护责任，把生态文明建设作为政治任务和底线任务抓紧抓实抓好。一是要管控好;二是要保护好;三是要提升好。抓好美丽县城、美丽公路、美丽村庄等美丽典型示范,深入实施澜沧江流域临翔段、南汀河流域综合保护开发,快速提升澜沧江和南汀河流域的生态功能和经济贡献率。

4.学习脱贫攻坚专项巡视反馈意见

2019年3月26日,区委理论学习中心组进行了年度第三次集中学习,尚东红书记在讲话中说,按照省委、市委关于认真开好中央第十二巡视组对云南省开展脱贫攻坚专项巡视反馈意见整改专题民主生活会的有关要求,举行区委理论学习中心组2019年度第三次集中学习。以"深入学习习近平总书记关于扶贫工作重要论述和精准扶贫、精准脱贫基本方略,深入学习习近平总书记对云南工作的重要指示精神,深入学习党中央、国务院和省委省政府脱贫攻坚决策部署,牢固树立'四个意识',坚决做到'两个维护'、认真做好巡视整改工作"为主题进行学习研讨,进一步深化认识、统一思想,为开好区委常委班子脱贫攻坚巡视整改专题民主生活会打牢思想基础。习近平总书记关于扶贫工作重要论述,是我们打赢打好脱贫攻坚战的科学指南和根本遵循,要抓好脱贫攻坚专项巡视反馈意见的整改落实。中央开展脱贫攻坚专项巡视,是党的十九大后中央巡视工作首次围绕一个主题、集中在一个领域开展的专项巡视,也是在脱贫攻坚进入攻城拔寨的关键节点开展的专项巡视,非常及时、意义重大,是脱贫攻坚与党的建设的有机结合。全区各级党组织要从深刻认识巡视整改的政治立场、政治方向、政治要求的高度,从确保如期完成脱贫攻坚目标任务的高度,增强整改的思想自觉、政治自觉、行动自觉,强化责任感使命感,切实把巡视整改作为当前和今后一个时期的重大政治任务,以坚决的态度、扎实的作风、严格的要求、有力的举措,立说立行、真改实改,尽锐出战、真抓实干,不折不扣完成好巡视整改"后半篇文章"。要抓关键和重点,盯着问题改。要抓职能和职责,较真碰硬改。要抓当前和长久,持续推进改。将巡视整改和脱贫攻坚紧密结合起来,持续发力、一体推进,坚决实现全区高质量脱贫。坚持以习近平总书记关于扶贫工作的重要论述指导脱贫攻坚各项工作,抓好脱贫质量巩固提升,完善脱贫攻坚工作机制,抓好产业扶贫机制深化,持续抓好行业扶贫措施落实,以乡村振兴巩固脱贫攻坚成果,持续抓好党建扶贫。

5.专题学习习近平总书记第二次考察云南重要讲话精神

2020年6月7日,区委理论学习中心组2020年度第二次集中学习的主要任务是:深入学习习近平总书记考察云南重要讲话精神,以永不懈怠的精神状态和一往无前的奋斗姿态推进临翔各项工作。

尚东红书记在讲话中说，习近平总书记这次考察云南的重要讲话，充分肯定了党的十九大以来云南经济社会发展和党的建设取得的成绩，深刻阐明了事关云南发展的方向性、根本性、原则性问题，进一步为新时代云南发展指明了前进方向、明确了发展目标、赋予了重大使命，使我们备受鼓舞、备受教育、备受激励。习近平总书记的重要讲话和重要指示，具有很强的思想性、指导性、全局性、前瞻性和针对性，与临翔发展高度契合，是临翔推动高质量跨越发展的行动纲领和强大精神力量，我们要认真学习领会，深刻理解把握，全面贯彻落实，推动学习贯彻习近平总书记考察云南重要讲话精神往深里走、往心里走、往实里走，奋力推动临翔经济社会高质量跨越发展。时隔5年，习近平总书记带着对云南人民的关心和厚爱，再次踏上云岭大地，进行实地考察，并发表了重要讲话，对云南在全国发展大局中提出的“四个突出定位”，与2015年考察时提出的“一个跨越”“三个定位”“五个着力”重要指示精神一脉相承、紧密联系、相互贯通，赋予了云南发展新的重大历史使命，构成了新时代云南发展的行动纲领。为我们践行初心使命、奋进新时代提供了强大精神动力；为我们决战脱贫攻坚、决胜全面建成小康社会坚定了必胜信心决心；为我们推进高质量发展、谱写好中国梦的云南篇章提供了根本遵循，在新时代云南发展进程中具有重大而深远的里程碑意义。

三、结合脱贫攻坚抓学习

党的十八大以来，临翔区委区政府把学习习近平总书记扶贫开发重要论述作为理论学习的重中之重，以习近平扶贫开发战略思想指导临翔脱贫攻坚伟大实践。

1.指导做好脱贫攻坚基础性工作

在区委理论学习中心组暨全区领导干部大会上，魏丛柱区长说，脱贫工作，是我们近期说得最多，安排得最多的一项工作，大家一定要克服“高度重视下的麻痹大意症”。一要抓好建档立卡户的建房开动率。二要认真整改省、市督查指出的问题。三要加强统计监测。四要加快易地扶贫搬迁点的规划和土地现状调查及地质灾害评估工作。

2.提升脱贫攻坚精神动力

在习近平总书记“七一”重要讲话精神宣讲报告会暨区委理论学习中心组集中学习会议上，魏丛柱区长说：要把学习贯彻习近平总书记“七一”

重要讲话精神转化为临翔决战脱贫攻坚、决胜全面小康、实现跨越发展的生动实践。要按照省委省政府和市委市政府的统一安排部署，大力实施“五网”设施建设5年大会战，着力培育壮大高原特色现代农业产业、食品加工产业、以锗高岭土与林木为主的新材料产业、生物医药与大健康产业、生态文化旅游产业、现代物流与信息产业等6大产业，坚决打赢脱贫攻坚战，努力闯出一条跨越式发展的路子来，与全市全省全国同步全面建成小康社会。

3. 对脱贫攻坚进行再认识

2019年10月18日，在区委理论学习中心组2019年度第九次集中学习会议上尚东红书记要求：要充分学习历史思维，始终坚持历史眼光，坚定不移用习近平新时代中国特色社会主义思想武装头脑、指导实践、推动工作。要自觉做“学习总书记、遵从总书记、爱戴总书记”的表率，主动用总书记的思想观察临翔、解读临翔、思考临翔、发展临翔，坚决按照总书记的要求办，坚决做总书记的忠诚战士，总书记怎么说我们就怎么干，总书记指向哪里我们就打到哪里，始终做到不犹豫、不徘徊、不摇摆、不患得患失。要承担起推动临翔跨越发展的历史重任，开创好临翔新的历史。国务院批准临沧创建国家可持续发展议程创新示范区，这是临沧历史上具有重要意义和重要影响的一件大事，也是临翔实现跨越发展千载难逢的历史机遇。我们要充分发挥好临翔的区位优势，积极参与示范区建设，重点把全区列入临沧市国家可持续发展议程创新示范区49项重点项目实施好，切实推动临翔经济社会快速、协调发展。

2019年是临沧市临翔区脱贫攻坚巩固提升之年，临翔区把脱贫攻坚作为开展“不忘初心、牢记使命”主题教育最重要、最根本的实践载体，紧盯目标任务，持续发力，一体推进学习教育、调查研究、检视问题、整改落实四项重点措施，以主题教育成效助力脱贫攻坚迈上新的台阶。

(1)把学习教育的课堂搬到脱贫攻坚一线。临翔区将学习扶贫政策与主题教育紧密结合起来，在做好主题教育的“规定动作”中，同时做好扶贫政策学习的“自选动作”。

临翔区处级以上领导班子成员和各级领导干部主动认领任务，带头参与主题教育，强化脱贫攻坚理论学习。全区各级党员干部利用业余时间进一步强化扶贫政策学习，着力提升脱贫攻坚工作能力。区直挂钩帮扶单位把“主题党日”与脱贫攻坚入户走访、志愿服务等结合起来，凝聚广大党员的脱贫攻坚帮扶共识。乡(镇、街道)把主题教育宣讲与开展脱贫攻坚政策

“明白人”培训工作结合起来，激发广大党员奋力攻坚的动力。村党支部将“三会一课”开到贫困群众家里，采取送会、送学、送课等形式，武装基层党员的思想意识，推动农村党员在脱贫攻坚中当先锋、当模范、做贡献。

全区 56 支驻村帮扶工作队 187 名队员和 1126 名“临翔脱贫奔小康联系群众实干队”队员，把主题教育的课堂搬到田间地头、村组院落，做到学习教育与脱贫攻坚“两不误”“双促进”。据不完全统计，临翔区、乡、村三级联动，学习教育主战场全面下移，全区各级党支部通过“三会一课”、党员活动日等累计召开 1500 余场次会议，15000 余名党员干部全部学在基层、干在基层。

(2)聚焦脱贫攻坚深入开展主题教育调查研究。临翔区将脱贫攻坚工作状况纳入主题教育调查研究内容。截至 2019 年底，临翔区共召开村民会 580 余场次，听取群众意见、建议 2160 余条次，切实为群众解决实际困难 3800 余件，切实做到走基层、接地气、解难题、促提升。

临翔区聚焦 2019 年 3 个贫困村 543 户 2013 人脱贫工作任务和已退出 4 个贫困乡 53 个贫困村 10285 户 40987 人巩固提升工作，全面检视问题，查找短板。落实先学先改，8 月份在全区范围内启动脱贫人口“回头看”自查自验工作，全面检视责任落实、政策落实、易地扶贫搬迁后续产业发展、非贫困地区脱贫攻坚力度、扶贫资金管理、扶贫领域作风建设等方面存在的不到位问题，全面摸清“两不愁三保障”底数。落实边查边改，结合 2019 年临翔区扶贫对象动态管理，对贫困村的已建和在建项目进行全面排查，对全区危房改造后的房屋进行全面排查，再次对产业支撑不足、就业不稳定、教育等负担较重，存在返贫风险的已脱贫户进行全面排查。在开展贫情分析、入户实地调查、召开村组群众会等工作过程中，开展问卷调查，找准问题短板，列出问题清单，及时反馈给相关单位和个人，为整改和推进工作奠定坚实基础。

(3)瞄准补齐脱贫攻坚短板抓好整改落实。临翔区把扶贫整改融入主题教育整改内容，以正视问题的自觉和刀刃向内的勇气，针对走访、排查、清理、调研、检视出来的脱贫攻坚问题，自觉对号入座，找准问题症结，尽快补齐短板。

临翔区通过在义务教育有保障、基本医疗有保障、住房安全有保障、饮水安全有保障等方面持续精准发力，解决好“两不愁三保障”突出问题；通过政府主导推动、能人回乡创业、贫困户自立自强、培育“互联网＋”等新业态，发展脱贫产业，夯实稳定脱贫基础；通过对10个软弱涣散村（社区）党组织进行整顿提升，提升基层党组织引领脱贫攻坚的战斗力；通过深化“党的光辉照边疆，边疆人民心向党”教育实践活动，发挥“新时代农民讲习所”和“农村大讲堂”作用，深入开展“讲实话、说变化、感党恩、谋幸福”活动，进一步激发群众内生动力；通过采取“督查巡查＋暗访”的方式，从严从实抓好中央第十二巡视组对云南省开展脱贫攻坚专项巡视反馈意见，以及2018年省对市（州）、县（区）扶贫开发成效考核、第三方评估检查、东西部扶贫协作考核、市区联合督查巡查组等发现问题的整改，以问题整改推动各项工作落实，确保问题整改销号清零，在解决实际问题中切实抓好落实。

4.推动临翔高质量发展

2019年12月11日区委理论学习中心组第十一次集中学习会议的主要内容是：深入学习贯彻习近平新时代中国特色社会主义思想和习近平总书记对云南工作的重要指示精神，服务和融入国家发展战略，推进临沧建设国家可持续发展议程创新示范区。强调要以创新驱动为引领，要以项目建设为抓手，要以作风建设为保障。

5.高质量完成脱贫攻坚任务

2020年2月12日，在全区扶贫开发领导小组2020年第一次会议暨脱贫攻坚工作推进会上，尚东红传达了全省脱贫攻坚推进视频会议精神，对全区决战决胜脱贫攻坚再动员再部署。尚东红强调，全区各级各部门要深入学习贯彻习近平总书记考察云南重要讲话精神，切实把全省脱贫攻坚推进会议精神落到实处，迅速发起决战决胜脱贫攻坚的总攻战。

尚东红指出，党的十八大以来，特别是2015年中央扶贫开发工作会议以来，临翔区坚持以脱贫攻坚统领经济社会发展全局，认真贯彻落实习近平总书记关于脱贫攻坚的重要指示精神和省委陈豪书记“要脱得干干净净，不拖泥带水；要脱得生机勃勃，焕发出发展的活力”的指示要求，不断压实“三级书记”抓扶贫工作机制，尽锐出战、攻坚克难，在各级挂钩帮扶部门的大力支持帮扶和全区各级干部群众的共同努力下，取得决定性进展。2019年以来，全区认真落实“四不摘”责任，紧紧围绕未脱贫村和贫困人口，采取有力措施，创新工作方法，实现了贫困人口全部脱贫的目标，为全面建成小康社会打下了坚实的基础。但也要清醒地认识到，脱贫攻坚从决定性胜利到全面胜利还面临着很多困难和挑战。

尚东红强调，2020年是决胜全面建成小康社会、决战脱贫攻坚之年。当前，抗击新冠肺炎疫情正处于关键时期，决战脱贫攻坚也到了紧要关头，要坚决贯彻习近平总书记重要指示精神和党中央、省委、市委决策部署，认清形势，坚定信心，统筹做好疫情防控和脱贫攻坚各项工作，做到“两手抓、两手都要硬”。重点要抓好入村入户排查，实行挂牌督战，补齐产业增收、就业扶贫、易地搬迁整改、饮水保障、教育保障、深度贫困群体兜底保障、村容村貌提升、返贫监测预警和动态帮扶机制、群众内生动力、抓实党建引领、典型总结宣传、资金保障及项目验收等工作短板。

尚东红要求，全区各级各部门要切实担负起脱贫攻坚全面收官的政治责任，以必胜的信心、昂扬的斗志、扎实的工作，推动各项脱贫政策举措落地见效。一要抓督查巡查和挂牌督战事项的验收，二要强化“三级书记”抓扶贫工作机制，三要压实各行业部门责任，四要强化纪律作风。

就贯彻落实好会议精神，魏丛柱强调：一要压实压紧主体责任，咬定目标不放松，确保脱贫攻坚全面胜利、圆满收官；二要加快扶贫项目建设进度，确保按照时间节点要求加快推进；三要全面开展“云南抗疫情”扫码行动，提高认识，全面铺开，督促运用，深化应用，加强宣传，强化督查，切实抓好疫情防控。

通过持续的理论和政策学习，促进了临翔区干部群众的思想统一、力量凝聚、步调一致。

一是政治思想空前统一。全区广大党员、干部和各族群众坚持用习近平新时代中国特色社会主义思想武装头脑、指导实践、推动工作，在思想和行动上形成主动学习总书记、自觉遵从总书记、真情爱戴总书记，在全区上下真正形成了进一步增强“四个意识”、坚定“四个自信”、做到“两个维护”的良好局面。

二是奋斗力量高度凝聚。通过认真学习习近平新时代中国特色社会主义思想，认真学习习近平总书记考察云南重要讲话精神，认真学习习近平总书记关于“三农”工作、脱贫攻坚工作、全面小康的重要论述，认真学习中央扶贫工作会议精神、农村工作会议精神以及省委、市委、区委相关会议精神，广大党员、干部和各族群众深刻认识到，到2020年全面消除贫困是我们党对人民群众的庄严承诺，是一项为民大业，又是一项攻坚苦业，广大党员、干部扛起了使命担当，各族群众内生动力，在扶贫战线上汇集了攻坚克难的力量洪流，始终意志不变、决心不改、力量不减，共同向着奋斗目标奋力前行。

三是工作步调协调一致。5年来，在脱贫攻坚工作中，临翔区对标习近平总书记新思想新要求，联系临翔实际，找到结合点和着力点，不断把学习成效转化为谋划发展、推动发展的正确思路和工作举措，在区委的统一领导下，形成思想引领、干劲十足、步调一致的攻坚态势，不断把推进脱贫攻坚工作提升到一个新的水平。

第二节　吃透政策，对症下药

理论指导实践、服务实践。临翔区委区政府把贯彻落实党中央国务院和云南省委、临沧市委决策部署作为践行“四个意识”、坚定“四个自信”、做到“两个维护”的具体体现。区委区政府紧紧把握和吃透国家和省、市政策，以政策出思路、出项目，努力攻克脱贫攻坚中的一个又一个难题难关。

一、以国家脱贫攻坚政策为蓝本

2018 年 6 月 15 日，《中共中央 国务院关于打赢脱贫攻坚战三年行动的指导意见》正式印发，共分八大部分。其中第一部分“全面把握打赢脱贫攻坚战三年行动的总体要求”内容如下。

（一）指导思想

全面贯彻党的十九大和十九届二中、三中全会精神，以习近平新时代中国特色社会主义思想为指导，充分发挥政治优势和制度优势，坚持精准扶贫精准脱贫基本方略，坚持中央统筹、省负总责、市县抓落实的工作机制，坚持大扶贫工作格局，坚持脱贫攻坚目标和现行扶贫标准，聚焦深度贫困地区和特殊贫困群体，突出问题导向，优化政策供给，下足绣花功夫，着力激发贫困人口内生动力，着力夯实贫困人口稳定脱贫基础，着力加强扶贫领域作风建设，切实提高贫困人口获得感，确保到 2020 年贫困地区和贫困群众同全国一道进入全面小康社会，为实施乡村振兴战略打好基础。

（二）任务目标

到 2020 年，巩固脱贫成果，通过发展生产脱贫一批，易地搬迁脱贫一批，生态补偿脱贫一批，发展教育脱贫一批，社会保障兜底一批，因地制宜综合施策，确保现行标准下农村贫困人口实现脱贫，消除绝对贫困；确保贫困县全部摘帽，解决区域性整体贫困。实现贫困地区农民人均可支配收入增长幅度高于全国平均水平。实现贫困地区基本公共服务主要领域指标接近全国平均水平，主要有：贫困地区具备条件的乡镇和建制村通硬化路，贫困村全部实现通动力电，全面解决贫困人口住房和饮水安全问题，贫困村达到人居环境干净整洁的基本要求，切实解决义务教育学生因贫失学辍学问题，基本养老保险和基本医疗保险、大病保险实现贫困人口全覆盖，最低生活保障实现应保尽保。集中连片特困地区和革命老区、民族地区、边疆地区发展环境明显改善，深度贫困地区如期完成全面脱贫任务。

（三）工作要求

坚持严格执行现行扶贫标准。严格按照“两不愁三保障”要求，确保贫困人口不愁吃、不愁穿；保障贫困家庭孩子接受九年义务教育，确保有学上、上得起学；保障贫困人口基本医疗需求，确保大病和慢性病得到有效救治和保障；保障贫困人口基本居住条件，确保住上安全住房。要量力而行，既不能降低标准，也不能擅自拔高标准、提不切实际的目标，避免陷入“福利陷阱”，防止产生贫困村和非贫困村、贫困户和非贫困户待遇的“悬崖效应”，留下后遗症。

坚持精准扶贫精准脱贫基本方略。做到扶持对象精准、项目安排精准、资金使用精准、措施到户精准、因村派人（第一书记）精准、脱贫成效精准，因地制宜、从实际出发，解决好扶持谁、谁来扶、怎么扶、如何退问题，做到扶真贫、真扶贫，脱真贫、真脱贫。

坚持把提高脱贫质量放在首位。牢固树立正确政绩观，不急功近利，不好高骛远，更加注重帮扶的长期效果，夯实稳定脱贫、逐步致富的基础。要合理确定脱贫时序，不搞层层加码，不赶时间进度、搞冲刺，不搞拖延耽误，确保脱贫攻坚成果经得起历史和实践检验。

坚持扶贫同扶志扶智相结合。正确处理外部帮扶和贫困群众自身努力的关系，强化脱贫光荣导向，更加注重培养贫困群众依靠自力更生实现脱贫致富的意识，更加注重提高贫困地区和贫困人口自我发展能力。

坚持开发式扶贫和保障性扶贫相统筹。把开发式扶贫作为脱贫基本途径，针对致贫原因和贫困人口结构，加强和完善保障性扶贫措施，造血输血协同，发挥两种方式的综合脱贫效应。

坚持脱贫攻坚与锤炼作风、锻炼队伍相统一。把脱贫攻坚战场作为培养干部的重要阵地，强化基层帮扶力量，密切党同人民群众血肉联系，提高干部干事创业本领，培养了解国情和农村实际的干部队伍。

坚持调动全社会扶贫积极性。充分发挥政府和社会两方面力量作用，强化政府责任，引导市场、社会协同发力，构建专项扶贫、行业扶贫、社会扶贫互为补充的大扶贫格局。

二、贯彻省市脱贫攻坚政策决策部署

（一）紧紧围绕《云南省脱贫攻坚政策解读》

云南是全国脱贫攻坚主战场之一，云南省委省政府坚决贯彻落实党中央、国务院的决策部署，把脱贫攻坚作为第一民生工程、重大的政治责任和战略性任务来抓，深入贯彻精准扶贫精准脱贫基本方略，制定系列政策，采取过硬措施，举全省之力推进脱贫攻坚，确保建档立卡贫困人口如期脱贫，贫困县全部摘帽，解决区域性整体贫困。

为便于广大干部群众更好地学习、了解脱贫攻坚政策，云南省扶贫办会同相关部门梳理了国家和云南省出台的政策要点，涉及产业、易地搬迁、农村危房改造、教育、健康、生态、金融、社会保障、督查考核等方面内容，共220问。下面列出的是前六个问题。

1.脱贫攻坚工作的总体目标是什么？

到2020年，稳定实现现行标准下农村贫困人口“两不愁三保障”。贫困地区人民人均可支配收入增长幅度高于全省平均水平，基本公共服务主要领域指标接近全省平均水平，确保云南省现行标准下农村贫困人口实现脱贫、贫困县全部摘帽、解决区域性整体贫困。

“两不愁三保障”指不愁吃、不愁穿，义务教育、基本医疗和住房安全有保障。

2.脱贫攻坚工作的指导思想是什么？

以习近平总书记扶贫重要论述和精准扶贫精准脱贫基本方略为指导，深入贯彻党的十八大和十八届三中、四中、五中、六中全会以及中央扶贫开发工作会议精神，全面落实云南省第十次党代会精神，牢固树立创新、协调、绿色、开放、共享发展理念，紧紧围绕“四个全面”战略布局和建设全国民族团结进步示范区、生态文明建设排头兵、面向南亚东南亚辐射中心新定位，以“两不愁三保障”和现行标准下建档立卡贫困人口脱贫、贫困村退出、贫困县摘帽为目标，创新机制，强化措施，着力实施产业发展、转移就业、易地安居、教育扶贫、健康扶贫、生态保护、兜底保障、社会扶贫和提升贫困地区区域发展能力9项建设任务，坚决打赢脱贫攻坚战，努力提升贫困地区自我发展能力，确保小康路上一个都不掉队。

3.脱贫攻坚工作的基本原则是什么？

（1）精准扶贫，精准脱贫；

（2）强化责任，合力攻坚；

(3)深化改革,绿色发展;

(4)严格标准,强化考核;

(5)勤劳致富,光荣脱贫。

4.脱贫攻坚的基本方略是什么?

精准扶贫精准脱贫。

5.脱贫攻坚的主要路径是什么?

“五个一批”:发展生产脱贫一批,易地搬迁脱贫一批,生态补偿脱贫一批,发展教育脱贫一批,社会保障兜底一批。

6.精准扶贫的基本要求是什么?

“六个精准”:扶持对象精准、项目安排精准、资金使用精准、措施到户精准、因村派人精准、脱贫成效精准。

(二)精准对照《临沧市脱贫攻坚规划(2016—2020年)》

“十三五”时期,是实现全面建成小康社会奋斗目标的关键时期,是全面消除贫困、减少贫困人口的重要战略机遇期。科学谋划“十三五”脱贫攻坚规划,打赢脱贫攻坚战,事关贫困群众切身利益,事关边疆繁荣稳定民族团结进步,事关全市发展大局。为全面落实中央《关于打赢脱贫攻坚战的决定》、云南省委《关于深入贯彻落实党中央国务院脱贫攻坚重大战略部署的决定》、临沧市委《关于实施“27241”工程坚决打赢脱贫攻坚战的决定》,创新扶贫开发工作机制,转变扶贫开发方式,深入贯彻落实创新、协调、绿色、开放、共享的发展理念,以脱贫攻坚统揽经济社会发展全局,全力推进精准扶贫精准脱贫,加快全面建成小康社会步伐,确保到2018年,实现建档立卡20.13万农村贫困人口现行标准下全部脱贫,8个县(区)全部摘帽,27个贫困乡(镇)241个贫困村全部退出,结合临沧市实际,特制定本规划。

下面概述临沧市脱贫攻坚的指导思想、基本原则和脱贫目标。

1.指导思想

以习近平总书记扶贫开发战略思想,党的十八届五中全会、中央扶贫开发工作会议和省委九届十二次全会及扶贫开发工作会议精神为指导,把脱贫攻坚工作作为发展头等大事和第一民生工程,坚持以脱贫攻坚统揽经济社会发展全局,实施“27241”脱贫工程,以建档立卡27个贫困乡(镇)241个贫困村为脱贫攻坚主战场,以现行标准下农村贫困人口实现脱贫、贫困县全部摘帽、解决区域性整体贫困和到2020年同步全面建成小康社会为目标,以区域发展和精准扶贫为路径,以六个到村到户为重点,坚持创新、协调、绿色、开放、共享的发展理念,着力实施产业发展、转移就业、易地搬迁、教育支持、健康扶贫、生态保护、兜底保障、社会帮扶、提升贫困地区区域发展能力等脱贫攻坚项目，动员全市全社会力量，向贫困发起总攻，齐心协力打赢脱贫攻坚战。

2.基本原则

(1)坚持精准扶贫精准脱贫。坚持以“六个精准”统领贫困地区脱贫攻坚工作，瞄准穷人、找准穷根、因人施策、靶向治疗，大力实施精准扶贫精准脱贫工程，变“大水漫灌”为“精准滴灌”，做到识真贫、扶真贫、脱真贫。

(2)坚持全面落实主体责任。充分发挥政治优势和制度优势，按照“中央统筹、省负总责、市县抓落实”的工作机制，全面落实县级主体责任，严格执行脱贫攻坚地方一把手负责制，坚持问题导向和目标导向，倒排工期、挂图作战、强力推进。

(3)坚持统筹推进改革创新。脱贫攻坚规划要与国民经济社会发展规划相衔接，与新型工业化、信息化、城镇化和农业现代化相统筹，着力促进贫困人口就业增收，逐步解决区域性整体贫困问题。加强改革创新，不断完善资金筹措、资源整合、利益联结、监督考评等工作机制，形成有利于发挥各方面优势、全社会协同推进的大扶贫格局。

(4)坚持绿色协调可持续发展。牢固树立绿水青山就是金山银山的理念，把贫困地区生态环境保护摆在更加重要位置，探索生态脱贫有效途径，推动扶贫开发与资源环境相协调，脱贫致富与可持续发展相促进，使贫困人口从生态保护中得到更多实惠。

(5)坚持激发群众内生动力活力。坚持群众主体地位，保障贫困群众平等参与、平等发展权利，充分调动贫困地区广大干部群众的积极性、主动性、创造性，发扬自立自强精神，依靠自身努力改变贫困落后面貌。

3.脱贫目标

(1)总体目标。重点攻坚期(2016—2018年)，实现建档立卡20.13万农村贫困人口现行标准下全部脱贫，8个县(区)全部摘帽，27个贫困乡(镇)241个贫困村全部退出。巩固提升期(2019—2020年)，稳定实现扶贫对象不愁吃、不愁穿，保障其义务教育、基本医疗和安居住房。实现农村常住居民人均可支配收入增长幅度高于全省平均水平，基本公共服务主要领域指标接近全省平均水平。

(2)年度目标。2016年，云县实现脱贫摘帽，全市减少贫困人口6.54万人，14个贫困乡(镇)80个贫困村退出。2017年，临翔区、凤庆县、永德县、耿马县、双江县实现脱贫摘帽，全市减少贫困人口8.15万人，10个贫困乡(镇)109个贫困村退出。2018年,镇康、沧源县实现脱贫摘帽,全市减少贫困人口4.64万人,3个贫困乡(镇)47个贫困村退出。2019年,全市减少贫困人口0.8万人,5个贫困村退出。

按照脱贫对象精准、项目安排精准、资金使用精准、措施到户精准、因村派人精准、脱贫成效精准的要求,实现建档立卡贫困人口通过发展产业、转移就业、易地搬迁、教育支持、健康救助、生态保护、兜底保障等方式脱贫。

三、进一步细化落实国家和省、市脱贫攻坚政策

在国家和省、市脱贫攻坚政策基础上,制定出台了《临翔区脱贫攻坚行业政策》,在教育扶贫、健康扶贫、易地扶贫搬迁、农村危房改造、饮水安全保障、社会保障兜底脱贫、养老就业扶贫、残疾人扶贫、生态保护扶贫、产业扶贫十个方面出台了具体的细化和落实方案。下面简单介绍临翔区教育扶贫、健康扶贫和易地扶贫搬迁政策的落实情况。

(一)教育扶贫政策落实情况

1.抓控辍保学

一是送教上门一批。建档以来对由于身体原因(如残疾儿童、少年)不能到校上课的开展送教上门,保障其就学的权利。二是办理休学一批。因为生病住院或其他疾病需要在家调养的,可以办理休学,待身体康复后复学。三是延缓入学一批。根据《义务教育法》规定,年满6周岁的儿童应该接受义务教育,特殊情况的可以延缓至7岁。四是提前毕业一批。在15周岁之前已经完成义务教育,颁发毕业证的,不属于辍学。五是正常就读一批。强化“双线四级八包”机制,重点抓好义务教育阶段早婚早育、务工辍学等问题,依法抓实控辍保学“四步法”,有效确保建档立卡贫困户适龄儿童少年正常就读零辍学。

2.抓政策落实

一是临翔区所有建档立卡学前教育幼儿建档以来都享受营养改善计划补助,以及助学金资助。二是临翔区所有建档立卡义务教育学生建档以来均享受经济困难学生生活费补助和营养膳食补助。三是临翔区所有建档立卡普通高中学生建档以来都免除学杂费。四是临翔区所有建档立卡中等职业学生建档以来都免学费。五是临翔区所有建档立卡高中、中高职、本专科、研究生阶段学生建档以来均享受国家助学金资助。六是临翔区所有建档立卡大学生建档以来均优先办理国家生源地助学贷款(设专门

窗口办理)。七是临翔区所有建档立卡中高职在校生建档以来都能申请"雨露计划"资助,其中属于"东西协作计划"的上调资助标准。临翔区所有建档立卡户子女中有就读学生的,建档以来从学前至大学阶段均能享受一项或多项教育惠民政策,不存在未享受任何政策的在校生。

(二)医疗扶贫政策落实情况

1.建档立卡贫困人口参保情况

医保、扶贫、财政部门在每次扶贫对象动态调整结束后都会进行数据比对和工作对接,确保建档立卡贫困人口全部参加医疗保险。

2.先诊疗后付费落实情况

临翔区对建档立卡人口实行县域内住院"先诊疗后付费"便民惠民措施。2019年共提供服务5247人次。2020年以来,截至目前,提供服务3583人次。

3."一站式、一单式"结算情况

强化医保、民政、卫健、财政部门的联系对接,在区域内定点医疗机构实现医疗费用"一站式、一单式"结算,进一步为患病群众提供了便捷、高效、优质的服务,确保建档立卡贫困人口医疗费用按规定"一站式"结算和报销。

4.慢性病患者签约服务

临翔区针对高血压、糖尿病、肺结核、严重精神障碍四类患者开展慢性病家庭医生签约服务,按照省卫健委要求做到"应签尽签"。

5.大病专项救治情况

临翔区开展大病专项救治工作。截至2019年,全区大病专项集中救治建档立卡贫困患者573人,并做到"一人一档一方案"。2020年以来,截至目前,全区大病专项集中救治建档立卡贫困患者779人,并做到"一人一档一方案"。其中,"光明扶贫工程"共为全区199名白内障贫困患者提供了免费手术。

6.区级医院达标情况

(1)临翔区共有二级甲等医院两所,分别是临翔区人民医院和临翔区中医院,已达到"贫困县至少设有1所县级公立医院(含中医院)并达到二级医院基本标准"。

(2)临翔区人民医院有住院床位498张,已达到"住院床位不低于100张"的标准。

(3)临翔区人民医院建筑面积达37008.73平方米,每床建筑面积达

74.31 平方米，已达到“每床建筑面积不少于 60 平方米或者每床净使用面积不少于 5 平方米”的标准。

（4）临翔区人民医院有卫生技术人员 623 人，每床配置卫生技术人员 1.25 人，护士 330 人，每床配备护士 0.66 人，副主任医师以上职称医师数 139 人，已达到“每床至少配备 0.88 名卫生技术人员（包括至少配备 0.4 名护士），每院至少有 3 名副主任医师以上职称的医师”的标准。

（5）临翔区人民医院配备了给氧装置、呼吸机、B 超机、X 光机、心电图机、心脏除颤器、心电监护仪、电动吸引器、自动洗胃机、多功能抢救床、万能手术床、麻醉机、胃镜、产程监护仪、婴儿保温箱、裂隙灯、牙科治疗椅、牙钻机、显微镜、离心机、钾钠氯分析仪、尿分析仪、高压灭菌等设备，已达到设备配置标准。

7. 10 个乡（镇、街道）卫生院达标情况

（1）临翔区共有 7 乡 1 镇，2 个街道。每个乡（镇、街道）均设有 1 所政府举办的乡（镇、街道）卫生院（社区卫生服务中心）。已达到“每个行政乡镇至少有 1 所政府举办的乡镇卫生院（或社区卫生服务中心）”的标准。

（2）临翔区 10 个乡（镇、街道）卫生院（社区卫生服务中心）编制床位共 377 张，乡镇卫生院最低设置床位 10 张，已达到“乡镇卫生院设有床位 10 张以上（县城所在地乡镇卫生院可不设床位）”标准。

（3）临翔区 10 个乡（镇、街道）卫生院（社区卫生服务中心）共有注册全科医生 48 名，共有注册执业医师 46 名，已达到“注册全科医生或者执业医师不低于 1 名”的标准。

（4）临翔区 10 个乡（镇、街道）卫生院（社区卫生服务中心）建筑面积均已达到“20 张床位及以下，建筑面积达到 300～1100 平方米。21～99 张床位，每增设 1 张床位，建筑面积至少增加 50 平方米。100 张床位及以上，每增设 1 张床位，建筑面积至少增加 55 平方米”的标准。设备配置、科室设置均已达标。

8. 90 个村（社区）卫生室达标情况

（1）临翔区 90 个村（社区）中，除章驮村、蚂蚁堆村、马台村、博尚村属于乡镇卫生院所在地，没有单独设立村卫生室外，其他 86 个建制村卫生室均设有标准化村卫生室，已达到“每个建制村建有村卫生室并达到基本标准（乡镇卫生院所在地可不设村卫生室）”的标准。

（2）临翔区所有村卫生室均已达到“建制村卫生室建筑面积 60 平方米以上（含 60 平方米），设有诊断室、治疗室、公共卫生室、药房，至少配备听

诊器、体温表、血压计、诊查床等基本医疗设备”的标准。

(3)临翔区所有建制村卫生室持有《乡村医生资格证》的村医共216名,持有《执业医师(包含助理医师)证》的村医共20名,已达到建制村卫生室“至少有1名村医持有《乡村医生执业证书》”的标准。

(三)易地扶贫搬迁政策落实情况

易地扶贫搬迁是指由政府组织实施,以“政府引导、群众自愿”为原则,将居住在缺乏生存条件和“一方水土养不好一方人”地区的建档立卡人口搬迁安置到其他地区,并通过改善安置区的生产生活条件、调整经济结构和拓展增收渠道,帮助搬迁人口逐步脱贫致富。2016—2017年临翔区建档立卡户中有1033户4109人享受了易地扶贫搬迁政策,共涉及35个集中安置点。分散安置主要包括插花安置、投靠亲友、自主搬迁等分散居住的方式,分为进城分散安置和农村分散安置。集中安置主要包括建制村内就近安置、新建移民村、小城镇或工业园区附近建安置区、乡村旅游区安置、集中供养机构等集中居住的方式,分为进城集中安置和农村集中安置。临翔区进城集中安置有4个安置点,即忙畔街道小铺子安置点、蚂蚁堆村功夫田安置点、蚂蚁堆村驿亭新村安置点、马台村良子田安置点,其余都是农村集中安置。

针对易地搬迁户,临翔区采取发展特色农林业、发展劳务经济、发展现代化服务业、资产收益扶贫、社会保障兜底(特困人员供养、最低生活保障)等方式进行帮扶,实现易地搬迁对象至少一人就业。蚂蚁堆村驿亭新村易地扶贫搬迁集中安置点,占地150亩,总投资4300万元,集中搬迁安置建档立卡贫困人口168户618人;通过实施易地搬迁、产业扶贫、就业扶贫“三个组织化”,推动支部破难题、党员树标杆、群众立精神,引领村民自我管理、自我教育、自我服务、自我振兴,抓住沪滇合作机遇,建成“云雾培”蔬菜基地,借助华中科技大学定点帮扶建成蚂蚁堆茶厂,建立“支部+支部”联建帮扶机制,实现户均一人稳就业,实现搬迁群众“搬得出、稳得住、逐步能致富”目标。凤翔街道中山村易地扶贫搬迁集中安置点采取“党组织+企业+合作社+农户”的发展新模式,依托上百年的竹编历史文化,组建了吉华竹编农民专业合作社,通过盘活村集体闲置资源,建设了集竹编展示、销售、观光、体验于一体的中山竹艺馆,在培育壮大竹编产业和乡村旅游上做文章,走出了一条“融入党建带脱贫、抓好脱贫促党建”的新路子;带动群众直接增收268.86万元,促进就业143人,月人均增收2800元,2019年村集体经济收入达到26.2万元。

第三节　打造脱贫攻坚临翔方案

党中央、国务院向全党全国发出脱贫攻坚决战令以来，在省委省政府、市委市政府的坚强领导下，临翔区坚持以习近平新时代中国特色社会主义思想为指导，坚持精准扶贫精准脱贫方略，坚持脱贫攻坚目标和现行扶贫标准，坚持大扶贫工作格局，聚焦深度贫困村和特殊贫困群体，以实施脱贫措施户户清行动和脱贫攻坚项目库建设为抓手，全面激发贫困人口内生动力，全面夯实稳定脱贫基础，全面加强扶贫领域作风建设，坚决打赢脱贫这场对如期全面建成小康社会、实现第一个一百年奋斗目标具有决定性意义的攻坚战，为实施乡村振兴战略打牢根基。结合临翔区实际情况，打造了脱贫攻坚临翔方案。

一、工作原则

（一）坚持现行标准，确保质量

严格按照“两不愁三保障”要求，确保贫困人口不愁吃、不愁穿；保障贫困家庭孩子接受九年义务教育，确保有学上、上得起学；保障贫困人口基本医疗需求，确保大病和慢性病得到有效救治和保障；保障贫困人口基本居住条件，确保住上安全住房。要量力而行，既不能降低标准，也不能擅自拔高标准、提不切实际的目标。要把提高脱贫质量放在首位，更加注重帮扶的长期效果，夯实稳定脱贫、逐步致富的基础，确保脱贫攻坚成果经得起历史和实践检验。

（二）坚持问题导向，精准施策

紧盯贫困对象脱贫需求，全面激发“人的资源”“物的资源”，以问题为导向，开展脱贫措施户户清行动、科学编制脱贫攻坚项目库，因村因户因人精准施策，做到扶真贫、真扶贫，脱真贫、真脱贫。

（三）坚持聚焦重点，攻克堡垒

聚焦深度贫困乡村和“直过民族”、人口较少民族地区，聚焦低保户、危房户、重病户、残疾人户、无劳力户等特殊困难群体，集中力量攻克贫中之贫、难中之难、坚中之坚。

（四）坚持各方参与，凝聚合力

充分发挥政府和社会两方面力量作用，强化政府责任，引导市场、社会协同发力，完善专项扶贫、行业扶贫、社会扶贫互为补充的大扶贫格局。强化脱贫光荣导向，更加注重培养贫困群众依靠自力更生实现脱贫致富的意识，更加注重提高贫困地区和贫困人口自我发展能力。

（五）坚持建强组织，锤炼作风

以提升组织力为重点，推动农村党的基层组织有效嵌入各类组织，农村党的工作有效覆盖贫困群体。把脱贫攻坚战场作为培养锻炼干部的重要阵地，深入践行“临翔作风”，强化基层帮扶力量，做到脱贫攻坚与锤炼作风、锻炼队伍相统一，以最实作风啃最硬骨头。

（六）坚持统筹推进，巩固提升

把开发式扶贫作为脱贫基本途径，开发式扶贫和保障性扶贫相结合，针对致贫原因和贫困人口结构，加强和完善保障性扶贫措施，造血与输血协同，发挥两种方式的综合脱贫效应。健全巩固脱贫成果长效机制，实行脱贫不脱政策、不脱帮扶、不脱项目、不脱责任。

二、重点方法

（一）自下而上，完善提升项目库

结合实际，从村级开始，以贫困对象家底、致贫原因、帮扶措施、投入产出、帮扶责任、脱贫时序“六清”为基础，面对面与群众商量定策，实打实落实脱贫措施，精而精安排资金项目，自下而上层层查漏补缺，层层规划、层层把关，完善到村到户到人项目库，提升脱贫攻坚村级施工图、乡级路线图、县级项目库质量，形成区、乡、村“一盘棋、一本账”。

（二）自上而下，逐级开列三张清单

围绕脱贫攻坚战的工作目标和项目库建设，区、乡、村三级分别列出“目标、问题、责任”三张清单，确保问题有人发现、工作有人落实、责任有人担当。

（三）上下联动，统筹协调订计划

区、乡、村三级分别研究制订阶段和年度实施计划，快速、主动、有序、稳步推进好、落实好各项工作。行业扶贫主责部门对应职能职责制定工作方案，明确目标任务，主动承接项目，全力组织实施，确保各项工作纵向到底、横向到边。

（四）以下为主，到村到户攻堡垒

以乡（镇、街道）为主体、建制村为单位，倒排时间、倒排工期，逐村逐户精准组织实施，逐个逐项攻克堡垒，全面解决贫困群众"两不愁三保障"问题，补齐农村基础设施和基本公共服务短板和弱项，确保全面、精准、如期脱贫。

三、重点措施

(一)强化责任落实

区级承担主体责任，负责制订实施计划，优化配置各类资源要素，组织落实各项政策措施，每月至少专题研究一次脱贫攻坚工作，党政正职是实施的第一责任人，主要精力用于脱贫攻坚。

乡(镇、街道)是实施主体，乡(镇、街道)党政正职是具体责任人，负责抓好辖区内任务落实，将政策宣传到村、组、户，调动群众参与的积极性，组织乡(镇、街道)、村干部、各级"挂包帮"责任人、工作队员分片包干，完善乡(镇、街道)工作管理台账，协调处理好工作推进中的问题，做到矛盾不上交，问题不出乡(镇、街道)。

建制村是基础，村党支部委员会、村民委员会(以下简称村"两委")、驻村扶贫工作队是直接责任人，负责组织实施村级施工图项目，建立村级工作台账，强化政策宣传、发动群众参与，化解矛盾纠纷，做到小事不出村。

实施三级书记遍访贫困对象行动，区委书记遍访贫困村，乡(镇、街道)党委书记和村党组织书记遍访贫困户。区委书记、区长到乡(镇、街道)、到部门对政策措施落实情况进行分析研究和安排部署。2016 年以来，先后走访了 89 个有建档立卡贫困户的建制村和 1114 个村民小组。以遍访贫困对象行动带头转变作风，接地气、查实情，了解贫困群体实际需求，掌握第一手资料，发现突出矛盾，解决突出问题。

(二)强化基层组织建设

深入实施脱贫攻坚与基层党建"双推进"，加强贫困村特别是深度贫困村领导班子和基层组织建设，提高基层组织发展集体经济、带领群众脱贫的能力。优化完善农村基层党组织设置，在农民专业合作社、农业社会化服务组织、农业产业链、农民工聚居地等领域建立党组织。

完善村级组织运转经费保障机制，加强活动场所建设管理使用，逐步提高村干部待遇。全面整治软弱涣散村党组织，对经教育帮助仍责任心不强、作风漂浮、能力较弱、不称职的村干部坚决调整。

严格落实"四议两公开"、村务财务公开、村账乡代管等制度，从严管理监督村干部队伍。开展"脱贫攻坚、基层党建"红旗村创建评先活动，充分调动干部积极性。

(三)强化社会力量参与

把人才支持、市场对接、劳务协作、资金支持等作为协作重点,加大与上海市崇明区东西部扶贫协作力度。

加强与中央、省定点扶贫帮扶单位汇报衔接,争取更多支持。

协调驻地部队积极承担帮扶任务,参与扶贫行动。

激励各类企业、社会组织扶贫,深入推进“百企帮百村”精准扶贫行动,引导民营企业积极参与脱贫攻坚。

精心组织开展“扶贫日”系列活动,率先开发销售“心手相牵”“10·17”爱心扶贫茶,并在临沧市推广。大力推广应用“中国社会扶贫网”,引导和鼓励更多社会力量参与特殊群体关爱服务。动员组织各类志愿服务团队、社会各界爱心人士开展扶贫志愿服务。

(四)强化信息数据精准衔接

完善动态管理机制,做到“脱贫即出、返贫即入”。

先行先试,率先开发“临翔区精准脱贫大数据网络平台”,并适时调整完善平台系统功能模块,与全国扶贫开发系统精准对接,通过数据交换等方式,实现户籍、教育、健康、就业、社会保险、住房、银行、农村低保、残疾人等信息和农村贫困统计监测数据与贫困人口建档立卡数据有效对接。

强化扶贫开发大数据平台共享使用,拓展扶贫数据系统服务功能,为脱贫攻坚决策和工作指导等提供可靠手段和支撑。

建立脱贫成效巩固提升监测机制,对脱贫户实施跟踪和动态监测,及时了解其生产生活情况。

(五)强化考核评估问效

突出实绩和工作成效,按照年终考核与平时考核相结合的方式,硬碰硬开展考核评估。

建立脱贫攻坚考核工作人才库,将可整合的行业考核等并入脱贫攻坚综合考核,对扶贫开发工作成效、行业扶贫、“挂包帮”定点扶贫考核等统筹安排、一次完成。

实行常态化约谈,随时发现问题随时约谈。

树立扎实苦干的导向,严格落实奖惩制度,旗帜鲜明表扬干得好的、实绩突出的。

严肃考核纪律，强化考核责任，保证考核结果的公正性和公信力，对不负责任、造成考核结果失真失实的，严肃追究责任。

(六)强化监督执纪问责

把作风建设贯穿脱贫攻坚全过程，着力解决扶贫领域“四个意识”不强、责任落实不到位、工作措施不精准、资金管用不规范、“挂包帮”目标任务不明确、工作队队员工作作风不扎实等突出问题，大力整治敷衍塞责、不严不实的数字脱贫、虚假脱贫等形式主义。开展了4轮全覆盖督查巡查，派出脱贫攻坚专项督查组，采取随机调研、定期督查、明察暗访等方式入村入户进行专项督查，督促干部坠底推进工作；以责任落实、工作作风、任务推进三个方面为重点全面开展专项纪律检查，重在发现问题、解决问题、落实工作，着力解决群众反映强烈、损害群众利益的突出问题。5年来，共受理扶贫领域问题线索1439件，处置办结1430件。其中，受到批评教育215人次，受到问责处理50人，受到党纪处分40人，政务处分15人，党纪政务双重处分5人，通报曝光典型案例83起132人。

充分发挥脱贫攻坚督查巡查组和督导组作用，持续开展常态化、全过程督查巡查。把脱贫攻坚纳入巡查工作重要内容。充分发挥纪委、监察委职能作用，扎实开展扶贫领域腐败和作风问题专项治理，严厉惩治扶贫领域违纪违法问题，发现一起处理一起，加大公开通报曝光力度，强化警示教育和震慑作用，坚定不移推进全面从严治党向扶贫领域纵深发展、向基层延伸。

(七)强化风险防范

防范产业扶贫市场风险，防止产业项目盲目跟风、一刀切导致失败造成损失，要对扶贫主导产业面临的技术和市场等风险进行评估，制定防范和处置风险的应对措施。

防范扶贫小额贷款还贷风险，纠正户贷企用、违规用款等问题。防范加重政府债务风险，防止以脱贫攻坚名义盲目举债，防止金融机构借支持脱贫攻坚名义违法违规提供融资，坚决遏制隐性债务增量。防范社会风险，防止贫困户和其他农户因享受政策利益失衡引发矛盾，做好群众疏导工作。健全涉贫舆情分级管理和处置机制，及时引导社会舆论。

(八)强化氛围营造

广泛开展脱贫攻坚宣传，充分利用广播、电视、网络等宣传媒介，宣传、阐释脱贫攻坚的方针政策，宣传各地的丰富实践和典型经验，提振基层干部群众干事创业的精气神。每年组织评选一批扶贫先进单位、社会扶贫模范、扶贫先进工作者、优秀驻村扶贫工作队员、扶贫优秀村干部、光荣脱贫户等先进典型进行表扬宣传，增强全区上下对脱贫攻坚的向心力和凝聚力。

第二章

强化领导　建强组织

习近平总书记指出：党和国家要把抓好扶贫开发工作作为重大任务，贫困地区各级领导干部更要心无旁骛、聚精会神抓好这项工作，团结带领广大群众通过顽强奋斗早日改变面貌。当官不为民做主，不如回家卖红薯，说的就是这个道理。临翔区委区政府牢记习近平总书记的嘱托，坚决把脱贫攻坚工作抓牢抓实抓出成效。

第一节　区委统一领导

在打赢这场前所未有的脱贫攻坚战过程中，临翔区充分发挥党委总揽全局、协调各方的领导核心作用，坚持一把手总决策、负总责。出台了《关于实施"328"工程坚决打赢脱贫攻坚战的决定》《临翔区开展农村危房改造和抗震安居工程建设大会战实施方案》《临翔区农村危房改造和抗震安居工程资金补助及贷款政策》《临翔区"十三五"脱贫攻坚规划》，制定了《临翔区精准扶贫工作10项要求20条具体工作措施》以及涵盖农村危房改造、"挂包帮"工作、易地扶贫搬迁、资金管理等综合性政策，形成了脱贫攻坚政策支撑体系。

一、临翔区脱贫攻坚的指导思想和基本原则

《临翔区"十三五"脱贫攻坚规划》指出，党的十八届五中全会把脱贫攻坚作为实现第一个百年奋斗目标的重点工作，摆在更加突出的位置。临翔区农村贫困面大、贫困人口多、贫困程度深，是云南省脱贫攻坚的主战场，

脱贫攻坚事关全面建成小康社会，事关人民福祉，事关边疆繁荣稳定民族团结进步，已进入啃硬骨头、攻坚拔寨的冲刺期。全区上下必须把思想和行动统一到党中央、国务院、省委省政府和市委市政府的决策部署上来，把脱贫攻坚作为最大的民生工程、重大的政治责任和战略性任务来抓，齐心协力打赢脱贫攻坚战，确保在全面建成小康社会路上一个贫困乡镇都不掉队、一个兄弟民族都不落伍、一个贫困群众都不落下。

1. 指导思想

临翔区"十三五"脱贫攻坚规划的指导思想是：全面贯彻落实党的十八大和十八届三中、四中、五中、六中全会，中央、省、市扶贫开发工作会议精神和省委九届十二次全会，市委三届八次全会、四届一次全会，区委三届十一次全会精神，以邓小平理论、"三个代表"重要思想、科学发展观为指导，深入贯彻习近平总书记系列重要讲话和考察云南重要讲话精神，围绕"四个全面"战略布局，牢固树立并切实贯彻创新、协调、绿色、开放、共享的发展理念，以脱贫攻坚统揽经济社会发展全局，坚持精准扶贫、精准脱贫基本方略，按照"六个精准"的要求，强力推进"五个一批"工程，聚焦邦东、马台、平村3个贫困乡和28个贫困村，深入推进"328"行动计划，以刚性的工作目标、刚性的实施计划、刚性的政策措施、刚性的考核问责，举全区之力，坚决打赢脱贫攻坚战，确保2017年实现全区脱贫摘帽，逐步巩固提升和提质增效，到2020年与全国全省全市同步达到小康水平。

2. 基本原则

（1）坚持党政主导、群众主体。全区各级党政组织要以精准扶贫、精准脱贫统揽经济社会发展大局，将其作为一号工程，精确谋划、全力推进。要教育、引导群众正确处理国家扶持、社会帮扶和自身努力的关系，自力更生、艰苦奋斗、勤劳致富，发挥群众主体作用，增强贫困人口自我发展能力。

（2）坚持定责问责、上下联动。在脱贫攻坚工作中，区委区政府承担主体责任，各乡镇（街道）党委政府承担主抓责任，各级党政主要领导为第一责任人。严格落实区级领导、包村部门、乡镇（街道）的领导责任，全面夯实驻村工作队、"第一书记"、村支书、村主任、结对包扶干部的工作责任，定目标、定责任、定措施，实行最严最实的脱贫攻坚跟踪督查、考核问责机制，形成纵向到底、横向到边的责任链条。

（3）坚持资源整合、同心同向。统筹区内外资源，整合各类项目、资金，定向投向贫困村、贫困户，引领市场、社会、企业协同发力，形成同心同向脱贫攻坚的强大合力。

(4)坚持精准施策、定向发力。认真落实“六个精准”“五个一批”的要求,综合采取发展产业、旅游扶贫、就业创业、劳务输出、移民搬迁、生态补偿、教育扶贫、健康扶贫、医疗救助、兜底保障等措施,一村一策、一户一法,精准滴灌、对症治疗,确保精准脱贫、稳定脱贫。

围绕加快建设幸福临翔的大局,切实加强组织领导,建立健全工作责任制,完善扶贫开发投入长效机制,创新规划实施机制,动员和组织全区人民为实现脱贫攻坚目标而努力奋斗。

二、建立区、乡、村“三级书记”抓扶贫的工作机制

临翔区始终把脱贫攻坚作为最大政治任务和第一民生工程,严格落实“党政‘一把手’负总责、五级书记抓扶贫”责任制,坚持以脱贫攻坚统领经济社会发展全局,围绕“两不愁三保障”总体目标,举全区之力强化组织领导,打牢基础,从而确保脱贫攻坚战赢得胜利。

(一)成立以区委书记、区长任组长的“双组长”扶贫开发工作领导小组

领导小组下设指挥部,由区委副书记担任指挥长,区委办主任、1 名区人大常委会副主任、区政府分管扶贫工作副区长、1 名区政协副主席担任副指挥长,集中办公,坐镇指挥,高位推动。乡、村也相应成立领导机构和工作机构,明确专人负责脱贫攻坚各项工作。区、乡、村逐级立下军令状、签订责任书,真正压实乡(镇、街道)、村两级和行业部门、区直挂包部门的责任,把压力传导到最末端,形成“三级书记”抓、“一盘棋”推进的工作格局。各级各部门签订责任书、立下军令状 1513 份,2015 年以来召开扶贫领导小组会议 17 次、区委政府专题会议 146 次。在区委的统一领导下,形成了人力向脱贫攻坚集中、资源向脱贫攻坚集结、项目向脱贫攻坚集聚,上下齐心抓脱贫,全社会共同参与脱贫攻坚的良好格局。

为做实做细建档立卡,扣好“第一颗纽扣”,打牢脱贫攻坚基础,区里主要领导带头学政策、抓脱贫、促攻坚,亲自安排、亲自部署、带头落实,坚持“扁平化”调度,一线督战、一线指挥、一线办公、一线解决问题,坚持遍访贫困村、坚持走访脱贫风险最高村民小组、坚持入最穷农户。

在具体工作中,临翔区相关党员干部对照“两不愁三保障”标准,初步锁定贫困对象,再经村“两委”内部评议、党员评议、村民评议,村委会初定、村民代表议定、乡镇审定、区级确定的“三评四定”程序层层筛选把关,确保识别结果客观真实、情况准确、信息全面。严格执行村委会审查公示、乡镇人民政府审核公示、区人民政府审定公告,行业部门信息比对的“两公示一

公告一比对”程序，采取和周边群众旁证核查、行业部门筛查比对、全覆盖公开举报电话、设置举报信箱等措施，广泛听取群众意见，切实提高群众的参与度、认可度、满意度，确保“不错评一户、不漏评一人”。

（二）严格落实工作要求

为了严格贯彻落实习近平总书记扶贫开发战略思想和中央、省委、市委扶贫开发工作会议精神，临翔区出台了《贯彻落实〈临翔区实施328工程坚决打赢脱贫攻坚战实施意见〉责任分工方案》，成为指导全区打赢脱贫攻坚战和做好扶贫开发工作的纲领性文件。

1.加强组织领导

要求各乡（镇、街道）和区级有关单位切实把思想和行动统一到区委区政府的决策部署上来，充分发挥职能职责作用，切实落实脱贫攻坚“一把手”责任制，采取超常规举措组织实施，拿出过硬办法推进落实，做到项目优先安排、资金优先保障、工作优先对接、措施优先落实，以高度的政治自觉和行动自觉，坚决打赢脱贫攻坚这场硬仗。

2.分解细化责任措施

区级各有关单位紧紧围绕“328”工程，认真对照责任分工方案提出的工作任务，切实负起责任，加强协作配合，及时沟通协商，形成工作合力。各牵头单位积极协调主要参加单位认真研究部署，进一步细化分解各项目标任务，抓紧制定实施方案和年度计划，明确任务事项、责任领导、任务落实时间和进度安排，实施方案和年度计划报送区扶贫开发领导小组办公室和区委督查室、区政府督查室。各主要参加单位主动对接牵头单位，进一步明确责任内容、责任目标和推进时限。牵头单位要及时汇总工作进展情况，严格按照旬报（每月逢6上报）、月报（每月24日前上报）、季报（每季度最后一个月24日前上报）、半年报（每年6月1日前上报）、年报（每年12月1日前上报）的要求，按时向区扶贫开发工作领导小组办公室报送工作推进情况，由区扶贫开发领导小组办公室汇总报区委区政府，并报市扶贫开发领导小组。

3.抓好工作衔接落实

要求各乡（镇、街道）切实履行责任主体、工作主体和实施主体职责，党政主要领导是第一责任人，对照责任分工方案进一步细化分解本地区脱贫攻坚各项工作任务，做到责任明确、分工明晰。负责做好精准识别、进度安排、项目落地、资金使用、人力调配、脱贫计划、推进实施、统计监测等工作，并按时上报进展情况。加强与区级单位和部门的沟通联系，无缝对接、有序衔接，上下联动、左右互动，切实形成脱贫攻坚的强大合力。

4. 强化扶贫开发工作责任，细化区、乡（镇）、村三级扶贫开发职责

区级做好制定规划、出台政策、下达项目、组织动员、检查指导等工作。区级承担主体责任，组织实施精准扶贫精准脱贫，对建档立卡贫困人口定期进行全面核实，建立精准扶贫台账，实行有效管理。乡（镇）承担具体责任，乡（镇）书记、乡（镇）长要跑遍辖区内所有的贫困户，掌握贫困户分布状况，分析致贫原因，制定帮扶措施，建立包村包户的帮扶责任制，实现精准施策、精准发力，精准帮扶、精准脱贫。村级重点是选好发展路子，落实帮扶措施，发动群众帮扶，组织发展生产，增加村集体经济收入。

5. 切实加强督促检查

要求区扶贫办积极发挥职能作用，加强工作协调，及时跟踪各项工作的具体落实情况，每半年听取一次责任单位和部门落实工作责任情况汇报。区委督查室、区政府督查室要对责任分工方案进行立项督查，并将其列为年度重点督查事项，采取定期督查、随机抽查、实地核查等形式，对各乡（镇、街道）、区直各单位贯彻落实情况进行督促检查，确保《临翔区实施328工程坚决打赢脱贫攻坚战实施意见》和责任分工方案确定的各项目标任务和安排部署落地生根、落实到位。对督查过程中发现的不作为、慢作为、不担责的行为予以通报，情节严重给落实工作造成较大影响的，进行追责问责，直至免职。

三、着力解决区域性整体贫困问题

精确瞄准集中连片特困地区，实施区域开发与精准扶贫双轮驱动，扎实推进连片整体开发，有效破解区域性贫困难题。

一是加快推进滇西边境片区、石漠化片区扶贫攻坚。以滇西边境片区、石漠化片区规划为统领，落实“区级领导挂片联县包乡”工作机制，协调推进片区规划项目的落地和实施，加大对交通、水利、教育、林业、住建、国土等行业部门资金的整合力度，引导各行业部门政策、项目及资金等优势资源向两大片区流动，集中聚力推进贫困地区区域发展与扶贫攻坚。主要围绕民生改善、产业发展、基础设施、公共服务、生态保护和能力建设六个方面，重点推进农村道路通畅、饮水安全、农村危房改造等10项重点扶贫工程建设。

二是加速推进澜沧江经济带、南汀河经济带综合扶贫开发。以绿色发展为主线，以发展生态产业为重点，统筹推动区域联动、资源整合、整体开

发，努力把南汀河开发开放经济带建设成为全区面向全市开发合作前沿带、绿色经济发展示范带。坚持生态优先、绿色发展，实施生态修复工程，加强沿江开发规划和空间管制，统筹推进沿线开发利用、水污染防治和生态廊道建设。围绕澜沧江—涓公河陆上联运航道、澜沧江百里长湖景区建设和沿岸特色产业发展，把澜沧江经济带临翔段打造成云南绿色经济发展的试验带、生态文明的重点带。

三是着力推进特困区域小片区综合开发试点。按照贫困类型相似、致贫因素相近、贫困特点相同，精确瞄准贫困区域主攻，划片实施，集中力量，分片围剿突破，巩固发展南美、章驮片区综合扶贫开发成果，继续推进邦东、马台、平村片区和那招、细博片区等综合扶贫开发，重点围绕农村道路建设、水利设施改善、增收致富产业培育、劳动力素质提升、农村饮水安全、生态环境保护等重点民生改善，加快推进深度贫困区域扶贫攻坚步伐，做到实施一片，脱贫一片，带动一片。

第二节　指挥部统一指挥

为进一步加强对脱贫攻坚工作的指挥协调，整合脱贫攻坚工作力量，形成统一指挥、统一调度、统一协调、统一推进、统一督查、统一检查考核的工作指挥体系，为脱贫攻坚提供坚强的组织保障，根据中央、省、市关于坚决打赢脱贫攻坚战的相关要求，临翔区于 2015 年底成立脱贫攻坚指挥部。

一、临翔区脱贫攻坚指挥部基本情况

临翔区脱贫攻坚指挥部由区委副书记担任指挥长，分别由区委常委区委办主任、1 名区人大常委会副主任、区政府分管扶贫工作副区长、1 名区政协副主席担任副指挥长，集中办公坐镇指挥，高位推动。10 个乡(镇、街道)分别配备了 1 名脱贫专干，89 个建制村分别配备了 1 名专职扶贫信息员。全区上下做到领导带头学政策、抓脱贫、促攻坚，亲自安排、亲自部署、带头落实。

办公室下设综合协调组、资源统筹组、易地扶贫搬迁项目组、问题清单督办组、村庄规划质量监督组、资金管理组、宣传策划组、工作促进组及工作督查组，并抽调区级行业部门 52 名干部实行集中办公，负责组织协调全区脱贫攻坚工作。

临翔区脱贫攻坚指挥部的核心工作是脱贫攻坚项目库建设。临翔区

脱贫攻坚项目库建设工作，一直根据中央、省、市要求进行完善，力求以项目库为抓手，助推精准扶贫。结合临翔区实际，为进一步加强项目库建、管、用，制定了《临翔区脱贫攻坚项目库管理办法（试行）》，明确村（社区）、乡（镇、街道）、区级行业主管部门各级责任，建好、管好、用好项目库。

二、以脱贫攻坚项目库建设为工作重点

为进一步贯彻落实国务院扶贫开发领导小组和省委省政府开展扶贫领域腐败和作风问题专项治理的要求，强化财政扶贫资金监管，确保资金使用规范、安全、高效，根据《临沧市扶贫开发领导小组转发〈云南省扶贫开发领导小组印发关于加强县级脱贫攻坚项目库建设和完善扶贫资金项目公示公告制度的实施意见〉的通知》（临开组〔2018〕7 号）文件精神，制定本实施方案。

（一）总体要求

1. 指导思想

全面贯彻落实党的十九大精神，以习近平新时代中国特色社会主义思想为指导，坚决贯彻中央脱贫攻坚决策部署，牢牢坚持精准扶贫精准脱贫基本方略，践行党的群众路线，转变干部工作作风，夯实精准施策基础，提高农村治理能力，强化扶贫资金全过程监管，预防扶贫领域腐败问题，着力解决基层扶贫资金使用不够精准、透明度不高，群众知晓率、参与度不够的突出问题，确保脱贫攻坚各项政策措施落细、落小、落实，坚决打赢全区脱贫攻坚战。

2. 基本原则

坚持目标导向，确保基本。以贫困退出为目标，以区级十三五脱贫攻坚规划为引领，紧紧围绕稳定实现贫困人口“两不愁三保障”目标，下足绣花功夫，对标对表对人，充分尊重群众意愿，注重扶贫与扶志、扶智结合，注重脱贫后续巩固提升，按照“缺什么补什么”的原则，结合项目区资源优势和实际，进一步调整完善县、乡、村脱贫攻坚规划，做到区有项目库、乡有“路线图”、村有“施工图”，户有“明白卡”，确保脱贫攻坚各项政策措施落到实处。补齐短板，有限时间内解决有限问题，既不降低标准，也不随意提高标准。

坚持问题导向，精准施策。充分利用建档立卡工作成果，紧盯贫困人口的基本需求，对标对表找准问题和差距，结合地方实际和资源禀赋，分类分级分层负责，因村因户因人施策，做实村级施工图，坚决杜绝各种形式的

“大水漫灌”。

坚持群众参与，公开透明。尊重群众的主体地位，深入细致做好群众工作，充分听取意见，接受监督，保障群众的知情权、参与权、表达权、监督权，让群众有实实在在的认同感和获得感。

坚持统筹协调，勇于创新。脱贫攻坚项目库建设要围绕区级“十三五”脱贫攻坚规划，以规划为项目库建设的基本前提，避免储备项目与规划脱节，并与行业部门规划、土地利用规划、城乡建设规划、生态保护建设规划相衔接，发挥政府引领和市场机制作用，立足当前，注重长远，创新思路，大胆探索，确保实效。

3. 工作要求

规范申报流程，严格按照“村申报—乡审核—区审定”的流程编报入库项目，强化行业主管部门审查职责，由行业主管部门负责对项目科学性、合规性、可行性进行论证，重点对行业标准、工程设计、实施内容、投资概算、补助标准、绩效目标、项目级次，包括市场、环保等风险，以及经济、生态等效益进行论证，提高入库项目质量。同时，要求各级公示公告时间不少于10天，让入库项目接受社会监督。

坚持规划引领、适度超前的原则，聚焦精准、科学立项的原则，群众参与、公开透明的原则，动态管理、逐步完善的原则。未脱贫农户针对“两不愁三保障”突出问题补齐短板，已脱贫农户主要以产业扶贫及能带动群众增收的项目为重点，紧扣脱贫攻坚目标建设任务，切实解决行政村和困难群众的实际需求。

严把项目入库关，对与脱贫攻坚无关的项目、盲目提高脱贫标准的项目、搞形象工程的项目、未建立带贫减贫机制的项目等，一律不得纳入项目库，严格执行项目库入库项目“负面清单”；坚持项目申报、审核、审定基本程序，及时更新项目，提高项目库建、管、用精准化程度，确保项目能及时落地并发挥效益。

强化项目后续管理制度建设，研究和制定扶贫资产管理措施，明确管理体制、资产权属、收益分配等，防止资产闲置和损失浪费。

（二）做实区级脱贫攻坚项目库

根据《临翔区“十三五”脱贫攻坚规划》《临翔区统筹整合使用财政涉农资金试点实施方案》，区级脱贫攻坚项目库建设按照以下步骤进行。

1. 项目范围

财政专项扶贫资金、整合涉农资金、参照财政专项扶贫资金管理的资金所安排实施的项目，以及其他涉及扶贫到村到户的项目，都应纳入项目库进行管理。

2.项目选择

以区级脱贫攻坚规划已有项目库为基础，自下而上和自上而下相结合选择项目。针对贫困户致贫原因和贫困村薄弱环节，分析内外部资源条件，确定因人因户精准帮扶措施，锁定贫困村基础设施和公共服务提升需求，形成贫困户项目需求和贫困村项目清单。同时，结合已有各类规划，将与脱贫攻坚密切相关的项目一并纳入项目库，使脱贫攻坚规划更好地指导精准施策。纳入项目库的项目名称、建设地点、建设性质、建设年度、建设内容及规模、补助标准、覆盖受益对象、资金规模及申请补助资金、项目实施单位、项目主管部门（责任部门）等基本要素要翔实、精准。

3.项目库管理

按照“目标、任务、资金、权责”四到县原则，县级对项目库管理负总责，实行村申报、乡审核、县审定。申报项目应在贫困户项目需求和贫困村项目清单基础上形成，项目分区、乡、村三级公示，公示无异议后，项目分类别、分时序入库。项目入库程序完整，乡制定“路线图”，村制定“施工图”，户建立“明白卡”，重点明确项目完成时序和保障措施，建立项目责任制。项目实行动态管理，有进有出，适时更新，成熟一批入库一批。项目审定后及时录入云南省精准扶贫大数据管理平台。

4.项目库使用

根据临翔区年度脱贫目标制定项目计划或实施方案，列入计划或实施方案的项目，从项目库中选择。

（三）落实扶贫资金项目公示公告制度

1.公示公告范围

项目库内的项目都要纳入地方政府政务公开范畴，实行全过程公开。区级要公开资金分配和项目实施方案的主要内容，乡（镇）要公开项目资金来源和实施情况。到户项目必须公开到组，到组项目必须公开到村，村级项目在本村范围内公开；涉及跨乡（镇）实施的项目，除在本乡（镇）范围内公开外，还应在所辖乡（镇）涉及的村公开。

2.公示公告内容

项目资金公示公告内容应包含资金规模、资金来源、受益对象、项目招投标、实施单位、资金支付、资金结算及审计等情况。到村项目公示公告内容应包含项目名称、实施地点、建设内容、施工单位及责任人、监理单位及责任人、资金构成和投资标准、质量要求等。到户项目应明确项目名称、受益对象、资金来源及规模、实施时限和责任人、实施目标及成效，资产收益项目应公开投资额、投资对象、期限、受益对象等。同时，区、乡、村三级要做好公示公告资料的归档工作。

3.公示公开方式

项目资金要按照谁分配、谁公开，谁使用、谁公开，分配到哪里、公开到哪里的原则，分级进行公示公告。项目要进行事前公示、事后公告，项目在哪里实施，就要公示公告到哪里。区、乡两级应通过门户网站、报刊、广播、电视、公示牌(栏)和其他方式公开。在村级实施的项目和到户项目，要在群众便于知晓的地方进行公示，有条件的可通过手机 App、短信等方式公开。

4.保障群众知情权、参与权、表达权和监督权

建立群众参与的工作机制，充分保障群众知情权、参与权、表达权和监督权，项目实施前充分尊重群众意愿、听取群众意见，项目确定后应告知群众。项目实施相关内容应向群众公示公告，群众能参加的项目尽量吸收群众参与建设。村级实施的项目，应组织村民代表作为义务监督员进行全过程监督。

(四)时间安排

1.摸底调查阶段(2018 年 1 月 19 日—2018 年 1 月 31 日)

根据贫困户、贫困村脱贫标准，各乡(镇、街道)要认真组织各行政村开展项目摸底调查，入户征询，紧盯贫困人口的基本需求，对标对表找准问题和差距，结合地方实际和资源禀赋，因村因户因人施策，做实村级施工图、乡级路线图，坚决杜绝各种形式的“大水漫灌”。驻村扶贫工作队、第一书记要认真履行职责，积极协助村“两委”抓好工作落实，提出村级项目清单。

2.村级申报(2018 年 2 月 1 日—2018 年 2 月 7 日)

脱贫攻坚项目以村为单位向所在乡(镇、街道)申报，项目应考虑村庄实际情况，并且召开会议经过充分论证后申报，参会人员应包括村“两委”成员，驻村扶贫工作队、第一书记、村民小组长、村民代表等。

3.乡级初审(2018 年 2 月 8 日—2018 年 2 月 14 日)

村申报后，由乡(镇、街道)对项目可行性、是否符合规划进行初级审核，并在村级项目清单的基础上加上乡级实施的项目，形成乡级项目清单向区级申报。初审要注意列入项目库的项目要围绕区级“十三五”脱贫攻坚规划，并与行业部门规划、土地利用规划、城乡建设规划、生态保护建设

规划相衔接，以规划为项目库建设的基本前提，避免储备项目与规划脱节。

4.区级汇总（2018年2月15日—2018年2月28日）

区扶贫开发领导小组办公室将乡（镇、街道）上报的项目清单进行汇总，形成区级项目清单，分类发至各行业部门进行预审。

5.行业部门预审（2018年3月1日—2018年3月9日）

区级行业扶贫部门对纳入项目库管理的项目承担预审职责，要对项目的合规性、真实性、可行性、与脱贫目标匹配性给出具体预审意见，切实加强与本行业规划的衔接，对乡（镇、街道）上报的项目清单进行补充完善，并将预审意见书面报区扶贫开发领导小组办公室。

6.区级审定（2018年3月10日—2018年3月14日）

区扶贫开发领导小组召集领导小组成员单位召开专题会议，审定区级脱贫攻坚项目库项目清单。项目审定后，将项目分类分发到各乡（镇、街道）、区级行业部门管理，村级项目清单由乡（镇、街道）负责分发。

7.公示公告（2018年3月15日—2018年3月20日）

项目清单经区级审定后，各级要进行公示公告。区、乡两级应通过门户网站、报刊、广播、电视、公示牌（栏）和其他方式公开。村级要在群众便于知晓的地方进行公示，有条件的可通过手机App、短信等方式公开。

8.市级备案（2018年3月21日）

区扶贫开发领导小组办公室将区、乡、村三级公示无异议的区级脱贫攻坚项目库项目清单上报市扶贫开发领导小组办公室备案。

9.系统录入（2018年3月22日—2018年3月31日）

各乡（镇、街道）根据区扶贫开发领导小组审定印发的《临沧市临翔区脱贫攻坚项目库项目清单》，及时将相关信息录入云南省精准扶贫大数据管理平台。

10.动态管理

项目库原则上每年调整一次，于每年7月份完成调整工作，下一年度的项目库建设工作必须在当年12月底全面完成。项目库的维护工作由区脱贫攻坚指挥部会同发改、扶贫、财政部门共同负责，对行业部门预审通不过的项目调整出列，对公示期间存在异议的项目，经调查核实并调整完善后方可入库。对项目库审定后确须调整的项目，各乡（镇、街道）及区直各部门要做好备案工作，在每年7月份开展项目库调整时，按程序报区扶贫开发领导小组审定。

三、开展脱贫措施户户清行动，加快推进脱贫攻坚项目库建设

根据《云南省扶贫开发领导小组办公室关于开展脱贫措施户户清行动，加快推进县级脱贫攻坚项目库建设的通知》（云开组办〔2018〕18号）要求，结合2018年临翔区建档立卡数据信息调整和补录工作，为有效开展全区脱贫措施户户清行动，制定了加快推进县级脱贫攻坚项目库建设的工作方案。

（一）工作目标

区扶贫开发领导小组成员单位、各乡（镇、街道）、区直各“挂包帮”单位要进一步提高政治站位，结合2018年临翔区建档立卡数据信息调整和补录工作，扎实开展脱贫措施户户清行动，切实把精准要求贯彻落实到脱贫攻坚的各环节、各领域和全过程，全面做到贫困对象家底、致贫原因、帮扶措施、投入产出、帮扶责任、脱贫时序“六清”，形成市、县（区）、乡（镇）、村“一盘棋、一本账”。要加快推进区级脱贫攻坚项目库建设工作，进一步做实村级脱贫攻坚施工图（实施方案）、乡级路线图（实施方案）、区级脱贫攻坚项目库，建立健全脱贫攻坚责任体系，为坚决打赢打好精准脱贫攻坚战奠定坚实基础。

（二）具体任务

1.贫困对象家底清

对建档立卡贫困人口进行深入摸底调查，摸清包括主要生产资料、劳动能力、住房、就医、就学、就业、主导产业等情况，细致分析，多重会商。

2.致贫原因清

要对贫困户家庭情况进行立体分析，准确判定主要致贫原因、次要致贫原因，为因户因人、查漏补缺、精准制定帮扶措施打下坚实基础。

3.帮扶措施清

针对贫困户家庭生产生活条件、发展能力和意愿，本着“取长补短、扶弱补缺”的原则，制定因户因人的具体帮扶措施，要把脱贫帮扶措施项目化、具体化、清单化、责任化，重点明确项目实施的方法、路径、时限、保障和责任体系，做实县级脱贫攻坚“一库两图”的编制工作。

4.投入产出清

紧扣“两不愁三保障”标准，逐项梳理所有到户到人项目，算清贫困户脱贫分类分年投资账，确定帮扶措施分类分年成效任务目标。

5.帮扶责任清

逐级建立专业化、网络化责任落实机制，明确区、县、乡、村各级组织和相关人员按任务目标牵头实施的责任体系，分类牵头、分类负责、分类实施、分类落实，做到县、乡、村的产业、就业、教育、医疗、住房、基础设施等项目专人专责，责任清晰，问题有人发现，工作有人落实，考核奖惩对标对人。

6.脱贫时序清

区扶贫开发领导小组以区摘帽为总目标，精准锁定贫困户和贫困村脱贫时间、脱贫顺序，统筹精准配置资源资金，精准实施各类项目，并据此完善贫困退出分年度脱贫计划。

（三）工作步骤和时间安排

1.开展户户清摸底调查阶段（2018年6月13日前）

区扶贫开发领导小组成员单位、各乡（镇、街道）、区直各“挂包帮”单位要结合当前正在开展的建档立卡数据信息调整和补录工作，统筹整合工作力量，同步推进项目库建设各项工作，要坚持目标导向和问题导向，紧扣“两不愁三保障”标准和脱贫目标任务，以村小组为单位，入村、入户、入项目实施点，全面开展脱贫措施户户清摸底调查分析，做到“六清”，即：贫困对象家底清、致贫原因清、帮扶措施清、投入产出清、帮扶责任清、脱贫时序清。要进一步做实贫困对象动态调整工作，彻底解决建档立卡贫困户信息错项、漏项、重复、自相矛盾、致贫原因偏移等各类不精准问题。要充分运用动态管理成果，进一步调整完善脱贫攻坚项目库，针对2018年度拟新识别、补录的贫困人口，一次规划，一次调整，一次完成，确保贫困对象应纳尽纳、应扶尽扶、应退尽退，实现零漏评、零错评、零错退，进一步夯实精准扶贫精准脱贫基础。

此项工作要结合建档立卡数据信息调整和补录工作的贫情分析阶段来开展完成。

（1）村申报。以村为基础，由村组干部、驻村工作队、村民代表、“挂包帮”部门参与，村“两委”和驻村工作队在认真分析因村因户因人致贫原因、资源禀赋、资金保障和脱贫需求的基础上，组织召开村“两委”会或村民代表大会，广泛征求意见，明确每个贫困户脱贫的住房、教育、医疗、产业、就业、社会保障方面的具体措施，明确村级必须解决的、与脱贫出列直接相关的基础设施和公共服务项目，提出立项意见，确定村级申报项目，并在村内予以公示后上报乡（镇）。各村要根据贫情分析结果，召开会议，因地制宜提出贫困户分类帮扶项目计划，对分类帮扶项目计划进行评议，研究制定阶段性目标和年度实施计划，做实村级脱贫攻坚施工图。此项工作于 6 月 15 日前完成。

(2)乡审核。乡(镇)主要领导牵头，组织乡(镇)班子、项目办、各村委会、驻村扶贫工作队队长参与，对各村申报的项目计划进行初审，并对申报项目的真实性、必要性以及建设内容、资金概算、预期效益、贫困群众参与情况和带贫机制等进行审核，审核后在(镇)公示，报县级项目主管部门。此项工作于 6 月 18 日前完成。

(3)区审核。区扶贫开发领导小组召集行业主管部门对乡镇报送项目的科学性、合规性、可行性进行论证，区级扶贫办结合脱贫攻坚规划及资金计划，汇总后合理确定项目库储备规模。区级扶贫开发领导小组负责本区脱贫攻坚项目库的审定、公示后，将符合条件的项目纳入项目库并予公告。此项工作 6 月 20 日前完成。

2. 脱贫攻坚三年滚动项目入库阶段(2018 年 6 月 30 日前)

认真备好乡、村项目库建设纸质信息材料，2018 年 6 月底前完成脱贫攻坚三年滚动项目入库，同步完成 2018 年项目实施计划编制工作。今后每年 11 月底前根据减贫任务和提前下达到区资金额度，从脱贫攻坚项目库中选择项目，编制下一年度项目计划。同时，按照省级要求，认真组织开展贫困对象数据清洗比对工作，实现全国扶贫开发信息系统数据与各行业部门数据有效衔接、无缝闭合，确保信息一致。

3. 落实精准施策到村到户到人阶段(2018 年 7 月至 2020 年 12 月)

围绕全区脱贫攻坚工作目标，区、乡、村自上而下分别列出“工作目标表、问题清单表、落实责任表”三张表，挂出作战图，分级、分层、分行业部门研究制定阶段性目标和年度实施计划，倒排时间，倒排工期，逐级抓好脱贫攻坚责任落实、政策落实、工作落实，全力推进精准施策到村到户到人，提高脱贫质量，确保完成脱贫攻坚各项目标任务。

(四)工作要求

1. 提高思想认识

开展脱贫措施户户清行动，加快推进县级脱贫攻坚项目库建设工作，是贯彻落实习近平总书记精准扶贫精准脱贫方略的重要举措，是压实攻坚责任、推动精准施策和提高脱贫质量的重要基础，是提高扶贫资金使用效率的重要环节。此项工作纳入省对市(州)、县(区)党委和政府扶贫开发工作成效考核及督查巡查内容，区扶贫开发领导小组成员单位、各乡(镇、街道)务必高度重视，提高政治站位，准确研判省、市、区脱贫攻坚面临的形势，结合当前开展的建档立卡数据信息调整和补录工作，切实把工作抓紧抓实抓好。

2.强化责任落实

建立横向到边纵向到底的责任体系，区级负责统筹协调区域内跨县（区）脱贫攻坚项目，对项目库建设及实施、资金使用与管理、目标任务完成等工作进行督查指导。乡（镇）是实施主体，乡（镇）党委政府主要领导是具体责任人。负责制定乡级“路线图”和年度计划，抓好任务落实、项目资金管理，将政策宣传到村、组、户，调动群众参与脱贫的积极性，组织乡（镇）、村干部、各级“挂包帮”责任人、工作队员分片包干负责脱贫攻坚工作，健全完善乡（镇）工作台账，协调处理好脱贫攻坚中的问题，做到矛盾不上交，问题不出乡（镇）。村组是基础，村“两委”、驻村扶贫工作队是直接责任人，负责制定村级“施工图”和年度计划，组织实施脱贫攻坚项目，落实项目资金管理，建立村、组工作台账，强化政策宣传，发动群众参与脱贫攻坚，化解矛盾纠纷，做到小事不出村组。进一步压实村级“最后一公里”责任，脱贫攻坚工作成效与村干部奖惩挂钩，与驻村工作队队员考核、问责、召回挂钩。行业扶贫部门要全面参与项目库建设工作，对纳入项目库管理的项目承担预审职责，对项目的合规性、真实性、可行性、与脱贫目标匹配性给出具体预审意见，切实加强与本行业规划的衔接。实行区直“挂包帮”单位、行业扶贫部门与所挂钩的乡、村脱贫攻坚捆绑考核，责任共担、结果共用。

3.严格工作程序。

严格按照“村申报、乡审核、县审定”的程序规范项目入库工作，采取七步工作法，即：动员培训、摸底调查、村申报、乡审核、区级行业部门复审、区审定、项目入库备案。区级审定环节至关重要，务必合理确定资金规模，严把项目入库关，成熟一个，入库一个。项目入库前要按程序完成逐级公示，公示时间各级均不低于10天。

4.严把时间节点

部门要统筹好各项工作同步推进，合理安排时间进度，务必于6月13日前组织力量完成户户清摸底调查、6月15日前完成村级施工图（实施方案）编制，6月17日前完成乡级“路线图”编制，6月20日前完成区级项目库编制，6月底前完成项目入库录入工作。7月底前完成建档立卡数据信息调整和补录工作。同时，要规范健全档案管理，对组织保障、工作程序、责任体系、资金保障、公示公告等重点环节要件进行查漏补缺，做到程序到位、过程完整、信息资料真实、可追溯可查询。

5.加强督查指导

6月30日前,区委督查室,区级9个督查巡查组要组织开展脱贫措施户户清行动和区级脱贫攻坚项目库建设督查巡查工作。区级挂钩帮扶单位要组织一定力量,驻村帮助挂钩村开展好工作。各级行业扶贫主责部门要根据职责,加强相关业务督查指导,确保脱贫措施户户清行动和项目库建设工作不走偏、不走样,切实提高工作质量。

6.强化作风建设

以脱贫攻坚作风建设年为契机,以考核指出问题集中整改为抓手,开展"转作风、大调研、抓精准、促落实"专项行动,集中力量解决扶贫领域"四个意识"不强、责任落实不到位、致贫原因不精准、工作措施不精准、资金管用不规范、"挂包帮"目标任务不明确、工作队员作风不扎实等问题,严肃整治敷衍塞责、不严不实、数字脱贫、弄虚作假等形式主义,严格落实扶贫领域监督执纪问责"五项工作"机制,加大监督执纪问责力度,严厉惩治扶贫领域违法违纪问题,发现一起,处理一起。

第三节　党建引领抓落实

为进一步贯彻落实云南省扶贫工作专题会议精神、《中共云南省委办公厅关于进一步加强脱贫攻坚组织保障的通知》(云办通〔2017〕31号)、《中共云南省委组织部关于切实为打好精准脱贫攻坚战提供坚强组织保障的通知》(云组通〔2018〕17号)、《中共临沧市委组织部关于切实为打好精准脱贫攻坚战提供坚强组织保障责任分解方案的通知》(临组发〔2018〕49号)文件精神,切实履行组织部门政治责任,深入推进抓党建促脱贫攻坚工作,为打好精准脱贫攻坚战提供坚强组织保障,临翔区委组织部制定了切实为打好精准脱贫攻坚战提供坚强组织保障的责任分解和落实方案。

一、提高政治站位,增强抓党建促脱贫攻坚的责任感、紧迫感

(一)切实把抓党建促脱贫攻坚的政治责任扛稳抓牢

要求全区各级党组织主动围绕中心、服务大局,推动形成党建引领、促进脱贫攻坚的良好局面。在全区脱贫攻坚进入聚焦发力的关键时期和攻坚拔寨的冲刺阶段,各级党组织要清醒认识打好精准脱贫攻坚战的艰巨任务,清醒认识一些地方存在的党建工作与脱贫攻坚两张皮等突出问题,把抓党建促脱贫攻坚作为重中之重的任务来抓,切实增强为打好精准脱贫攻

坚战提供组织保障的政治担当和责任担当。坚持工作向脱贫攻坚聚焦、资源向脱贫攻坚聚集、力量向脱贫攻坚聚合，以更加饱满的热情、更加主动的姿态、更加有效的举措、更加过硬的作风，全力以赴推动精准脱贫攻坚工作。

（二）进一步明确抓党建促脱贫攻坚的总体思路

要求全区各级党组织坚持以习近平新时代中国特色社会主义思想和党的十九大精神为指导，认真贯彻落实中央、省委、市委、区委关于精准扶贫精准脱贫的基本方略、决策部署和工作安排，紧紧围绕聚焦深度贫困地区、集中力量打好“十大攻坚战”的目标任务，坚持问题导向、目标导向、效果导向相统一，找准工作切入点和着力点，统筹谋划、综合施策，上下联动、点面结合，因地制宜、分类指导，面向基层、精准发力，充分发挥党的政治优势、组织优势和密切联系群众优势，着力增强党的政治领导力、思想引领力、群众组织力、社会号召力，推动党的建设与脱贫攻坚深度融合、互促共进，确保把党的力量挺在脱贫攻坚最前沿，为打好精准脱贫攻坚战提供坚强组织保证和干部人才支撑。

二、突出重点、精准施策，不断提升抓党建促脱贫攻坚的质量和水平

全区各级党组织要聚焦脱贫攻坚，紧扣主责主业，强化靶向治疗，及时跟进、找准抓手、主动作为，以更加精准的措施派干部、强基层、聚人才、抓帮扶，着力推动全区抓党建促脱贫攻坚重点任务落实。

（一）选优配强贫困乡（镇、街道）领导班子和干部队伍

坚持在脱贫攻坚一线培养锻炼、考察识别、选拔任用干部，动态分析贫困乡（镇、街道）领导班子和领导干部抓脱贫攻坚履职情况，全方位摸清每个班子的运行情况和每名干部的履职表现。在继续保持贫困乡（镇、街道）脱贫攻坚期内党政正职稳定的前提下，对班子结构不合理、功能发挥不好的，及时向区委提出调整配强意见建议。所辖贫困村较多的乡（镇、街道）党政主要领导和分管领导，保持相对稳定。每年拿出一定名额提拔重用在脱贫攻坚中实绩突出的优秀干部。对在脱贫攻坚中实绩突出的干部优先提拔使用，对工作中表现一般的干部进行谈话诫勉，对工作不在状态的干部及时调整，对抓脱贫攻坚工作不力的干部降级使用。切实选优配强各乡（镇、街道）党（工）委、政府（办事处）扶贫开发工作分管领导，脱贫攻坚期内保持相对稳定，确需调整分工的，分工调整前报区委、区委组织部审核备

案。各乡(镇、街道)不得安排挂职干部分管扶贫开发工作。统筹干部资源,切实加强各级扶贫开发机构及其干部队伍建设,选优配强扶贫工作力量。

(二)精准选派、严格管理第一书记和驻村扶贫工作队队员

认真贯彻中央办公厅、国务院办公厅《关于加强贫困村驻村工作队选派管理工作的指导意见》(厅字〔2017〕50号),聚焦选派重点,严格资格条件,做好贫困乡(镇)第一书记、驻村扶贫工作队选派、调整工作。修订完善驻村扶贫工作队选派管理办法,分层级制定驻村扶贫工作队责任清单,加强驻村扶贫工作队日常管理和工作指导。落实第一书记和驻村扶贫工作队队员生活补贴、人身意外保险、驻村工作经费、体检、休假等政策待遇。每年拿出一定名额,提拔使用作风扎实、实绩突出、群众认可的驻村扶贫干部,对不合格的驻村扶贫干部严格执行"召回"制。

(三)充分发挥中央、国家机关和有关单位、高校及上海援临挂职干部作用

紧紧抓住中央、国家机关和有关单位定点帮扶临翔区,上海市与云南省开展东西部扶贫协作的机遇,主动对接、联系沟通、跟踪服务,深化沪滇扶贫协作,积极争取政策、项目、人才等方面支持,推动有关政策、项目及时落地。大力支持援滇、援临挂职干部工作,科学合理安排职务和分工,为挂职干部发挥作用搭建平台。分级分类组织召开挂职干部座谈会,听取意见,总结推广挂职干部在脱贫攻坚中的先进理念和好做法,大力宣传他们的先进事迹。切实发挥组织保障作用,多渠道搭建工作平台,搞好生活保障,做实做细服务工作,积极帮助挂职干部解决实际困难。

(四)持续提升各级领导干部脱贫攻坚能力

坚持培训资源向脱贫攻坚一线倾斜、培训内容紧扣脱贫攻坚需要、培训方式贴近脱贫攻坚实践。依托华中科技大学、国家级培训机构"送教入滇"、教育部滇西扶贫开发帮扶计划、万名党员进党校,分级分层开展脱贫攻坚专题培训。运用好现代远程教育、云南农村干部学院等平台,通过送教下乡,对乡镇干部、村干部、第一书记和驻村扶贫工作队队员进行全覆盖培训,涵盖产业扶贫、就业扶贫、易地扶贫搬迁、教育扶贫、健康扶贫、农村危房改造等内容。构建切实有效的干部实训基地,采取理论学习、案例教学、现场观摩、组织外出调研学习等方式,教育各级领导干部深刻领会习近平扶贫思想精神实质,准确把握脱贫攻坚的发展规律和时代要求,学懂、弄

通精准脱贫攻坚的方法论，提高研究攻坚问题、解决攻坚难题的专业化能力，着力培育懂扶贫、会帮扶、作风硬的干部队伍。

（五）引导各类人才积极投身脱贫攻坚主战场

充分发挥人才工作领导小组成员单位和社会力量在脱贫攻坚中的作用，统筹实施“人才扶贫行动计划”。加强督促检查和工作调度，引导教育、医疗卫生单位发挥人才优势，积极开展技能扶贫、教育扶贫、科技扶贫、健康扶贫。以实施“沧江”系列人才培养工程为抓手，加大人才培养引进力度，鼓励行业部门、企业合作建设一批创业实训项目，完善产学研协调育人模式。深化与国内高校合作，积极争取面向临翔区开展技术转移和人才支持。积极推进院士专家工作站和基层专家工作站建设。推动智力服务临翔行动，联系对接一批在临翔成长或工作过的高层次人才服务临翔发展，助推脱贫攻坚。

（六）大力培养扶贫开发基层人才

继续实施基层人才对口培养计划、“博士服务团”、“西部之光”访问学者、“三区人才支持计划”、“三支一扶”、优秀贫困学子奖励计划等人才项目。启动各级挂钩帮扶单位智力服务临翔行动，开展科技攻关、咨询服务、人才培养和成果转化等活动。注重发挥本地人才的作用，建立“土专家”“田秀才”创业支撑平台，大力培养带领群众脱贫的专业技术人才、技能人才、农村致富带头人才、新型农民、经营管理人才等各类农村实用人才。重视引导本地外出人才的回流，鼓励大学生、进城务工农民、退伍军人等本土人才返乡担任村干部，参与脱贫攻坚。鼓励各有关部门建立灵活的人才激励机制，加大对扶贫人才的奖励力度。

（七）建强贫困乡（镇、街道）基层党组织

深入实施基层党建与脱贫攻坚双推进，结合实施乡村振兴战略，落实“基层党建巩固年”各项要求，以提升组织力为重点，强组织、育能人、兴产业、促脱贫。狠抓基层党组织规范化、标准化建设，大力整顿软弱涣散基层党组织，加强村党组织领导下的村民自治组织建设，强化村务监督委员会职能，坚持“四议两公开”工作法，不断完善乡村治理机制，把农村基层党组织建设成为脱贫攻坚的坚强战斗堡垒。实施以建制村、村民小组干部为主体的“领头雁”培养工程，以乡（镇、街道）为单位，对所有建档立卡贫困村党组织书记进行一次摸底排查，该调整的坚决调整，该配强的抓紧配强，村里没有合适人选的，从乡（镇、街道）下派熟悉农村工作的优秀党员干部担任。

在乡(镇、街道)党(工)委建立青年人才党支部,将村组后备干部、优秀青年农民党员纳入青年人才党支部,由乡(镇、街道)进行直接培养。

(八)提高产业就业扶贫组织化程度

围绕落实各地产业扶贫政策措施,调整优化农村基层党组织设置,提高组织化带动水平。发挥贫困村党组织引领产业发展的重要作用,以户为单位,把贫困群众的致贫原因及增收途径摸准搞实,以"党组织＋协会""党组织＋基地""党组织＋龙头企业＋合作组织＋贫困户"等模式,把党组织建在产业链上、建在专业合作社中。通过党组织和党员的引领示范,培育壮大农民合作社、龙头企业、种养殖大户等新型农业经营主体,优化利益联结机制,辐射带动贫困户增收致富,实现精准扶贫到户。推动实施贫困地区"一村一品""一户一业"扶贫行动,加快培育一批能带动贫困户长期稳定增收的特色优势产业,为贫困人口如期脱贫、稳定脱贫提供有力产业支撑。大力推广"基层党组织＋农村电商"扶贫模式,不断拓展农产品上行渠道,扩大参与入驻电商平台的市场主体、丰富电商平台承载的信息,将农村党员聚在电商产业上,引领群众富在电商产业上。各乡(镇、街道)党(工)委、政府(办事处)要加强组织引导,健全精准对接劳务输出机制,加强实用技能培训,做到应培尽培、应转尽转,提高转移就业扶贫组织化程度。

(九)强化贫困乡(镇、街道)基层党组织基础保障

围绕以"提升农村人居环境、扶持村级集体经济发展、提高农村公共服务水平、支持农村基层组织建设"为主要内容的"四位一体"建设试点,大力实施集体经济强村工程,推广强基惠农股份合作经济,加大扶持力度,发展壮大薄弱村空壳村集体经济,增强贫困地区村级组织自我保障能力。协调住建、发改等部门,稳步推进乡镇食堂、厕所、澡堂、图书室、文体室等"七小设施"建设,推进乡镇干部职工周转性住房、办公用房修缮和建设工作。制定健全村级组织运转经费、村组干部报酬正常增长机制的政策文件,调动村组干部干事创业积极性。强化村民小组活动场所管理使用,使之成为规范村民小组党支部建设的重要抓手、贫困地区群众扶志与扶智的重要平台。

(十)充分发挥农村党员在脱贫攻坚中的先锋模范作用

紧紧围绕脱贫攻坚需要、农民创业致富需求,通过农村党员"冬春训"、"云岭先锋"夜校访谈、"百名讲师上讲台"、"千堂党课进基层"、"万名党员进党校"等方式,组织开展实用技能培训,大力培养党员致富带头人。实施

"农村党员创业带富"工程，调动农村党员脱贫攻坚积极性，强化致富带富牵引力。继续落实贫困乡（镇、街道）"基层党员带领群众创业致富贷款"工作要求，支持农村党员领办创办产业基地、农民合作社等，带领群众发展特色产业，使每个有劳动能力的党员都有脱贫致富项目，每个贫困村都有党员致富带头人，每个有帮带能力的党员至少结对帮扶1户建档立卡贫困户。注重从青年农民、致富带头人中发展党员，年内每个贫困村培养不少于3名35岁以下入党积极分子，至少每2年发展1名35岁以下党员。

（十一）不断激发广大党员干部脱贫攻坚的内生动力

紧密结合"不忘初心、牢记使命"主题教育，教育引导广大党员干部深入学习贯彻习近平新时代中国特色社会主义思想和党的十九大精神，大力弘扬"跨越发展、争创一流；比学赶超、奋勇争先"精神，大力弘扬"临沧作风"，展现"临翔效益"，自力更生、艰苦创业，增强投身脱贫攻坚的思想自觉、政治自觉和行动自觉。把热情关心和严格要求结合起来，加倍关心脱贫攻坚一线基层干部和驻村扶贫工作队队员，建立健全表彰奖励、待遇保障、人文关怀、抚恤救助、创新创业、容错纠错机制。进一步落实县以下机关公务员职务与职级并行制度。把各乡（镇、街道）党（工）委、政府（办事处）扶贫开发成效考核结果纳入领导班子和领导干部综合考核评价的重要内容，作为干部选拔任用的重要依据，发挥好考核的"指挥棒"作用。

（十二）以作风攻坚促进脱贫攻坚

认真落实脱贫攻坚作风建设年的部署，按照"党政领导负主责""五级书记抓扶贫、党政同责促攻坚"的要求，坚持问题导向，把全面从严治党要求贯穿脱贫攻坚全过程和各环节，实施经常性的督查巡查，配合纪检监察部门对扶贫领域存在的"四个意识"不强、责任落实不到位、工作措施不精准、资金管理使用不规范、工作作风不扎实、考核监督从严要求不够等问题开展专项治理，集中解决突出问题，对在脱贫攻坚工作中不担当不作为，搞形式主义、官僚主义、弄虚作假的干部严肃问责。坚持以上率下、层层带动，教育引导各级领导干部大兴调查研究、求真务实、艰苦奋斗等好作风，力戒形式主义、官僚主义、慵懒涣散、"等靠要"等坏作风，形成持续加强作风建设的"头雁效应"，树立守土有责、守土负责、守土尽责的正确导向。5年来，共受理扶贫领域问题线索1439件，处置办结1430件。其中，受到批评教育215人次，受到问责处理50人，受到党纪处分40人，政务处分15人，党纪政务双重处分5人，通报曝光典型案例83起132人。

三、强化责任落实，推动抓党建促脱贫攻坚任务落地见效

（一）加强组织领导

要求各级党组织把抓党建促脱贫攻坚作为重要政治任务，党政主要负责同志经常深入脱贫攻坚第一线，加强调研指导。常态化开展“宣讲十九大遍访贫困村为民办实事”活动，组织部门按要求经常性与贫困乡（镇、街道）领导干部交心谈心、沟通思想，区委组织部部长每半年至少同乡（镇、街道）党政正职谈一次话。用心、用情、用力抓好组织部门定点挂钩联系点，努力把联系点建成精准扶贫精准脱贫的示范点。

（二）加强责任考核

要求各乡（镇、街道）党组织书记抓基层党建述职评议考核要聚焦抓党建促脱贫攻坚工作，重点考核各级党委领导核心作用、领导干部骨干带头作用、基层党组织战斗堡垒作用、广大党员先锋模范作用发挥情况，以脱贫攻坚的成效检验基层党建成效。深入推进“领导挂点、部门包村、干部帮户”定点挂钩扶贫机制，推行帮扶单位与挂包乡村扶贫成效捆绑考核。对责任落实不到位、脱贫攻坚实绩不明显的地方和部门，及时约谈党政主要领导、分管领导和班子成员。

（三）加强督促检查

各级党组织要把抓党建促脱贫攻坚工作作为重要工作内容，抓好贯彻落实。同时，将其纳入区级脱贫攻坚重点工作督查范围，采取随机调研、专项检查、列表督查等方式，经常深入基层一线，掌握进展情况，及时解决存在的困难。切实发挥区级脱贫攻坚工作督导组作用，定期开展集中督导，推动形成各级各部门推动脱贫攻坚的合力。

（四）加强宣传引导

各级党组织要把抓党建促脱贫攻坚纳入宣传工作的重要内容，坚持正确舆论导向，深入挖掘各级各部门抓党建促脱贫攻坚的重大举措及成效、亮点，及时发现和宣传在抓党建促脱贫攻坚中涌现出来的先进典型，运用远程教育等平台，在各类媒体开辟专栏，传播临翔脱贫声音、讲好临翔脱贫故事，生动展现临翔扶贫成效，大力营造脱贫攻坚、干事创业的良好氛围。

四、党建引领效果显现

（一）全面提升了组织力

在临沧市首家出台《贯彻落实〈中共临沧市委关于提升农村基层党组

织组织力的意见(试行)〉实施方案》,围绕“五基本”目标,301 个农村党支部实现规范化达标,631 个村民小组活动场所建到“家门口”,村组议事、群众活动有了“主阵地”。

(二)选准“头雁”强队伍

实施农村“头雁”培养工程,组织村组干部培训 15484 人次,储备培养村组后备人才 1490 人,配备 156 名村级后备力量,注重从致富带头人中选拔村干部,266 名村干部中致富带头人占 47%以上,培养和造就了一支“能致富、会带富”的村组干部队伍。

(三)干部人才向一线聚集

优先把优秀干部精准选派到软弱涣散村、集体经济薄弱村、矛盾纠纷突出村、产业落后村,让最优秀、最能干、最合适的人担任第一书记(工作队长)。整顿软弱涣散农村党组织 127 个。

(四)树立鲜明用人导向

坚持在脱贫攻坚一线识人用人,一大批党员干部在脱贫攻坚战场经受住了政治考验、得到了锻炼成长。5 年来,提拔使用或职级晋升优秀驻村工作队队员 43 名,脱贫攻坚一线提拔使用或职级晋升 219 名优秀干部,占提拔使用或职级晋升总人数的 67.59%。

第四节　激发群众内生动力

习近平总书记在河北省阜平县考察扶贫开发工作时指出:贫困地区发展要靠内生动力,如果凭空救济出一个新村,简单改变村容村貌,内在活力不行,劳动力不能回流,没有经济上的持续来源,这个地方下一步发展还是有问题。一个地方必须有产业,有劳动力,内外结合才能发展。临翔区坚持依靠人民群众,充分调动贫困群众积极性、主动性、创造性,做好外部帮扶和贫困群众自身努力的和谐。加强典型示范引领,不断改进帮扶方式,充分调动贫困群众的积极性、主动性。

一、通过产业扶贫调动群众积极性

通过提升产业扶贫和就业扶贫组织化程度,不断夯实贫困群众稳定增收基础。整合各类项目、资金、资源,捆绑打包投向 89 个建制村,在村党支部带领下，依托龙头企业和农民专业合作社等新型经营主体，全力推动集体经济发展提质增效，所有村集体经济年收入均实现5万元以上，10万元以上村达58个。村集体经济年收入最高的达200多万元。

(1)实施"一村一品""一户一业"行动，大力发展贫困人口参与度高的区域特色产业和"短平快"增收项目，确保贫困户人均拥有5亩以上稳定增收产业基地。

(2)对有劳动能力和发展意愿的贫困户，每户给予5000元以上的产业扶贫循环发展资金，扶持帮助其发展1项以上特色优势种养殖业或从事农产品加工、服务及其他产业。支持贫困村每村至少建立1个产业合作组织，落实一笔产业发展互助资金。

(3)鼓励支持贫困户通过土地经营权流转或入股、现金入股、大牲畜托养等方式，与龙头企业、家庭农场、专业合作社、种养大户等新型经营主体建立紧密利益联结机制，实现新型经营主体对建档立卡贫困户全覆盖。

(4)采取资源开发入股、资产租赁经营等多种方式发展壮大村级集体经济，在条件适宜地区有序推进贫困村村级光伏电站建设，增加村集体经济收入。

(5)立足地方资源特色实施旅游扶贫，积极申报项目，每年发展一定贫困村乡村旅游和休闲旅游，带动贫困户增收脱贫。

(6)对有劳动能力、发展愿望和培训要求的贫困人口开展"绿色证书"、新型职业农民和农村实用技术等培训，确保每一户有劳动能力的贫困户都有一名致富明白人。

(7)对初、高中毕业未能升学有培训意愿的贫困家庭学生实行100%免费职业技能培训，并积极推荐就业，到2020年稳定实现贫困劳动力转移就业1万人以上。

(8)在道路养护、园林维护、山林看护、治安巡逻、城管交通、环卫保洁、安全管理等公益性岗位中，优先安排贫困劳动力就业。

(9)支持创业致富带头人在贫困村创办各类企业，带动当地贫困人员就业。鼓励各类企业吸纳贫困劳动力。各地在乡村振兴和扶贫开发项目建设过程中，优先吸纳本村或当地贫困劳动力就业。

二、通过住房保障工程调动群众积极性

安居是民生之基，对住房条件普遍落后的少数民族地区来说，尤其

如此。

(1)规范开展农村房屋安全认定工作,建立危房改造台账并精准实施,以建档立卡贫困户、低保户、农村分散供养特困人员、贫困残疾人家庭等4类重点对象危房改造为工作重点,统筹推进非4类重点对象危房改造,2018年底实现全区农户均住上安全稳固住房。为所有农户出具房屋安全鉴定书,制定"一标三识",办理房产证。

(2)实施好全区4109人(其中2016年3068人、2017年1041人)建档立卡贫困人口易地扶贫搬迁,加快推进搬迁拆旧、复垦复绿等工作。统筹各项扶贫和保障措施,加强搬迁群众后续产业发展和转移就业工作,确保贫困搬迁家庭至少1个劳动力实现稳定就业,确保搬迁1户、稳定脱贫1户。

(3)加强安置区社区管理和服务,引导搬迁群众培育良好生活习惯,尽快融入新环境、新社区。

三、实施扶贫扶志工程

(1)深入开展"自强、诚信、感恩主题实践活动"和"党的光辉照边疆,边疆人民心向党"实践活动,建好用好村史室,向贫困群众宣传阐释党的政策、党的主张,广泛宣传在党的领导下群众生产生活发生的巨大变化,引导其知党恩、感党恩,听党话、跟党走,靠辛勤劳动过上幸福生活。组织开展知恩感恩教育3万余场次。组织村民说村史、编村史、议村史,创建村史室89个。推动机关干部下沉脱贫攻坚第一线,访民情、听民声,解难事、办实事,为群众解决困难问题2.8万余件。

(2)加大以工代赈实施力度,动员更多贫困群众投工投劳。改变帮扶方式,推广以表现换积分、以积分换物品的"爱心驿站""爱心公益超市"等自助式帮扶做法。

(3)每年组织评选一批扶贫先进单位、社会扶贫模范、扶贫先进工作者、优秀驻村扶贫工作队员、扶贫优秀村干部、光荣脱贫户,编印《临翔区脱贫攻坚先进典型风采录》,加大舆论引导和典型示范,不断激发内生动力。

(4)把法治观念、诚实守信、自力更生、革除陋习等要求融入乡规民约,坚决纠正骗取扶持、好逸恶劳、不履行法定义务等行为。

(5)大力推广扶贫理事会、道德评议会、红白理事会等,促进移风易俗,倡导新事新办、厚养薄葬,树立文明新风,培育乡风文明。

四、通过完善各项保障措施调动低保和残疾群众积极性

(一)实施综合保障性扶贫工程

(1)加强农村低保对象与建档立卡贫困人口精准衔接,将符合条件的建档立卡贫困人口全部纳入农村低保保障范围,做到"应扶尽扶""应保尽保"。逐年提高农村低保保障标准,确保与国家扶贫标准有效衔接。

(2)落实贫困人口社会保险扶持措施,确保符合条件的建档立卡贫困户家庭成员100%参加城乡居民基本养老保险。

(3)逐年提高特困人员供养水平,改善供养条件,确保基本生活。

(4)不断完善受灾人员救助、医疗救助、临时救助、住房救助、就业救助等专项救助制度。

(二)实施贫困残疾人脱贫工程

(1)以乡为单位对全区农村残疾人进行全面摸底排查,建立贫困残疾人脱贫台账管理系统,动态反映和监测贫困残疾人脱贫与返贫及政策措施惠及情况。

(2)全面落实困难残疾人生活补贴、重度残疾人护理补贴等保障制度及参加城乡居民基本养老政府代缴保费保险政策,做到兜底脱贫一批。

(3)组织实施贫困残疾人康复救助项目和就业创业扶持项目,发动各级共青团、青年志愿者组织和广大志愿者开展志愿扶助。

(4)产业贴息贷款、资产收益项目、电商增收项目等,优先保障丧失劳动能力的贫困残疾人。

第三章

绣花钉钉　确保精准

习近平总书记在参加十二届全国人大二次会议贵州代表团审议时指出：精准扶贫，就是要对扶贫对象实行精细化管理，对扶贫资源实行精确化配置，对扶贫对象实行精准化扶持，确保扶贫资源真正用在扶贫对象身上、真正用在贫困地区。临翔区按照习近平总书记要求，使出绣花功夫，发扬钉钉子精神，抓住“精准”这颗纽扣，扣好脱贫攻坚过程中的每一粒“扣子”。

第一节　业务培训入心入脑

临翔区委将脱贫攻坚干部培训工作作为全面打好脱贫攻坚战的重要措施和重要保障之一，将脱贫攻坚培训工作作为重要内容。

一、基本情况

2016年以来，临翔区委将脱贫攻坚干部培训工作作为全面打好脱贫攻坚战的重要措施和重要保障之一，将脱贫攻坚培训工作作为重要内容。临翔区委成立了以区委副书记为组长、区委相关领导为副组长的宣讲领导小组，制定了《临沧市临翔区干部教育培训工作计划》，将脱贫攻坚培训工作作为重要内容，分批分期抓好脱贫攻坚轮训。2016—2020年上半年，共举办脱贫攻坚专题培训班17期，培训7516人次。

同时，区级相关行业部门和乡(镇、街道)、村“两委”还结合实际，采取灵活多样的方式，以扶贫工作现场为课堂，将脱贫工作培训到自然村(组)干部和扩大到党员群众，实现了扶贫干部全员培训、全员覆盖，广大党员群众全面参加、全面受训，为决战脱贫攻坚提供了有力的人才支撑。

二、培训成效

通过培训，进一步统一了思想、明确了方向、凝聚了共识，使习近平总书记扶贫开发战略思想真正成为指导脱贫攻坚工作和决策的思想武器，成为决战决胜脱贫攻坚的强大动力，突出表现为三个增强。

一是增强了素质，解决了对政策不够熟悉的问题。通过培训，使广大扶贫干部深刻理解和掌握脱贫攻坚的相关政策，引导广大干部自觉改进学风，认真学理论、学政策、学业务、学方法，更加熟悉和掌握脱贫攻坚的政策知识，进一步提高思想认识，增强行动自觉，做到以学促用、学用相长，为推进全区脱贫攻坚目标任务如期完成打下了坚实的思想基础。

二是增强了能力，解决了开展工作方法单一的问题。通过开展专业化、精准化培训，促使干部对标对位找差距、补短板，深刻反思自身存在的问题和差距，按照缺什么补什么、需什么学什么的原则，学习从被动向主动转化，方法从理论向实践操作转变，有效提升了吃透政策、把握政策、宣传政策、运用政策的能力，解决了开展脱贫攻坚工作方法单一、针对性不强等问题。

三是增强了信心，解决了扶贫工作斗志不足的问题。通过培训，对全区脱贫攻坚形势和任务有了更加清醒的认识。进一步提振了广大党员干部强化脱贫责任、增强服务意识的精气神，以及决战决胜脱贫攻坚的信心和勇气，他们下定决心通过自己的实际行动，把区委区政府对脱贫攻坚工作的各项要求贯彻好、落实好。

第二节　动态调整精准到位

临翔区自脱贫攻坚以来，历次贫困（扶贫）对象动态管理工作都紧紧围绕中央、省、市的工作安排部署和“两不愁三保障”目标，严格按照“三评四定”程序要求，坚持应退尽退、应纳尽纳、应扶尽扶原则，扎实开展工作。

一、加强人员保障，组建工作队伍

（一）成立动态管理领导小组

成立由区委书记、区长任双组长的动态管理工作领导小组。

（二）组建动态管理工作组

在全区范围内统筹抽调干部，组成由处级、科级干部任组长，区、乡、村三级干部为组员的动态管理工作组，在区级派出动态管理工作组的基础上，乡（镇、街道）整合村民小组长、党员、村民代表组建动态管理工作小组，全面开展动态管理工作。

（三）组建数据比对工作组

扶贫、公安、交警、国土、人社等31个行业部门，每个部门明确一名分管领导和1至2名业务骨干，成立区级数据比对工作组，负责对国办系统录入数据和动态管理工作组入户核查的拟新识别纳入户、自然增加人口的信息数据进行核查比对，发现数据问题及时反馈并督促修正。10个乡（镇、街道）均配备2名专干，89个有建档立卡户的建制村每村配备1名专职信息员，负责国办数据的录入、核查和清洗。

（四）组建督查巡查组

区级成立督查巡查组，对全区脱贫攻坚工作开展常态化、拉网式督查，确保对象精准、措施精准、帮扶到位。

二、加强组织保障，科学统筹部署

（一）提前安排部署

区脱贫攻坚指挥部、扶贫办召开动员部署会，对扶贫对象动态管理工作组组建、领导小组成立、方案制定等工作进行研究部署。印发《扶贫对象动态管理工作实施方案》和《扶贫对象动态管理工作操作手册》，同步组织各相关行业部门提前对建档立卡户信息和转移性收入提前开展比对，为动态管理工作启动做好前期准备工作。

（二）强化业务培训

历次动态管理工作，区委副书记、统战部长、脱贫攻坚指挥部指挥长，亲自进行全面安排部署和业务培训，区扶贫办对国办信息数据系统录入、校验规则、数据核查清洗注意事项等内容进行了细致的讲解和培训。全区所有挂乡包村处级领导、行业部门分管领导、业务人员，区级抽调的动态管理工作组成员，10个乡（镇、街道）全体干部职工，以及90个村参与动态管理工作的村组干部、信息员均参加培训。

（三）强化资金保障

历次扶贫对象动态管理工作，区、乡、村三级都给予资金上优先保障，确保工作顺利推进。

三、加强流程监控，严格程序标准

临翔区扶贫对象动态管理工作严格程序标准。

（一）抓实贫情分析

由区委、区人大、区政府、区政协“四班子”主要领导亲自带队，区委常委、处级干部包乡包村，以村民小组或自然村为单位召开贫情分析会，号召群众广泛参与，全程监督，针对低保户、五保户、残疾户、重大病户、教育负担重户、危房户、独居老人户、收入风险户，重点分析研判，重点开展调查核实，召开贫情分析会。

（二）抓实入户调查工作

动态管理工作组，按照“五查五看”的要求，入户调查填写信息采集表、收入测算表和建档至今每一年度的帮扶措施表，针对群众反映问题突出的农户，不仅调查贫困户本人，同时采取对周边群众及邻居旁证核查，确保采集数据真实、客观。

（三）抓实行业部门信息筛查比对

在入户调查前，先组织行业部门对动态管理前国办系统录入的所有建档立卡贫困户信息数据进行比对，在入户调查过程中，对发现的拟新识别纳入对象和自然增加人口行业部门再进行全覆盖筛查，把好“十条”红线关，确保不符合条件的一户不进，符合条件的一户不漏。

（四）抓实“三评四定”

对党员和户主评议会、村“两委”会议、村民代表会议及公示公告等阶段工作进行重点要求、指导把关，确保动态管理新识别纳入、返贫和脱贫退出对象，均经村“两委”会初定公示、村民代表与党员评议，乡审定公示和区级确定公告。

（五）全程公开透明

充分用好公示举报措施，做到乡村举报箱设置全覆盖，乡村组举报方式公布粘贴全覆盖，广泛接受监督举报。

四、加强信息复核，确保数据精准

（一）把好数据录入前的审核关

在数据录入前，动态管理工作组调查人员、帮扶责任人共同对建档立卡户信息采集表、收入测算表逐项逐条核对，既核对采集数据与行业反馈信息是否一致、数据之间是否存在逻辑错误，又核对采集数据与农户实际情况是否一致，把好数据录入前的审核关。

（二）边录边核，把好数据录入关

村信息员在数据录入过程中再次对采集表、收入表进行检查核对，发现错误及时核查纠正，边录边核边改，确保数据录入准确。

（三）把好数据录入后的复审关

数据录入完毕后，信息员再次对数据进行审核，乡扶贫专干、脱贫专干及区统计监测中心干部同步对录入数据开展核查，对照“两不愁三保障”标准、国办校验规则和省办校验规则提前核查发现问题，并将问题清单反馈村级复核，核准后及时修正系统错误数据。

（四）把好数据清洗关

针对省、市反馈的错误或疑似问题清单，接到问题数据当天即开展数据复核，并同步对问题数据进行修正和清洗，确保当天反馈问题数据当天全面清洗。

第三节　挂钩帮扶落细落实

《临沧市临翔区驻村扶贫工作队管理办法》规定，区直各部门（单位）、各乡（镇、街道）选派政治素质好、业务能力强的干部开展驻村扶贫工作。驻村扶贫工作队干部的选派由区“挂包帮、转走访”工作联席会议办公室（简称联席会议办公室）统筹，区委组织部、区直机关工委、区人力资源和社会保障局、区扶贫办落实。财政部门负责安排和拨付工作经费。由区联席会议办公室牵头，乡（镇、街道）党（工）委具体负责，在每个贫困村整合包村部门（单位）驻村帮扶干部、新农村建设指导员、村党组织第一书记、选调生、大学生村官等力量，组建驻村扶贫工作队（简称“驻村工作队”），每支驻村扶贫工作队至少有 7 人，由村党组织第一书记兼任队长。

一、驻村扶贫工作队的主要职责

1. 学习文件，宣传政策

学习宣传党中央、国务院，省委省政府，市委市政府，以及区委区政府关于农村工作特别是扶贫开发的重大方针政策，帮助落实好各项强农惠农富农政策和扶贫措施。

2.抓住重点，主动作为

协调落实“挂包帮、转走访”工作，配合村“两委”完成贫困村、贫困户建档立卡和动态管理工作。抓好贫困村建档立卡贫困户房屋建设及农村危旧房改造工作。参与规划建设、质量监督、资金发放(补助资金及贷款资金)、验收工作，参与签字审核。

3.熟悉情况，理清思路

逐村逐户分析致贫原因，帮助制定村级脱贫发展规划和年度实施计划，找准发展思路、制定脱贫措施、增加农民收入。

4.培育产业，做好督促

引导贫困村立足优势资源，发展增收致富的特色产业和村级集体经济。帮助协调解决贫困户住房、就学、就医等实际困难。参与扶贫项目的计划编制、组织实施和检查验收，监督村“两委”管好用好各类扶贫资金。

5.培训群众，采报简讯

组织开展实用技术培训、劳动力转移技能培训等工作，提升贫困群众能力素质，拓宽农民增收渠道。注重总结工作中的经验、方式方法、举措，加强信息采写报送。

6.建强基层，推进公开

坚持“党建带扶贫、扶贫促党建”，按照“强组织、兴产业、富百姓、重实效”的思路，推进扶贫开发与基层党建双推进工作。协调解决各种矛盾纠纷，维护农民权益。监督党务公开、村务公开、账务公开，促进基层干部依法办事。

7.自我约束，强化管理

坚守岗位，履行职责，发挥作用，完成任务，实现目标。做到讲党性、守纪律、明责任，做到驻村、履职、规矩。

二、驻村扶贫工作队队长的主要职责

除工作队的职责外，工作队队长还有下列职责。

(1)负责对工作队队员的管理，制订工作队年度工作计划。

(2)组织收集扶贫工作推进情况，分析存在问题，总结工作经验，每月30日前分别报送派出单位、包村单位、乡(镇、街道)党(工)委及政府(办事处)、区联席会议办公室，协调争取相关部门的支持。

(3)牵头落实村级脱贫发展规划和年度扶贫计划，以及包村单位的各项帮扶措施，参与所驻村精准扶贫项目的组织实施和管理，协助做好“挂包帮、转走访”工作，及时总结上报驻村扶贫工作情况。

（4）督促检查各类项目资金到位和实施情况、建档立卡数据更新情况、队员在岗与工作开展情况等。

（5）落实第一书记“建强基层组织、为民办事服务、提升治理水平”等职责。

三、驻村扶贫工作队的日常管理

由区联席会议办公室统筹，组织、扶贫等部门共同配合，乡（镇、街道）党（工）委具体负责，做好驻村扶贫工作队的日常管理工作，包村单位协助做好相关工作。区联席会议办公室负责宏观管理，组织相关部门采取定期抽查、随机调研等，检查驻村扶贫工作队在岗和工作开展情况。

（1）驻村扶贫工作队队长及队员吃住在村，每年在岗时间不少于 200 天（含因公出差）。建立和完善工作队日常管理工作台账，实行逐日登记考勤制度，逐级做好考勤记录及定期上报工作。工作队员驻村考勤由村干部逐日登记，月考勤由村党组织书记或村委会主任签字后在次月 15 日前送乡（镇、街道）分管领导审核，并报区联席会议办公室备案。其中，省、市两级下派工作队队员的月考勤需报市联席会议办公室备案。不得随意请假离岗，如确需请假，须提供相关证明材料并严格执行请销假制度，队员请假须由队长签署意见后报乡（镇、街道）党（工）委审批。队长请假须经乡（镇、街道）党（工）委签署意见后，报区联席会议办公室审批。请假期满后要及时销假。区联席会议办公室要定期或不定期对驻村扶贫工作队队长及队员在岗情况进行检查，派出单位不得抽调其承担其他工作。任期结束后，给予一次性补假 15 天。

（2）对不驻村、不尽心尽力、不履行驻村职责、扶贫任务完成不好、经教育帮助仍不改正的队员，驻村扶贫工作队队长可逐级向管理部门提出要求，进行调整更换。

（3）驻村扶贫工作队的业务培训主要由区组织、农办、扶贫等部门负责，每年培训至少 1 次。乡（镇、街道）党（工）委、政府（办事处）要结合工作进度组织开展培训，每年培训至少 2 次，培训时间累计不少于 5 天。

四、工作纪律

驻村扶贫工作队及队员要忠实践行“三严三实”和“忠诚干净担当”要

求，严格遵守中央八项规定精神及省委、市委、区委实施办法精神，进一步突出作风建设，坚决反对“四风”，严明党的政治纪律、组织纪律、工作纪律、群众纪律、财经纪律等各项纪律要求。

(1)驻村扶贫工作队及队员要自觉接受区联席会议办公室、乡(镇、街道)党(工)委的领导和管理，带头执行乡规民约，不得在所驻乡村报销应由个人负担的各种费用，不得用所驻乡村的公款吃请，不得参与任何形式的赌博，不得酗酒闹事，切实维护好党员干部形象。

(2)发生违反纪律规定的，视情况进行批评教育、诫勉谈话，坚决纠正、从严查处，并追究相关领导人员责任。

五、考核和奖惩

(一)对驻村扶贫工作队队长及队员每年进行年度考核

考核结果分为优秀、称职、基本称职、不称职四个等次；年度考核等次视同其在派出单位的年度考核等次，其中优秀等次名额不超过考核总数的20%。驻村扶贫工作队年度考核工作由区联席会议办公室统筹，乡(镇、街道)党(工)委具体负责，会同派出部门(单位)综合日常考勤、工作实绩等方式进行考核，确定考核等次，报区联席会议办公室审核。考核结果由区联席会议办公室统一反馈至各派出单位，考核结果存入个人档案。其中，工作队队长或队员是处级干部的，考核结果由各乡(镇、街道)组织干事统一收集后报送区委组织部，区委组织部收集后报送市委组织部。考核为优秀的，列为本单位考核优秀档次，不占本单位年度优秀名额。驻村扶贫工作队工作经历作为个人基层工作经历。

(二)对年度考核优秀的驻村扶贫工作队队长及队员，每年由区联席会议办公室予以通报

区联席会议办公室每年从年度考核优秀的驻村扶贫工作队队长及队员中，根据市联席会议办公室的分配名额推荐给市里作为驻村扶贫先进工作者予以表彰。由区联席会议办公室牵头，每年从年度考核优秀的驻村扶贫工作队队长及队员中，评选30名年度驻村扶贫先进工作者，纳入社会扶贫表彰。区视情况给予一定数额表彰。

(三)驻村扶贫工作队队长及队员任期考核情况作为培养和选拔使用干部的重要依据之一

对驻村期间工作任务完成好、帮扶成效明显、受省市区三级表彰的驻

村扶贫工作队队长及队员，在同等条件下优先提拔任用，在职称评审、岗位聘用中给予优先。

（四）对考核不合格者的处理

有下列情形之一的，当年考核为不合格：

（1）违法违纪违规，受党纪政纪处分的；

（2）不服从管理，不认真履行职责，造成严重不良影响的；

（3）驻村时间不足 200 天的；

（4）无正当理由离岗连续超过 15 天或一年内累计超过 30 天的。

对考核不合格的驻村扶贫工作队队长及队员，一年内不得提拔任用。队员驻村情况作为派出单位评优评先的重要依据之一。

（五）保障措施

驻村扶贫工作队队员驻村期间，享受原单位工资、福利等待遇。

区联席会议办公室应建立工作例会制度，听取汇报，交流经验，部署工作。乡（镇、街道）党政主要负责同志要履行具体管理职责，听取工作汇报，加强工作指导，帮助解决困难和问题。包村单位要从人、财、物等各方面支持驻村扶贫工作。

各乡（镇、街道）、区直各单位要大力宣传驻村扶贫工作的重大意义、重要政策措施，及时总结经验做法，宣传先进典型、成功经验和帮扶成效，营造全社会关心支持驻村扶贫工作的浓厚氛围。

第四节　扶贫工作队日常跟踪

5 年来，驻村扶贫工作队队员在脱贫攻坚工作中积极发挥政策法规宣传员、村情民意调研员、富民强村服务员、基层党建指导员、移风易俗引导员等五大员作用，紧紧围绕临翔脱贫攻坚工作重点，按照“两不愁三保障”的要求，聚焦脱贫目标、产业扶贫、住房保障、公共设施建设、定点挂钩帮扶及沪滇扶贫协作、保障措施、驻村队伍管理、党建引领，为实现脱贫摘帽提供了有力保障，驻村帮扶工作取得了明显成效。

一、加强领导，精心组织

（一）成立领导机构

在区级层面，成立了区驻村扶贫工作领导小组，由区委副书记任组长，组织部部长任常务副组长，驻村扶贫工作队总队长、副总队长和分管扶贫工作的副区长任副组长，纪委、组织、宣传、农业、扶贫、财政等部门负责人为成员，并挂牌成立了区驻村扶贫工作领导小组办公室，切实加强对全区驻村扶贫工作的组织领导。在各乡（镇、街道），分别成立以党委书记和乡（镇）长为组长的驻村扶贫工作协调小组，明确专人负责，具体做好驻村扶贫工作队的日常管理工作，帮助驻村扶贫工作队解决实际困难，支持驻村扶贫工作队落实精准帮扶政策措施。

（二）完善管理体系

对驻村扶贫工作队实行“五个统一”管理，即统一组建、统一任命、统一管理、统一培训、统一考核。管理工作由区委组织部牵头抓总、区联席办配合，日常管理由总队长、副总队长负总责，乡（镇、街道）党（工）委、工作队队长（第一书记）具体落实，构建“总队长（副总队长）负总责、第一书记（工作队队长）及工作队队员抓落实”的责任链条。

（三）加强基础保障

区财政每年为每个贫困村安排 3 万元驻村扶贫工作专项补助资金，区级派出单位每年为本单位派出的驻村工作队队员（含工作队队长）每人安排不少于 0.5 万元的工作经费。

按照《中共中央　国务院关于打赢脱贫攻坚战的决定》对驻村帮扶工作队的选派要求，临翔区 2015 年选派驻村扶贫工作队 89 支，队员 149 名；2016 年选派驻村扶贫工作队 89 支，队员 279 名；2017 年选派驻村扶贫工作队 89 支，队员 281 名；2018 年选派驻村扶贫工作队 56 支，队员 226 名，还向 33 个非贫困村选派了 39 名驻村干部，其中，区级驻村蹲点工作队队员 20 名，乡镇蹲点工作队队员 19 名；2019 年选派驻村扶贫工作队 56 支，队员 188 名，还向 33 个非贫困村选派区级驻村干部 33 名，同时选派区级干部职工共 1232 人组成脱贫攻坚奔小康实干队，进驻全区 89 个村开展脱贫攻坚拉网式查漏补缺工作，做到村村都有驻村扶贫工作队。

二、建章立制，规范管理

按照云南省、临沧市关于建立驻村扶贫工作队相关制度的要求，临翔区出台了《临沧市临翔区驻村扶贫工作队管理办法》《关于进一步加强驻村扶贫工作队员管理的通知》《临翔区贫困村驻村工作队选派管理办法》等规章制度，对干部驻村总体要求、主要任务、管理服务、监督考核等做出规定，明确驻村扶贫工作队队员的职能职责、日常管理、工作纪律、考核奖惩、保障措施。制定下发了《关于进一步加强驻村工作队员管理的通知》《关于印发〈临翔区驻村扶贫工作队督查方案〉的通知》《关于从严要求挂包单位和驻村工作队员帮扶工作的通知》等文件，及时纠正工作队管理中存在的不足和问题，提升了工作队管理的制度化、规范化水平。在严管的同时，注重落实工作队员关爱制度，对因公受伤的 11 名队员和村干部进行了看望慰问。

三、培训精准，宣传典型

（一）抓实培训筑基础

5 年来，累计培训驻村工作队队员 3200 人次。培训主要围绕习近平新时代中国特色社会主义思想和党的十九大精神，从党的十九大及全国两会精神、精准扶贫大数据平台管理、惠民政策专题、农危改、农民专业合作社建设管理等 17 个专题开展。以“千堂党课进基层”“万名党员进党校”等为载体，依托党员干部现代远程教育、“云岭先锋”手机 App、网上党支部等系列信息化平台，抓实驻村工作队教育培训和日常教育管理。

（二）宣传典型树标杆

拓展对外宣传渠道，形成全方位、多层次、宽领域的对外宣传格局，认真总结脱贫攻坚工作的好经验、好做法，展示临翔在脱贫攻坚工作中的新形象。利用电视、报纸、微信公众号等新闻媒体，营造精准扶贫精准脱贫的舆论氛围；在区电视台开设《聚焦精准脱贫、全面建成小康》专题栏目，在脱贫攻坚工作指挥部编印《简报》，建立手机信息平台，做到电视上有影、广播上有声、报纸上有文，营造良好的舆论氛围，形成全社会关心支持临翔脱贫攻坚工作的格局。对驻村时间达到 2 年及以上未获得省、市优秀驻村扶贫工作队队员表彰且未受党纪政纪处分的 95 名驻村扶贫工作队队员颁发荣誉证书。注重在驻村一线培养锻炼、考察识别、选拔任用干部，5 年来在驻村一线共选拔干部 43 名。

四、严格测评，考核问效

建立驻村扶贫工作力量在岗履职发挥作用情况分析研判工作机制，结合“三讲三评”，每季度逐级开展分析研判工作。综合日常考勤、工作实绩、队员召回情况，以及贫困群众对驻村扶贫工作队队员进行满意度测评、民意调查结果等确定考核等次，每年度由区联席办对全体驻村扶贫工作队队员按照 20%左右的优秀比例进行严格考核。2016 年考核队员 277 名，优秀 33 名，称职 244 名；2017 年考核队员 271 名，优秀 50 名，称职 221 名；2018 年考核队员 254 名，优秀 51 名，称职 203 名；2019 年考核队员 193 名，优秀 38 名，称职 155 名。

五、做好“五大员”，强化帮扶成效

广大驻村干部以良好的精神状态、扎实的工作作风、有效的帮扶举措，推动了脱贫攻坚各项措施的落实，取得了明显成效，呈现出“准、细、实、真”的特点。准，即扶贫对象找得准，驻村干部对帮扶村情况特别是贫困户状况摸得透、摸得实、记得清、记得牢。细，即规划细，对贫困户的帮扶，不仅有规划，而且有年度计划。实，即措施实，在贫困村基础设施、产业发展、危房改造、民生保障、乡村旅游、电商扶贫等方面因村因人施策。真，即帮扶真，驻村干部认真贯彻精准扶贫精准脱贫方略，扎根贫困村，扶真贫、真扶贫，用心、用情、用力开展工作，做了很多实事。

（一）当好政策法规宣传员

临翔区驻村工作队深入群众，广泛宣传党的方针政策、法律法规、支农惠农与扶贫开发政策，不断提高群众对政策的知晓率。依托“新时代农民讲习所”、村史室、农民夜校等平台，注重扶贫同扶志、扶智相结合，组织开展“自强、诚信、感恩”主题教育，做好贫困群众思想发动、宣传教育和情感沟通工作，激发摆脱贫困的内生动力。

（二）当好村情民意调研员

各驻村工作队紧紧围绕“两不愁三保障”，第一时间了解派驻村的基础设施建设、生产生活、乡土民情、民风民俗等，全面掌握第一手资料，摸清贫困户基本情况，逐村逐户分析致贫原因，弄清困难群众的实际需要，通过精准甄别，锁定贫困对象，适时组织开展动态管理工作。

（三）当好富民强村服务员

驻村工作队既帮助指导群众谋划好传统产业，又注重研究当年投入当年增收的短平快产业，全力推进“一村一品”产业建设。驻村工作队员参与制定脱贫规划计划 57 份，指导贫困户算清收入和支出账，让贫困户对收入、支出和消费情况心中有底、说得清、算得明。推广“党支部＋合作社＋贫困户”模式，帮助贫困村发展壮大集体经济，提升产业扶贫和就业扶贫的组织化程度。全区 56 个贫困村集体经济收入均达 5 万元以上，涌现了一批集体经济发展“领头雁”，2019 年所有建制村均实现集体经济收入 5 万元以上。

（四）当好基层党建指导员

开展农村党支部规范化达标创建，推动管党治党政治责任落实。整顿村级软弱涣散党组织，对整治群众身边的腐败问题提出建议。组织实施农村“领头雁”培养工程，帮带培养贫困村创业致富带头人和后备力量，吸引各类人才到村创新创业，打造“不走的工作队”。推动发展村级集体经济，协助管好用好村级集体收入。加强党员教育培训，帮助规范基础党务工作。

（五）当好移风易俗引导员

各驻村工作队认真贯彻落实《关于农村操办婚丧喜庆事宜的通知》要求，推动移风易俗，指导制定乡规民约 164 份，教育引导群众破除陈规陋习，抵制讲排场、摆阔气的不良风气，倡导“婚事新办、丧事简办”，农村客事宴请大幅减少。积极参与涉黑除恶专项斗争，加强法治教育，参与化解矛盾纠纷，促进乡村和谐稳定，在每个贫困村打造了一支“永不走的扶贫工作队”。

第五节　实干队攻坚包保

2018 年 9 月，为全面压实包乡、包村、包组、包户工作责任，确保全区脱贫摘帽目标任务圆满完成，抽调处级领导、区直单位干部、乡村干部、驻村工作队队员，组建“临翔脱贫奔小康联系群众实干队”，10 名处级干部包乡担任第一书记、工作队长，44 名处级干部包村担任组长，66 个部门包组、31 个行业部门包业、1232 名干部包户，实现包保责任到边到底、落实落细。

一、抽调人员范围及时限

抽调处级领导、区直单位干部职工、乡村干部、驻村工作队队员，组建“临翔脱贫奔小康联系群众实干队”，驻村驻组包保 5.3 万户农户，直至脱贫退出考核验收通过。各级抽调干部除抓好脱贫奔小康联系群众实干队安排工作外，同时履行好帮扶责任，做好本人的挂钩户脱贫退出工作。

二、工作方法和重点

坚持“以户为单位”的原则，以“临翔区脱贫攻坚调查问卷”为抓手，以问题为导向，围绕“是否看得下去、是否住得下去、是否睡得下去、是否吃得下去、厕所是否蹲得下去、是否说得过去”展开，查找问题，实行“包问题、包风险、包整洁、包政策、包举证”五包责任制。重点抓好“五子”。

（一）抓房子

一要深入研究各级政策，出台相应文件，确保房子分类建设有依据。二要有程序（有改前鉴定、有改造方案、有施工资质、有改造后认定达标报告）。三要实现4个全覆盖，即实现危房鉴定全覆盖、建房全覆盖、举证全覆盖和验收全覆盖。四要做到所有房子信息与住建部门平台数据信息一致。

（二）抓票子

一要对农产品价格下跌情况采取有效措施保群众增收。二要抓好就业转移增收，提供足够的公益性岗位。

（三）抓孩子

抓控辍保学，实行“双线四包”责任，确保建档户义务教育阶段零辍学，不因贫失学。

（四）抓身子

掌握群众看病住院自付费用情况，及时预警，并积极采取措施进行救助。

（五）抓院子

要抓好群众庭院卫生整治工作，做到卫生清洁、室内外物品摆放有序，列出所缺的日常生活用品清单，帮助解决困难。

三、组织体系

（一）包乡

实行包乡脱贫奔小康联系群众实干队队长负责制。由区委常委、区人大常委会主任、区政协主席、部分处级干部分别担任区委派驻10个乡（镇、街道）第一书记、包乡脱贫奔小康联系群众实干队队长，驻乡（镇、街道）统筹指挥脱贫攻坚全面工作。

（二）包村

实行处级领导包村制。由处级领导担任组长，1名乡（镇、街道）班子成员和各挂钩部门主要领导任副组长，成员由驻村工作队、区级抽派干部、村“两委”干部组成。组长、副组长对本组所包保的村、组、户脱贫攻坚工作负总责，承担脱贫退出工作直接责任。

（三）包户

实行脱贫奔小康联系群众实干队员包户负责、组向导员协助工作机制。按每名队员不低于50户的原则包保到户。

四、职能职责

（一）区委书记和区长

（1）担任区脱贫奔小康联系群众实干队总队长（双队长制），负责统筹指挥全区脱贫攻坚工作，至少包保1个建制村和1个偏远村民小组；

（2）每月至少听取1次包乡组长工作情况汇报，专题研究一次脱贫攻坚；

（3）脱贫验收前遍访56个贫困村，每月至少有5个工作日用于开展扶贫工作，每月遍访所包村的低保户、五保户、残疾户、独居老人户和其他风险户，遍访所包村民小组农户，开列问题清单并督促一户一策整改销号；

（4）督查处级干部包乡、包村履职情况；

（5）抽查挂钩单位主要领导脱贫攻坚工作履职情况。

（二）区委派驻第一书记、实干队队长

（1）统筹指挥乡（镇、街道）脱贫攻坚工作，至少包保1个建制村和1个偏远村民小组；

（2）每月驻乡不低于15天，遍访所辖村，每月到村指导督查全覆盖；

（3）每月25日前听取包村组长、副组长工作汇报，研究解决遇到的困难问题，指挥督办各级发现问题整改清零，解决不了的报区脱贫攻坚工作指挥部；

（4）每月底前向区委汇报工作1次；

（5）每月遍访所包村的低保户、五保户、残疾户、独居老人户和其他风险户，遍访所包村民小组农户，开列问题清单并督促一户一策整改销号；

（6）督查实干队队员在岗履职情况。

（三）包村处级干部

（1）负责驻村统筹指挥脱贫攻坚工作，至少包保1个建制村和1个较偏远、风险较高、难度较大、问题较多的村民小组；

（2）负责从乡（镇、街道）班子成员、驻村工作队队长（第一书记）或区直单位抽调干部中指定1名干部负责协助统筹全村脱贫攻坚日常工作；

(3)每月驻村不低于15天，遍访所辖村民小组，每月到组指导督查全覆盖，每月听取包户队员工作汇报不少于2次，每月向实干队队长汇报工作不少于1次；

(4)每月遍访所包村的低保户、五保户、残疾户、独居老人户和其他风险户，遍访所包村民小组农户，开列问题清单并督促一户一策整改销号；

(5)每月组织召开3次工作组统筹协调分析会，对标对表村10条、户6条退出标准，逐条、逐项、逐户研究，排查出风险点、风险户，现场研究解决问题，必要时采取超常规方法和措施迅速解决难点、化解风险，解决不了的报实干队队长；

(6)进村、到组开好群众会，宣讲政策，激发群众内生动力，统筹理事会力量，安排好每个村民小组8名向导员、村级2名核查员的选定、培训工作；

(7)督查实干队队员在岗履职情况。

(四)驻区工作队总队长、副总队长

(1)深入宣传贯彻党中央、国务院关于脱贫攻坚各项方针政策及省委省政府决策部署、工作措施；

(2)负责全区驻村工作队的管理监督、教育培训和工作指导，确保在岗履职、发挥作用；

(3)协助抓好全区脱贫攻坚工作，参与脱贫攻坚规划、计划的制定与实施，对重大扶贫政策、扶贫项目跟踪督查；

(4)协助推进全区“挂包帮”定点扶贫工作，定期召开联席会议，推动“挂包帮”部门(单位)与贫困区资源共享、工作互动、精准发力；

(5)协助抓好全区基层党建工作；

(6)负责压实省级挂钩单位帮扶责任人和省级驻村扶贫工作队队员责任；

(7)负责驻村统筹指挥脱贫攻坚工作，至少包保1个建制村和1个较偏远、风险较高、难度较大、问题较多的村民小组，每月遍访所包村的低保户、五保户、残疾户、独居老人户和其他风险户，遍访所包村民小组农户，开列问题清单并督促一户一策整改销号。

(五)乡(镇、街道)党(工)委书记

(1)全面履行脱贫攻坚实施主体责任，统筹调动全乡干部力量、村组干部、驻村工作队队员全力以赴投入脱贫攻坚工作；整顿软弱涣散党组织，提升脱贫攻坚队伍战斗力；全面培训乡、村、组干部政策，做到乡情清、村情清、组情清、户情清；合理安排班子成员驻村驻组包户。

（2）至少包保 1 个建制村和 1 个较偏远、风险较高、难度较大、问题较多的村民小组，包保农户不少于 50 户。

（3）脱贫攻坚验收前遍访全乡所有贫困户。

（4）每月遍访所包村的低保户、五保户、残疾户、独居老人户和其他风险户，遍访所包村民小组农户，开列问题清单并督促一户一策整改销号。

（5）每月至少召开 2 次党委会或专题会，研究脱贫攻坚工作，对各级交办的问题及时研究解决、整改清零。解决不了的问题报实干队队长（第一书记）。

（六）驻村第一书记（工作队队长）

（1）按照《驻村扶贫工作队管理办法》全面履行好驻村第一书记（扶贫工作队队长）职责；

（2）包保 1 个较偏远、风险较高、难度较大、问题较多的村民小组，包保农户不少于 50 户；

（3）脱贫攻坚验收前遍访全村贫困户、低保户、五保户、残疾户、独居老人户和其他风险户，每月遍访所包村民小组农户，开列问题清单及时进行整改，解决不了的报包村组长；

（4）组织驻村扶贫工作队队员全面熟悉掌握中央、省、市、区脱贫攻坚政策，让贫困户清楚主要致贫原因及享受政策、补助方式、兑现方式，认可帮扶措施，对帮扶工作满意。

（七）村党组织书记

（1）组织调动好村“两委”、驻村工作队队员、包户干部和群众组织等工作力量，全力投入脱贫攻坚工作；

（2）配合包村组长开展工作，根据包村组长的指令适时召开会议，传达、学习脱贫攻坚政策，研究解决整改清零问题；

（3）包保 1 个较偏远、风险较高、难度较大、问题较多的村民小组，包保农户不少于 50 户；

（4）脱贫攻坚验收前遍访全村贫困户、低保户、五保户、残疾户、独居老人户和其他风险户，每月遍访所包村民小组农户，开列问题清单及时进行整改，解决不了的报包村组长；

（5）提出本村向导员包户工作方案，组织村组干部、向导员协助实施包户方案，对贫困户脱贫退出的真实性、准确性负责，不讲情面、不虚报假数据、不编造假情况、不掩盖存在问题、不优亲厚友，确保做到该脱贫退出的一个不留，不该脱贫退出的一个不出，真正实现真脱贫、脱真贫。

（6）建立户在人不在风险户台账，并一户一策制定防风险措施，分组建立乡村人口户籍档案，标明建档立卡贫困户、低保户、五保户、残疾户、独居老人户；

（7）依托理事会，每周至少组织1次村庄环境卫生整治。

（八）包户干部（实干队队员）

1.明确包户要求

包户50户以上，每月驻组开展工作不少于22天。

2.调查走访

到村组（每组8人）后与向导员联系共同入户，与该户明白人面对面按照《临翔区脱贫攻坚调查问卷》用第三方眼光来找问题，站在农户家人的角度，围绕"是否看得下去、是否住得下去、是否睡得下去、是否吃得下去、厕所是否蹲得下去、是否说得过去"，聚焦"两不愁三保障"及政策兑现情况，实地询问查看。

（1）查看农户住房是否安全入住（新建还是加固改造，砖混还是四榀柱或钢架柱落地，改造的住房是否为小瓦或者树脂瓦顶，是否里外粉刷）；

（2）查看农户一家是否在新建和改造的主房内居住（是否还没有入住或者完全入住，是否有少部分家庭成员仍居住在老房内，是否有农村房屋安全认定牌，其他功能房是否已挂牌）；

（3）查看庭院是否整洁（空地是否种菜、种花、种果）；

（4）查看厨房大米储备（是否有米柜）；

（5）查看客厅（是否有桌有凳有沙发）、卧室（是否有床有四季衣物、被子，有衣橱或晾衣架，被子床单是否干净）；

（6）查看厨房（是否改造过，是否有电饭锅、电磁炉）；

（7）查看是否有卫生厕所且能正常使用（是否有洗漱用品），特别对"四类重点对象"要重点落实；

（8）向农户询问致贫原因，并判断原因是否准确，帮扶措施是否对应；

（9）询问收入和支出（列出产业、打工、保障性、财产性、补助等收入，询问是否有因病住院、建房、子女读书等支出，特别是问清建房贷款金额和还款情况，关注是否因还贷款影响人均纯收入低于3500元的情况，列出截至2018年9月30日初步收支清单）；

（10）查看饮水（是否接入水表，是由政府统一实施还是老百姓自己接水入户，近期水质情况如何）；

(11)查看用电是否有保障和安全；

(12)查看入户路是否硬化，是否有路灯；

(13)询问、查看家庭成员及健康状况(是否有残疾人，是否办证，最近是否有住院情况，是否有家庭签约医生服务手册，并有服务时间、项目等记录，家里是否有人患重大病、慢性病、精神病，是否享受城乡居民医疗保险、大病保险、慢性病救助)；

(14)查看合作社运行(合作社名称，是否发放合作社社员证，是否对群众的收支进行记账)；

(15)询问脱贫时间，对村组干部、驻村工作队满意度情况。

最后，根据实地查看和询问情况，认真记录填写好调查问卷(给出每户的评价)。

3. 与群众分析收入帮助增收

(1)动员有劳动能力的家庭成员务工，宣传临翔区就业推荐岗位情况，动员、组织农户外出或就近转移就业增收，对有外出就业意向的马上帮助联系区人社局落实就业，有就近务工意向的报告村委会由村委会统一组织联系就近务工；

(2)积极帮助农户联系市场，帮助农户销售现有的农产品，如核桃、茶叶、蔬菜等，快速实现短期增收；

(3)对确实由于需要照顾老人、小孩、病人等原因无法外出就业的，依托区供销社订单蔬菜渠道，带领农户在田地、房前屋后等适宜地块种植蔬菜增收；

(4)根据因病、因学、因灾等情况，有针对性制定增收措施，积极联系行业部门采取健康扶贫、教育扶贫、低保、临时救助等措施进行保障。

4. 积极化解风险点和风险户

(1)围绕“两不愁三保障”，缺什么补什么，开列清单，对发现的问题和风险点，能够解决的与农户、理事会一起研究解决，解决不了的交由帮扶责任人解决，帮扶责任人解决不了的汇报挂包单位主要领导解决。非贫困户问题清单，按照“包户责任人→包村组长→包乡队长→区脱贫攻坚工作指挥部”程序，逐级压实责任协调解决。逐级压实责任，原则上问题不出村。问题解决完毕，农户要签字确认。

(2)入户中，通过看房算收入，房不安全，人均年收入不足3500元的，对无劳力户、低保户、五保户、残疾户、独居老人户等特殊人员户，要初步判断其是否属风险户，及时向包村组长汇报。

(3)建立低保户、五保户、残疾户、独居老人户和其他风险户5类人员台账,建立党员、理事会成员一对一挂包机制。

5.亲自参与提升人居家居环境

(1)教育引导、亲自带领农户从最简单的洗衣洗被、清扫庭院做起,做到垃圾不乱堆、污水不乱倒、农具不乱放,做到衣被叠好、柴草堆好、畜禽管好;

(2)帮助群众绿化美化庭院,分发菜籽、菜秧、花草籽,让群众种植。

6.宣讲政策引导农户感党恩

包户干部要学好弄懂现行扶贫政策,做好政策宣传,理清农户享受政策清单,让农户知晓自身享受的所有政策,引导群众知党恩、跟党走,讲真话、说实话。

7.做好举证准备

提前做好举证准备,摸清农户收入,对风险户和不讲真话隐瞒收入的农户,想办法提前做好收入证据和其他相关佐证材料,农户不配合的要提前做好3户群众提供的收入旁证。

8.落实教育帮扶

(1)询问农户特别是建档立卡户子女就学情况,询问是否收费,发现适龄义务教育阶段子女辍学的,要动员并送辍学学生复学;

(2)做好入户群众义务教育阶段、中(高)职阶段及大学生统计核查工作,并协同乡(镇、街道)教育部门落实教育扶贫政策;

(3)根据农户实际情况帮助落实教育政策。

9.进行户籍核查

(1)对农户户口进行清查核准,并协同当地派出所做好户口迁移、合并,新增人口落户,以及死亡人口注销等工作;

(2)对建档立卡户户籍变化情况及时协调乡(镇、街道)扶贫办进行数据更新。

10.完成收支记账

(1)向农户宣传合作社运行情况,让农户清楚本户加入的合作社,动员风险户就近务工,增加收入;

(2)及时掌握群众收入变化情况(务工收入、家庭经营性收入、财政性补贴收入),及时记账,牵头填写好登记账册;

(3)对无法与务工者本人进行痕迹取证的,按要求做好旁证,并妥善保管。

(4)与村组理事会理清农户分年度收入清单，经农户认可，补齐记账本，并张贴在农户家。

11. 落实健康帮扶

(1)及时掌握农户健康医疗、家庭突发性重大变故情况，对建档立卡户当年住院自付累计费用超过 3000 元、非建档立卡户当年住院自付费用超过 9000 元的进行预警，及时向乡村报告；

(2)帮助协调落实健康扶贫政策，防止群众因病致贫或返贫；

(3)宣传健康扶贫政策，落实家庭签约医生制度。

12. 加快建房改造

(1)动员危旧房、石棉瓦(彩钢瓦)顶未改造农户进行房屋改造；

(2)发现危房，没有进行换顶、没有粉刷内外墙的住房、厨房，以及房屋质量问题，列出清单交挂钩单位、村委会，安排施工队进行整改；

(3)向单位、乡(镇、街道)、村报告，督促对长期无人居住的危旧房进行拆除。

13. 收集解决诉求，力所能及地帮助群众解决困难与问题

(1)收集群众诉求，能解决的现场解决，不能解决的报本部门解决，

本部门不能解决的报区脱贫攻坚工作指挥部协调解决；

(2)通过交谈深入了解挂钩户家庭情况，邻里有纠纷矛盾的要帮助调解，家庭内部有不和谐的要帮助做工作，重点要关注农户家庭赡养老人的问题，弟兄姊妹分户的，要帮助明确赡养的份额，这部分可计入赡养老人户的收入。有能力但不赡养的，联系司法部门进行法制宣传教育；

(3)其他能够帮助的，尽力帮助。

14. 确定每户 1 名明白人

(1)确定 1 名家庭成员作为政策明白人(最好是户主或居家稳定的家庭成员，不要那些口齿不清、头脑不清的人员)，这个人要有一定的表达能力，能够讲得清自己所享受的脱贫攻坚政策扶持情况，算得清家庭收入明细账；

(2)在入户过程中“一对一”地对这名家庭成员进行政策讲解培训、感恩培训。

15. 帮助整理农户各类证书资料

将贫困户的户口册、明白卡、帮扶手册及健康扶贫、教育扶贫、股权证等资料统一装入资料袋(卫计部门发放的蓝色文件袋)。

16.牵头研究制定相关管理制度

牵头与村、组理事会研究制定公共基础设施管理制度，如村组道路、饮水等设施的收费管理制度，经群众认可后实施，并落实管理人。

17.建立项目库

贫困户需解决的问题及发展需求进入脱贫攻坚项目库，非贫困户需解决的问题及发展需求进入乡村振兴项目库。

第六节 做实社会保障兜底扶贫

为切实做好临翔区农村最低生活保障（以下简称农村低保）制度与扶贫开发政策的有效衔接工作，充分发挥农村低保在脱贫攻坚中的兜底保障作用，确保到2019年现行扶贫标准下的农村贫困人口实现脱贫，结合本区实际，制定了详细实施方案

一、工作目标

通过加强农村低保制度与扶贫开发政策的有效衔接，完善贫困人口识别机制，实现标准调整紧密衔接、对象识别精准衔接、信息数据动态衔接、政策措施无缝衔接，充分发挥农村低保与扶贫开发政策合力，提高贫困人口生活水平和发展能力。到2018年，实现临沧市农村低保保障标准和国家扶贫标准"两线合一"。对符合低保标准的农村贫困人口实行政策性保障兜底，确保到2019年现行扶贫标准下的农村贫困人口全部脱贫。

二、基本原则

（一）坚持应扶尽扶

精准识别农村贫困人口，将符合条件的农村低保对象全部纳入建档立卡范围，给予政策扶持，帮助其脱贫增收。

（二）坚持应保尽保

健全农村低保制度，依托核对信息平台，严格按照《临沧市城乡居民家庭经济状况核对办法》（临政发〔2016〕号），对家庭收入和家庭财产进行核查。及时将符合条件的建档立卡贫困户全部纳入农村低保范围，保障其基本生活。

（三）坚持动态管理

做好农村低保对象和建档立卡贫困人口定期核查，建立精准台账，实

现应进则进、应退则退。建立健全严格、规范、透明的贫困户脱贫和低保户退出标准、程序、核查办法。

(四)坚持资源统筹

统筹各类救助、扶贫资源,将政府兜底保障与扶贫开发政策相结合,形成脱贫攻坚合力,实现对农村贫困人口的全面扶持。

三、重点任务

(一)逐步提高标准

"十三五"期间,依据市级相关文件精神,逐年提高低保补助水平及保障标准,到2018年实现全区农村低保保障标准与国家扶贫标准"两线合一"。确保全区的农村低保保障标准不低于全省平均水平。2019—2020年,继续巩固"两线合一"工作。进一步完善农村低保保障标准与物价上涨挂钩联动机制,确保困难群众不因物价上涨影响基本生活。调整后的最低生活保障标准及时向社会公布,接受社会监督。

(二)精准认定对象

区民政、扶贫、残联等部门密切配合,加强农村低保对象和扶贫开发对象认定工作的衔接。完善农村低保家庭贫困状况评估指标体系,以家庭劳动力状况、家庭收入、财产作为主要指标,并根据实际情况适当考虑家庭成员因残疾、患重病等增加的刚性支出因素,综合评估家庭贫困程度。进一步完善农村低保和建档立卡贫困家庭经济状况核查机制,明确核算范围和计算方法,依托市级建立的居民家庭经济状况核对系统,提高核查效率和精准度。对参与扶贫开发项目实现就业的农村低保家庭,在核算其家庭收入时,可扣减必要的就业成本。"十三五"期间,在农村低保和扶贫对象认定时,中央确定的农村居民基本养老保险基础养老金暂不计入家庭收入。

各乡(镇、街道)要严格执行最低生活保障政策和规定,规范低保申请、受理、审核、审批、公示和资金发放程序,形成公平、阳光、精准、规范的低保工作局面。要进一步健全信息公开机制,乡(镇、街道)受理低保(扶贫)申请时,应填写是否属于扶贫对象(低保对象)及残疾人有关信息。张榜公示低保申请对象(扶贫对象)情况时,需标注是否属于扶贫对象(低保对象)。乡(镇、街道)要将农村低保和扶贫开发情况纳入政府信息公开范围,低保对象、扶贫对象和特困人员名单应在居住地长期公示,接受社会和群众监督。

（三）实行分类施保

将完全丧失劳动能力或生活自理能力，家庭生活常年陷入困难的极困家庭，列为重点保障户（A类）；将由于年老、残疾、患重特大疾病或长期慢性病等原因，部分丧失劳动能力或生活自理能力，家庭人均收入低于当地保障标准且家庭财产符合有关规定的比较困难家庭，列为基本保障户（B类）；由于其他原因造成家庭人均收入低于当地保障标准且家庭财产符合有关规定的一般困难家庭，列为一般保障户（C类）。三类农村低保户均须精确识别到户，做到应保尽保，应退则退。“十三五”期间，农村低保重点向A类和B类对象倾斜，切实保障其基本生活；对于C类对象，应以扶贫帮扶和就业扶持为主，鼓励其通过发展产业、自主就业和扶持就业，逐步退出或缩小农村低保保障范围。对因突发性、临时性、紧迫性问题造成暂时生活困难的家庭或个人，应主要采取临时救助和“救急难”等措施进行救助。

（四）加强动态管理

对农村低保对象和建档立卡贫困人口实行动态管理，做到应保尽保、应扶尽扶、应退尽退。按照农村低保制度分类施保及动态管理要求，重点保障户（A类）、基本保障户（B类）、一般保障户（C类）分别按照年度、半年或季度进行复核复审，根据低保对象家庭经济变化情况适时调整补助水平或按照程序予以退出。乡（镇、街道）要会同村（居）委员会开展走访调查，及时掌握农村低保家庭、特困人员和建档立卡贫困家庭人口、收入、财产变化情况，并及时上报区民政局、区扶贫办。区民政、扶贫等部门要建立按月信息通报会商机制。区民政局将农村低保对象、特困人员名单提供给区扶贫办；区扶贫办将建档立卡贫困人口名单和脱贫农村低保对象名单、脱贫家庭人均收入等情况及时提供给区民政局；区民政局、区扶贫办将农村低保对象、特困人员、建档立卡贫困人口有关情况提供给区残联。区民政、扶贫、残联三部门共同做好对象核查，对已脱贫的低保对象按照程序审定后要及时退出保障范围，对未脱贫且符合条件的贫困对象要及时纳入社会救助范围。

（五）加强政策衔接

对符合农村低保条件的建档立卡贫困户，应按照规定程序纳入低保范围，并科学核算和足额发放低保金。对符合扶贫条件的农村低保家庭，应按照规定程序纳入建档立卡范围，并针对不同致贫原因予以精准帮扶。对返贫的家庭，应按照规定程序审批后，相应纳入临时救助、医疗救助、农村低保等社会救助制度和建档立卡贫困户政策覆盖范围。对不在建档立卡范围内的农村低保家庭、特困人员，要统筹使用有关扶贫开发政策。对靠家庭供养的成年重度残疾人，按照规定纳入低保范围。对农村低保家庭中的老年人、未成年人、重度残疾人、重病患者等重点救助对象，要采取合理分类、上浮补助标准等多种措施提高救助水平，保障其基本生活。严格落实困难残疾人生活补贴和重度残疾人护理补贴制度，按照"乡（镇、街道）人民政府（办事处）初审、残联审核、民政审定、财政核拨资金、金融机构代发到人"的规程，开展两项补贴的按月发放工作。

（六）加强医疗救助

建档立卡贫困人口参加城乡居民基本医疗保险个人缴费部分，由财政给予补贴。进一步完善重特大疾病医疗救助政策，对基本医疗保险和大病保险支付后个人自负费用仍有困难的，加大医疗救助、临时救助、慈善救助等帮扶力度，符合条件的，纳入重特大疾病医疗救助范围。

（七）加强信息比对

区民政局、区扶贫办要加快健全完善低保信息系统和扶贫开发信息系统，指导乡（镇、街道）人民政府（办事处）及时更新、完善对象信息，确保信息全面、准确、翔实，逐步实现低保和扶贫开发信息系统互联互通、信息共享，并按月进行比对，准确掌握全区农村低保对象和扶贫开发对象的重合率。区残联要与区民政、扶贫等部门加强对贫困残疾人和重度残疾人有关信息的衔接。区民政、扶贫部门要每月会商交流农村低保对象和建档立卡贫困人口变化情况。区民政、扶贫部门和残联要每年适时指导乡（镇、街道）人民政府（办事处），开展农村低保对象、建档立卡贫困人口、困难残疾人台账比对，结合系统信息逐户核对农村低保对象、建档立卡贫困人口和困难残疾人，掌握纳入建档立卡范围内的农村低保对象、特困人员、残疾人数据，摸清建档立卡贫困人口中完全或部分丧失劳动能力的贫困家庭情况。

四、保障措施

（一）加强组织领导，明确职责分工

建立与完善政府领导，民政、扶贫、农村工作、财政、统计等部门和残联紧密配合、积极参与的工作协调机制。民政部门牵头做好农村低保与扶贫开发政策衔接工作；扶贫部门落实好扶贫开发政策，配合做好衔接工作；农村工作部门做好综合指导、政策衔接工作；财政部门做好资金保障工作；统计部门会同有关部门组织实施农村贫困监测，及时提供调整低保标准、扶贫标准所需有关数据；残联会同有关部门及时核查残疾人情况，配合做好对农村低保对象和建档立卡贫困人口中残疾人的重点帮扶工作。

（二）加强资金统筹，提高使用效益

区财政、民政部门要按照国务院和省政府有关要求，结合实际，推进社会救助资金统筹使用，盘活财政存量资金，增加资金有效供给，优化财政支出结构，科学合理编制预算，提升资金使用效益。区财政、民政部门要加强资金使用管理情况检查，确保资金使用安全、管理规范。

（三）加强考核监督，推进工作落实

认真贯彻落实《云南省贫困县党政领导班子和领导干部经济社会发展实绩考核办法》《云南省贫困县退出工作实施方案》，加强考核问效。民政、财政、扶贫部门要建立健全绩效考核制度，将农村低保制度与扶贫开发政策衔接、低保保障标准、对象准确率、补助水平、分类施保等纳入考核范围，加大对农村低保制度与扶贫开发政策衔接工作的督促检查力度。加强社会监督，建立第三方评估机制，增强约束力和工作透明度。健全责任追究机制，对政策衔接中出现的违法违纪问题，要依法依纪严肃追究有关人员责任。要畅通投诉举报渠道，健全信访和投诉举报核查制度，及时处理有关扶贫对象及低保对象的投诉建议，不断完善有关政策，切实维护困难群众合法权益。

（四）加强能力建设，提高工作水平

加强乡（镇、街道）人民政府（办事处）社会救助能力建设，建立村级社会救助协理员制度，在乡（镇、街道）人民政府（办事处）现有编制内，根据社会救助对象数量等因素配备相应工作人员，加大业务培训力度，进一步提高基层工作人员服务和管理能力。采取政府购买服务等方式，引入社会力量参与提供农村低保服务。充分发挥第一书记、驻村工作队在落实农村低保制度和扶贫开发政策中的骨干作用。进一步健全“一门受理、协同办理”的工作机制，为农村低保对象和建档立卡贫困人口提供“一站式”便民服务。

（五）加强政策宣传，强化舆论引导

区民政、扶贫、财政、残联等部门和单位要切实做好农村低保、扶贫开发、残疾人两项补贴等政策的宣传工作，做到政策内容家喻户晓。坚持正确舆论导向，积极弘扬正能量，着力增强贫困群众脱贫信心，鼓励贫困群众在政府扶持下依靠自我奋斗实现脱贫致富，形成家庭勤劳发奋、社会积极扶助、政府兜底保障的责任共担格局。

第七节　落实后续巩固措施

为深入贯彻落实党的十九大精神，按照党中央、国务院和省委省政府的部署要求，围绕全面建成小康社会奋斗目标，坚持一手抓精准扶贫精准脱贫、一手抓脱贫成果巩固提升，按照“脱贫不脱政策、脱贫不脱帮扶、脱贫不脱项目、脱贫不脱责任”的要求，全面建立健全稳定脱贫长效机制，继续强化帮扶，巩固脱贫成果，提升脱贫质量，出台《临翔区贫困退出后续帮扶巩固提升工作意见》。

一、工作目标

脱贫攻坚期内，稳定脱贫政策措施完善健全，脱贫质量巩固提升，脱贫成效得到群众认可、经得起历史检验。确保到2020年所有建档立卡贫困人口在现行标准下全部稳定脱贫，实现“两不愁三保障”、稳定持续增收、自我发展能力全面提升；兜底保障对象的保障性收入不低于国家扶贫标准并形成增长机制；确保脱贫退出村基础设施建设、公共服务水平和基层组织服务保障水平大幅提升，经济发展的造血功能明显增强；确保摘帽后经济社会实现稳定持续发展。

二、工作措施

（一）强化贫困对象动态管理

1. 加强跟踪监测

重点监测脱贫户家庭收入状态、返贫潜在因素和后续帮扶措施，及时掌握返贫情况，对没有达到稳定脱贫标准或存在返贫风险的贫困人口及时纳入帮扶范围，进行有效帮扶，实现稳定脱贫。

2. 脱贫返贫识别

对信息系统预警和跟踪监测的疑似返贫人口，按照贫困户识别、纳入的程序进行返贫处理，并统一在扶贫开发信息系统中作返贫操作。

（二）落实稳定脱贫政策

1. 落实脱贫不脱政策

贫困乡退出后，在攻坚期内原有扶贫政策保持不变，一般性转移支付政策、财政专项扶贫资金、财政涉农资金整合、项目安排的力度保持不变；

贫困村脱贫退出后，继续保持扶贫政策和帮扶措施不变，实施贫困村提升工程，按照“缺什么、补什么”的原则，补齐基础设施和公共服务短板，夯实村级发展基础；贫困人口脱贫后，继续享受产业扶贫、就业扶贫、扶贫小额信贷、健康扶贫、教育扶贫等到户扶贫政策不变。

2. 落实脱贫不脱帮扶

贫困村、贫困人口脱贫退出后，继续安排帮扶力量，驻村帮扶和结对帮扶。针对不同致贫原因分类施策，帮扶贫困村实现基础设施和公共服务水平“双提升”，帮扶贫困人口在稳定脱贫基础上走上小康致富路。

（三）加强脱贫对象自我发展能力培育

1. 进一步激发内生动力

按照“扶贫先扶志”的要求，强化群众靠自身发展动力脱贫致富的思想教育引导工作，将“扶志”与“扶智”作为工作的重点，加大宣传教育力度，积极倡导和鼓励贫困群众在党和政府以及全社会的帮助下自力更生、艰苦奋斗，靠辛勤劳动改变贫困落后面貌。强化贫困群众的脱贫主体地位，大力开展参与式扶贫，到户到人的产业扶贫、就业扶贫、保障性扶贫等项目，以及贫困村提升工程到村基础设施和公共服务建设项目，落实公示公告制度，让贫困户百分之百知晓。并组织贫困户参与实施、参与监督，让贫困群众有更多的获得感。深入开展“自强、诚信、感恩”和“党的光辉照边疆、边疆人民心向党”主题实践活动，让群众知党恩、感党恩，巩固群众满意度，增强群众认同感。

2. 进一步加强职业技能培训

按照“扶贫先扶智”的要求，以提升就业素质能力、实现职业技能培训全覆盖为目标，着力阻断贫困代际传递。完善区、乡、村“三级联动”机制，准确掌握脱贫户劳动力资源信息、技能状况和培训需求，建立以村为单位的贫困劳动力实名制登记数据库。实行分类施策，精准培训。对于贫困家庭“两后生”加大职业学历教育支持力度，确保“雨露计划”免费培训全覆盖；对于有培训意愿的贫困家庭劳动力，每年至少提供一项免费技能培训，让其掌握一技之长；对于就近就地就业的贫困劳动力，免费开展实用技术培训，确保其掌握1～2门实用技术；对于外出务工的贫困家庭劳动力，要在务工集中输入地组织开展“异地培训”。全面落实就业前免费技能培训和技能提升补贴政策，加强技能培训，打造特色劳务品牌，全力实现“教育培训一人、就业创业一人、稳定脱贫一户”。

(四)完善脱贫对象稳定增收长效机制

1.突出产业增收机制

坚持将产业扶贫作为稳定脱贫的根本之策。按照“四覆盖四着力”(合作社建立全覆盖,金融扶持全覆盖,科技培训全覆盖,企业带动全覆盖,着力发挥资源优势,着力引进电商平台,着力争取挂钩部门支持,着力壮大村集体经济)产业扶贫模式,坚持“一乡一业、一村一品”工作思路,进一步加大产业扶贫投入,加强对脱贫村、脱贫户在产业规划、产业选择、招商引企、市场开拓、品牌培育、技术支持等方面的指导帮扶,逐村逐户制定产业发展后续帮扶措施。加大对新型农业经营主体的培育力度,完善与贫困户利益联结机制,提高贫困户在产业发展中的参与度。形成龙头企业带动、经营大户带动和群众自身调整优化种养结构的发展模式。支持市场前景好、产业链长、带动能力强、增收效果明显的新型经营主体成长壮大,支持具备条件的脱贫村引进市场主体发展乡村旅游、农产品加工、特色种养、电商扶贫等生产经营项目。确保到2020年每个贫困村都有一个以上专业合作社,有一批创业致富带头人,有劳动能力的贫困户都有持续稳定增收的产业项目。

2.推进资产收益扶贫

依托土地、生态资源等优势,实施“资源变资产、资金变股金、农民变股东”改革,支持脱贫村、脱贫户依托新型农业经营主体,以土地、山场、水面、设施、设备托管的方式,参与产业扶贫,获得稳定分红收益。在不改变用途的情况下,财政专项扶贫资金和其他涉农资金投入设施农业、养殖、光伏、水电、乡村旅游等项目形成的资产,具备条件的可折股量化给贫困村和贫困户。贫困户脱贫后,可按契约规定继续享受分红受益。

3.建立就业脱贫长效机制

全面落实支持创业就业的优惠政策,充分发挥主导产业吸纳贫困劳动力的作用,鼓励能人创业辐射带动贫困劳动力就业,推动扶贫就业基地建设,引导全社会形成帮助贫困群众就业的良好氛围。脱贫户继续享受就业技能培训补贴、就业奖补、就业援助、社会保险补贴等优惠政策。鼓励贫困劳动力自主创业,对成功创办微型企业的脱贫户,优先给予创业补助和后续扶持资金补助。通过政府主导、引进社会力量等方式,利用乡村闲置土地、房屋创办或领办就业扶贫载体,帮助贫困劳动力实现家门口就业。积极开发生态护林、绿化保洁与道路维护、社会治安协管、孤寡老人与儿童看护、搬迁安置区物业管理等公益性岗位，优先聘用就业困难的贫困劳动力，确保有劳动力的贫困户就业有保障，实现“一人就业创业、一户脱贫致富”。

（五）建立脱贫返贫保险保障机制

精准对接建档立卡贫困户保险需求，切实缓解因病、因学、因人身伤害与自然灾害等造成的返贫现象，完善保障体系，在农村现行各项保险报销基础上增加理赔，不断提高贫困户稳定脱贫保障水平。

（六）做好深度贫困群体兜底保障

1. 完善兜底保障制度

做好农村低保政策与扶贫开发政策有效衔接工作，逐年提高低保标准，实现“两线合一”，确保兜底保障对象的保障性收入不低于同期国家扶贫标准。建立低保兜底对象认定清理的常态化机制，做到精准施保，将符合兜底保障的返贫对象及时纳入保障范围。

2. 健全社会救助机制

对农村低保家庭中的老年人、未成年人、重度残疾人和重病患者等深度贫困群体，采取多种措施提高救助水平，保障其基本生活。设立医疗、教育、住房等专项救助资金，加大临时救助、慈善救助等社会救助力度。建立因突发性事件致贫返贫的防范救助机制，有效防止已脱贫户因突发性事件返贫。

（七）实施贫困村提升工程

贫困村脱贫退出后，继续实施贫困村提升工程，进一步完善水、电、路、网等基础设施，加强教育、卫生、文化等公共服务建设，全面改善人居环境和生产生活条件。改善乡村环境，整治村容村貌，治理道路巷道，清理污水垃圾，切实改善贫困群众生活环境和质量。到 2020 年，整体村容村貌、基础设施和公共服务水平均得到质的提升。

（八）坚持以党建促脱贫攻坚

1. 坚持以党建促脱贫攻坚

充分发挥党的政治优势和组织优势，按照“三级书记抓扶贫”的要求，深入推进脱贫攻坚。以基层党建述职、评议、考核为指挥棒，建立常态化工作机制，进一步压实脱贫攻坚责任，推动工作重心下移，狠抓工作落实。加强基层组织建设，选优配强贫困乡、村领导班子特别是贫困村带头人，不断增强贫困村党组织引领发展、服务群众的功能。

2. 巩固党建扶贫新模式

引导村党组织和党员领办新型经济组织，大力推行“党支部＋合作社（龙头企业）＋贫困户”模式，组织引导贫困户以土地经营权入股、以扶贫资金入股、到合作社就业，带动贫困户多渠道增收，实现稳定脱贫。

3. 严格驻村帮扶工作

继续对脱贫退出村派出驻村工作队，继续选派机关优秀干部到村担任第一书记。驻村帮扶工作重点转移到制订、落实后续帮扶计划，巩固脱贫成果，提升脱贫质量，加强基层组织建设。严格落实驻村帮扶工作管理办法，健全管理制度，执行及时召回撤换制度。

（九）加强扶贫领域作风建设

1. 强化干部队伍作风建设

按照国务院扶贫开发领导小组将 2018 年作为脱贫攻坚作风建设年的要求，集中力量解决扶贫领域存在的责任落实不到位、工作措施不精准、工作作风不扎实、资金管理使用不规范，以及形式主义、官僚主义和腐败等突出问题。切实提高政治站位，进一步强化“四个意识”，严防“四风”问题“十种新表现”，培养一批懂农业、爱农村、爱农民的“三农”队伍，打造一支作风过硬、业务过硬的“临翔扶贫铁军”。

2. 严格资金管理使用

加大涉农资金整合力度，严格执行涉农资金整合管理办法，加强扶贫资金监管及跟踪审计力度，严格资金审批流程，实现扶贫资金全程审计、严管严查，提高使用效益和透明度，做到廉洁扶贫、阳光扶贫；对全区财政扶贫资金使用管理规范性进行检查，严肃查处挪用、滞留、截留、贪污行为，严肃查处扶贫资金工程招投标领域的违规违纪问题。

三、组织保障

（一）强化组织领导

贫困乡、村脱贫退出后，继续实行党政主要负责同志抓脱贫攻坚的工作格局，以乡（镇、街道）为主体落实贫困退出后续帮扶巩固提升各项工作。各行业部门主要领导是本部门巩固脱贫成果工作的第一责任人，继续落实行业扶贫工作。各乡（镇、街道）每年 12 月 25 日前，要向区扶贫开发领导小组报告稳定脱贫工作情况。

（二）强化责任落实

各乡（镇、街道）党（工）委、人民政府（办事处）和区级行业扶贫责任单位(部门)严格落实工作责任,把巩固脱贫成果、实现稳定脱贫工作摆在重要位置,与脱贫攻坚同步部署、同步推进、同步落实。继续推行条块结合工作机制,全面巩固提升脱贫质量。

(三)强化考核督查

全区脱贫摘帽后,各乡(镇、街道)每年对已退出的贫困户开展一次综合评估检查,重点检查考核责任、政策、工作"三落实"情况,脱贫成果巩固提升、综合贫困发生率变动等情况。区级对乡(镇、街道)脱贫攻坚工作考核,增加"返贫率"考核项并将其作为重要考核指标之一。对脱贫对象的后续帮扶、巩固提升和政策措施落实情况,继续纳入考核范围。对脱贫质量不高、工作不落实造成"假扶贫、假脱贫"或较大面积返贫现象的责任人,按照相关规定严肃追责问责。

第四章

重点突破　示范引领

作为一个边疆民族县区，临翔区贫困面广、贫困程度深。从打响脱贫攻坚战开始，临翔区委区政府坚持全面部署、重点突破，抓住机会对部分乡、村进行集中发力，引导广大群众争当脱贫先锋。

第一节　直过民族乡——南美乡的攻坚突围

1987 年 12 月成立于临翔区的南美拉祜族乡（简称“南美乡”），是云南省为数不多的高寒贫困、拉祜族群众聚集区和少数民族“直过区”之一。2013 年打响脱贫攻坚战以来，临翔区精准落实习近平总书记“全面建成小康社会，一个民族都不能少”的重要指示精神，在区委区政府领导下，乡党委政府主动担任脱贫攻坚第一责任人，“手把手服务”，带领全乡各族群众转变观念、苦干实干，推动“整乡扶贫”。脱贫攻坚工作在全区取得了突破性成效。以前“见到外人就跑开”的拉祜山村已经于 2019 年底实现了整乡脱贫摘帽，并成为临沧美丽乡村建设的先进典型。

一、南美乡的基本情况

临翔区南美乡地处云南省西南部，距临沧市城区 48 千米，位于临翔区西部，辖区面积 120.85 平方千米，耕地面积 15128 亩。全乡辖 4 个村民委员会 24 个自然村 33 个村民小组。

南美乡拉祜族属氐羌族群，发源于青海湖畔，世代以狩猎为生，于明末清初由澜沧江峡谷迁徙到南美乡，因地域封闭很少与外界接触，总体受教育程度低，通晓使用汉语人数较少。山高谷深，村民大都不会说汉语，“见到外人就跑开”。新中国成立后，从原始社会末期直接过渡到社会主义社会。2012 年，九成人口还生活在绝对贫困线以下。在开展脱贫攻坚工作前，拉祜族群众基本还处于靠山吃山、刀耕火种的生产生活状态，加之他们不愿与外界交流且抵触和躲避外来人员，南美乡党委政府同时面临“攻坚战”和“突围战”的双重考验。

南美乡共 4 个建制村，其中坡脚村和南华村为建档立卡贫困村。共有建档立卡贫困人口 284 户 1118 人。2013 年底识别纳入 281 户 1030 人，2014 年脱贫退出 217 户 824 人，2015 年脱贫退出 64 户 206 人，2017 年退出 3 户 14 人，2018 年退出 1 户、合并 1 户，2018 年新纳入 8 户 34 人，2019 年动态管理后全部脱贫退出。

南美乡贫困状况的主要特点如下。

一是贫困程度深。作为一个“直过区”，南美乡大部分贫困人口受教育程度低，对外交流严重不足，思想观念落后。

二是致贫原因集中叠加。根据 2013 年的分析，缺技术占 41.2%，自身动力发展不足占 21.8%，缺劳力占 18.7%，交通条件落后、因病、因学、因残等占 18.3%，致贫原因交叉叠加。

三是内生动力不足。不少贫困户脱贫致富意识淡薄，不愿干、不敢干、干不了的思想一定程度上存在，脱贫攻坚开展初期甚至出现了“干部田里干，群众路边看”的现象。

二、南美乡实施脱贫攻坚突围的主要举措

自脱贫攻坚战打响之后，南美乡党委政府严格落实“党政一把手负总责、五级书记抓扶贫”责任制，始终把脱贫攻坚作为最大政治任务和第一民生工程，通过“九大突围”，扎实推进精准扶贫精准脱贫各项工作。

（一）责任突围

南美乡“整乡推进”列入临沧市委重点工作，整合各部门资源，市区两级挂钩帮扶南美乡，力度空前。

一是层层压实责任。充分发挥党委总揽全局、协调各方的领导核心作用，坚持一把手总决策、负总责。认真贯彻落实区、乡、村三级书记抓扶贫的工作机制，成立以乡党委书记、乡长任组长的“双组长”扶贫开发工作领导小组，全乡一盘棋，扎实推进脱贫攻坚工作。

二是领导高度重视。乡党委政府主要领导带头学习研究政策，做到亲

自安排、亲自部署，抽调精干力量充实乡扶贫办，高位推动脱贫攻坚。帮群众建房、谋产业致富，党员干部比群众还上心。2013 年至 2015 年，南美乡为 1142 户建设安居房，村民人均种植经济作物 11 亩，不让一个人掉队。

三是形成帮扶合力。

区级层面：由区委常委、常务副区长直接挂钩南美乡；坡脚村由区红十字会挂钩帮扶，有驻村工作队员 3 人；南华村由区司法局挂钩帮扶，有驻村工作队员 3 人；南美村由区工业园区管理中心挂钩帮扶，有蹲点工作队员 1 人；多依村由区市场监管局挂钩帮扶，有蹲点工作队员 1 人。

乡级层面：建立干部职工挂钩建档立卡贫困户帮扶机制，组建了 4 支综合挂钩组负责各村各项事宜，同时组建 4 支包户实干队进驻各村开展工作；284 户建档立卡贫困户，由区级挂钩部门挂包 145 户，乡干部职工挂包 139 户。

（二）公共服务和基础设施突围

2012 年以来，通过拆除重建 1179 户、加固改造 19 户住房，全乡所有农户都住上了安全住房；按照“缺什么补什么”的原则，积极向上争取项目、整合涉农资金，统筹实施乡村水、电、路、网、公共基础设施建设，全乡村组路面硬化率 100%；所有农户均用上了安全饮用水，一户一表；所有自然村均已通电，通电率 100%；4 个村委会、4 个村卫生室、学校均已接通光纤网络，4G 网络实现全覆盖；建成 23 个村民小组活动场所，实现全覆盖，解决群众活动难问题。

（三）产业就业突围

一是抓产业扶贫。以“企业＋合作社＋基层党组织＋农户”的运作模式，引进临沧万昌农业公司和天下茶都茶叶公司，成立农民专业合作社 18 个，形成统一种植、统一收购、统一销售的“订单农业”模式，有效解决农民群众生产经营无企业带动、市场对接销路不畅等问题。坚持“长、短、特”结合发展产业，促进农民群众增收致富，建成茶叶、烤烟、豌豆、青花椒等各类产业基地约 6.7 万亩，人均 13.9 亩，其中，茶叶 12070 亩、长寿仁豌豆 2600 亩、青花椒 1045 亩。建成茶叶加工厂 4 座、青花椒加工厂 1 座，带动贫困户人均增收超 3000 元。通过持续抓好烤烟产业，实现烤烟交售均价全市第一。

二是抓就业扶贫。围绕“一人就业，全家脱贫”目标，适时开展农村实用技术培训，积极动员剩余劳动力外出务工，全乡劳动力转移人数逐年增加，2020 年，全乡转移就业 369 人，其中省内 262 人，省外 107 人。

三是抓村集体经济收入。抓“企业＋农户＋合作社”的发展模式，大力发展村集体经济，全面消除集体经济“空壳村”，集体经济逐年壮大。2019年，全乡村集体经济收入达256.44万元，其中，南美村70.3万元(包含50万元村集体经济项目资金)，南华村36.4万元，多依村37.98万元，坡脚村111.76万元，通过发展集体经济带动贫困户户均增收5000余元。

四是抓社会保障。本着应保尽保的原则，对各类保障对象适时开展动态调整，并及时发放各类补助和救助资金，确保将各类保障政策落到实处。

(四)教育突围

对于一个长期生活在高山丛林里的“直过民族”，教育是最大的短板和弱项。围绕义务教育均衡发展评估验收20条标准，全面落实国家教育扶贫政策，切实加大控辍保学力度。目前，全乡6～15周岁适龄儿童641人，没有建档立卡贫困家庭义务教育阶段辍学人员。认真落实学前教育营养改善计划和困难资助，义务教育阶段“两免一补”及就读职业学校、高中、大学学生的各项补助政策，确保了贫困家庭子女不因贫辍学失学，保障贫困家庭子女上得起学、不失学，阻断贫困的代际传递。对幼儿园至初中学生实施全寄宿制。

(五)健康突围

一是全面贯彻落实云南省健康扶贫政策。围绕村卫生室达标3条标准，乡卫生院达标6条标准，完成标准化村卫生室、乡卫生院建设。

二是实行“住院风险预警机制”。对贫困户住院自付医药费累计超过3000元，非贫困户住院自付医药费单月超过3000元、累计超过9000元的，给予相应的社会救助，确保不因病致贫、因病返贫。

三是落实健康扶贫“四重保障”。为贫困户定额代缴基本医疗保险，贫困人口基本医疗保险和大病保险参保率达100%，符合条件的贫困人口100%参加基本养老保险，建档立卡贫困人口住院医疗费用报销达90%以上，贫困户健康档案、家庭医生签约服务全覆盖。

(六)人居环境突围

以“七改三清”专项行动作为村容村貌整治的重要抓手，以常态化开展“周五洁净日”活动为助力，全面清理自然村内主干道两侧厕所、垃圾、杂物；开展以农户庭院，拆除废弃畜禽圈舍、危旧房屋，以及改造旱厕、整理乱堆乱放、清理水渠、清运建筑渣土等为内容的环境综合整治攻坚战，全乡人居环境不断提升。

(七)项目突围

聚焦贫困对象家底、致贫原因、帮扶措施、投入产出、帮扶责任、脱贫时序“户户清”,以脱贫攻坚项目库为载体,因户因人施策,逐户逐人解决问题,严格按照“村级申报—乡级审核—区级审定—公告入库”的要求,做细做实乡级路线图、村级施工图;以脱贫出列的贫困村、脱贫户巩固提升扶持项目作为脱贫攻坚入库项目重点,做实项目规划和计划,对标盘点差距,精准配置要素,确保项目落地见效。南美乡共有产业扶贫、就业扶贫、农村基础设施和公共服务 4 大类 138 个建设项目。初步估算,需要投入项目资金 47435.63 万元,其中申请上级补助资金 44071.28 万元,自筹资金投入 3364.35 万元。资金来源为整合财政涉农资金、行业部门资金、东西扶贫协作资金、定点扶贫资金、社会帮扶资金、自筹资金。根据区扶贫开发领导小组涉农项目资金、项目计划安排,2018 年已实施 4 个项目,投入资金 113 万元;2019 年已实施 21 个项目,投入资金 1192.9 万元;2020 年计划实施 13 个项目,计划投入资金 1062.8 万元。

(八)党建突围

一是全面提升组织力。认真贯彻落实《中共临沧市委关于提升农村基层党组织组织力的意见(试行)实施方案》,围绕“五基本”目标,全乡 16 个党支部实现规范化达标,23 个村民小组活动场所建到家门口,村组议事、群众活动有了主阵地。

二是选准领头雁强队伍。实施农村“领头雁”培养工程,近 3 年来,组织村组干部培训 300 余人次。储备培养村组后备人才 41 人,注重从致富带头人中选拔村干部,培养和造就了一支能致富、会带富的村组干部队伍。

三是组织引领促集体经济发展。整合各类项目、资金、资源,在村党支部带领下,依托企业和农民专业合作社等新型经营主体,全力推动集体经济发展提质增效。

四是激发群众内生动力。坚持扶贫与扶智、扶志相结合。以“党的光辉照边疆,边疆人民心向党”为主题,深入开展“讲实话、说变化、感党恩、谋幸福”活动,组织开展知恩感恩教育 480 场次。开办“新时代农民讲习所”和“农村大讲堂”,组织村民说村史、编村史、议村史,创建村史室 4 个。扎实开展“不忘初心 牢记使命”主题教育,推动乡机关干部下沉脱贫攻坚第一线,访民情、听民声,解难事、办实事,为群众解决困难问题 280 余件。

(九)作风突围

脱贫攻坚工作实施以来,实行领导包村、干部帮户机制,全体干部职工下沉一线，切实转变工作作风，与拉祜族群众结成“亲家”，采取围火塘、进地头、拉家常等方式，逐户帮助找“病因”、开“药方”、挖“穷根”，分析致贫原因，理清脱贫思路，制定脱贫措施，为脱贫攻坚打下坚实基础；对“纪律涣散、工作不实不细”等行为予以严肃处理，坚决杜绝侵害群众利益、优亲厚友、弄虚作假、徇私舞弊行为的发生，为打赢脱贫攻坚战提供了坚强的纪律保障，提振了干部廉洁从政、廉洁扶贫的底气和信心，形成了风清气正、积极进取的干事创业环境。

三、南美乡攻坚突围的巨大成效

通过 7 年的攻坚突围，南美乡发生了翻天覆地的变化。一是基础设施改善巨大，道路从原来的晴通雨阻变成了村村硬化，自来水管拉到家门口；二是住房条件改变巨大，拉祜族群众从矮小狭窄的木掌楼搬进了宽敞明亮的小别墅；三是产业发展提升巨大，先后建成了青花椒、长寿仁豌豆等特色产业基地，拉祜族群众依靠自己的双手种出了全市高产量、高质量的烤烟和豌豆；四是通过扶智教育，群众思想意识有了很大提升，自我脱贫能力不断增强，人民生活水平不断提高。2019 年，全乡农村经济总收入 8672.15 万元，较上年增长 7.7%；农民人均纯收入 9961 元，较上年增长 6.7%。

通过面对面抓宣传讲政策，切实转变了当地少数拉祜族群众的等靠要思想。通过 511 名各级干部与群众同吃、同住、同劳动，通过围火塘、进地头、拉家常等方式，手拉手帮助算收入账、产业账、建房账，不断改变一些拉祜族群众靠山吃山、靠天吃饭、安于现状的思想。一些以前不敢、不想出门的“家乡宝”开始外出务工。2019 年，全乡转移就业 586 人，人均增收 5000 元以上。同时，以组织“周五洁净日”“卫生评比”等活动为抓手，长期人畜混居、围着火塘睡等不卫生、不科学的生活习俗得到了摒弃。以前，家里连牙刷都看不到的南美乡，如今家家户户装上了太阳能。

通过“手把手”教技能抓产业，切实增强群众脱贫致富信心。全乡先后组织了茶叶加工，花椒、烤烟、蔬菜种植，生猪、山地鸡养殖，以及乡村旅游等多种实用技术培训，让拉祜族群众学会用科学的方式发展产业。仅 2019 年，就举办各类培训 214 场次，受训人员 3789 人次。全乡已形成了“长、短、特”结合的产业发展格局，有各类产业约 6.7 万亩，成立合作社 18 个，覆盖所有农户，带动贫困户人均增收超 3000 元。以前“头天发了扶贫洋芋种，第二天就煮煮吃了”的村民，如今种起了万元田。南美乡还被评为全国文明村镇、云南省生态乡(镇)、国家 3A 级景区、省级拉祜族风情小镇。

通过“户看户”学先进促动力，切实激励群众感恩奋进。高度重视先进典型的宣传和选树，大力宣传乡内外脱贫先进事迹，王永芳、罗致被市级表彰为“光荣脱贫户”，王永芳被评为临翔区种植、养殖、科技示范户。切实让群众学有榜样、做有标杆，从先进典型中学会感恩、学会自立。

曾任南美乡党委书记的梅建军说：“‘特别的爱给特别的你’，党委政府超常规投入和党员干部‘手把手服务’，让南美三年跨越三十年。”南美乡成为一颗真正的“南部边疆美丽明珠”。

第二节　抢抓机遇的脱贫示范村——幕布村和蚂蚁堆村

幕布村抓住机场建设搬迁机遇，提前实现整村脱贫。蚂蚁堆村抓住华中科技大学挂钩帮扶机遇，完成了由“重点贫困村”向“脱贫样板村”的蜕变。

一、幕布村

幕布是临翔区博尚镇烤烟、油菜产业的先行试验区，是全市“美丽乡村”示范村、扶贫整村推进示范村、民族团结示范村，是市级基层党建示范点、乡村振兴示范点。

(一)基本村情

“幕布”一词，由傣语音译而来，意思是“染饭花盛开的地方”。幕布的开发始于1850年前后，先后有王姓、李姓、洪姓、鲍姓自今浙江省、普洱市、双江县及周边勐准村、完贤村等地方迁入，至今有170年左右的历史。

清末时期，幕布属缅宁县南乡、南区；1931年至1940年，属缅宁县第三行政区泰恒镇所管辖的大勐准范围；1940—1946年，幕布为泰恒第五保；1949—1972年，幕布属勐准乡、勐准公社、勐准管理区、勐准大队；1973年，幕布从勐准大队分出，单独成立幕布大队；1984年，幕布大队改称幕布乡；1987年，幕布乡改为幕布办事处；2000年，幕布办事处改为幕布村。

幕布村位于博尚镇中部，地处临沧机场脚下，西邻碗窑村，东邻勐准村，北与凤翔街道石房村细嘎自然村相望。村委会驻地海拔1850米，年平均气温16～20℃，年降雨量1750毫米。村内主要河流为幕布河，发源于勐博后山，归南汀河，全长6千米。主要经济作物为烤烟、油菜、蔬菜、核桃。

幕布村村民中拉祜族不到两成，汉族、傣族占一半多。据已故村党支部书记陈跃明介绍，幕布村最大的变化发生在2013年，全村新建成267户安居房，而之前砖瓦房只有60多户。建新房有补助，汉族群众很积极，拉祜族村民挺吃力。48户拉祜族聚居的那瓦小组，靠自身经济能力难以修建。

2016年4月，中央政治局常委、中共书记处书记刘云山亲临幕布村视察，对幕布村党支部引领推进美丽乡村建设给予了充分肯定。2016年7月，幕布村党支部被中共中央表彰为“全国先进基层党组织”。

（二）脱贫法宝

不让一家民族兄弟掉队，幕布村也有“两件宝”：“理事会”和“党员对”。幕布村位于临沧机场东侧，是一个以汉族、拉祜族、傣族为主的多民族聚居村，有329户1310人，设1个党支部，现有48名党员。幕布村党支部始终坚持党建引领，勇担发展责任，带领群众坚定信心跟党走。多次率先实施产业转型，率先实施“三村”建设、“新家园行动计划”，率先推进精神文明建设，全村经济社会发展长期处于领先水平，曾获“滇西南农业综合开发先进单位”“省级文明村”等荣誉。

1.“六个共同”

幕布村是一个汉族、傣族、拉祜族、彝族聚居的村子。据介绍，幕布村人均占有耕地只有0.75亩，2010年贫困人口有52户168人。2011年以来，幕布村充分发挥党支部的示范引领作用，采取“党支部＋理事会＋农户”的方式，以“六个共同”整村推进美丽乡村建设，取得了村民脱贫、村貌崭新、民族团结的显著转变。2013年实现全村无贫困人口。2015年，全村农民人均纯收入达到10837元，比2010年增加5999元。

一是银行贷款共同用。幕布村通过实施3至8户联保贷款、“三证”抵质押贷款、信用贷款等方式，为农户建房融资，共向金融机构申请到建房贷款1070万元。成立理事会，由村民授权理事会对建房款统筹使用，确保贷款用途。通过统一规划、集中共建、互帮联建，每平方米节约建设费用200多元。目前已还贷900余万元。

二是特色民居共同建。按照“依山就势、错落有致、适度聚散、突出特色”的要求，通过统一规划、集中共建、互帮联建，完成所有农户的安居房建设，每平方米节省200多元。那瓦小组成立了“五人联建理事会”，原本贷不了款的贫困户和富裕户“联保”贷款，理事会居间和包工队签协议，帮村民买建材选户型，每平方米建房成本省了100多元。在幕布村，只要留心，不用进家就能看出是哪个民族的院子，房子上有孔雀图案的是傣族，有葫芦的是拉祜族，如果有牛头那肯定是彝族了。

三是大事小情共同帮。全村不分民族、不分贫富，发扬互帮互助美德，生产劳动互助、红白喜事互帮、节日活动共庆，形成了各民族团结奋进一家亲的良好氛围。

四是公益事业共同干。支部号召、党员带头、群众参与，在村容村貌整治及活动场所、硬板路、集贸市场建设等方面，群众投工投劳、出资出力，形成共建、共用、共管的良好局面。

五是致富产业共同谋。通过村党支部提出意见建议，理事会论证，村民代表大会通过，幕布村建成了以烤烟、油菜、核桃为重点的高原特色农业产业基地，使全村有了最重要的产业支撑。

六是文明村寨共同创。村民共同制定、相互监督、自觉遵守乡规民约，建成尊老爱幼、团结协作、勤俭孝顺、平安和谐、宜居宜业的文明村寨。

在这里，"六个共同"被视为全村共同发展的法宝。首先是银行贷款共同用。这是最能体现团结互助的一件事。在美丽乡村建设中，幕布村推行"政府＋银行＋美丽乡村建设理事会＋农户"的联保担保贷款、"三证"抵押贷款、信用贷款3种方式为农户建房融资，每户贷款4万至5万元，全村共申请到建房贷款1070万元。通过集中共建、互帮互助，幕布村实现了全村325户农户每户都有一幢安居房的目标。

2.党员带头

"自己身为支部书记，理应先学一步、学深一层，只有这样，才能在其他党员和群众面前有'底气'，才能将党的主张贯彻到党员群众中去。"幕布村党支部书记、村委会主任陈跃明说，他已干了27年村干部。

在开展"两学一做"学习教育中，陈跃明在带领党员开展会议集中学的基础上，采取个人读书看报学、远程教育电视学、手机查阅网络学等灵活方式，认真学习党章党规和习近平总书记系列重要讲话，不断提升自己的政治理论水平，认真践行"四讲四有"标准，做合格共产党员。

"你们村干部都不干，让我们干，万一失败了怎么办？"1991年幕布村开始试种烤烟时，村里人人心存疑虑。后来，陈跃明从朋友那里借了5000元带头试种烤烟。1993年幕布村发展烤烟，也是靠小组长、党员带头种，才打下了今天生活的好底子。当年借款5000元为村民买农膜化肥的陈跃明，现在是临沧市烤烟能手。拉祜族群众扎多说："没有党员干部当'领头雁'，就没有拉祜人的今天！"

模范走在前，村民们纷纷种起了烤烟。如今，幕布村建成了包括1670

亩烤烟、1650 亩油菜、1700 亩核桃、1260 亩茶园的高原特色产业示范基地，人均拥有可持续发展产业 5 亩以上。2015 年，幕布村烤烟亩均收入 5000 元以上；油菜单产 456 公斤，百亩油菜连片亩产 366 公斤，千亩油菜连片示范样板亩产 298 公斤，万亩油菜连片亩产 275 公斤，均创全国高产纪录。

在陈跃明的带领下，村里 52 名党员将知识运用于实际，不断提高土地的产出率，做到学以致用。如今，陈跃明是村里的烤烟育苗专家、烘烤能手。

“村里的党员们知道每户该发展什么产业，知道外出务工的村民会些什么技能，村里的事带头干，我们信赖我们的带头人。”村民王发兴说。

“村里生产劳动我们都会互相帮忙，修路、搞基础设施建设大家一起干，对有困难的群众，党员主动帮忙搞生产。”老党员王玉周说。

“学党章党规、学系列讲话的目的在于运用，每位党员需要努力把干好工作和提升自身素质统一起来，与时俱进，不断适应新形势下的新工作，坚持从实际出发，真抓实干、勇于担当。”陈跃明说。

幕布村党支部抓实“做”这个关键，做到真做实做。在“两学一做”学习教育中，深化推广“六个共同”经验，充分发挥党员先锋模范作用，着力建设富裕美丽村庄。

幕布村是博尚油菜、烤烟的先行试验区，通过“油烟轮作”发展产业，2013 年，幕布村在全区率先全面消除贫困人口。

幕布村立足毗邻机场、交通便利、风景秀美、客流量大的区位优势，探索打造小集市和美食街，开发农家乐，大力发展乡村旅游产业。引进酱菜生产企业，采取“党支部＋合作社＋农户”的模式，发动群众在油菜中套种蔬菜，促进群众大幅增收。2018 年旅游产业收入达 120 余万元，蔬菜产业助农增收 103 万元，农民人均纯收入达 14311 元。目前，正规划引进农业龙头企业发展果蔬、花卉及制种等高效农业，推进土地流转和集约利用，让“土地变股金、农民变股东”，力争实现“万元田”的目标。

傣族党员岩更和拉祜族村民李进伟被编进一个“五户联保”组。岩更家里办着养鸡场，可光自己好过不算好过，于是还承担起为其他 4 户人家担保的重任。如今，李进伟家里种烤烟、养牲畜，还完了信用社贷款，家里还买了一辆农用车。

（三）迈向乡村振兴

博尚镇是临沧城市“一主两片八组团”总体布局的“两片区”之一，是临沧的航空窗口镇和会客厅。幕布村属临沧城市规划区，距临沧城16千米，临沧机场坐落其内，是外来旅客经航空进入临沧的第一站，323国道、博马公路、临双高速公路穿村而过，区位优势明显，交通便捷。党的十九大以来，幕布村被列为乡村振兴、"鲜花盛开的村庄"和"百村示范、千村整治"市级示范点，面临一系列政策机遇和项目机遇，发展旅游产业具有很大的潜力。

幕布村依托优美的村庄环境、便利的交通条件、独特的区位优势、连片的土地资源，按照乡村振兴二十字总要求，完善基础设施和公共服务设施，以生活污水、生活垃圾等为重点开展环境综合整治，进一步提升村庄环境；围绕农业产业化和全村景区化，推进土地流转和集约利用，引企入村投资开发，实施博尚花海等项目，建设生态农业观光区，打造鲜花盛开的村庄，实现由"油烟轮作"产业模式向观光农业转变，推动产业转型升级，提升村庄品位；建设小集市和特色农产品一条街，开办农家乐和民宿客栈，提高旅游服务承载能力，实现农旅融合发展，建成记得住乡愁、引得来游客、留得下财富的乡村旅游综合体。

党的十九大以来，幕布村围绕乡村振兴总要求，以"万名干部规划家乡行动"和打造"生态美"示范点为契机，着力打造"鲜花盛开的村庄"。带领群众绿化美化村庄、提升人居环境，在"三横六纵"的村庄路网和农户庭院种植蓝花楹、三角梅、虎头兰等鲜花，实现村内道路花树间种全覆盖，农户庭院花果全覆盖；发展创意农业，打造"大熊猫"油菜花海；依托绿水青山、田园风光和民族风情，规划建设花海143亩，目前已种植食用玫瑰、月季、紫薇、马蹄莲、荷花等43亩。一方水土养一方人，美丽的村庄涵养着文明的乡风，哺育着一代代勤劳朴实的幕布儿女，2018年，幕布姑娘王应柳勇夺竞走世界杯女子20千米团体冠军，成为幕布村百花丛中最灿烂的一朵"巾帼花"。

二、蚂蚁堆村

蚂蚁堆乡是临翔区唯一的深度贫困乡，蚂蚁堆乡蚂蚁堆村是华中科技大学定点帮扶村，2017年11月起，学校先后派出了宋建涛和盛静波两任第一书记。其间，还选派了蒋文海任博尚镇勐准村第一书记。学校从党建、产业、医疗、教育等方面进行全面帮扶。在临翔区委区政府大力支持和学校全力帮扶之下，该村于2018年底实现脱贫出列。

(一)促进党建示范引领,富群众的"脑袋"

习近平总书记强调,脱贫攻坚越到最后越要加强和改善党的领导。华中科技大学定点帮扶蚂蚁堆村以来,从一开始就聚焦党建这一牵住农村工作的"牛鼻子",通过抓基层党组织建设,培养村组干部这支打赢打好"组织战"的关键队伍,把开展群众思想政治工作作为破解脱贫难题的首要抓手,坚持解决思想问题和实际问题相结合,富群众的"脑袋"。

1.强化村党组织统筹,完善自治体制机制

2017年,第一书记到位后,加强村组织建设。蚂蚁堆村党支部统筹成立村脱贫攻坚工作领导小组,建立"四会联席制",畅通村"两委"、村监委会、驻村工作队集体议事自治体制机制。严格按照"三重一大""四议两公开"原则,每周一定期研讨脱贫攻坚与乡村振兴事项,对照《临翔区脱贫质量巩固提升村级工作手册》,开列任务清单,明确目标时间表,逐项挂账销号。学校每年投入30万元专项工作经费用于全村脱贫攻坚工作(截至2020年,累计投入120万元),优化村党群服务中心功能,改造村级党员活动室,累计建设村民小组活动场所10个,实现12个自然村全覆盖。

2.强化支部组织能力建设,培养一批"带不走"的工作队

"授之以鱼不如授之以渔",华中科技大学立足脱贫攻坚与乡村振兴可持续发展,高度重视地方村组干部培养和群众思想教育引导。2018年起,开设"新时代讲习所",引导群众感党恩、听党话、跟党走,共开展讲习28场,受训1240余人次。2019年开办"蚂蚁讲堂",对外面向来访交流调研人员,传播讲好蚂蚁堆村脱贫故事;对内面向广大群众宣讲脱贫攻坚政策、讲授村级发展规划、领学乡村振兴战略,现已开展6期,覆盖700余人。在"不忘初心、牢记使命"主题教育中,驻村第一书记带领村组干部创新制作"每日一学"微视频,解决部分年老体弱党员不识字或不便于阅读以及在外务工党员不便参与集中学习的关键痛点,让全体党员亲身参与主题教育,形式上更生动,理解上更直接,提升主题教育空间上的传播度、思想上的实效度,该做法得到临翔区融媒体中心官方公众号"微播临翔"转发。此外,华中科技大学计算机学院党委与蚂蚁堆村党支部结对创建先进基层党组织,围绕"党的政策下乡,知识下乡、文化下乡,以及村级电商平台建设运营"等,开展了一系列专题研究和实践活动,并重点聚焦农村"领头雁"培养工程,结合重大事件、重要时点以及日常表现,发掘培养头脑灵活、踏实肯干的后备干部,对有潜力的优秀分子着力培养发展入党,为村里培养一批"留得住""顶得上""带不走"的人才队伍。

3. 强化文明乡风建设，以文化人、以文育人

思想脱贫才能真正脱贫，为了进一步富群众的"脑袋"，在华中科技大学指导下，全村重点抓好精神文明建设，着力以文化人、以文育人，先后建立"蚂蚁堆村村民委员会"微信公众号、"蚂蚁向上"抖音认证平台，"蚂蚁堆老盛"视频号等村级新媒体平台。对内营造氛围、鼓舞人心，打造风清气正、奋发向上、努力拼搏的蚂蚁堆文化，发布村级重要工作、重大事件，让村里老百姓知悉村里发展近况，宣传好乡村邻里模范身边人、先进身边事，推出"蚂蚁先锋"系列人物宣传《育人园丁》《白衣天使》《移动的土地》《云岭茶人》等 5 条短视频，累计获得全网 20 万＋播放量，许多当地老百姓及社会人士收看后，积极对正能量视频点赞、评论。对外服务产业、面向市场，拍摄《蚂蚁向上》村级宣传片，面向社会讲好蚂蚁堆村脱贫故事，起到了很好的传播效果。

2018 年和 2020 年，宋建涛和盛静波两位第一书记先后获得云南省和临沧市"脱贫攻坚奖"。2019 年，云南省委组织部授予蚂蚁堆村党支部"规范化建设示范党支部"荣誉称号。

宋建涛在担任蚂蚁堆村第一书记期间，躬下身子为人民服务，与村干部、驻村扶贫工作队一道奋战在脱贫攻坚第一线，以产业振兴为突破口，在区、乡两级的支持下，多番努力，终于修得硕果：华中科技大学产业集团协调 6 家企业，捐资 360 万元捐建蚂蚁堆村集体茶叶加工厂 1 座，辐射全乡 14 个建制村，覆盖 24000 余亩茶叶基地，其中覆盖蚂蚁堆村茶叶面积 2870 亩，建档立卡贫困户 243 户 998 人。有效整合当地优势资源，充分发挥产业扶贫作用、带动当地劳动力就业，进一步增强蚂蚁堆村广大群众的"造血功能"，帮助群众增收致富奔小康。

盛静波在担任蚂蚁堆村第一书记期间，通过抓基层党组织建设，切实增强党组织的凝聚力和战斗力，聚焦脱贫攻坚，把开展群众思想政治工作作为破解脱贫难题的首要抓手，坚持解决思想问题与实际问题相结合，富群众的"脑袋"，增强发展的内生动力，牵头成立了村脱贫攻坚与乡村振兴有效衔接工作领导小组。针对村级基本制度空白，及时建立"四会联席制"，畅通村"两委"、村监委会、驻村工作队集体议事机制。定期研讨脱贫攻坚与乡村振兴事项，开列任务清单，明确目标时间表，逐项挂账销号。严格按照"三重一大""四议两公开"原则，建立了村资金管理和财务开支审批制度、村集体经济收益分配管理办法、村民（代表）大会议事规则等制度，实现了办事有章可循、村务公开透明。

蒋文海在担任勐准村第一书记期间，积极向各部门了解产业政策和规划，指导勐准村进行初步产业规划，邀请中国农业大学专家到村委会讲授有机农业，积极探索产业转型升级之路，以“企业＋农户”的形式，动员下荒田组、一组、二组试种长寿仁豌豆；动员华中科技大学计算机科学与技术学院师生通过募捐帮助勐准村建立电商服务站，所筹款项全部用于购买服务站所需的电脑、电视、桌椅、照相机等办公用品。

（二）促进科技产业发展，暖百姓的“口袋”

为有效改善民生、提高百姓收入，华中科技大学坚持聚焦产业发展壮大、贫困群众增收、村集体经济发展三个核心问题，帮扶蚂蚁堆村谋发展，充分运用学校学科资源优势，结合地方资源禀赋，组团攻坚科技赋能，推动产业带贫减贫，探索运营模式创新，带动群众脱贫致富，暖百姓的“口袋”。

1.捐建蚂蚁堆茶厂，做强茶叶产业

2017 年末至 2018 年初，华中科技大学经过多方调研、综合分析，决定捐建蚂蚁堆茶厂。学校组织产业集团 6 家核心企业共同捐资 360 万元，建成了集生产、品茶一体的年生产 100 吨的标准化茶厂。

将临翔区华中科技大学院士（专家）工作站重点研究项目之一——余龙江教授团队研发的具有国家专利的“普洱熟茶纯净可控发酵技术”迅速转化到蚂蚁堆茶厂，成功研发世界首台 5 吨普洱熟茶固体密闭发酵罐，建成了年产 60 吨的纯造普洱熟茶生产车间，实现了世界上最洁净普洱熟茶的规模化生产，做到了产、学、研有机结合，实现茶叶生产全过程可追溯，让茶厂生产的“纯造普洱”熟茶质量稳定可控。如今，蚂蚁堆茶厂总投资 780 万元，有普洱生茶生产线、精制加工生产线、普洱红茶生产线和“纯造普洱”熟茶生产线 4 条生产线，通过科技运用和加工包装，毛茶价格从原来的每公斤 14～15 元，提升到每公斤 80～160 元，加工成纯造普洱熟茶后，可达每公斤 200 元以上，大大提升了产品附加值，整厂可实现年产 260 吨茶，产值 3000 万元以上。

蚂蚁堆茶厂作为村集体固定资产，通过资产租赁方式给龙头企业负责生产经营，带动了当地茶农的茶叶销售，茶农户均年增收 1600 元以上。每年为村集体经济带来 20 万元左右的收入，并通过合作社分红等形式，为全村 240 户建档立卡贫困户提供户均 500 元的资产收益。此外，每年还为当地贫困户带来 20 多个就近务工的机会，实现了村集体经济“零”的突破。“纯造普洱”落地蚂蚁堆茶厂扶贫模式已入选农业农村部系列培训案例、中国电子商务协会国家电子商务进村综合示范项目，也得到了中组部、农业农村部组织的农村实用人才带头人培训班上的专家的高度赞扬和肯定。

2. 引入无土栽培技术，打造“移动的土地”

2017年末，为了解决一方水土养不了一方的困境，临翔区政府按照精准扶贫“五个一批”中“易地搬迁脱贫一批”的要求，对蚂蚁堆乡14个建制村中资源承载能力严重不足、基础设施及公共服务设施十分薄弱的168户618人建档立卡贫困人口进行集中城镇化安置，由政府在蚂蚁堆村村委会所在地统规统建临沧市最大的易地扶贫搬迁点——驿亭新村。2018年10月，为实现搬迁群众“搬得出、稳得住、逐步能致富”的目标，充分利用山区有限的土地资源和水资源，发展特色支柱绿色农业，华中科技大学将校友企业“海力特集团”国际首创的农业高科技无土立体栽培技术——云雾栽培智能植物工厂技术引入驿亭新村，就地建设“云雾培”现代农业科技示范园。

该成果拥有自主知识产权，整体技术达到国际先进水平，其中营养高压雾化技术达到国际领先水平。项目计划建设10个拱棚，总投资350万元，10个拱棚全部建成后预计可实现年总产值258万元。“云雾培”项目既是生态农业科技试验示范园，又能满足城区居民对高品质果蔬的市场需求，同时通过安排人员轮流参与园区大棚管理和种植的方式，解决搬迁安置点内的搬迁群众就近务工问题，为驿亭新村安置点的279个劳动力提供就近就业岗位，每人每天工资不低于80元，实现人均年收入近2万元，具有较好的经济效益和社会效益。

3. 探索运营模式创新，实现互利互惠共赢

为了真正实现“输血”式扶贫向“造血”式扶贫转变，激发农户内生动力，推动产业发展，实现贫困群众长久稳定脱贫和可持续发展，华中科技大学在对口帮扶临翔区开展产业扶贫过程中，一直兼顾产业发展的社会效益和经济效益。学校与临翔区委区政府一道，积极探索运营模式创新，从产业发展的顶层设计上，与农户尤其是贫困户形成紧密型利益联结机制，综合考虑规模经营、公司化运作、品牌推广等要素，最终实现“政府＋高校＋村集体＋企业＋农户”多方合力共赢的良好局面。

（1）在整村域主导产业方面，为使集体资产保值增值，在华中科技大学帮扶下，蚂蚁堆村成立正权茶叶种植农民专业合作社，将所有建档立卡户纳入合作社，并将蚂蚁堆茶厂以资产租赁的方式交由当地龙头企业临沧市天下茶都茶叶集团有限公司，并按照“5＋1”（挂钩帮扶单位＋村党组织＋企业＋合作社＋贫困户＋运营公司）模式进行管理。帮扶单位华中科技大

学余龙江教授团队负责提供技术支持;村党总支负责统筹协调,管理茶厂固定资产;企业负责茶厂茶叶生产、加工和销售等日常生产管理;合作社负责做好茶园管护和组织茶农交售鲜叶;贫困户负责接受种植技术培训,向企业交售合格、优质的茶叶鲜叶,并不断向非贫困户拓展;运营公司由华中科技大学校友企业、蚂蚁堆村党总支(合作社)、当地龙头企业联合成立,专门负责茶厂产品销售,对接华中科技大学校内相关单位、校友企业等资源开展消费扶贫。此外,茶厂生产经营中还重点向贫困户倾斜,承租企业100%统一收购质量合格的鲜叶。租金及分红实行"两条腿"走路:一是静态租金,承租企业每年按蚂蚁堆茶厂固定资产的5%给付合作社租赁租金,其中的70%用于建档立卡户;二是动态分红,承租企业每年按蚂蚁堆茶厂销售总收入的5%给予合作社分红,其中的70%用于对完成交售任务的茶农进行奖励。2019年,蚂蚁堆茶厂生产茶叶50吨,实现销售收入800万元。2020年7月,"纯造普洱"熟茶经过4轮试验,即将正式商品化。"过去还得翻山越岭赶街天(赶集)卖茶,还不知道卖不卖得,现在好了,咱们把茶叶摘了交到茶厂,省心又实惠。"村里的茶农谈起茶厂乐呵呵。

(2)在搬迁点配套产业方面,临翔区和蚂蚁堆乡党委政府将驿亭新村"云雾培"现代农业科技示范园项目形成的固定资产量化到村集体,采取"村集体+企业+合作社+贫困户"模式,将建成后的拱棚以资产租赁的方式,由临沧绿源翔蔬菜物流配送有限公司运营,每年按固定资产5%的比例定额分配给村集体,村集体按积分管理制度分配给贫困户,加强对搬迁群众的引导管理,实现以表现换积分、以积分换收益。帮助群众拥有自主脱贫致富的"移动的土地",也为移民的安居乐业插上了科技的翅膀,助推临翔区实现山区生态农业种植大发展。

(3)在分散农户对接市场方面,华中科技大学坚持指导蚂蚁堆村党支部,构建"党组织+村属公司+电商"模式,培养村组干部市场思维,不断提高村集体的经济组织力。进一步服务村域企业发展,整合小微农户生产、庭院经济资源,成立村委会独资的临沧驿亭好物农业发展有限公司,为分散式的小农个体提供产品变现和对接市场的村级渠道。为了更好地立足全村、辐射全乡,助力云岭珍品出山,华中科技大学指导蚂蚁堆村搭建了"驿亭好物"微商城,建筑与城市规划学院参与村委会及电商平台形象标识系统设计,完成蚂蚁堆村村委会logo、"驿亭好物"电商平台logo以及"蚂蚁家族"IP人物设计,同步注册了"驿亭好物"商标。从2020年下半年开始,村属产品将陆续在"驿亭好物"微商城上线试销。

第三节　发挥示范户带动作用

面对脱贫攻坚过程中的重重困难和阻力，临翔区广大群众在区委区政府的坚强领导下，坚持自力更生、艰苦奋斗，取得了一个又一个脱贫攻坚成果，并涌现出了一大批脱贫示范户。

一、农民专业合作社带头人——杨国美

杨国美，女，1976 年 5 月生，云南临翔人，临沧市临翔区万美蔬菜种植农民专业合作社创办人，现任临沧市临翔区万美蔬菜种植农民专业合作社（以下简称“万美合作社”）理事长。

杨国美出生在临翔区南美乡南华村一组的一个农民家庭，1983 年 9 月就读于南美乡南华村小学，1989 年 7 月于南美乡中心小学毕业，因家境贫寒，早早结束了学业。1990 年 7 月至 2007 年 6 月在家务农，家庭生活十分困难。2007 年，杨国美学做小本生意，倒卖茶叶、龙胆草、核桃和魔芋等。2009 年，杨国美考了驾照，买了二手货车开始创业，日子日益红火。

杨国美自己虽然富起来了，但看着处在贫困线下的左邻右舍，心里不是滋味，总想找出一条大家一起致富的新路子。2014 年，南美乡党委政府引进长寿仁豌豆种植，南华村成为长寿仁豌豆试种基地，开着货车倒卖长寿仁豌豆的杨国美看到了一条带领大家一起致富的新路子。她想把大家的力量集合起来，成立农民专业合作社，引进公司进行统一收购与销售，公司与种植户签订最低价收购协议，保障群众利益，增加群众收入，达到公司、合作社和群众多方受益。

2015 年 8 月，在乡党委政府领导下、南华村“两委”支持帮助下，杨国美牵头成立了临沧市临翔区万美蔬菜种植农民专业合作社，她本人任合作社的理事长。合作社成员出资总额 60 万元，目前共有社员 580 多户。合作社以服务万家、带动万家、致富万家为宗旨，以科学创造价值为服务核心，以共同繁荣、共求发展、诚信树立品牌为目标。在各级政府和业务部门的大力支持和帮助下，经过广大合作社成员的共同努力，合作社规模得到了较大发展，现有固定蔬菜收购点 4 个，办公室 1 套（40 平方米），工作人员 7 人，与临翔区万昌农业开发有限公司合作，长期实行订单农业。

2015 年，合作社购销长寿仁豌豆给临沧市万昌农业开发有限公司 998 吨，产值 392 万元，社员户均增收 6758 元；2016 年，合作社购销长寿仁豌豆

625吨，产值263万元，社员户均增收4534元；2017年，合作社购销长寿仁豌豆644吨，产值281万元，社员户均增收4844元，合作社实现收入22万元。合作社收入逐年增加，为让群众更大范围分享合作社收益成果，杨国美积极探索合作社社员二次分红模式。2017年，合作社实现二次返利32200元，为当地农民致富创造了良好的平台。为扩大合作社经营范围，更广泛带动群众增收，2020年，万美合作社规划建设茶叶初制所1个，基于已探索发展模式，对南美乡茶叶进行统一收购与销售。

合作社积极探索“龙头企业＋基层党组织＋合作社＋社员”的发展模式，不断拓宽农户增收渠道。依托南华村、南美村种植基地，积极引导社员种植长寿仁豌豆，收购和销售长寿仁豌豆，给社员提供种植技术培训，促进农户增收。目前，合作社运营状况良好。

在杨国美的积极带领下，南美乡农户改变以往种植油菜的传统，越来越多的群众开始大胆尝试种植长寿仁豌豆，群众的钱袋子就像丰收的豌豆荚一样越来越鼓，当地群众发展新兴产业的兴趣越来越浓，脱贫致富的信心越来越强。

二、自学勤学的致富带头人——赵礼明

赵礼明，男，1979年6月生，中共党员，临翔区博尚镇大那么村浪坝组村民，是大那么村的致富能人。他是一名退伍军人，看似普通的农村男人，却有着一股吃苦耐劳、永不服输的创业精神。他艰苦奋斗、吃苦耐劳，乐于助人、无私奉献。他通过不懈努力，在党的富民政策的支持、鼓舞下，立足实际，带头发展产业，最终得以致富。他致富之后，不忘党员初心，不忘左邻右舍，为改善其他村民的生活和社会公益贡献自己的一份力量。

（1）努力学习，提升自我。虽然不是毕业于高等学府，只有初中文化水平的他，从来没有让学历成为限制自己展翅飞翔的绊脚石。他非但没有自暴自弃、甘居人后，反而不断刻苦钻研，学习文化知识，学习产业发展所需的技术。通过报培训班等途径使自己的文化水平和产业技能逐渐得到提高。同时，在生活中遇到不懂的问题勤于、敢于向别人请教，认真学习别人的好经验、好做法，为自己创业致富打下了坚实的基础。

（2）积极创业，坚持不懈。随着自身各方面素质的不断提高，同时在政府产业发展政策的支持、鼓舞下，他带头创立了临翔区寿源养殖农民专业合作社，发展养殖生猪、鸡、牛等产业。创业之初，总是艰难的，但他并没有因为困难重重而退缩，而是发挥军人本色，依然坚持不懈，努力排除困难。

不但没有在竞争激烈的市场中被淘汰，反而通过可靠的信誉、过硬的质量以及良好的服务站稳了脚跟，产业做得红红火火，事业蒸蒸日上。

(3)饮水思源，富不忘本。事业的良好发展，使得赵礼明在致富的道路上走在了当地群众的前列。在艰苦创业过程中，赵礼明得到了不少村民无私的关心和帮助。他时常怀着感恩之心，饮水思源，总想着为当地群众的致富做一些贡献，为村子的发展增砖添瓦。他积极利用合作社及养殖基地为当地那些难以外出务工的人提供就近就业岗位，解决了不少本地劳动力的就业务工问题，也包括多名困难家庭的劳动力。为他们提供了稳定的就业岗位及收入，帮助解决了这些家庭的收入来源及增收问题。自创业之初，赵礼明就下定自己富了就要带领周边农户一起致富的决心，积极响应党和政府的号召，积极带动贫困户脱贫，依托合作社及养殖基地的发展，帮助本地农户解决养殖产销问题，带动 136 户农户创收增收，其中贫困户 101 户。

时至今日，赵礼明的前进脚步依然没有停下，他依旧不断致力于带动村民增收致富，依旧不断为村民生活的改善贡献着自己的力量。每当提起他，村民们都会竖起大拇指，交口称赞。

三、90 后脱贫致富带头人——李良瑶

李良瑶，女，1994 年 12 月生，中共党员，临翔区博尚镇小那么村中寨二组人，现任临翔区博尚镇小那么村村务监督委员会主任，是当地的致富能手。

李良瑶出生于一个党员家庭，她的祖辈、父辈都是共产党员，父亲还是一名退役军人。从小受到家庭教育的熏陶，2016 年 6 月进入村委会任职以来，她就本着为人民服务的宗旨，积极学习，提高本领，脚踏实地，认真工作。

她作为一名农村基层工作者，经常要入组入户，她看到了农户的真实发展需求以及各家各户存在的困难，怀着对农村深厚的情感，始终坚持为农民服务的信念。

工作之外，她也是一个致富能手。因为本地的茶叶原料品质不错，再三考虑之后，她筹备成立了临翔区良瑶茶厂。该茶厂建于 2017 年 12 月，位于博尚镇小那么村中寨二组，厂区面积 300 平方米，现有员工 7 人。共有茶叶原料基地 300 余亩，涉及农户 100 余户 500 余人，其中建档立卡贫困户 21 户 81 人。茶厂内设施齐全，环境优美，每年干茶产量达 400 公斤，产值达 40 余万元。回想创业之初，李良瑶也遇到了资金短缺、技术不到

位、客源稀少等实际困难，导致辛辛苦苦制出的茶叶一度滞销。但是她没有放弃，在镇党委镇政府的政策扶持下，在家人的理解、陪伴与支持下，她挺过来了。现在，她制作的茶叶在北京、上海、南京、郑州、昆明等大城市有了稳定的客源，茶叶的品质与口感都得到了顾客们的一致好评。2018 年 8 月她考取了国家茶艺师资格证，经常给前来的顾客展示才艺，更好地打造茶叶品牌。现在茶厂里的茶叶品种越做越丰富，特别是 2019 年 3 月，在浙江农林大学、福建农林大学的技术指导下，生产工艺有了很大的提升，茶叶的品质也越来越好了，销量也提升了，收入也更加可观了。

在通过自己的努力让自己的生活越来越好的同时，她没有忘记自己的初心，一直把为人民服务的宗旨放在心上。在贫困劳动力没有就业岗位的时候，她主动为他们提供到厂里务工的机会；在老百姓茶叶鲜叶滞销的时候，她到处找客源，找合作商，解决茶叶鲜叶滞销的问题。村寨里有一些制茶小作坊，制了茶叶，没有销路，她也主动为其联系销路。在一些农户想学习制茶工艺的时候，她也毫无保留地将自己所掌握的技术传授给他们，帮助他们改进制茶工艺，提升茶叶品质，进一步增加收入。

李良瑶表示，她会继续做好茶叶这篇文章，不断学习，继续提升自己，带着周边的茶叶种植户和制茶户一起发展，一起致富，让更多的人了解小那么村，了解小那么村的茶叶。

四、拉祜族创业致富带头人——铁先明

铁先明，男，拉祜族，1967 年生，中共党员，临翔区忙畔街道明子村礼成组村民。初中毕业的他回到家中，心里想的是这辈子就好好守着家里的几亩薄田过日子。可娶妻生娃以后，他才发现仅仅靠种这些地连家里人的肚子都填不饱，这时候他萌发了创业的想法，几经波折，通过自己的努力最终开创出自己的一番事业。现年 53 岁的他注册了个体工商户执照，每年纯收入在 15 万元以上，已成为村里人眼中的“大老板”，在一个平凡的工作中干出了不平凡的业绩，他所取得的成功是他不懈努力和永不放弃追求的结果。

初中毕业后，铁先明先是到村委会任职，在工作中勤勤恳恳认真负责，得到村民的一致好评。任职一年半以后，或许是出于生活的压力，抑或是对财富的向往，他辞去了在村委会的工作，选择自己出去创业。刚开始他向家里的亲戚借钱购买了辆农用车，在村子里负责帮村民拉运建筑材料、粮食、货物等。然而农村市场太小，他的收入跟自己的预期相差甚远。经过再三思考，他最终决定到外地打工。经过朋友介绍，他和朋友一起到景

谷永平，跟着一个伐木厂的小老板伐木，每天上班下班，辛苦地工作着。在伐木厂工作了一年以后，有了些许人脉，他跟老板商量，自己单独拿出一部分活来做。开始的时候，他和另外两个工友一起承包，所赚的钱三人平分。随着所承包的活多了，他雇的工人也越来越多，从开始的几个人到如今的50多人，他所领导的团队越来越大，所创造的财富也越来越多，现在的他是一个名副其实的“大老板”。

在自己富裕后，他深知他所在的家乡产业发展比较困难，整个村的贫困面比较大，想通过产业快速达到脱贫比较困难，只能外出务工比较实际。这时，作为党员的他充分发挥自己党员身份的作用，秉承“带头致富，带领群众共同致富”的理念，带领村民共同致富。他将每户有劳动力又不外出务工的家庭召集起来，与他们交谈，将自己的亲身经历告诉他们，并免费为到自己团队的人提供技能培训。每年春节过后，他会先统计要跟他一起去伐木的人，为他们买好车票。有的家里需要提前预支钱的，他都会提前给予预支。每年年底都会一次性把所有的账结清，从不拖欠。有的人跟他干了快10年了，他的团队里的人十分信任他，近几年，他共带领了90多人到永平伐木，为群众找到了一条快捷的赚钱渠道，为30多户贫困家庭脱贫提供了保障。

他是明子村的模范人物，是创业致富带头人的表率。每当提起铁先明这个人时，村民都会竖起大拇指，交口称赞，他在村民中树起一面致富带头旗，是当地村民学习的好榜样。

五、自强不息的女致富带头人——李英

李英，临沧市临翔区平村乡永平村永平组人。

1995年，25岁的李英嫁给了同村人，一年后生了一个可爱的女儿，李英的母亲不忍让她过度劳累，主动帮助他们照看孩子。一家四口生活虽然不富裕，但勤劳善良的李英把家里打理得井井有条。夫妻二人白天做农活，晚上回家逗逗孩子，陪母亲聊聊天，日子也算幸福安稳。可是好景不长，在李英的女儿5岁时，李英的丈夫骤然离世，生活的重担一下子全压在了李英一人身上。李英觉得天都塌了，整日以泪洗面。然而，面对年幼的女儿和年迈的老母亲，李英知道，她不能就这样一蹶不振，这个家需要她，老人和孩子需要她。

李英深知，她必须努力撑起这个家。于是，李英将一切伤痛埋在心底，在母亲和女儿面前强颜欢笑，不让他们担心，不断劝慰他们，生活还要继续。为了贴补家用，李英比以前更辛苦了，她白天下地干活，傍晚回来还去

给邻居打散工，揉茶制茶、背砖挑水泥。起早贪黑的李英根本无暇照看女儿，她的母亲比以前更加辛苦了。看着女儿日渐长大，母亲越发苍老，李英萌生了开店的想法，这样既可以赚钱，又可以照顾母亲和孩子。

2012 年下半年，李英向亲戚借了三万元钱，在村里开了个小卖部，销售一些日用品。起初生意不是很好，月收入不过四五百元，老母亲有些着急，劝她关了店铺，还是打打零工。而倔强的李英不服输，借助参加村里活动、红白喜事的机会，不断向大家推介她的小卖部，渐渐地，村里人也就知道了李英的小卖部。由于都是一些日用品，价格也公道，还省去了来回奔波的费用，村里人都愿意到李英的小卖部买东西。几年下来，李英的生意也渐有起色，月收入可达两千元左右。

2014 年，李英的女儿考上了大学，学费成了家里最大的开销，家庭经济压力不断增大。村里考虑到李英的实际情况，将其纳入建档立卡户。虽然能享受国家的政策帮扶，但是李英知道，要真正过上好日子，必须自己努力，不能“等靠要”。因此，在自家危房改造过程中，李英约上自己的侄子，雇了两个帮工，新建了一间 120 平方米的砖混楼房。从建材的挑选到房屋装修，李英都亲力亲为，背砖、挑石、扛沙袋，凭自己的双手堆砌一砖一瓦，村里人都称她为女汉子。李英也乐意被村民这么称呼，她总说，自家的事情，自己做放心一些。可大家都知道，李英这是在节省开支，为了供女儿读书。她虽然只有小学文化，但总是教育女儿，要好好读书，读书才有出路。女儿大专毕业，于 2020 年 6 月参加教师招聘考试，已被录取，李英的担子也轻了一些。可她仍然勤勤恳恳地操持家务、经营店铺，她总是教育女儿，要好好实习，争取找个好工作。国家的政策这么好，我们也要好好回报国家，不能滋生懒惰思想。

作为一个普通农民，李英的思想觉悟很高。村里开会，她总是第一个到，村里有什么活动，她也积极参加。李英不会说什么华丽的语言，可她深知，跟着共产党走，总是不会错的。在这样一个政策越来越好的时代，我们更加敬重像李英这样保持着淳朴、可爱、知足并懂得感恩的奋发向上的劳动人民。

第五章

安居先行　民心所向

住房安全有保障是脱贫攻坚"两不愁三保障"总体目标任务中具有标志性的指标和任务之一，直接关系脱贫攻坚的成色和质量。党的十八大以来，习近平总书记多次对贫困户住房安全问题做出重要指示，为做好脱贫攻坚农村危房改造工作提供了根本遵循。

第一节　住房改善做引领

临翔区结合贫困面大、贫困程度深，危房数量仍然较多的实际，把农村危房改造（简称"农危改"）当作头号民生工程，逐年分批分期实施。截至2018年，累计投入资金40.66亿元，共实施危房改造66069户，全面完成农村C、D级危房改造，实现了户均有一幢安全稳固住房的目标。

（1）结合实际，研究制定了系列农危房改造政策性文件，进一步明确资金补助标准，依据相关行业标准，采取由政府聘请有资质的鉴定公司、成立专家组及乡、村级技术服务队伍等方式，及时组织力量，以村为单位，对全区60266户农村危房现状进行全覆盖认定排查，精准锁定改造对象，落实"精准"要求，确保农村危房改造的政策红利精准惠及广大群众。

（2）采取召开会议、张贴标语、发放宣传材料、新闻宣传、电视报道、制发简报等方式，层层宣传发动，讲明标准、讲清道理、讲透政策，充分调动农户参与农村危房改造的积极性和主动性，使群众从"要我修、要我建"向"我要修、我要建"转变。同时先行启动实施了马台乡那杏村和章驮乡章驮村张家寨组2个农村危房改造示范点带动，并对有条件愿意自建的农户，按照“一户一方案”进行建设，有力推进全区农危改工作。

(3)严格执行“基本的质量标准、基本的结构设计、基本的建筑工匠管理、基本的质量检查、基本的管理能力”五大基本要求，抽调技术骨干力量，组成5个质量技术指导组，分片指导乡(镇、街道)农村危房改造，组建区级专家组，采取集中辅导和实地指导的方式，采用理论与实际业务操作相结合的办法，培训农村技术工匠374名。

(4)坚持将危房改造作为脱贫攻坚的重点工程、乡村振兴的先导工程来抓，紧紧围绕“安全稳固、遮风避雨”的总体要求，按照“统筹规划、群众自愿、公开公正、分批实施”和“实用、够用、安全”的原则，采取“易地搬迁新建一批、原址拆除重建一批、改造加固除危一批、保护修缮提升一批、进城定居一批、政府统建一批”“六个一批”的方式精准实施“4类重点对象”农村危房改造，统筹推进非“4类重点对象”农村危房改造。通过不断努力，全区危房改造取得明显成效，解决较困难群体的住房问题，改善整个农村的住房环境，实现农村居住条件更加安全舒适。

第二节　“四类”住房是中心

农村危房改造是实现脱贫攻坚“两不愁三保障”脱贫目标的重要指标之一，是如期实现脱贫攻坚必须完成的一项重要任务。临翔区按照“统筹规划、群众自愿、公开公正、分批实施”的原则，切实抓好农村危房改造工作，由区级统筹，乡(镇、街道)具体实施，有序推进全区的农村危房改造工作，解决贫困群众住危房、无住房的问题，为提升全区人居环境、顺利脱贫摘帽提供了有力的住房保障。

一、明确“一个目标”，确保对象精准

临翔区以达到农户户均有一幢安全稳固、遮风避雨住房为工作目标，聚焦“4类重点对象”，采取“易地搬迁新建一批、原址拆除重建一批、改造加固除危一批、保护修缮提升一批、进城定居一批、政府统建一批”“六个一批”的方式精准实施“4类重点对象”农村危房改造，同时统筹推进非“4类重点对象”农村危房改造。为进一步实施好全区农村危房改造工程，精准重点、锁定对象，依据《农村住房危险性鉴定标准》《云南省农村危房认定指南(试行)2017》《危险房屋鉴定标准》《镇(乡)村建筑抗震技术规程》等相关行业标准，及时组织力量，采取由区政府聘请有资质的鉴定公司、成立专家

组和乡、村级技术服务队伍，以村为单位，对全区60266户农村危房现状进行全覆盖认定排查，精准锁定改造对象。

二、强化“四重保障”

（一）加强领导保障，高位推动

成立了由区委区政府主要领导任组长，区委副书记任常务副组长，区委常委、宣传部部长和区政府分管副区长任副组长的农危改工作领导小组，全面加强对农村危房改造的领导，抽调区住建局1名分管副局长、村建股4名工作人员专门负责农危改日常业务工作，并到区脱贫攻坚指挥部与民政、残联、发改等部门集中办公。根据中央、省、市各级各部门脱贫攻坚工作安排部署及时召开全区农村危房改造动员会议，对农村危房改造工作进行全面安排部署，并根据工作推进情况适时召开专题会议，研究解决工作推进中遇到的困难与问题。

（二）出台政策保障，明确标准

根据上级相关文件精神，结合实际，临翔区研究制定了系列政策性文件《临沧市临翔区农村危房改造和抗震安居工程资金补助及贷款政策》（临翔脱贫指发〔2016〕1号）、《关于印发临翔区加强脱贫攻坚4类重点对象农村危房改造实施方案的通知》（临翔办发〔2017〕147号），有力推进全区农村危房改造工作。

补助标准：临翔区历来重视住房安全保障，从“三村”建设到社会主义新农村建设，都把住房安全保障工作纳入党委政府工作的重中之重，并花大力气逐年提高补助标准。特别是在全面打响脱贫攻坚战以后，2016年实施农村危房改造拆除重建的，建档立卡户每户补助4万元，非建档立卡户每户补助3.2万元；实施加固改造的，部分加固和整体加固的建档立卡户每户分别补助2.5万元、3万元，部分加固和整体加固的非建档立卡户每户分别补助1.7万元、2.3万元。2017年实施农村危房改造拆除重建的，“4类重点对象”每户补助3.8万元，非“4类重点对象”每户补助3.1万元；实施加固改造的，“4类重点对象”每户补助2.8万元，非“4类重点对象”每户补助2.1万元（建档立卡户按照“4类重点对象”补助标准执行）。2018年实施农村危房改造拆除重建的，“4类重点对象”每户补助3.8万元，非“4类重点对象”每户补助2.9万元；实施加固改造的，“4类重点对象”每户补助2.8万元，非“4类重点对象”每户补助1.9万元（建档立卡户按照“4类重点对象”补助标准执行）。对无力建房的贫困人群和“五保户”，户均补助

5万元，实行住房兜底保障，帮助建设50平方米的抗震安居房。

(三)严格技术保障，抓实质量

严把建房质量，严格执行“基本的质量标准、基本的结构设计、基本的建筑工匠管理、基本的质量检查、基本的管理能力”五个基本要求，抽调技术骨干力量，组成5个质量技术指导组，分片指导各乡(镇、街道)农村危房改造，并聘请3家有相应资质的监理公司对施工单位的施工质量及施工安全进行全程监管，为全区农村危房改造工作保驾护航。采取召开会议、张贴标语、发放宣传材料、电视宣传、简报等群众喜闻乐见的方式，层层宣传发动，讲明政策、讲清道理、讲透政策，广泛宣传实施农村危旧房改造工程的重大意义、补助标准以及相关政策措施，充分调动农户参与农村危房改造的积极性和主动性。

对农村技术工匠的培训，一是上下联动，主动要求省、市技术专家强化区级技术培训，理论与实际相结合，确保自身业务知识得到拓展；二是利用上级部门的工作调研、培训会、现场会、日常工作督查检查等机会，加大对农村工匠的业务技术培训，共培训农村工匠374名；三是组织强有力的区级专家组，采取集中辅导与实地指导的方式、理论与实际业务操作相结合的办法，到乡(镇)进行业务培训，全面提升农村工匠的技术水平。通过不同形式的培训，切实为农村危房改造工程提供技术保障，发放《云南省农村危房认定指南》《云南省农村危房修缮加固技术指南》《云南省脱贫攻坚4类重点对象农村危房改造口袋书》等6000多册，强化了各级对农村危房改造政策、危房认定和加固改造技术的理解与把握。

(四)提供资金保障，确保进度

为提高部门资金使用效率，发挥资金效益最大化，临翔区按照“统一规划、突出重点，集中使用、渠道不乱、用途不变、各负其责，统一实施、优势互补、形成合力”的原则，以区级为资金整合平台，将各部门涉及安居房建设补助资金进行整合，多管齐下。切实加强对农村危房改造专项资金的管理，做到专款专用，封闭运行，保障了农危改资金的安全、高效运用。

三、做到“四落实”，顺利推进危房改造

(一)示范带动落实到位，全面推进

为全面推动全区农村危房改造工作，临翔区先行启动实施了马台乡那杏村和章驮乡章驮村张家寨组2个农村危房改造示范点，并以示范点为带

动全面推进。对有条件并愿意自建的农户，按照“一户一方案”进行建设，住建部门和监理单位全程开展技术指导；愿意统一建设的，由乡（镇、街道）聘请有资质的施工队，农户、施工队、村委会签订三方协议，施工队按照“一户一方案”开足马力，加快推进。

（二）验收挂牌落实到位，完善档案

根据市住建局转发省级相关验收办法，制定《临翔区4类重点对象农村危房改造检查验收办法》《临翔区脱贫攻坚指挥部办公室关于印发临翔区“非4类重点”对象农村危房改造检查验收办法的通知》，抽调工程师、区直部门工作人员及监理公司技术力量100余人，组成9个区级督导验收工作组，负责督促、指导、参与各乡（镇、街道）开展农村危房改造验收工作，针对验收合格的农房，由区住建局牵头，组织各乡（镇、街道）对房屋的安全等级作安全认定，填写房屋安全认定报告并悬挂“临沧市临翔区农村住房安全认定牌”。严格执行“一户一档，竣工验收合格一户，建档一户”，同步完善工程建设痕迹资料并建立纸质台账归档。

（三）交流学习落实到位，取长补短

在开展农村危房改造工作过程中，临翔区不局限于自身，多次参加省、市农危改业务培训和现场会，经常到其他县交流学习经验，开阔视野，助力农危改工作。

（四）提升环境落实到位，抓好巩固

一是扎实抓好农村“七改三清”环境整治行动，深入推进乡（镇、街道）供水、污水、垃圾及公厕治理，在5个乡镇建成了污水处理厂（站），建设垃圾处理设施15个，所有乡镇配备垃圾清运车，乡村垃圾实现户清扫、村收集、乡转运，乡镇所在地生活垃圾处理设施覆盖率达100%；向国家开发银行云南省分行争取贷款5.2亿元，并多方自筹资金，用于建制村、自然村改水、改厕、治脏、治污等基础设施建设，建制村公共卫生间覆盖率达100%；发放节柴灶5286台、太阳能热水器3210台；建立健全饮用水水源地保护机制，彻底改善饮用水水源地环境质量，水质达标率100%，安全保障达标率100%；全面组织开展洁净家庭、洁净村庄创建工作，创建洁净村庄170个、洁净庭院2650户。

二是统筹处理好乡村振兴与脱贫攻坚的关系，认真做好乡村振兴与脱贫攻坚的政策衔接、机制整合和工作统筹，对标“两不愁三保障”，把农危改工作与乡村振兴紧密结合起来，统筹整合资金，实施提升人居环境项目，加强农村基础设施建设，不断改善农村人居环境，让群众生活得更加舒心、满意。

三是在开展农村危房改造工作中，严格执行“厨卫入户、人畜分离”政策，做到前期规划，严格按要求施工。新建的“厨卫入户”，加固改造的，配备2平方米的卫生厕所入院。在保障住房安全的同时，改善农户居住环境，提高农户满意度。

四、取得的成效

2016年脱贫攻坚战打响以来，采取“易地搬迁新建一批、原址拆除重建一批、改造加固除危一批、保护修缮提升一批、进城定居一批、政府统建一批”等“六个一批”的方式精准实施全区农村危房改造。在聚焦实施“4类重点对象”的同时，统筹推进非“4类重点对象”农村危房改造，共完成农村危房改造26770户。其中，2016年完成改造7915户，其中拆除重建7092户、加固改造823户；2017年完成改造8726户（“4类重点对象”3534户），其中拆除重建6888户、加固改造1838户；2018年实施农村危房改造和农村居民住房风貌提升改造工程10074户（其中“4类重点对象”103户）；2019年完成“4类重点对象”55户，其中拆除重建25户、加固改造28户、政府统建2户。通过努力，临翔区农村危房改造取得了明显成效，群众住房条件得到了进一步改善，老百姓住进了安全稳固的住房，村容村貌得到较大改变，人居环境得到进一步提升。

第三节　易地扶贫搬迁是关键

易地扶贫搬迁指的是将生活在缺乏生存条件地区的贫困人口搬迁安置到其他地区，并通过改善安置区的生产生活条件、调整经济结构和拓展增收渠道，帮助搬迁人口逐步脱贫致富。

一、精准识别搬迁对象

本着群众自愿、量力而行的原则，根据“十三五”易地扶贫搬迁规划具体要求，通过深入调查，临翔区从以下六个方面进行精准识别：一是所处自然条件恶劣的群众；二是居住分散、基础设施建设成本高的群众；三是有潜在地质灾害威胁的群众；四是无生存发展空间的群众；五是居住在自然保护区的贫困人口；六是边远少数民族贫困地区深度贫困群体。确定全区易地扶贫搬迁安置农户4322户18674人(其中建档立卡户1136户4109人),涉及9个乡(镇、街道),57个建制村,87个村民小组,109个迁出点。

二、积极稳妥实施搬迁安置

坚持把造福工程易地扶贫搬迁纳入当地经济社会发展规划的总体框架,把造福工程搬迁安置与小城镇发展、工业园区开发、新农村建设、灾后重建有机结合,一起规划。在继续实行省市内现有补助政策的基础上,建立区级投融资平台,充分利用国家下达临翔区的地方债和专项建设基金、相关金融机构提供的长期低息贷款,以及财政贴息贷款等支持政策,加大对自愿搬迁的建档立卡贫困户的扶持力度,为非建档立卡农户搬迁提供贷款支持,拓宽搬迁资金筹措渠道。

用好土地增减挂钩政策,重点是落实和完善指标转让收益分配政策,搬迁后旧宅拆除复垦为耕地或林地,其城乡建设用地增减挂钩指标交易收益,全部用于造福工程搬迁和集中安置区基础设施建设。对搬迁农户宅基地复垦为耕地,达到一定规模的,全部纳入土地增减挂钩复垦项目予以安排。加大对造福工程集中安置区基础设施建设的扶持力度,每年扶持建设一批50户以上和20户以上的安置区,对50户以上集中安置区视同农村社区进行管理,组建相应的服务管理机构,予以相应的运转经费保障。对较大规模集中安置区予以享受广播电视村村通、村级安全饮用水建设、村级综合服务场所及农民体育健身工程建设等优惠政策。

三、促进搬迁群众稳定脱贫

帮助搬迁群众提高就业能力,加大对搬迁户的培训力度,优先安排搬迁户参加“雨露计划”培训,提高搬迁群众的就业技能。盘活生产资源,引导和鼓励搬迁户以租赁、转包、入股等形式将承包经营的土地、山林等资源进行流转,增加搬迁农户的财产性收入。整合各级相关扶贫资金,加大对搬迁农户发展生产的扶持,重点扶持搬迁户发展特产农业、乡村旅游、观光休闲农业以及第三产业,扶持集中安置区发展集体性生产经营项目。

四、全面完成易地扶贫搬迁任务

临翔区脱贫攻坚“十三五”易地扶贫搬迁工作自2016年启动实施以来,在省、市行业主管部门的精心指导和相关部门的支持配合下,区委区政府高度重视易地扶贫搬迁工作,强化责任、细化措施、狠抓落实,紧紧围绕

“搬得出、稳得住、逐步能致富”的目标要求，将易地扶贫搬迁工作作为新时期脱贫攻坚的“标志性工程”和打赢脱贫攻坚战的“头号工程”抓好抓实，全面完成了“十三五”期间建档立卡贫困人口1033户4109人的易地扶贫搬迁任务，其中，2016年实施3068人753户，2017年实施1041人280户。共建成集中安置点35个(农村31个、城镇4个)，集中安置3525人888户，涉及9个乡(镇、街道)34个村委会。全区每10个脱贫人口中就有1个易地扶贫搬迁对象。

(一)压实责任

成立由区委副书记任组长、副区长任副组长的易地扶贫搬迁工作推进协调小组，推进协调小组下设办公室于区发展改革局，由区发展改革局局长任办公室主任；成立由区委副书记任指挥长、副区长任副指挥长的脱贫攻坚工作指挥部，由副指挥长具体负责抓好抓实易地扶贫搬迁工作，下设易地扶贫搬迁业务组，在指挥部统一集中办公，具体负责相关业务。历年来，区委区政府主要领导高度重视易地扶贫搬迁工作，亲力亲为抓落实，多次召开专题会和推进会进行研究部署，多次到易地扶贫搬迁安置点现场研究解决问题；建立“区脱贫易地搬迁建设微信群”，由区委主要领导直接指挥，及时将工作进展情况及工作进度、相关要求传递到一线，信息在一线互通、问题在一线解决、措施在一线落实，定期向区脱贫攻坚工作指挥部上报项目进展情况。

(二)科学规划，精准聚焦搬迁对象

1.科学规划编制

结合实际编制《临翔区“十三五”易地扶贫搬迁规划》，坚持先规划后建设的原则，细化实施方案，严格按照年度计划任务实施项目，执行政策标准，对标对表落实《新时期易地扶贫搬迁工作百问百答》相关要求。

2.聚焦搬迁对象

根据“一方水土养不起一方人”的实际情况，聚焦居住在“六类地区”的建档立卡贫困人口并将其纳入易地扶贫搬迁对象，做到“应搬尽搬、不漏一人”，将居住在“六类地区”的1033户4109人建档立卡贫困人口全部精准锁定为“十三五”易地扶贫搬迁对象。迁出区主要涉及四类：边远高寒山区，难以满足日常生活生产需要，不具备基本发展条件的地区；交通、水利、电力、通信等基础设施及教育、医疗卫生等基本公共服务设施十分薄弱，工程措施解决难度大、建设和运行成本高的地区；地质灾害频发的地区；其他确实需要实施易地扶贫搬迁的地区。统筹各级挂钩部门，各乡(镇、街道)、驻村扶贫工作队、村组干部等力量，对搬迁对象进行全面审核，通过村、乡、区三级公示；以贫困人口动态管理为契机，对搬迁对象信息精准识别、精准比对、精准录入、精准标识，做到搬迁对象精准。

（三）严格落实政策要求，精准用好扶贫资金

1. 严控住房政策

按照“保障基本、安全适用”的原则，严格执行人均住房面积不超过 25 平方米、最大户型不超过 150 平方米的政策要求，严格执行建档立卡贫困户建房自筹资金不超过 1 万元的政策要求。

2. 严把质量安全

聘请三家专业监理公司对农户建房进行全程监理；每个安置点都有项目监理对工程质量进行监管，建设期间，认真开展易地扶贫搬迁工程质量安全大检查，严格按程序对安置房进行质量验收，同时对安置房及安置点基础设施建设进行竣工验收。

3. 管好用好资金

2016 年、2017 年两年，共获得易地扶贫搬迁专项补助资金 23731.06 万元，其中，中央预算内资金 3287.20 万元，地方政府债券 4007.86 万元，专项建设基金 2054.50 万元，国家长期低息贷款 14381.50 万元，都严格按要求实行专款专账管理。

（四）完善基础设施及配套设施

1. 改善公共服务

35 个安置点集中安置户及分散安置户共 1033 户的安全饮水供水到户率、广播电视信号覆盖率、通信集中覆盖率均达 100%。道路交通、产业发展、农产品流通、生活用品购买等生产生活条件更加方便，降低了生产生活成本，群众生活质量不断提高。就医就学条件彻底改善；安置点道路和进入安置点的主干道全部实现硬化，配套建设了活动场所、垃圾池、路灯、污水处理、排水管网、绿化亮化等基础设施，垃圾处理全部实行统一集中清运。建成海绵村庄安置点 20 个，将 26 个易地扶贫搬迁集中安置点纳入“百村示范、千村整治”工程示范点，启动实施乡村振兴战略，占全区 100 个示范点的 26.0%，占 35 个集中安置点的 74.3%。

2. 做好复垦复绿

按照“宜耕则耕、宜草则草、宜林则林”的原则，扎实做好宅基地复垦复绿工作，完成建档立卡贫困户旧房拆除及宅基地复垦复绿工作，迁出区的生态环境得到有效修复，环境治理与保护，地质灾害滑坡、水土流失得到有

效治理。

(五)夯实发展基础

易地扶贫搬迁人口中，没有劳动力的有 11 户 21 人(有 9 户 17 人列入社会保障兜底，2 户 4 人有稳定收入来源)，因死亡销户 1 户 1 人，有劳动力人口 1021 户 2328 人；享受低保政策 927 人，特困供养人口 5 人；以农牧业生产为主 296 户，以非农产业生产为主 725 户；以乡村旅游业为主 30 户，自主创业 14 户，公益岗位就业 142 户。有劳动力人口 1021 户 2328 人全部实现稳定就业。

抓实抓好后续产业扶持，采取龙头企业、合作社、金融扶贫、资产租赁、转移就业等模式全覆盖，带动、促进贫困户稳定增收。全面落实安置点产业发展规划及就业计划，健全完善就业台账。以实施凤翔街道中山村大银铺易地扶贫搬迁安置点的竹编竹艺、乡村旅游建设为载体，成立竹编竹艺合作社，将其打造为特色鲜明的乡村旅游区；采用“以商招商和以房招商”的方式，将忙畔街道小铺子安置点打造成“美食一条街”，建设成集乡村旅游、饮食文化为一体的餐饮服务融合发展特色集市；把圈内乡炭窑村糯达易地扶贫搬迁安置点打造成以茶产业为主的三产融合发展示范区；打造蚂蚁堆乡蚂蚁堆村驿亭新村易地扶贫搬迁安置点“云雾培”大棚项目带动贫困户就业示范点。全区集中安置点配套建设养殖小区 13 个，有力促进了养殖业规模化发展。配套建设养殖小区 13 个，扶贫车间 4 个；电子商务、快递物流实现全覆盖。核桃、茶叶、坚果、油菜等高原特色农业基地不断巩固提升；养猪、养鸡等养殖业不断发展壮大；“云雾培”蔬菜、竹艺竹编等新兴产业发挥示范带动作用。

35 个安置点共有 27 个周边带贫企业，大部分安置点都有周边带贫企业带动农户稳定增收，每个安置点都有 1 项以上主导产业或依托原有产业增收致富，实现有劳动能力并有就业意愿的建档立卡贫困人口易地扶贫搬迁户 1 户至少有 1 人稳定就业的目标。

35 个安置点都有活动场所及活动室，安置点管理用房与活动室共享。15 个安置点建立健全党组织，20 个安置点将搬迁党员纳入迁入地党组织管理。管理机制不断健全完善，设立村民小组 35 个，成立理事会 7 个。

(六)示范带动成效显著

一是驿亭新村安置点把蚂蚁堆乡 14 个建制村中涉及基础设施及公共服务设施十分薄弱、工程措施解决难度大、建设和运行成本高的地区的 168 户 618 人建档立卡贫困人口进行集中城镇化安置。通过项目实施建成了新村庄，改变了生产生活习惯，逐步实现“拥有好环境、住上好房子、过上好日子”的总体目标，带动蚂蚁堆乡新型城镇化建设。安置点以茶马古驿文化为建设主体风格，民居建设充分凸显茶马古道文化。新建文化活动室、活动广场、公共卫生厕所、村史文化墙、感恩亭、水景观、篮球场、硬化道路、垃圾处理、排污管网等设施，安置点管网全部入地，融入海绵村庄理念。采用鲜花、果蔬配套方式进行绿化美化，种植五爪金龙、月季、马缨丹、石榴等1600 株，家家户户实现有花、有果、有树、有菜“四有庭院”，安置点美丽庭院建设成效明显。采取“政策保障＋土地流转＋转移就业＋庭院经济”等方式，设立驿亭新村劳动力转移就业服务点，组织劳动力转移就业培训，采取双向对接方式，及时发布群众实现劳动力转移招聘信息。建成华洋生猪养殖场、云雾培蔬菜基地，动员搬迁农户就近务工，户均有 1 人实现稳定就业。建立健全基层党组织，强化管理服务，成立党支部、村民小组和乡村振兴理事会，制定乡规民约，实行周五“洁净日”、门前“三包”、党员责任区管理等制度，激发搬迁群众内生动力。推行村民积分制管理，实现党员评星作示范、群众积分促动力，和谐、美丽、宜居易地扶贫搬迁幸福新村氛围逐步形成。率先对安置点实行《蚂蚁堆乡驿亭新村积分管理制度》，按年度积分确定比例，对产业效益进行利润分配，持续稳定增加搬迁群众收入，把驿亭新村易地扶贫搬迁集中安置点纳入“百村示范、千村整治”工程示范点，启动实施乡村振兴战略。

二是实施凤翔街道中山村大银铺易地扶贫搬迁安置点，以竹编竹艺、乡村旅游建设为目标，以民宿为主要产业支撑，成立了竹编竹艺合作社，将凤翔街道中山村大元圃打造为特色鲜明的乡村旅游区。

三是实施小铺子易地扶贫搬迁安置点，采用“以商招商和以房招商”的方式打造“小铺子美食一条街”，把忙畔街道小铺子安置点建设成为集乡村旅游、饮食文化为一体的餐饮服务融合发展特色集市。

四是实施圈内乡炭窑村糯达易地扶贫搬迁安置点，把炭窑片区打造成以茶产业为主的三产业融合发展示范区，持续稳定带动农民增加收入。

第四节　人居环境改善是目的

脱贫攻坚的目的是改善生活，人居环境是核心载体。临翔区是云南省农村人居环境整治二类县，近年来，全区认真贯彻落实党中央、国务院、省委省政府的决策部署，在市委市政府的坚强领导下，借鉴浙江“千村示范万村整治”经验，实施“百村示范、千村整治”工程，积极推动厕所、垃圾、污水“三大革命”，努力提升村容村貌，建立建全长效管护机制，扎实开展人居环境整治工作，为乡村振兴奠定了坚实基础。

一、抓组织领导，层层推动抓落实

临翔区委区政府切实提高政治站位，把农村人居环境整治作为乡村振兴的第一场硬仗来打，区、乡、村成立了领导小组，自然村成立乡村振兴理事会，以村为单位，抓好村“两委”、理事长、路长、户长这个源头，把责任压实到“第一责任人”。从区级行业部门抽调了人员集中办公，保障日常工作运转。100个乡村振兴示范点，处级干部齐上阵，高位推动见实效。构建起由上到下层层有人抓、层层有人管的工作格局。

二、抓宣传发动，“三全两常”抓源头

抓住思想认识这个源头，结合脱贫攻坚和“党的光辉照边疆、边疆人民心向党”主题实践活动，采取44名处级领导包乡包村全覆盖、66个部门包组全覆盖、1232名干部包户全覆盖，以及226名驻村工作队队员常态督查、新闻媒体常态播报的“三全两常”方式，落实包户责任制，宣传到户到人，组织发动群众当好主人不做看客。

三、抓规划引领，“万名干部”抓规划

坚持用规划引领农村经济社会发展和人居环境整治，围绕“小而美、小而干净、小而宜居”目标，认真落实市委市政府“万名干部规划家乡行动”，683名牵头人、1497名公职人员回乡规划，编制出7个乡镇683个自然村集基础设施、产业、文化、旅游和古村落保护等“多位一体”的，有特色、有温度、有感情、可实施、群众认可的综合性规划。根据规划，列出时间表和路线图，分步推进水、电、路、活动场所、养殖小区、垃圾、污水处理设施等基础设施建设，逐步改善农村人居环境，真正提升村民的获得感、幸福感。

四、抓“三大革命”，对标对表抓攻坚

着力抓好农村“厕所革命”、污水治理、垃圾处理三大重点任务。

(1)“三三模式”推进“厕所革命”。边远山区以“水冲式＋三格化粪池＋生态氧化塘”为主，半山半坝区以“水冲式＋三格化粪池＋一体化处理设备”为主，城镇周边区以“水冲式＋三格化粪池＋雨污分流＋标准化污水

处理”为主，进行建设改造，建设资金采取新建补助一批、改造补助一批、兜底改造一批的方式进行提供。目前，全区 50727 户常住农户改造完成卫生户厕 44193 座，其中无害化卫生户厕 38594 座；建成农村卫生公厕 555 座，实现村委会所在地至少有 1 座水冲式卫生厕所目标。

(2)“三种方式”治理农村污水。对城市周边和乡(镇)附近的坝区，实行户边村庄标准化处理。对山区和半山半坝村庄，采取三级生态氧化处理。对位置偏远、规模较小的村庄，合理利用现有边沟和自然沟渠收集生活污水，以源头减量、分散式自然湿地、人工湿地等生态措施，因循就势处理。10 个乡(镇、街道)设施覆盖率达 100%，自然村共建成污水处理设施 87 套。

(3)“三种方法”处理生活垃圾。距区政府 20 千米内，实行“村收集、乡(镇)转运、区处理”的方法；对乡(镇)及距离乡(镇)政府 5 千米以内的村庄，实行“户分类、组收集、村转运、乡(镇)处理”的方法；对生活垃圾不具备外运条件的少数偏远山区，实行“源头减量、就近就地焚烧或填埋处理”的方法。共建有垃圾无害化处理设施(简易填埋场、小型焚烧炉、阳光堆肥房等)295 个，有垃圾清运工具(压缩车、拖拉机等)136 辆，有垃圾收集设施(垃圾房、垃圾池、垃圾箱、垃圾桶等)5212 个，农村生活垃圾基本得到了治理。

五、抓管护机制，督查考核抓运管

建立了“六长”共治机制、综合执法机制、“四长”齐抓共管机制、村庄保洁与垃圾收费机制、“周五全域洁净日制度”、“户洁净评比制度”和农村公益性岗位机制；制定了村级提升人居环境工作清单，把人居环境提升作为脱贫攻坚巩固提升规定动作，每月 23 日组织召开村民小组会议，将脱贫攻坚、人居环境提升、乡规民约、“自强、诚信、感恩”等方面的政策知识讲给群众听、教给群众做，把群众动员起来、组织起来，广泛参与“周五全域洁净日”和“户洁净评比”，促进管护机制落地落实，不断提升农村的人居环境。

六、抓“百千工程”，示范带动建新村

扎实开展“百村示范、千村整治”工程(简称“百千工程”)，制订三年行动计划，2020 年计划建设完成 100 个各具特色示范村。对标农村人居环境整治三档村庄，全区共 723 个自然村，一档村庄(干净整洁型村庄)244 个(33.75%)，二档村庄(提档升级型村庄)377 个(52.14%)，三档村庄(生态

宜居型村庄)102个(14.11%)。100个百村示范村全部为三档村，分类分步抓好人居环境整治工作。目前，建成32个鲜花盛开村庄，建成省级美丽村庄5个、市级美丽村庄4个、区级美丽村庄5个。

七、实施贫困村基础设施及人居环境提升工程

按照脱贫不脱政策的要求，着力补齐已退出的19个贫困村和剩余的37个贫困村发展短板。

(1)抓农业基础设施，对最适宜的农作物区域和能形成规模化的产业区，全面加强田、土、水、路、林、电、技的建设和改造。

(2)抓农村基础设施，抓好“四好农村路”建设。到2020年，新改建乡(镇、街道)至建制村公路53.5千米，建设直过民族自然村硬化路213千米，加宽改造窄路基路面农村公路25.517千米，改造建设11千米旅游路、产业路、资源路，基本完成乡道及以上行政等级公路安全隐患治理，实现具备条件的建制村通客车目标。加快实施农村饮水安全巩固提升工程，确保饮水安全。到2020年，实现建制村集中供水率达85%以上，自来水普及率达80%以上，水质达标率72%以上。实施新一轮农网改造升级，到2020年，按国家能源局要求综合电压合格率达98.65%，实现农村居民综合电压合格率达97%。统筹推进网络覆盖、农村电商、网络扶智、信息服务、网络公益五大工程向纵深发展，确保贫困村宽带网络全覆盖。

(3)抓乡村公共服务设施，配套配全农村敬老院、幼儿园、村民活动室、党员电教室、农家书屋、卫生室、自选商场、养殖小区、畜禽防疫室等公共服务设施。

(4)抓农村人居环境综合整治，因地制宜推进农村生活垃圾处理、污水治理、村组绿化和庭院治理，建立健全村庄保洁和垃圾清运收费等制度，优先安排建档立卡贫困家庭劳动力从事村庄保洁工作。扎实推进农村“厕所革命”，确保50户以下的村庄至少有1个卫生公厕，50户以上的村庄至少有2个卫生公厕。

第六章

基础建设　脱贫先导

习近平总书记2019年全国两会期间参加河南团审议时强调，要补齐农村基础设施这个短板。他明确指出，要逐步建立全域覆盖、普惠共享、城乡一体的基础设施服务网络，重点抓好农村交通运输、农田水利、农村饮水、乡村物流、宽带网络等基础设施建设。临翔区紧紧抓住全省路网、航空网、能源保障网、水网、互联网建设5年大会战的机遇，加快建设以临沧城为核心，与周边县市互联互通、功能完备、高效安全、保障有力的综合基础设施，在以国家铁路、高速公路建设为重点的"五网"基础上实现重大突破，着力破解全区跨越式发展制约瓶颈，大力推动重大基础设施建设项目。

第一节　支持重大基础设施建设

临翔区抢抓"一带一路"和孟中印缅经济走廊建设的战略机遇，积极融入全省"五网"基础设施建设大会战，着力抓好"五网"基础设施建设，力争把临翔建成云南"五出境"的重要通道。

一、临翔区交通建设总体情况

作为地处中缅边境地区少数民族集中地区的临翔区，交通仍然是最大的短板。脱贫攻坚战打响以来，在国家和云南省、临沧市的支持下，4条高速公路、1条铁路的建成通车，改变了临翔区自古以来不通高速、铁路的历史，将给临翔地方经济带来第一次跨越式发展。

临沧市总面积2.4万平方公里，有3个县与缅甸接壤，有清水河1个国家级一类口岸、南伞与永和2个二类口岸，沿边开放优势明显。2013年9月，国务院批准设立国家级临沧边境经济合作区，并列入国家支持沿边开发开放重点地区名录。云南省委省政府将清水河口岸作为云南铁路、高速公路“五出境”国际通道之一。

高速公路、铁路的建设，不仅从交通上给老百姓的生活带来了便利，更成为临翔人民与外界沟通的桥梁，从根本上解决了群众思想落后的问题。临翔区紧紧抓住中央、省、市关于实施补短板工程和加快基础设施建设重要部署要求的战略窗口期、政策黄金期，进一步明确目标任务，倒排建设工期，加大资金筹措力度，加快用地报批和项目建设进度，扎实推进决战县域高速公路“能通全通”工程，坚决打赢县域高速公路“能通全通”工程攻坚战，为实现临翔区各族群众与全国人民携手并进奔小康做出贡献。

（一）区位优势

临沧在国家“一带一路”、长江经济带、中缅经济走廊建设战略中的作用凸显，在辐射中心建设中的地位极其重要、区位优势无可替代。临沧处于中国陆上东西连接太平洋和印度洋国际通道，南北连接渝新欧国际大通道、长江经济带和泛珠三角区域、海上丝绸之路的“十字构架”的重要节点。从广西防城港至临沧清水河出境到缅甸皎漂港全长2277千米，是中国和缅甸陆上连接太平洋和印度洋最近的通道，要比从水路经上海或陆路经广西防城港过马六甲海峡进入印度洋近2000至6000千米。

（二）规划情况

围绕“一轴两城三带”发展空间格局，以昆孟国际大通道临翔至清水河通道为主轴，以临沧中心城区和孟定新城为重要支点，以沿边、沿澜沧江和沿南汀河地区为重点发展区域，辐射带动临沧市经济社会跨越发展。加快推进云南清水河出境国际通道建设，全力构建以航空为先导、铁路和高速公路为主骨架、水运为补充的立体综合交通网络，将孟定建设成为我国内陆地区连接皎漂港通达印度洋的综合交通运输枢纽城市，把临沧建设成为国家“一带一路”、孟中印缅经济走廊、面向南亚东南亚辐射中心和云南东西国际大通道的重要战略支撑点。

第一步，打通昆明至清水河大通道、攀枝花至清水河的国家“一带一路”与长江经济带战略通道连接线、沿边贯通通道的铁路与高速公路，实现县县通高速公路。

第二步，推动境外段铁路和高速公路前期工作并尽早开工建设，推进与周边国家铁路和高速公路互联互通。总体上构建起以昆明（玉溪）至清水河通道为燕躯，大理至临沧通道、临沧至普洱通道为燕翼，沿边通道为燕首，由昆明向着南亚东南亚和印度洋展翅飞翔的“飞燕形”综合交通网络。

（三）支持铁路和高速公路建设

在加速推进脱贫攻坚任务的同时，临翔区把保障好铁路、高速公路建设用地作为重要的政治任务，扎实推进征地拆迁工作，确保铁路、高速公路项目建设顺利推进。

成立工作领导小组，抽调精兵强将组成征地拆迁工作组，采取区处级领导挂钩包片、区直部门分户包干的工作机制，确保征地拆迁工作有序推进。

依法开展征地拆迁工作，严格执行征地拆迁补偿标准，做到公开、公平、公正，切实维护群众的合法权益。

加强对铁路、高速公路项目建设的重大意义、征地拆迁补偿标准等相关政策法规的宣传，引导群众积极支持、配合铁路、高速公路建设项目，确保征地拆迁工作顺利推进。

截至 2019 年 5 月，辖区内在建铁路、高速公路征地拆迁工作稳步推进，大临铁路建设项目完成征地（含临时用地）3214.026 亩，迁坟 303 家，已支付资金 27657.93 万元；云临高速公路共完成征地（含临时用地）729.5264 亩，迁坟 11 家，应支付资金 2469 万元，已支付资金 2385 万元；墨临高速公路建设项目共完成征地（含临时用地）6605.7745 亩，完成房屋拆迁 78 户，迁坟 450 家，应支付资金 35212 万元，已支付资金 29503 万元。

二、加快高速公路建设进度

临翔区抓住全省建设“五出境”高速公路网和干线公路网的机遇，建成玉溪至临沧高速公路、临沧至清水河高速公路、临沧至普洱高速公路等三条（段）出境高速公路；加快推进临翔区至临沧机场快捷通道建设；积极配合省市推进临沧机场至双江高速公路、临沧至云县高速公路前期工作，使临翔区高速公路通车里程达 235 千米。改造提升城市内 1 环线公路建设，争取实施城市外 2 环绕城高速公路建设。完成区乡公路提级改造，实施临沧至新河公路、团结桥至平村公路、林场垭口至勐库公路、博尚至南美大地基公路、博尚至那招公路、临沧至大朝山公路、榨房河至章驮公路、昔木至南赛河二级公路建设项目，使临翔区二级公路里程达 465 千米。完成部队至萝卜山国防三级公路建设。全面完成 29 个建制村通畅工程、700 条村组道路通达工程共 2488 千米。

作为云南省“五出境”通道之一，临沧市辖区内有3个县与缅甸接壤，在国家实施“一带一路”倡议、孟中印缅经济走廊和云南省面向南亚东南亚辐射中心建设中具有无可替代的区位优势。

围绕扩大对缅开放、深化对缅合作交流的目标，临沧坚持问题导向，破除对缅开放的政策壁垒，以“企业先行、民心先行、文化先行、地方先行”推动对缅开放“政策沟通、设施联通、贸易畅通、资金融通、民心相通”进程。

2018年，首届缅甸（腊戌）中国（临沧）边境经济贸易交易会成功举办，为中缅两国搭建起深化合作交流的平台，也把临沧对缅开放提升到更高层次。

不止于此，在“四个先行”的推动下，临沧对缅开放重点工作不断取得新突破。举办落实“一带一路”峰会成果中缅（临沧）合作座谈会，成立临沧驻缅甸腊戌、内比都商务代表处，33户企业投资缅甸、20户缅甸企业到临沧投资，推进沿边金融综合改革，在缅北地区设立了19个跨境金融支付服务点……一桩桩事项，见证的是临沧越来越快的开放步伐。

同时，临沧举全市之力，攻坚克难，把综合交通设施建设作为做活沿边开放的基础和关键。

截至2020年8月，临翔区4条在建高速公路共完成征地21892.92亩，房屋拆迁648户，迁坟1204冢，新建铁塔205基（拆除101基）、新建线杆2019棵（拆除1537棵）。其中，玉临高速计划2020年底完成建设，临清高速计划2022年底完成建设，临双高速计划2022年底完成建设，云临高速计划2022年底完成建设。

高速公路的建设促进了临翔区及周边资源的优化配置，增加了当地的经济收入，与其他运输方式联合组成了强大的综合运输体系，加速了人流、物流、信息流的运转，从而降低了运输成本，有效实现了资源优化配置。在招商引资上更具有吸引力，改善了投资环境，吸引更多的企业来落户。在企业到来的同时，引进了人才，引进了资金，最终推动地方工业快速发展。

高速公路的建设对临翔区城乡居民的生活条件和交通条件起到了重要的改善作用，提高了城乡居民的生活水平。墨临高速全长约236千米，其中临翔段全长46.53千米，预计2020年底建成通车。通车后，将惠及沿线100多万人，还将成为经临沧市清水河口岸出境，直达缅甸和印度洋的重要通道。届时，从昆明开车到临沧的时间将从现在的8小时缩短到5个半小时。在很大程度上改善了沿线人民的出行条件，大大节约了人们的出行时间，从而扩大了人们的出行范围，起到了事半功倍的作用。大临铁路年底将通车并开行动车，各族群众的百年铁路梦想即将实现。大临铁路建成通车后，昆明至临沧仅需3个多小时，将结束临沧不通铁路的历史，对改善滇中、滇西区域综合交通运输体系，服务沿线经济社会发展，助推我国与周边国家互联互通起到积极作用。

三、加快铁路建设

（一）滇缅铁路

滇缅铁路的历史可以追溯到20世纪初。抗战爆发后，沿海港口及铁路交通线均已沦陷，国民党政府迁移到大西南。为取得国际援助，除修筑滇缅公路外，由中央政府主持修筑东起昆明，西经安宁、一平浪、禄丰、广通、楚雄、姚安、祥云、弥渡、南涧、云县、耿马等县，直达中缅边界术达的滇缅铁路。从1938年12月起，开始分段修建。东段由昆明至祥云县的清华洞，长410千米；西段由清华洞抵术达，长470千米，全线为米轨，以便同缅甸的铁路接轨，拟联通缅甸密支那铁路线上的腊戍站。当时中国的几位著名的铁路和桥梁专家都参与了滇缅铁路的建设。

由于抗日战争形势日益危急，滇缅铁路的修建终于被提到了国民政府的日程。然而对于当时的云南省政府和滇西百姓来说，出动30万劳力，供应30万人的吃粮问题，是一个颇为艰巨的任务。铁路经过的蛮荒地区，瘴疠横行，蚊叮虫咬，许多人得了疟疾和肠胃病。劳工体弱不支，加上生活供应困难，施工效率极低。

1942年，日军侵占了缅甸，随后又攻陷了滇西重镇腾冲、龙陵、畹町等地，直接威胁到整个云南省西部。为防止日军利用滇缅铁路，当局只得忍痛将该路西段已修好的路基、涵洞等基础工程破坏（同时破坏的还有滇缅公路西段），以免资敌。以致全线停工，滇缅铁路督办也撤回内地，滇缅铁路功亏一篑，其东段也仅修至安宁（因叙昆铁路轨料供应紧张，1944年安宁至石咀段的路轨被移铺至叙昆铁路曲靖和沾益区间，以解决沾益军用机场的交通联络）。最后，滇缅铁路滇西部分的路基工程在一片爆破声中化为烟尘。为保障国际通道畅通无阻，当局决定另修中印公路（即“史迪威公路”），于1944年随中国远征军反攻缅甸时开始动工修建，滇缅铁路停工。

抗战胜利后，国民党政府忙于返回内地接收，并准备打反共内战，加之滇缅公路已恢复通车，滇缅铁路失去了其作为国际通道的战略意义，已无修建的必要，整个工程因此半途而废。1958—1959年，铁道兵部队利用原先抗战时期已完成的路基，从石咀铺轨至一平浪，称为“昆一线”。1970年，成昆铁路通车以后又陆续拆除了昆一线，滇缅铁路仅遗存昆明北站至石咀的 12.4 千米里线路，称为“昆石线”。在今天的昆明西山碧鸡关、禄丰、一平浪和云县都有较完整的当年滇缅铁路隧道和路基遗迹。

（二）大临铁路

2020 年 12 月 30 日，云南大临铁路正式开通运营，标志着云南省临沧市结束不通铁路的历史。大临铁路北起大理站，跨越澜沧江、穿越无量山脉后到达临沧市，设计行车速度每小时 160 千米，营业线路全长约 201 千米。大临铁路的开通结束了云南临沧不通铁路的历史，也对改善滇中和滇西区域综合交通运输体系，助推我国改善与周边国家互联互通起到积极作用。建成通车后，大理到临沧用时将由 2020 年时公路运输的近 5 小时压缩到 1.5 小时。

四、加强重点水利基础建设

全面推进重点水源工程建设，中、小型水库建设并举，蓄引提调及联通工程结合，提高水调蓄能力和城乡供水、农田灌溉保证率，进一步缓解工程性缺水突出的问题，保障城乡及农村供水、能源基地供水、粮食主产区供水、生态环境用水等全社会的供水安全，通过水利项目的实施达到水资源的优化配置和高效利用。全面完成鸭子塘中型水库和拦门山小（一）型水库建设，开工建设大桥坡中型水库和曼豪箐、三岔箐、龙浩坝、金子潭、弯子、响水河 6 座小（一）型水库，推动双河水库、碗窑水库 2 座中型水库和平河、八道箐、大园圃等 11 座小（一）型水库前期工作。到 2020 年，新增水库蓄水量 0.49 亿立方米，全区库塘总蓄水量达 0.87 亿立方米。

五、加大农村电网改造力度

加大农村电网改造力度，建设以博尚 500 千伏变电站为中枢、220 千伏变电站为支撑、110 千伏变电站为骨干、35 千伏变电站覆盖全区的，布局合理、优化、可持续发展的电力供求保障网络。同时，适度开发利用太阳能、风能，逐步建立起以水电为主体，太阳能、风能为补充的高效电网。临翔区现有 110 千伏变电站 2 座，容量 17 万千伏；“十三五”期间，电网规划新建 110 千伏变电站 2 座，容量 15 万千伏；有 35 千伏变电站 12 座，现状总容量 7.525 万千伏；“十三五”期间，扩建 35 千伏变电站 2 座，新增容量 1.3 万千伏，增容 35 千伏变电站 2 座，新增容量 0.6 万千伏；规划期间依据 110 千伏布点供电范围优化，退运或降压成开关站运行的 35 千伏变电站 2 座，退运降压容量 2.08 万千伏。至 2020 年共有 110 千伏变电站 4 座，总容量 32

万千伏；共有 35 千伏变电站 10 座，总容量 7.345 万千伏。

第二节　加快建设村组道路建设

在脱贫攻坚农村公路建设中，临翔区认真贯彻落实习近平总书记“建好、管好、护好、运营好”农村公路的重要指示精神，按照省、市的安排部署，围绕精准二字，抓住“加快农村公路建设、强化农村公路管养”等关键主题，主动服务和融入国家发展战略，统筹推进“五位一体”总体布局和协调推进“四个全面”战略布局，抓重点、补短板、防风险、强投资、增动能，多措并举，奋力拼搏，全力推进农村公路建设，有效改善了广大农村交通状况，为全区决战脱贫攻坚、决胜全面小康提供了强有力保障，在助推群众发展产业、增收致富和打赢脱贫攻坚战役中，发挥了积极作用，谱写了临翔交通跨越发展新篇章。

一、农村公路基本情况

临翔区委区政府高度重视农村公路建设，始终把农村公路建设作为服务“三农”，打赢脱贫攻坚战的重要举措，统筹推进全区农村公路建设，着力构建布局合理、结构优化的农村公路网络，全面提升农村公路的通行能力和服务保障水平，为加快脱贫攻坚步伐、实施乡村振兴战略和加快农业农村现代化奠定了坚实基础。目前，全区共有农村公路 3505.163 千米，地方管养国道 70.065 千米，地方管养省道 28.101 千米，县道 389.187 千米，乡道 755.703 千米，村道 2251.4 千米，专用公路 10.707 千米，基本形成了以临沧城为中心，辐射全区各乡镇、建制村的路网。

二、未建设前的情况

未实施建制村通畅工程及脱贫攻坚农村公路建设项目以前，全区农村公路“晴通雨阻”情况突出，“晴天一身灰，雨天一身泥”是最真实的写照，严重制约了农村经济发展，困扰人民群众出行，交通运输瓶颈成为脱贫攻坚的又一“硬骨头”。交通基础设施建设薄弱降低了人民群众的获得感、幸福感。

三、建设情况

党的十八大以来，在中央、省、市的关心支持下，临翔区委区政府高度重视“四好农村路”建设，始终把农村公路建设作为服务“三农”、打赢脱贫攻坚战的重要举措。

一是全力实施好建制村通畅工程。共实施建制村通畅工程646千米，全区10个乡(镇、街道)102个建制村(社区)公路硬化率、通畅率达100%。共计投入资金51680万元。

二是加快推进村组公路建设步伐。自2016年以来，截至目前，共计实施路面硬化工程852千米(含省级下达的“直过民族、撤并建制村”项目)，砂石路336千米，桥梁2座。共计完成投资86845万元，投入资金55292万元。

三是加快推进农村公路安全生命防护工程建设。每年做好农村公路损毁排查工作，及时申报年度计划，积极向上面争取资金，确保了全区道路安全畅通运营。截至目前共计下达1208.4千米，投资7276万元。

四是加强养护。以保障农村公路安全、畅通为目标，着力实施水毁抢险保通、农村公路大中修、窄路基路面改造等养护工程，累计投入资金5239.37万元。

五是规范运营。共建成农村客运站8个，农村客运招呼站118个，拥有农村客运车辆235辆，全区农村客运站乡镇覆盖率、招呼站建制村覆盖率、客运班车通乡率均达100%，建制村农村客运通车率达100%，建制村通邮率达100%。

四、主要举措

坚持“惠民生、助脱贫、促发展”的工作理念，采取“四抓四保障工作法”，做到“同步规划、同步设计、同步建设、同步验收”，全力推进农村公路建设。

1.抓好项目规划，确保项目效益最大化

坚持与脱贫攻坚、产业发展、旅游开发相结合，突出交通流量大、受益人口多、辐射范围广等因素，科学编制《临翔区“十三五”交通规划》，共储备各类项目1822个，分年度统筹实施，辐射带动区域产业和农村经济发展。按照全区脱贫攻坚工作的总体要求和部署，及早研究，超前谋划，将迫切需要修建农村公路的片区划分为若干较大标段，及时报批，迅速启动。同时，积极争取到国开行贷款资金5.2亿元，其中3.2亿元用于农村公路项目建设。

2.抓好综合协调，确保项目建设快速推进

成立以区人民政府区长为组长，分管常务副区长为常务副组长，区直部门主要领导和10个乡(镇、街道)负责人为成员的农村公路建设领导小组，将全区10个乡（镇、街道）划分为4个片区，成立4个工作组，抽调4名处级领导担任组长，负责统筹推进各片区农村公路建设，做到处级领导亲自协调、行业部门一线协调、乡镇领导现场协调，及时协调解决辖区内项目建设涉及的征地拆迁、矛盾纠纷化解等问题，积极协调好各行业领域的行政审批等相关事项办理，有效确保了各项工程建设顺利推进。

3. 抓好项目建设，确保高标准推进项目建设

成立美翔公路开发有限公司作为农村公路建设项目业主，区交通运输局作为行业监管部门，明确分工和职责，规范项目管理。在项目建设过程中，把好"七关"。一是把好施工队伍关，全面落实施工企业信用评价体系规范，通过公开招标，选择资信良好、有经济实力的施工企业参与工程建设。二是把好材料关，施工前认真做好原材料基本试验，以数据确定沙、石、水泥料源及产地，不合格材料严禁进场。三是把好试验检测关，严格按规范要求进行试验抽检，及时发现并纠正存在的问题，确保工程质量。四是把好监理关，充分发挥监理单位的主观能动性，切实起到质量、进度、投资"三控制"，合同、信息、安全"三管理"和组织协调的作用。五是把好转序验收关，根据设计和规范，强化验收检测，不达标的坚决整改，直至合格才给予转序验收。六是把好监督关，以"铁脸面""铁心肠""铁手腕"全面落实日常跟踪管理制度，切实抓好质量和安全监管工作。七是把好考核关，制定了《临翔区农村公路建设项目考核办法》，将工程建设管理、工程质量、工程进度、工程协调服务列入相关部门重点考核内容，作为各相关部门履职尽责是否到位的重要衡量指标，对在项目建设过程中渎职、失职的，严格按相关程序进行问责。

4. 抓好痕迹管理，确保项目建设全程可追溯

始终把完善项目建设资料贯穿工程建设全过程，做到前期工作依法依规、建设过程跟踪管理、交（竣）工验收严格把关、结算审计提前筹备。从项目实施方案的申报到竣工验收、提交审计，都按照法定程序逐项报批；项目建设过程中采取专报制，每十天进行一次统计总结，将项目进展情况、存在困难问题和采取的措施形成专报报送市交通运输局和区脱贫攻坚指挥部。同时，对施工企业进行竣工资料编制培训，提前完善好资料，做好审计准备。

五、取得的主要成效

通过农村公路网络建设和改造提升，形成了农村公路与乡道、县道、省道、国道交相联通，不仅成为方便群众出行的"便民路"，更成为农村产业发

展、农民脱贫增收的“致富路”。道路的通畅大大降低了运输成本，商家纷纷上门收购农副产品；农村群众不再担心产品滞销，热情高涨，大兴种植业、养殖业，发展旅游业，改善居住环境，精神面貌焕然一新。“雨天不通车，遇节才通车”“晴天一身灰，雨天一身泥”的现象一去不复返。

第三节　完善村级公共设施建设

根据省委、市委关于全面推进村民小组活动场所建设的相关部署及《中共临沧市委办公室、临沧市人民政府办公室关于印发〈临沧市村民小组活动场所建设实施方案〉的通知》（临办发〔2017〕34 号）要求，2017 年临翔区扎实推进全区村民小组活动场所建设。

一、建设目标

2017 年，临翔区全区建设村民小组活动场所 255 个（无活动场所村民小组需建设 196 个、与村委会共用活动场所村民小组需建设 59 个）。其中，凤翔街道 22 个、忙畔街道 16 个、博尚镇 43 个、蚂蚁堆乡 53 个、圈内乡 34 个、邦东乡 11 个、马台乡 49 个、章驮乡 14 个、平村乡 10 个、南美乡 3 个。确保 2017 年底前建成、通过验收并投入使用，实现全区 1111 个村民小组活动场所全覆盖。

二、建设原则

（一）统一规划、分步实施

各乡（镇、街道）要全面排查、精准掌握活动场所建设使用情况，按照“统一规划、分步实施、先易后难、全面建设”的思路，结合实际制定实施方案，有计划、有步骤地推进村民小组活动场所建设。

（二）因地制宜、分类指导

各乡（镇、街道）要根据实际，逐一分析，仔细筛查，科学确定建设数量，因地制宜组织实施，不搞“一刀切”。已设立党支部的村民小组，原则上每个党支部建设 1 个；多个党支部同属 1 个自然村，且相互距离较近的，可根据实际共建共用；村民小组已有公共文化广场或其他活动场地，且能满足党员群众正常活动需求的，不再重复建设。

（三）区级统筹、乡镇实施

区级成立村民小组活动场所建设项目组，由区委组织部牵头，发改、住建、民政、财政、扶贫、宣传、教育、文体广电旅游、科技、国土、审计、统计等部门参与，统筹做好全区村民小组活动场所建设的组织、协调、指导、督查和验收等工作。各乡（镇、街道）党（工）委对本地村民小组活动场所建设负直接责任，要专题研究，细化方案，采取盘活存量、调整置换、集中利用等方式进行建设，特别要注重整合现有活动场所、闲置校舍和村组公房，通过翻新、扩建、修缮供村民小组使用，有条件的地方要与红白喜事办理中心、居家养老服务中心、基层综合性文化服务中心等统筹建设，避免重复浪费。

（四）应建尽建、有效覆盖

坚持实事求是，精准确定建设数量，合理布局建设项目，充分考虑功能覆盖，既不能盲目铺摊子，更不能弄虚作假，做到量力而行，应建尽建。有条件的地方，采取共建共用或单独建设等方式，积极推进没有设立党支部的村民小组活动场所建设，努力满足基层党员群众需求。

（五）规划设计、完善功能

建筑设计符合相关抗震设防要求，建筑面积切忌贪大求洋，外观与当地民居建筑、民族文化相协调，充分体现党建元素。活动场所选址应综合考虑地质安全、交通便利、方便群众、易于疏散的地方，符合土地利用总体规划及城乡建设规划要求，避让基本农田和地质灾害隐患区域。每个活动场所须建设1间不少于70平方米的活动室，配套1块不低于300平方米的活动广场、公共厕所、牌匾标识、旗杆国旗、党旗党徽、桌椅板凳、大喇叭等必要附属设施，有条件的地方，统筹考虑建设公用厨房。

三、建设要求

（一）加强组织领导，压实工作责任

推进村民小组活动场所建设，是根据省委重要决定，是市委市政府、区委区政府的一项重点工作，是推进"基层党建提升年"的重要任务。各乡（镇、街道）要高度重视，落实建设主体责任，坚决抓好贯彻落实。乡（镇、街道）党（工）委书记要落实直接责任人责任，把活动场所建设摆上重要议事日程，亲自布置、亲自研究、亲自协调、亲自推进、亲自督促，确保如期完成建设任务。建设情况作为乡（镇、街道）党（工）委书记抓基层党建述职评议考核的重要内容，年底向区委述职，并进行评议考核。

（二）成立工作机构，形成工作合力

按照项目化理念推进建设的要求，成立区级项目组，明确职责、细化任务，充分发挥成员单位职能优势和资源优势，采取定期分析、行业系统指导、分片包干督查等方式，重点做好活动场所建设的组织、指导、督查和验收等工作，保证工程顺利实施。区发改局负责项目编制、审批和管理；区住建局负责建设项目规划设计、质量监督、检查验收；区财政局负责财政建设资金的落实和监管；其他成员单位立足本职、主动作为、密切配合，保障建设工作顺利推进。

（三）加强资金监管，严把工程质量

各乡（镇、街道）要按照工程建设要求，规范资金拨付和监管，加强工程质量监督，做好痕迹档案管理，注重发挥职能部门、专业人员、中介机构和基层党员群众的作用，全方位进行监督，确保项目资金安全、工程质量过硬。项目实施过程中，严禁随意更改建设点、以次充好、以旧充新；严禁强行集资、摊派等增加群众负担；严禁以任何名义截留、挪用、挤占建设资金；严禁违反项目建设基本程序，私自承包或指定承建方；严禁随意偷工减料、影响工程质量；严禁欺下瞒上、假报虚报瞒报情况，务必将村民小组活动场所建设成为优质工程、廉洁工程、示范工程。

（四）强化督查指导，确保按时完工

区级项目组要采取划片联系、随机调研、定期检查、视频调度、进度通报等，加强对活动场所建设情况的督查指导。实行工作进度月报制，每月收集建设进展情况 1 次，每季度开展随机督查 1 次，适时召开项目组会议，研究解决建设中碰到的困难问题，对活动场所建设情况进行调度。各乡（镇、街道）要建立工作台账，实行“挂图作战”，利用综合服务平台建立电子台账，加强管理和监测。建设完工后，各乡（镇、街道）要将所有建设点的电子台账（含竣工图片）报区委组织部汇总，逐级上报市委组织部和省委组织部备案。

（五）加强使用管理，发挥综合功能

各乡（镇、街道）在抓好村民小组活动场所建设同时，要认真落实好《云南省村级组织活动场所建设使用管理办法》和《临翔区村民小组党支部活动场所建设管理办法》（临组字〔2014〕85 号）要求，明确资产属性和使用规定，实行使用登记制度，明确管理责任人，严格资产监管。要充分发挥活动场所政治功能，广泛宣传党的路线方针政策和支农、惠农、利农措施，开展爱国主义教育，宣传社会主义核心价值观，宣传好人好事，形成“党的光辉照边疆、边疆人民心向党”的大好局面。

四、时间安排

（一）前期准备阶段（2017 年 3 月）

各乡（镇、街道）对活动场所建设情况全面进行摸底排查，准确掌握现状和使用情况，对无活动场所的村民小组逐个分析，编制建设计划，确定建设项目点，建立台账，完成图纸设计、选址等工作。

（二）工程建设阶段（2017 年 4 月至 2017 年 10 月）

各乡（镇、街道）按照建设数量和有关要求，在符合项目建设基本程序的前提下，简化相关手续，抓住施工“黄金期”，倒排任务、倒排工期、责任到人、分期分批，集中力量抓紧建设，并按要求配套相关附属设施。

（三）检查验收阶段（2017 年 11 月）

省、市、区分别对活动场所建设情况进行验收，重点检查是否完成建设任务、是否达到建设要求、是否存在工程质量和资金使用问题等。具体验收办法由区住建局制定。各乡（镇、街道）对照建设计划和台账，对辖区内所有建设点全覆盖自查验收，完善相关档案资料；区级组织对 255 个建设点逐一复查验收，并做好迎接省、市验收准备工作。

村民小组活动场所建设所需资金由区财政统筹安排。在补助标准上，按照三届区委常委会第 56 次（扩大）会议关于村民小组党支部活动场所建设补助标准，即“新建、改造一间不低于 70 平方米综合活动室，并有一块不少于 300 平方米活动场地的，区级财政分别给予 10 万元、3 万元的资金补助，补助资金按 4∶3∶3 的比例分三年拨付”，予以补助。区直各部门要积极支持挂包村的村民小组活动场所建设。各乡（镇、街道）和村组要积极动员群众投工投劳，但严禁摊派任务、增加群众负担。

第四节　推动供销社平台建设

自脱贫攻坚工作开展以来，临翔区供销社结合职能职责，担负起脱贫攻坚的使命，以农民专业合作社健康发展为载体，着力抓好项目建设，重点解决产业发展问题，带领区供销系统画好使命“同心圆”、形成扶贫“聚能环”、攥成产业“强拳头”。紧紧围绕年度重点工作目标，深化改革，全面落实《中共中央 国务院关于深化供销合作社综合改革的决定》精神，临翔区供销社不断增强为农服务能力、发展实力、社会影响力。以为农服务为核心，以发展壮大社有企业为重点，大力推进经营、组织、服务创新，夯实基层网络，开展产业扶贫，巩固脱贫成果，增强为农服务能力。

一、加强培训引导，规范合作社健康发展

临翔区供销合作社紧紧围绕地方农业特色发展优势和特点，按照“一村一品”、因地制宜的发展模式，大力发展农民专业合社。截至 2019 年底，临翔区共成立农民专业作社 920 多家，但是有效运营率不足 10%，虽然只有为数不多的合作社在运营，但已在农业产业化、规模化和助农增收等方面发挥了积极的作用。已达到国家级示范社建设标准的有 3 个，达到省级示范社建设标准的有 20 个。区内的合作社的生产经营服务范围主要涉及蔬菜、烤烟、茶叶、油菜、养殖、林果、中药材等产业领域，主要分为村委会带动型、社会能人带动型、龙头企业带动型、供销社带动型 4 大类型。区社组织查看基层社、食用菌统计点及综合服务社运营情况，定期选取发挥作用明显但基础设施不完备的基层合作经济组织进行逐步提升改造，选取带动作用明显的合作社参与评选云南省省级示范社。对系统内的合作社开展定期调研指导，确保做到成立一个、扶持一个、发展一个。

截至 2019 年底，临翔区成立农民专业合作社 920 余家，主要分为四大类型：一是龙头企业带动型；二是能人大户兴办型；三是村“两委”牵头型；四是供销合作社领导型。实现了“六个统一”规范生产过程，即统一生产资料供应、统一技术规范、统一收购、统一加工、统一检验、统一销售。建立农民专业合作社综合服务中心 1 个，生产经营服务范围涉及蔬菜、烤烟、茶叶、养殖、油菜、林果、中药材等主导产业及储运、加工等领域。为增强农民专业合作社自我生存及发展能力，提高管理人员专业技术水平，改变群众传统生产经营方式，算清收入账，多年来，临翔区供销社积极组织开展全区农民专业合作社社员及农村科技人才培训，共约 8600 人次。

临翔区在产业扶贫过程中，农民专业合作社取得了长足发展，有力带动和助推了产业脱贫。

（一）吉华竹编农民专业合作社

凤翔街道中山村采取“党组织＋企业＋合作社＋农户”的发展模式，依托上百年的竹编历史文化，组建了吉华竹编农民专业合作社，通过盘活村集体闲置资源，建设了集竹编展示、销售、观光、体验于一体的中山竹艺馆，在培育壮大竹编产业和乡村旅游上做文章，走出了一条“融入党建带脱贫、抓好脱贫促党建”的新路子。带动群众直接增收 268.86 万元，促进就业

143人，月人均增收2800元，2019年村集体经济收入达到26.2万元。

（二）四通酱菜农民专业合作社

四通酱菜农民专业合作社有社员256户，其中建档立卡户40户，现有员工24人，季节性工人100余人。主要从事酱菜加工、销售及技术咨询服务，年加工生产量达3000吨。其“满坛红”商标，被评为临沧市知名商标，2016年被评为云南省著名商标，该合作社获得国家级“农民专业合作社示范社”称号。通过“企业＋合作社＋贫困户＋基地”模式，2019年销售量达2000吨，产值2200余万元，销售收入达1600万元，带动463户贫困户户均增收6240元，实现合作社菜农户均增收3889元。

（三）万美蔬菜种植农民专业合作社

2014年，南美拉祜族乡新行新试，引进长寿仁豌豆种植产业，并在2015年组织成立了万美蔬菜种植农民专业合作社，积极构建企业、合作社、贫困户利益共同体，带动群众增收。2018年合作社建成茶叶加工厂，2020年建成青花椒加工厂，目前业务已覆盖蔬菜、青花椒和茶叶等多个产业，带动南美乡蔬菜产业、茶产业和青花椒产业发展。2019年，合作社发展长寿仁豌豆种植面积2813亩，销售量547吨，产值305万元，社员户均增收4565元，其中建档立卡贫困户户均增收4920元。

二、着力推进项目建设，推动产业发展

（一）建设临翔区农产品交易批发市场

临翔区供销社下属供销资产经营有限公司抓紧建设临翔区农产品交易批发市场，项目占地120亩，预计总投资2亿元，总建筑面积49830.7平方米。该市场集农副产品现场交易、加工、储存、物流运输于一体，建成生效后将使临翔区成为滇西南重要的农产品综合市场，辐射辖区10个乡镇（街道）33万多人，带动乡镇街道种养殖农民专业合作社发挥作用，引导社员及农户发展生产，助农增收，建成生效后平均每年可创收3500万元。引导区域产业结构和产业布局调整，促进城乡间贸易流通，带动商业、物流运输业和加工业等行业迅速发展，从而促进区域经济繁荣，扩大就业，为少数贫困家庭脱贫致富创造条件，可提供约2000个就业岗位，带动相关就业10000余人。

（二）建设牲畜屠宰加工厂

临翔区委区政府立足本地资源优势，做大生猪、肉牛、家禽等传统畜牧

产业及肉食加工产业，安排临翔区供销资产经营有限公司建设牲畜屠宰场项目。为确保屠宰场建成投入使用后得到科学运营管理，2019年3月，临翔区供销社成立临沧缅宁府肉食品公司，专门负责屠宰场的运营管理工作。项目占地面积100亩，建筑面积18500平方米，总投资1.22亿元。项目规划建设年加工36万头猪、5万头肉牛、200万羽禽类标准化屠宰生产线3条，以及年加工临沧野生蔬菜1000吨、药膳食材200吨、肉熟食类1000吨生产线1条。项目建成后，将着力解决畜禽产品加工、检疫、冷链、物流、销售难题，所生产生鲜、冷鲜、熟食均可达到绿色食品及有机食品认证要求，可实现年产值1.77亿元，创税400万元。将与临翔区500余家养殖类合作社合作，带动贫困户增加养殖收入。厂内可提供固定就业岗位260个，带动务工农户人均年增收30000元以上。区社利用项目与马台乡清河村、蚂蚁堆乡曼毫村、章驮乡邦福村开展资产租赁，每年促进以上3个贫困村集体经济实现20万元收益。

2018年，为贯彻落实习近平总书记提出的“五个一批”中的“发展生产脱贫一批”的脱贫措施，为切实抓好产业扶贫，实现群众稳步增收，克期实现脱贫摘帽，区委区政府决定立足本地资源优势，做大生猪、肉牛、山地鸡等传统畜牧产业及肉食加工产业，建设临沧市临翔区供销资产经营有限公司牲畜屠宰厂。该项目已于2017年10月23日正式开工，选址于临沧市临翔区忙畔街道文伟社区大团山，位于临沧城北部，距临沧城3千米。项目总投资4725万元，占地48亩，建设规模为11702.18平方米，最终形成年分割加工22万头活猪、5万头肉牛的生产能力。项目建成后，可实现年产值6000万元。同时，可以解决当地劳动力就业70余人，带动区域经济发展，具有较好的经济效益和社会效益。目前，项目已完成地形测绘、项目备案、可行性研究报告及林地审批等工作，2019年11月“鸡线”投入生产，现正在抓紧建设“猪线”和“牛线”。2019年3月，临沧缅宁府肉食品有限公司正式成立，注册资本2000万元，现有员工67人，属区供销社下属全资企业，公司成立的目的在于经营管理牲畜屠宰场建设项目。

（三）完善利益联结机制，发挥龙头企业助农增收作用

1.组建绿源翔公司，发展订单农业

2016年1月，区供销资产经营有限公司与社会能人合作，共同成立了临沧绿源翔蔬菜物流配送有限公司（简称“绿源翔公司”），注册资本500万元，区供销社控股60%。区委区政府对该公司的成立非常重视，安排255万元借款给区供销社作为供销资产经营有限公司入股资金。目前，公司开

展蔬菜物流配送单位共109家，有3个蔬菜直销店，2019年实现年销售额2871万元。2017年，公司与63户农户流转土地196亩，建设了2个蔬菜基地，基地优先聘请当地农户到基地务工，在助农增收的同时促进自身发展。2018年，公司建设马台农产品加工厂，项目辐射马台、邦东2个乡16个建制村，带动当地养殖户发展生产，通过开展农产品订单收购，累计助农增收73.5万元。同年，公司新建五老山火腿厂，项目占地6.08亩，总投资193万元。正式投产后可形成年加工猪后腿42吨，年产火腿30吨的能力，可实现年产值约600万元。2019年，为确保实现搬迁群众“搬得出、稳得住、能脱贫、能发展”的目标，公司充分利用沪滇合作产业发展资金250万元，区级配套资金100万元，总投资530万元在驿亭新村建设6000平方米的“云雾培”试点种植园区，以订单模式发展特色南药和果蔬种植。项目计划建设拱棚10个，现已建成6个，待项目全面建成后，可提供279个就业岗位，以轮流管理和种植的方式解决搬迁安置点内的搬迁群众就近务工问题。

2.组建裕农公司，发展生猪养殖

2017年1月，为切实解决华洋公司资金不足、资产闲置等问题，区供销社与该公司进行股权合作，新组建成立了临沧裕农牧业开发有限责任公司(简称“裕农公司”)，注册资本1000万元，区供销资产经营有限公司占股51%。2017年，公司采取“企业＋合作社＋农户”的方式参与产业扶贫，对自身有养殖能力的农户实行统一供给仔猪、饲料，统一防疫、销售、结算的方式扶持发展生猪养殖。对无养殖能力的贫困户，采取认购托养分红的方式，由区供销资产经营有限公司出资代贫困户向企业认购仔猪每户10头，每头1000元，委托企业负责统一养殖。销售后按每头不低于100元分红给贫困户，一年可养殖2批次，贫困户每户每年可获得2000元左右的收入。目前，公司已代养100户贫困户仔猪1000头。2019年，公司配合5个自然村完成脱贫攻坚生猪养殖项目验收，惠及200多户农户，以小规模集中代养发展模式建设养殖试点2个，多次开展入场培训活动，促进群众发展生猪养殖。

3.组建云禾公司，发展电商工作

2019年7月，区供销资产经营有限公司与临沧九鼎信息服务有限公司共同出资成立临沧云禾农品交易市场有限公司(简称云禾公司)，注册资本1000万元，区供销资产经营有限公司占股46%。公司现正在积极建设完善临沧农产品订单中心，定位是农业大数据中心。订单中心主要服务于农产品的交易和流通，依托互联网构建一套从农业生产资源管理到订单承接的服务体系。现公司推出的蔬菜、水果、鸡肉线上销售平台及送货上门服务，为保障新冠肺炎疫情期间群众生活做出了积极贡献。自2020年2月5日启动至2月20日，累计服务临沧主城区住户1780余户，完成订单配送9880单。云禾公司的成立弥补了区供销社在电商及信息服务方面的人才和业务工作空缺，通过资源共享及线上对接交易，帮助群众进一步掌握市场信息，同时也进一步拓宽了农特产品销售渠道。

4. 入股裕丰公司，发展淀粉加工

2019年，为切实解决裕丰公司资金困境，充分发挥该公司的带动作用，提高农户种植积极性，助农增收，区供销资产经营有限公司与裕丰公司开展股权合作，由供销资产经营有限公司向裕丰公司进行债转股1050万元，以“债转股”的方式作为区供销资产经营有限公司的出资，公司注册资本金2058万元，区供销资产经营有限公司占股51%。公司建设的高原生态淀粉综合加工项目，总投资6113.92万元，占地41.3亩，总建筑面积9337.00平方米。以淀粉及粉丝加工为基础，其作为高原生态综合加工项目，立足于采用规范化种植方式，发展本地有机绿色芭蕉芋、红薯原料资源。项目投产后，可实现年产10000吨芭蕉芋淀粉、5000吨红薯淀粉、2000吨纯芭蕉芋粉丝和1000吨纯红薯粉丝的规模。项目可提供就业岗位，带动农户发展种植，可通过“企业＋合作社＋农户”的方式助农增收。

在下一步工作中，临翔区供销社将在区委区政府的领导和上级社的帮助指导下，认真贯彻中央、省、市、区和上级供销部门相关批示指示和会议精神，继续深化改革，增强自身发展实力，通过发展社有企业及有效管理为农服务项目巩固脱贫攻坚成果，为全区脱贫攻坚及乡村振兴工作贡献力量，真正成为一支为“三农”服务的主力军。

下一步工作计划如下。

(1)全面践行市场法则，进一步扬弃行政思维。在发挥行政职能作用的同时，运用市场理念，积极联系订单、调查市场，运用市场手段来推动、谋划改革发展，想方设法增加农民收入。

(2)加强企业内生动力，提高生产标准，宣传和打造产品品牌，规范推进社有企业发展。完善人员结构、积极参加学习培训、加强人才引进，提高队伍综合素质。进一步落实“菜篮子”保障供给、稳定物价工作，加大订单蔬菜种植力度，扩大农产品配送范围，更好地服务群众，促进企业尽快走上正轨并产生效益。

(3)抓好临翔区农产品交易批发市场项目、临翔区供销资产经营有限公司牲畜屠宰厂项目建设工作，加强工作推进力度，确保项目尽早投入全面使用，搭建为农服务平台，发挥带动作用。

(4)以缅宁府肉食品公司为核心加工企业，通过市、县(区)两级供销社系统的联动，让生产加工企业与各乡(镇、街道)的养殖合作社进行深度绑定，实现生鲜畜禽企业与合作社、合作社与农户“三绑定”的合作。一方面，依托市场订单保障各养殖合作社畜禽销售；另一面，依托缅宁府肉食品公司为市场提供标准化的生鲜畜禽产品，实现市场订单带动产业发展、加工企业保证产品质量的完整的供应链体系建设。

2016 年，临翔区供销社荣获云南省供销合作社系统综合改革先进单位和云南省供销合作社系统综合改革先进个人荣誉称号。2018 年 1 月 15 日，依据《人力资源社会保障部 中华全国供销总社关于表彰全国供销合作社系统先进集体、劳动模范和先进工作者的决定》，授予临翔区供销社全国供销系统先进集体荣誉称号。2019 年 11 月 27 日，根据中华合作社时报社、中华全国供销合作社信息中心、中华全国供销合作社声像中心《关于授予金扁担改革贡献奖和红背篓精神传承奖(个人)荣誉称号的决定》，临翔区供销社荣获金扁担改革贡献奖。此外，临翔区供销社还多次获得临沧市和临翔区先进称号。

第七章

心手相牵　合力攻坚

习近平总书记在十八届中央政治局第三十九次集体学习时指出，各方参与是合力，坚持专项扶贫、行业扶贫、社会扶贫等多方力量有机结合的“三位一体”大扶贫格局，发挥各方面积极性。充分发挥政府和社会两方面力量作用，推进落实东西部扶贫协作、党政机关定点扶贫、社会力量参与扶贫等多种方式，积极引导各方力量开展工作。

第一节　华中科技大学的帮扶

根据教育部统一部署，自 2015 年华中科技大学（以下简称“学校”）对临翔区全面开展精准扶贫工作以来，学校党委书记、校长带头多次深入扶贫一线，推进扶贫工作，学校每年 30 个单位 200 多人次赴临翔区开展扶贫工作；每年投入 220 万元扶贫专项资金用于临翔区扶贫工作，2018 年捐资 360 万元为临翔区蚂蚁堆村建了标准化茶叶加工厂；在临翔区设立了华中科技大学院士专家工作站，华中科技大学临翔创新研究院，以此为平台组织开展科技扶贫工作，金线莲培育种植项目和普洱茶熟茶加工工艺等科技产业扶贫项目落地生效，2019 年学校科学发展院还出资 300 万元，专项用于支持华中科技大学临翔区创新研究院项目工作；“科学精准规划共建美好家园”“构筑三·三医疗健康扶贫体系”“科技创新培育特色产业 绿水青山就是金山银山”项目得到了当地和教育部认可，分别获评第一届、第二届、第三届教育部直属高校精准扶贫精准脱贫十大典型项目，“云南拉祜族树皮屋建造技艺传承”项目获批准成为 2017 年教育部“非遗扶贫”示范创建项目。在2021年全国脱贫攻坚总结表彰大会上，学校扶贫办受到了中共中央、国务院表彰，获得“全国脱贫攻坚先进集体”荣誉称号。

一、准确把握中央部署要求，夯实精准扶贫工作基础

1.学校党委高度重视，主要领导多次调研推进扶贫工作

华中科技大学党委高度重视扶贫工作，及时组织学习传达中央有关会议、文件精神和习近平总书记精准扶贫系列重要讲话精神，深入扶贫一线开展各项扶贫工作。2016年和2017年，时任党委书记路钢，党委副书记、校长丁烈云，每年分别带队赴临翔区扶贫工作一线调研推进扶贫工作。现任党委书记邵新宇、校长李元元每年至少一次带队深入扶贫工作一线，实地推进扶贫工作。学校党委常委、分管副校长梁茜每年多次赴临翔区指导扶贫工作。学校党委副书记马小洁，党委常委、纪委书记周建波，学校党委常委、副校长许晓东等校领导均分别赴临翔区推进扶贫工作。

2.建立健全机制，制定工作规划和年度工作计划

学校与临翔区建立了互访机制，每年临翔区主要领导带队至少一次到华中科技大学对接定点扶贫工作，学校主要领导至少一次到临翔区开展帮扶工作。学校每年召开党委常委会，听取扶贫工作情况汇报，专题研究扶贫工作。分管领导多次召开扶贫工作专题会议，学习上级文件精神和习近平总书记扶贫开发重要讲话精神，研究部署对临翔区精准扶贫工作。

根据临翔区脱贫攻坚实际需要，结合学校自身特点和专业优势，学校制定了《华中科技大学对云南省临沧市临翔区定点扶贫工作规划(2017—2020年)》《华中科技大学贯彻落实乡村振兴行动计划(2019—2022年)》，每年制订年度扶贫工作计划，对每个扶贫项目均明确牵头责任单位和责任人，提出目标和要求，逐条落实实施。

3.加大人员投入，增加选派优秀干部赴当地挂职

学校按照上级要求选派政治素质高、工作能力强的干部分别挂职临翔区副区长和贫困村第一书记。另外，根据临翔区实际需要，增加选派3名优秀干部分别挂职临翔区第一中学副校长(后为临翔区教体局副局长)、临翔区人民医院副院长、临翔区卫健局副局长，帮助临翔区一中全面提升教学质量、教学管理水平，帮助临沧市人民医院建立心血管外科基地、临翔区人民医院建立肿瘤专科，全面提升临翔区人民医院的医疗水平和管理水平。学校每年选派6名(2021年增加到8人)研究生组成支教团到临翔区进行为期一年的支教，学校长期驻临翔区扶贫人员达到11人。学校每年

30多个单位200多人次赴临翔开展扶贫工作。附属协和医院专家团队选派专家长期驻临沧市人民医院，培训医护人员，指导心血管外科手术。生命科学与技术学院研究团队长期驻临翔区，开展金线莲培育种植、普洱茶熟茶加工工艺研究，培训当地技术人员。

4.不断加大资金投入，保障扶贫项目落地

首先是资金安排上，学校逐年增加预算。2016年，投入160万元；2017年，投入220万元；2018年，学校除专项经费外，又捐资360万元，为临翔区蚂蚁堆乡蚂蚁堆村捐建一座标准化茶叶加工厂，直接投入达600万元；2019年，学校直接投入资金500万元。此外，学校认真落实与国务院扶贫办签订的责任书六项指标，近三年来每年帮助引进资金，逐年增加，2016年为70万元，2017年为223万元，2018年为360万元，2019年为400万元。购买临翔区农产品、帮助销售临翔区农产品等均在200万元以上，每年培训各类人员超过2000人次，均超额完成了国务院扶贫办下达的各项指标任务。

5.创新基层党建工作，以党建引领扶贫工作

自2016年以来，学校党委与临翔区委协商，成立了由学校派驻临翔区人员组成的华翔党支部，将其作为临时党支部。派驻人员除参加各自党支部活动外，临时党支部每月定期召开党支部会和民主生活会，加强党员之间的交流沟通、相互监督、研究推动扶贫工作，充分发挥了党员的模范带头作用和党支部的战斗堡垒作用。

二、突出重点精准施策，真情帮扶凸显成效

1.以特色项目推进科技扶贫，带动了产业的新发展

学校依托在临翔区设立的院士专家工作站和研究院，根据脱贫攻坚需求，定期选派专家赴临翔区开展科技帮扶工作，助力优势产业提质增效，并发展新兴产业，带动贫困村集体经济发展和贫困户增收。学校每年安排专项资金120余万元资助实施科技扶贫项目，为临翔产业发展带来新动力。

一是以“政府＋高校＋企业”为平台，帮助实施金线莲林下种植项目。金线莲为高价值中草药，经济效益高，在学校生命学院余龙江教授团队的带领下，通过前期技术改良和研发，目前已经开展规模化种植，种植成活率高，产品有效成分优于其他地区，该产品已注册“雨山仙草”。该项目已作为云南省2019年重点领域项目上报省科技厅。该项目正在加快推进云南省地方标准申请，将实现产业化和规模化，拉动地方经济发展。

二是开展普洱茶熟茶加工工艺改进项目，助力提升普洱茶熟茶品质和品牌。从2016年开始，在经过一年多的研究试验后，2017年建成示范性生产线，目前已研制第二代数字化控制加工设备，成产的纯造普洱茶品质更佳，得到专家认可。

三是发展村集体产业，助力贫困村脱贫。由学校产业集团捐资360万元，为临翔区蚂蚁堆乡蚂蚁堆村建设了年产100吨的标准化茶叶加工厂，该厂可辐射全乡14个建制村，覆盖24000亩茶叶基地，成为蚂蚁堆村集体经济的主要来源，不仅使蚂蚁堆村建档立卡贫困户243户998人脱贫，而且带动周边茶农脱贫致富。

学校还为勐准村捐资8.8万元援建一座标准化核桃烘烤房，捐资3万元建立了临翔区首个村级电商服务站，助力集体经济发展，带动贫困户增收。已经烘烤了8吨核桃青果，这在一定程度上改变了村民低价出售核桃青果的做法，可以让村民至少增加20%的收入。

四是打造易地搬迁移民就业安置示范点。校友企业海力特集团农林科技有限公司与临翔区合作，共同建成了高效生态农业示范基地"云雾培"蔬菜种植基地，在临翔区易地搬迁点驿亭新村农民就业安置中发挥了重要作用，成为当地示范典型，提供了可推广、可复制的样式。

2.着力打造健康扶贫模式，从源头上解决因病致贫因病返贫问题

聚焦"因病致贫因病返贫"，结合云南省健康扶贫30条措施，华中科技大学精心设计了"三・三健康扶贫模式"，围绕"疾病预防、医疗救治、健康管理"三个方面着力，华中科技大学公共卫生学院、附属协和医院、校医院3家单位联合，积极构建"区、乡、村"三级联动医疗保障服务体系；学校选派了1名副教授挂职临翔区卫健局副局长，选派1名专家挂职临翔区人民医院副院长。2017年，学校健康扶贫项目获评教育部精准扶贫十大典型项目。2018年，附属协和医院被评为临沧市扶贫工作先进集体。

(1)开展医护人员培训，指导实施医疗救治。组织临翔区医护人员到武汉开展半年跟岗培训、开展远程医疗会诊，截至2019年底，已有32批共88人到附属协和医院进修，涵盖临床、护理、医技、管理等专业，通过学习带回并开展新技术、新业务30余项。协和医院20名专家赴临翔区，每年举办至少一次大型专家服务周活动。学校在临沧市人民医院建立了心血管外科基地，选派专家长期入驻基地，培养当地医疗队伍，成功指导开展心血管外科手术，到目前已成功完成手术超过130例，辐射"一带一路"沿线国家。

(2)加强对临翔区疾病预防研究指导。学校公共卫生专家团队多次到临翔区蚂蚁堆乡的3个村开展健康体检和免费安装抽油烟机改善居住环境工作,体检人数205人次,免费安装抽油烟机300台;开展了临翔区疾控评估慢性病死因分析工作,对临翔区医改模式进行认真研究,指导当地疾控人员发表了2篇CSCD文章。

(3)加强对临翔区基层医疗人员指导。校医院在临翔区建立了华中科技大学医疗扶贫点,每年定期开展活动。2018年举办了临翔区村医资格培训班,极大缓解了当地基层医疗人员短缺问题。此外,还编制了《医疗卫生健康手册》,建立了远程医疗健康网络咨询平台,开展对村医规范用药等方面的指导工作。2018年、2019年,校医院继续加强了对蚂蚁堆村48户因病致贫户的跟踪调查工作,推进分级诊疗的医疗模式取得成效。

3.发掘民族特色文化,深度推进规划扶贫

2016年,根据临翔区需要,学校组织规划团队在临翔区开展村镇规划工作,结合危房改造、环境整治和易地搬迁,完成了3个乡(镇)5个村的规划,并作为示范典型在全区推广,该项目获评2016年教育部第一届直属高校精准扶贫精准脱贫十大典型项目。

2017年至2018年,学校以临翔区南美乡拉祜族栅片房为研究对象,将其作为非物质文化遗产,带动当地旅游经济发展。该项目在填补云南省建造技艺类非遗项目空白的同时,扩大贫困户增收效应,是民族地区旅游扶贫与非遗保护利用可持续协调发展相互融合的体现,于2017年被列为教育部"非遗扶贫"示范创建项目。此外,还进一步完善了临翔一中校园改造规划、临翔区主城区西环线沿线风貌整治规划等工作。

2019年,应临翔区关于"后扶贫时代乡村振兴与澜沧江流域自然资源深层次开发利用"帮扶请求,组建由多学科专业教授、研究生、本科生等全梯次人员参与的精准扶贫联合工作团队,先后9次深入临翔区村镇开展实地调研,对村镇建设进行专业指导,现场工作时间达42天。工作足迹覆盖临翔区6个乡(镇)与村庄,完成南美乡岩子脚村、箐口寨非遗申报基地的挂牌保护工作;高质量地完成临翔区"昔归国际茶文化生态村规划"、"大昔归片区概念规划"等规划成果,获得临沧市委市政府、临翔区委区政府主要领导的高度肯定与评价;建筑与城市规划学院被评为2019年临沧市扶贫工作先进单位。

规划团队多次进行回访并指导各乡(镇)建设,结合临翔区实际需求,开展了一系列示范性规划,受到当地政府好评。

4.夯实教育基础，推进人才扶贫

(1)结对帮扶取得新成效。学校选派马明荃挂职临翔区一中副校长，帮助临翔区全面提高教育教学水平；附属中学、小学及幼儿园分别选派教师，赴临翔区开展教师培训、教学互动、同课异构、示范课、公开课、研讨课等交流活动；学校捐资50万元，在临翔区一中设立教育助学基金，用于资助、奖励优秀贫困学生，每年为临翔区中小学捐赠图书、校服等价值10多万元。2019年，临翔区一中教学水平得到了全面提升，中考、高考成绩创下历年来最好水平，其中高考实现600分以上零的突破，达到6名，最高分达到635分，6名学生顺利考入我校；中考高分比例大幅提高，在临沧市的排名大幅提升，在全市107所中学中位居前20名。

(2)开展支教与大学生社会实践活动。学校选派了6名研究生赴临翔区支教，在临翔区一中、蚂蚁堆中学和杏勒小学发挥积极作用，受到了学生家长和学校的高度评价。学校还在临翔区建立了暑期社会实践活动基地，组织临翔区优秀贫困学生到华中科技大学参加暑期科技夏令营活动。2019年在，10余位专业教师的带领下，社会学院等7个院系70余名本、硕、博学生，分批多次前往临翔区实地调研，调研了10余个区直部门、5个乡(镇)、20余个贫困村、20余家企业、5家医院、3所学校，深入了解当地扶贫工作开展情况，形成6万余字的调研报告，为扶贫后续规划和乡村振兴工作提供经验推广和建设性意见。该团队获评2019年全国大中专学生志愿者暑期“三下乡”社会实践活动优秀团队。

(3)积极引导动员学校毕业生到临翔区工作。2019年3月，由临翔区委组织部、人社局等部门负责人组织团队，到学校招聘应届毕业生。学校积极动员，引导学生转变观念，深入基层工作，实现学校本科毕业生到临翔工作零的突破，为临翔区的发展注入新的活力。

(4)全面开展人才培训。为提高干部群众改变贫困面貌的主动性和决心，每年通过多种形式开展党政干部培训班，开展各类专业技术培训多期，每年培训2000余人次。2018年，学校还在临翔区开设了“华中科技大学院士专家临翔大讲坛”，组织国内著名专家学者赴临翔区开展各类讲座，至今已开办了近10期。

(5)组织学校专家教授赴临翔区开展学术休假活动。2019年7月，学校专家教授团一行23人前往云南省临沧市临翔区开展为期一周的专家教授团学术休假活动，让更多专家教授深入了解临翔、探寻研究课题，收到较好的效果。

三、下一步工作思路

学校将进一步提高政治站位，强化责任担当，在巩固原有扶贫工作成效的基础上，进一步拓展扶贫工作的广度和深度，为临翔区长期稳定脱贫、全面建成小康社会、实现乡村振兴奠定基础。重点做好以下工作。

1. 进一步提高政治站位，坚决打赢打好精准脱贫攻坚战

要全面对标看齐，切实把思想和行动统一到习近平扶贫开发战略思想上来，尽锐出战、奋勇攻坚，坚决落实党中央的决策部署，坚决打赢打好精准脱贫攻坚战。

2. 持续加大支持力度，进一步巩固脱贫成果

围绕临翔区长期稳定脱贫、全面建成小康社会，继续在教育、科技、医疗健康、村镇规划、人才培训等方面加大帮扶力度，促进当地经济社会发展。

3. 结合乡村振兴战略，进一步加强顶层设计

加强学校党委对乡村振兴工作的领导，成立学校服务乡村振兴战略实施领导小组，研究并制定落实措施，把党中央、国务院决策部署转化为学校行动方案。成立乡村振兴研究院，强化政策和资金配套支持。

4. 加强督促与指导，进一步强化统筹实施

建立扶贫办抓总、相关部门协同配合、校地高效联动合作、社会力量积极支持的推进机制。统筹校内外各类资源，加大支持力度，做好协同配合，形成工作合力。

5. 营造良好氛围，进一步讲好扶贫故事

通过多种方式加强扶贫成果宣传和推广，讲好脱贫攻坚故事。加强对典型事迹与人物的宣传报道，强化典型带动，形成示范效应。

第二节　上海崇明区的帮扶

2017 年以来，崇明区积极响应党中央的号召，以“中央要求、临翔所需、崇明所能”的强烈责任担当，充分发挥自身优势，怀着对临翔人民的深厚感情，开展资金相助、项目相助、干部相助、人才相助、科技相助，2017 年至 2020 年 8 月，累计投入东西部扶贫协作财政帮扶资金 1.08 亿元，筹集社会援助资金 959.47 万元，实施帮扶项目 86 个，受益建档立卡贫困人口 4.2 万人，在临翔脱贫攻坚和经济社会发展中贡献了崇明力量、体现了崇明

温度。

一、高度重视

结对帮扶以来，上海市委市政府、崇明区委区政府高度重视，时任上海市市长应勇，时任上海市人大常委会主任殷一璀，时任上海市委常委、市纪委书记廖国勋，时任崇明区委书记唐海龙、区长李政等上海市、崇明区主要领导及有关领导多次到临翔区指导沪滇扶贫协作工作，实地考察了临翔区脱贫攻坚工作和高原特色产业，双方在产业扶贫、健康扶贫、教育扶贫等方面达成了合作协议。崇明区派出蔡俊春、梁晓华同志挂职区委常委、副区长；复旦大学附属眼耳鼻喉科医院与临翔区人民医院签订了《三级医院对口帮扶贫困县县级医院责任书》，崇明区城桥镇社区卫生服务中心与临翔区忙畔街道卫生院签订《对口帮扶协议》，崇明区先后派出 26 人次医疗专家挂职临翔区人民医院开展对口帮扶工作；临翔区与崇明区教育局签订了《委托管理协议书》，将忙畔街道大文中学委托崇明区教育局管理，上海市崇明中学与临翔区第一中学签订《结对学校协议书》，崇明区派出 6 名教育、管理人才赴临翔区开展教育帮扶。临翔区选派 73 名专业人才、党政人才和基层党组织书记到崇明区培训、学习，人才交流工作进一步得到了加强；组织临翔有关企业参加中国国际进口博览会。

二、资金帮扶

在崇明区的关心和帮助下，2018 年获得沪滇扶贫协作项目资金 2776 万元，涉及 8 个项目。其中，产业发展项目 4 个（白河村山地鸡养殖项目 40 万元，第二批追加白河村山地鸡养殖项目 120 万元，新民村、马台村、南赛河村、邦别村 4 个贫困村生态猪养殖小区建设项目 250 万元，蚂蚁堆村农业科技示范园建设项目 250 万元），基础设施项目 2 个（白河村基础设施项目 1060 万元，第二批追加白河村基础设施项目 480 万元），劳务协作项目 1 个 246 万元，携手奔小康项目 1 个 330 万元。目前，8 个项目已全部完工验收，资金全部拨付。

2019 年获得援滇资金 3708 万元，涉及 10 个项目。其中，产业发展项目 5 个（清河村、邦福村、曼毫村 3 个贫困村山地鸡养殖及入股屠宰加工项目 1380 万元，马蜂腰村茶叶加工项目 400 万元，岔河村蚕桑产业项目 400 万元，户远村黄牛养殖项目 300 万元，邦公村、蚂蚁堆村、炭窑村 3 个贫困村生态猪养殖小区建设项目 150 万元），基础设施项目 2 个（曼毫村基础设施项目220万元，小那么村饮水工程提升项目300万元)，劳务协作项目1个108万元，中远海运能源运输股份有限公司沪滇扶贫协作蚂蚁堆乡一水村项目1个100万元，携手奔小康项目1个350万元。目前，10个项目已全部完工验收。

2020年获得沪滇扶贫协作项目资金3912万元，涉及12个项目。其中，产业发展项目5个(忙畔街道、博尚镇、蚂蚁堆乡农产品批发市场仓库建设项目1000万元，马台乡南糯村芭蕉芋加工项目260万元，章驮乡邦福村肉牛养殖小区建设项目140万元，马台乡马台村岩茶加工项目300万元，蚂蚁堆乡邦谷村山地鸡养殖小区建设项目200万元)，基础设施项目6个(博尚镇小那么村功能提升项目300万元，章驮乡邦福村功能提升项目160万元，马台乡马台村功能提升项目140万元，蚂蚁堆乡邦谷村功能提升项目270万元，马台乡清河村功能提升项目380万元，忙畔街道丙简村功能提升项目350万元)，携手奔小康项目1个412万元。目前，项目已全面开工，已完工项目8个，其余4个项目正在加紧推进。在项目管理上，临翔区始终坚持坚持资金跟着项目走、拨付跟着进度走的原则，制定出台《临翔区上海市对口支援云南省项目管理办法》，对协作项目进行充分论证，确保项目实施的可行性和必要性。并在2020年6月组织聘请第三方审计公司对2017年以来的沪滇扶贫协作项目进行全面检查，确保项目实施规范，资金使用合规，项目资料完整，发挥出最大效益。

三、教育帮扶

上海市、崇明区主要领导关心临翔教育事业的发展，亲自到临翔大文中学调研指导，崇明区相关领导和部门多次到校帮助指导并帮扶临翔区大文中学建设运动场资金250万元，目前项目已完工。余慧文老师带着上海市慈善基金会美滋润心专项基金给大文中学捐赠100台平板电脑，通过对学生的培训使用，学生在数学、物理、英语方面取得了良好的效果。截至目前，上海向大文中学捐资捐物已累计达392.1万元，为大文中学均衡发展注入强大动力。

四、消费、就业、医疗帮扶

临翔区与上海崇明生态农业发展有限公司签订《“临品入沪”合作框架意向书》，签约资金达207.32万元，并在崇明区设立了临翔扶贫产品销售专柜。两地人社部门在临沧高级技工学校开展以“沪滇劳务协作 助力脱贫攻坚”为主题的专场招聘会，招聘会共有107家企业参加招聘，通过多轮招聘，临翔区共组织2530名贫困群众实现外出务工和就近务工，其中到上海务工的贫困户达71人次，月均工资达5000元以上。制定了《进一步加强沪滇扶贫协作工作实施意见》，明确年度工作计划和三年协作时序，制定了《临翔区东西部扶贫协作三年行动计划》。2020年，崇明区建设镇、新河镇、竖新镇与临翔区4个贫困乡搭建结对关系，26个企业、2个社会组织与临翔区56个贫困村形成结对帮扶关系，实现贫困乡、贫困村全覆盖结对，支持资金412万元。同时，积极创新协作方式，拓展协作领域，发动了崇明区教育局、崇明区卫健委、复旦大学附属眼耳鼻喉科医院对口对点协议帮扶，助推教育扶贫、健康扶贫。

第三节　云南省省直单位的帮扶

一、云南省公安厅定点帮扶

云南省公安厅定点帮扶以来，选派徐琪勇、李飞、石凡挂职临翔区委副书记、区驻村扶贫工作队总队长。他们以高度的责任感和使命感，舍小家、顾大家，克服各种困难，工作严谨，纪律严明，深受干部群众好评。在产业、教育、基础设施等方面对马台乡给予了全力帮扶，为马台乡顺利实现脱贫摘帽做出了重要贡献。云南省公安厅分3批次先后派49名政治素质过硬、业务能力强的骨干驻村开展脱贫攻坚工作，分80批次共600余人深入临翔区马台乡开展挂钩帮扶工作，累计投入扶贫资金1800余万元。

一是大力进行产业扶贫。投入637.78万元，支持平河山泉水厂建成投产，为其配备送水车1辆，解决了5名建档立卡贫困户劳动力的就业问题；实施生态防控体系样板示范茶园1100亩，购置农残速测仪3台、割草机572台，建设沙石产业道路1条，购置茶园覆荫苗木2万余株；扶持种植九叶青花椒300亩，购买苗木2.4万株，项目采用“企业＋合作社＋农户”模式，统一技术标准，定点销售，解决销路问题；在那杏村、平河村种植蓝莓400亩，项目采用“企业＋合作社＋农户”和对外开放采摘模式运作，带动马台乡旅游产业，辐射其他农产品销售，增加群众收入；扶持蜜蜂养殖产业，新增养殖蜜蜂1000箱，更换老旧蜂箱500个，建设厂房200平方米，购买分离过滤设备1套、合作社办公设备1套，项目实施后，可以提供高标准的绿色保健食品，促进贫困户增收和马台乡旅游产业发展；扶持生猪养殖，对猪舍进行加固改造，拉通动力电，购置饲料加工设备 1 套，为合作社配备办公设备 1 套，购买生猪 57 头（其中种猪 12 头）；扶持兔子养殖合作社发展，购置兔笼 120 套，购买种兔 400 只。产业扶持重点覆盖建档立卡贫困户，帮助其增加收入，巩固脱贫成果。

二是大力进行消费扶贫。按照“驻村扶贫工作队＋企业＋合作社＋农户”的模式，帮助宣传推介、销售农特产品，共组织了 13 次直销配送活动，销售种类达 10 余种，为群众带来收入 120 余万元。企业在销售收入中划入区扶贫基金 3.8 万元。2018 年中秋、国庆期间，云南省公安厅工会采购挂钩村价值 38.64 万元的农特产品。

三是大力进行教育扶贫。投入 243.2 万元为 3 个村完小购置电脑等多媒体教育教学器材、图书，安装太阳能路灯 13 组，实施了那杏完小沿路挡土墙项目、平河完小洗澡室和安全饮水项目；帮助全河中学解决学生高低床 120 张，课桌椅 100 套；为那杏、平河、南糯村捐赠校服 400 余套、课外书籍 600 册，以及爱心书包、运动鞋、文具、床上用品等学习生活用品，价值 20 余万元。

四是大力实施基础设施建设。投入挂钩村基础设施建设帮扶资金 779.28 万元。其中，投入 400 余万元支持扶贫点道路建设，完成那杏村阮桥组独水井至临大线道路硬化 4.04 千米，平河村河边组至小坝子组道路硬化 8.27 千米；投入 110 万元，为 3 个村实施人畜饮水工程；投入 48 万元，为 3 个村购置办公设备，优化了村委会和卫生室办公条件；投入 28 万元，完成 6 个村小组多功能室建设；投入 16 万元在挂钩村开展宣传工作，营造浓厚的脱贫攻坚氛围；投入 87.28 万元实施人居环境提升工程，为挂钩村配置后装压缩式垃圾车 2 辆，垃圾桶 400 个；投入 50 万元为平河村安家组修建硬板路 800 米，投入 40 万元为南糯村大村组修建硬板路 600 米，解决群众出行难问题。

五是大力帮助困难群众解决基本生活需求。投入 182 万元，为省、区两级公安机关挂钩的 6 个村的贫困户和五保户购置基本生活物资。

二、中国银行云南省分行定点帮扶

中国银行云南省分行（简称“云南省中行”）定点帮扶临翔区邦东乡以来，一直秉承共同奋斗、共同携手、共同进步的原则开展精准扶贫工作，对临翔经济社会发展、基础设施、公共服务、产业扶贫、消费扶贫、教育扶贫等方面做出了重要贡献。

洪源行长多次带队赴临翔深入开展“挂包帮”工作；选派了优秀干部吴国恒、陈洪挂职临翔区委常委、驻村扶贫工作队副总队长，选派了一批优秀干部驻村蹲点扶贫。在扶贫工作中，云南省中行坚决贯彻落实中央精准扶贫精准脱贫工作方针及各级领导的工作部署，依据邦东乡的经济特点和贫困现状，充分发挥自身优势和特点，扎实推进邦东乡的精准扶贫工作。

云南省中行自1992年参加中央国家机关企事业单位定点扶贫以来，一直与临沧市结为对口帮扶单位。特别是党的十八大以来，该行切实践行党中央“让贫困人口和贫困地区同全国一道进入全面小康社会”的庄严承诺，坚决贯彻落实中央精准扶贫精准脱贫工作方针及中国银行总行、云南省委省政府扶贫工作部署，立足云南经济特点和贫困现状，以助力临沧市脱贫攻坚为己任，充分发挥企业的自身优势和特点，按照“坚持优势扶贫，实现精准扶贫，落实开发式扶贫，保障商业可持续”的原则，坚定信念，精准发力，扎实推进精准扶贫工作。

“担当社会责任”是云南省中行一贯秉承的企业理念。2015年至今，云南省中行挂钩扶贫点变为邦东乡璋珍村。璋珍村属邦东乡3个贫困村之一，现有建档立卡贫困人口339户1364人。云南省中行挂钩89户，分布在璋珍村6个村民小组。在帮扶璋珍村过程中，该行注重精准施策、精准帮扶，主要从完善公共服务、基础设施建设和产业扶贫三个方面入手，确保脱贫攻坚取得实实在在的成效。据不完全统计，自帮扶璋珍村以来，该行领导和职能部门先后120多人次到挂钩扶贫点调研走访、考察项目，宣讲党的扶贫政策、党的十九大精神，开展“不忘初心、牢记使命”主题教育学习，落实扶贫项目，帮助贫困群众解决实际困难和问题。与当地党委政府、村委会召开扶贫座谈会20多次。先后以“中国银行”名义向璋珍村扶贫点捐款271万元、物资折合人民币47万元，用于扶贫点的项目帮扶。2015年，向璋珍村捐款40万元，用于村活动场所附属设施建设，现已建成集便民服务大厅、多媒体会议室、图书室、活动室于一体的400平方米综合楼1栋。2016年，围绕古树茶保护、开发进行打造提升，投入专项扶贫资金70万元，帮助璋珍村建设茶厂厂房。2017年，投入专项扶贫资金55万元，用于建设璋珍村路灯亮化工程（建设70根高杆灯和购买645盏入户灯）、党建共建活动室、“党的光辉照边疆，边疆人民心向党”文化宣传栏，改善村容村貌，助力乡村振兴，延伸帮扶内涵。2018，捐资42万元建设璋珍完小爱心浴室，使学生们冬天能洗上热水澡，助力教育扶贫。2019年，捐资39.04万元，着力解决贫困村基础设施建设落后、文化条件差的问题，帮助提升活动场所、安装围栏、购买篮球架与篮球、配置音响设备,提升当地人的生活水平。2020年,云南省中行捐资39.64万元,建设垃圾分类项目,实施垃圾分类处理,目前项目正在建设中。项目的建设将有效提升璋珍村整体人居环境,改善村民生活条件,提高村民环保意识。

漫漫扶贫路,满满爱民情。28年来,云南省中行在临沧市先后投放贷款上百亿元,积极支持边疆少数民族地区发展经济,改善基础设施;捐赠资金1000多万元,帮扶临翔区南美乡、忙畔街道青华村、博尚镇弯子村和邦东乡璋珍村四个贫困村,加快推动乡村产业发展,为乡村振兴付诸了行动、做出了应有的贡献,受到了当地党委政府和群众的一致好评。

第八章

发展产业　增收之基

习近平总书记强调：产业是发展的根基，产业兴旺，乡亲们收入才能稳定增长。产业扶贫是最直接、最有效的办法，也是增强贫困地区造血功能、帮助群众就地就业的长远之计。发展产业是实现脱贫的根本之策，要因地制宜，把培育产业作为推动脱贫攻坚的根本出路。

第一节　产业规划引领

围绕贫困人口"不愁吃、不愁穿"和年度贫困户农村居民人均可支配收入高于(或等于)当年国家贫困人口进退标准的脱贫目标，着力解决贫困群众增收难问题。

一、临翔区产业扶贫的总体思路

党中央、国务院向全党全国发出脱贫攻坚决战令以来，临翔区坚持以习近平总书记发展产业是实现脱贫的根本之策，要因地制宜，把培育产业作为推动脱贫攻坚的根本出路的重要论述为指引，立足资源禀赋和发展基础，按照"全区域规划、多业态相融、长短结合、以短养长、持续发展"的思路，进一步优化产业发展规划，制定《临翔区十三五产业精准扶贫规划》《临翔区产业扶贫和村集体经济发展计划》，印发《临翔区推进重点产业发展实施意见》。

(一)抓基层组织建设，把群众带起来

坚持"党建引领、社会参与、市场运作、互利共赢"的原则，依托区供销社统一组建产业扶贫联合党委，下设生产端、加工端、销售端3个功能型联合党支部，分别涵盖上游生产端、中游加工端、下游销售端。联合党委负责指导健全议事决策制度、沟通协调制度，对“产供销一体化”产业扶贫联盟运转过程中存在的问题及时研究解决；上游生产端联合党支部根据中游加工企业和下游市场销售订单需求，对辖区内实体运营的农民专业合作社进行统一调度、统一培训、统一生产、统一供应；中游加工端联合党支部组织协调各加工企业差异化发展，推动“优势互补、资源共享、抱团发展”，根据企业的原料需求，向上游生产端联合党支部派发“原料订单”，按照下游销售端联合党支部需求，统一组织产品供应；下游销售端联合党支部根据各销售平台需求，向中游加工端联合党支部或直接向上游生产端联合党支部派发“产品订单”。同时，运用信息化手段推动“产业扶贫联盟”高效运转。通过“党建联盟＋扶贫联盟”的方式，把农户、生产加工、销售形成一个闭合环，把党组织建到供应链上，促进产业发展由点到链、资源要素由散到聚、经营主体由单到合，带着群众闯出一条抱团发展的致富路。

（二）抓产业规划布局，把基地建起来

围绕“一县一业”“一乡一特”“一村一品”的产业发展思路，按照制定规划建产业、突出特色建产业、因地制宜建产业、部门联动建产业四种方式，形成低海拔热区突出以咖啡、坚果、甘蔗、水产养殖，中高海拔冷凉地带突出以烤烟、油菜、茶叶、核桃、蔬菜为主的产业带布局，逐步形成以甘蔗、茶叶、核桃、坚果、生物药材为主的长期产业为支撑，以烤烟、蚕桑、芭蕉芋、蔬菜、生态猪、牛羊、山地鸡为主，短期产业为补充的“长短”结合的产业格局。为89个建制村量身定制了一套有基地、有加工、有市场、可实施、可见效的产业发展规划，确保了每个贫困村有1～2个产业发展项目，每个贫困户至少有1个增收致富产业，全区累计建成高原特色产业基地238万亩。

二、重点方向

（一）特色产业扶贫

根据“十三五”规划确定的临翔区油菜、茶叶、烤烟、甘蔗、核桃、坚果、咖啡、畜牧8大产业，突出培育发展特色优势产业，每个贫困乡结合各自实际，重点培育2～3个对贫困村贫困户覆盖面广的特色产业。积极培育种养大户、家庭农场、农民合作社等新型农业经营主体，每个特色产业引进培育1～2个龙头企业，特色产业覆盖到的贫困村组建1～2个农民合作社，引导贫困户积极参与，确保贫困户都有合作社或龙头企业带动。

1.加大资金扶持力度

对有产业发展意愿、发展能力的建档立卡贫困户,每户安排产业发展直补资金5000元,每户落实扶贫贴息贷款3万～5万元。各行业部门安排的良种补贴、农机具购置补贴、生猪补贴、退耕还林补贴、林下经济补贴等产业发展资金,在同等条件下,优先向贫困户安排。扶贫到户直补资金原则上直接拨付到专业合作社,作为贫困户的参股、入股资金,进一步明晰利益分成方式,或者由有关责任人具体监管,直接投入生产过程。禁止以"撒胡椒面"方式将现金直接发放到户。

2.坚持改革创新

对农民专业合作社、家庭农场带动贫困群众共同发展产业的,向其法人代表提供不超过20万元的扶贫贴息贷款。鼓励支持贫困户以土地、山林、劳动力等生产要素以及资金入股专业合作社,使贫困人口"土地出租挣租金、入社打工挣薪金、入股参股挣股利",不断提高收入水平。建立脱贫攻坚奖励基金,对在拉动贫困户发展产业、促进就业、增收致富等方面成效显著的,以及获得无公害、绿色、有机、地理标志认证和注册商标的产业大户、家庭农场、农民专业合作社、企业,采取以奖代补的办法给予奖励。

(二)乡村旅游扶贫

鼓励和引导建档立卡贫困户发展旅游产业,对其发展的农家乐、农家宾馆、小型采摘园、改厨改厕、庭院绿化美化等旅游产业项目,每户给予不超过5万元的奖补资金。到2020年,旅游扶贫涉及农村人口人均年纯收入超过1.5万元,增幅高于全区农民人均年纯收入5个百分点以上,平均每年提供1000个以上直接就业机会。到2020年,建成10个旅游扶贫示范引领项目,3个重点旅游扶贫乡(镇),100个旅游扶贫示范点(项目)。构建以核心项目引领、重点项目支撑、示范点全面发展为坚实基础的,布局合理、各具特色的旅游产业体系。

1.建设旅游大项目带动就业扶贫

着力推进3A级以上景区、3A级以上乡村旅游点、三星级以上酒店及大型观光农林业等旅游项目建设,扩大贫困人口直接从业和间接从业人数,拓宽贫困人口增收渠道,实现旅游扶贫目标。

2.发展乡村旅游带动创业扶贫

按照临翔区乡村旅游资源的不同类型和分布情况,充分利用农村田园景观、自然生态、农耕文化、民俗文化、民族风情和地形地貌特点,深入开发农村古村古镇旅游资源,按规划、有计划地引导乡村旅游发展传统农家乐、休闲农庄、景区依托、民俗风情、品牌餐饮、乡村酒店、古村聚落等不同模式，使农民不仅可以从事种植业或养殖业，而且用好用足生产资源和相关资源，提高资源的附加值，延长产业链条，成为企业经营主体，推动乡村旅游的发展。

3. 通过旅游资源入股、投工投劳等运作模式带动创收扶贫

采取"公司＋农户（贫困户）"、能人带农户（贫困户），能人吸纳或租赁贫困户山林、果园、土地、房产等生产资料、资源合作参股，以及共同建设等形式开展旅游扶贫。由政府规划，企业或能人牵头，市场化运作，引导、鼓励懂经营、善管理的企业、能人进行开发建设。根据需要吸纳或租赁贫困户的部分果园、鱼塘、山林、土地等生产资源作价参股，经营业主返聘贫困户家中劳动力在经济实体中从事管理和生产，拓宽贫困户增收致富的渠道。

4. 大力开发和发展旅游商品带动造血扶贫

充分挖掘临翔区特有的饮食文化和手工技艺，利用丰富的农副产品和土陶等资源，采用公司带农户的模式，发展旅游食品和旅游手工艺品等特色旅游商品，培育旅游商品企业和品牌，促进农副产品增产扩销，切实提高农民收入。积极开辟旅游商品电子商务，借助网络平台进行旅游商品销售，以满足不同顾客的需求，做到网店与实体店销售齐头并进，不断增加网购比例，提升临翔区旅游商品的市场竞争力。

（三）电商扶贫

以国家实施"互联网＋"战略为契机，通过财政资金引领，鼓励带动更多社会资本进入农村电商领域，培育农村电商环境，设立电商扶贫实验基地，建立村级电商服务体系，整合贫困村优势产品、对接市场。到 2020 年，全区 93 个村全面"触网"，具备条件的贫困村全部完成村级电子商务服务站建设，贫困户能通过电子商务销售自产产品、购买生产生活资料，交易额逐年递增。

1. 建立电商扶贫推进机制

建立健全全区贫困村电商扶贫领导机构和工作机构，加强对全区贫困村电商扶贫的顶层设计、政策制定、协调指导，通过成立电商协会，逐步形成政府、协会、帮扶工作队相互协作、共同推进全区贫困村电商扶贫的工作机制。

2.培育贫困村电商主体

帮助贫困户借助商务部新农商网、供销社网上商城、阿里巴巴农村淘宝、京东商城、惠农网等平台销售农产品，拓宽农产品销售渠道，增加农民收入。鼓励电商龙头企业安排适当产品、适当岗位帮助贫困户实现就业。依托阿里巴巴农村淘宝项目，为贫困村电商从业人员和创客提供创业孵化服务，优先为农村贫困户提供电商创业培训和指导。完善区电商服务中心和村服务点功能及配套设施，为贫困村网店开设和运营提供技术支持和专业服务。

3.建立网售农产品溯源体系

鼓励贫困村按照规模化种植、标准化生产、商品化销售的要求，加工适宜网络销售的优质产品，开展特色农产品原产地身份认证工作，支持全区贫困村加入阿里巴巴“满天星”农产品防伪溯源安全体系建设，推进农产品二维码防伪溯源进程，争取实现贫困村特色农产品一品一码，建立网售农产品溯源机制，对农产品生产、流通等环节进行全程监测，确保农产品质量安全。

4.加快农村现代物流配送体系建设

引导区邮政公司、区供销社等国有企业依托自身优势，在全区贫困村增设服务网点，建立完善的物流体系，提高物流配送效率。重点支持阿里巴巴农村淘宝、京东商城、苏宁云商以及拟引进的实力电商平台企业，在全县贫困村发展自有物流，整合现有物流资源，打造完备的农村现代物流配套体系，为电商扶贫打通脉络。

5.建立电商扶贫人才培训机制

鼓励区职业学校、区就业服务中心面向贫困村开展电子商务应用和实训操作培训。加强电子商务学科专业建设，招生名额适当向贫困村倾斜。与淘宝大学、杰夫商学院等电子商务培训专业机构合作，有针对性地开展电商扶贫培训。建设电商扶贫人才培训和实践基地。

（四）资产收益扶贫

在坚持农村基本经济制度、农村基本经营制度不动摇的前提下，引导贫困村将集体资产、贫困户将承包土地和个人财产入股，采取委托经营、合作经营等方式，确保贫困村和贫困户多渠道增收。财政专项扶贫资金和其他涉农资金投入设施农业、养殖、光伏、乡村旅游等项目形成的资产，具备条件的可折股量化给贫困村和贫困户，尤其是丧失劳动能力的贫困户。资产可由村集体、合作社或其他经营主体统一经营。

有乐于扶贫助困的社会责任和担当，且管理规范、运行良好、能够按章程保障贫困户收益的农民专业合作社、农村集体经济组织、龙头企业等，均可成为财政支农资金、涉农资金、龙头企业项目资产收益扶贫的实施主体。

一是财政涉农资金投入到农民专业合作社形成的资产，龙头企业进入乡镇开办新建工业项目、养殖、种植、旅游设施，使用集体土地或农户经营承包土地，龙头企业与乡镇、村办协商，土地可以作价入股，形成经营性资产。

二是财政涉农资金投入农村集体经济组织形成的资产，采取资产租赁的方式与企业合作，产生资产租赁收益，增加村集体经济收入。

三是鼓励龙头企业与农民专业合作社或农村集体经济组织共同利用财政支农资金、涉农资金成立实体，明晰双方资产权益。

第二节　重点产业和特色产业

一、基本情况

临翔区对九大产业进行了重点规划。

(一)油菜产业

持续推行“油/烟”早熟栽培模式，推广应用油菜“三精”高产高效栽培技术，无偿调供早熟优质杂交油菜种子扶持农户种植，开展油菜后备品种的筛选试验和高产攻关，通过适当推迟播种节令、合理用药等方式方法防控根肿病害发生，着力解决制约油菜产业发展的品种和重大病虫危害等问题。2019 年完成油菜种植面积 6.68 万亩，总产量 1.41 万吨，产业发展再次取得了新突破(经国内专家对百亩“云油杂 12 号”核心示范样板进行实收，最高亩产达 408.21 公斤，油菜籽含油量达 50%以上，出油率达 42.09%，比常规品种高出 5～8 个百分点)。

(二)烤烟产业

按照烟区规划，推进烤烟生产专业化、职业化、集约化，达到“减工、降本、提质、增效”的目标。2019 年，完成烤烟面积 6 万亩，涉及 10 个乡(镇、街道)55 个建制村 241 个村民小组农户 7707 户，完成烟叶收购 15.55 万担，完成收购计划 100.32%，均价 28.08 元/公斤，收购金额 21832 万元，完成税收 4803 万元，亩产值达 3636 元。

(三)蔬菜产业

重点抓好214公路沿线，平村、邦东、马台热区，以及章驮、南美凉寒蔬菜基地建设，同时以发展订单蔬菜为抓手，不断增加农民收入。2019年，全区蔬菜种植面积5.14万亩，实现产量6.52万吨、产值2.66亿元，其中订单蔬菜1.71万亩，实现产量1.9万吨、产值0.23亿元。

(四)甘蔗产业

采取“政府＋企业”双扶持政策模式，2019年完成甘蔗种植2.65万亩，实现总产10.14万吨，实现收入4316万元。

(五)茶叶产业

结合绿色循环优质高效特色农业促进项目的实施，主抓茶园建设，提高茶叶产量。2019年全区茶叶种植面积达23.94万亩，采摘面积21万亩。其中，有机认证1.85万亩，无公害认证15万亩，雨林联盟认证0.1万亩。毛茶总产量17379万吨，实现农业产值79145万元，完成税收700万元。

(六)生物药业

临翔区野生中药材资源丰富，区内有3000多种药用植物，现已查明448种。近年来，推广人工种植品种主要有滇龙胆、滇黄精、滇重楼、滇西雪胆(大果雪胆)、草果、石斛、茯苓、灯盏花、金银花、栀子、滇鸡血藤、迷迭香、红豆杉、金线莲、露水草、天冬、白及、香砂仁等。2019年，共种植中药材2万亩，其中新种植0.21万亩，完成中药材销售252吨，实现农业产值1253万元。

(七)木本油料产业

以退耕还林、陡坡地生态治理、木本油料提质增效等林业产业项目为依托，做强、做大、做精木本油料产业。2019年末，全区有核桃面积96万亩，挂果面积达68.9万亩，产量2.52万吨，产值5.418亿元；有澳洲坚果面积25万亩，挂果面积3万亩，产量1250吨，产值4375万元。

(八)蚕桑产业

依托临沧禾昌农业开发有限公司，采取“公司＋基地＋农户”的模式，通过与公司签订蚕桑种养与收购合同，实现农业提质增效、农民增收。2019年末，累计桑园面积3609亩(面积减少原因为：与烤烟产业争地，加之农户种植积极性不高)，收购蚕茧3802公斤，实现收入14.38万元。

(九)畜牧产业

围绕“稳猪、优禽、促牛羊”的发展思路，加快推进畜禽标准化规模养殖，不断提升农业产业化水平。2019年，生猪存栏12.1万头，出栏肥猪14.52万头；大牲畜存栏4.36万头，其中，牛存栏4.1万头，出栏肉牛1.03万头；羊存栏7.45万只，出栏肉羊4.85万只；家禽存栏86.3万羽，出栏肉鸡35.2万羽；禽蛋产量192吨。实现肉类总产1.58万吨，水产品产量0.95万吨。畜牧渔业总产值达6.61亿元（其中，畜牧业产值5.04亿元，渔业产值1.57亿元）。

二、发展目标

以规划为引领，推进茶叶、烤烟发展，培育中药材产业，为群众增收打好基础。

（一）茶产业发展目标

到2025年，全区茶园面积24.5万亩，全区有机认证茶园达3万亩，茶园生产及机械化水平得到全面提升，茶叶产量达1.8万吨，茶叶产业综合产值达27亿元，茶农人均茶叶收入达3500元；打造茶叶地标区域公用品牌"临沧茶"，古茶名山品牌"昔归"；争取申报"10大名品"1个、绿色食品"10强企业"1个、"20佳创新企业"1个；力争打造3个"一村一品"，3个"一村一社"或"一村多社"，完成3个省级示范社申报；初步完成产业链延伸型融合发展示范园基地建设，打造一批"茶、旅"精品旅游线路，加快推进临翔区农村产业融合发展示范园建设项目，走一、二、三产业融合发展的模式。打造临翔昔归茶、那罕茶、曼岗茶、晓光山茶、坡脚茶等产区品牌。重点开展古茶园保护与开发利用，高优生态茶园提质增效。

（二）烤烟产业发展目标

巩固博尚、圈内核心烟区，稳步发展章驮、南美有潜力的区域，逐步开发平村、蚂蚁堆、马台等烟区。规划面积每年稳定在6.2万亩左右，收购烟叶15万担左右，涉及9个乡（镇），41个村委会。

（三）中药材产业发展目标

围绕临沧市人民政府《关于印发中药材产业发展规划（2019—2030年）的通知》（临政发〔2019〕41号文件）要求，重点开展雪胆、金线莲、滇黄精、天冬、草果、滇重楼、滇鸡血藤等中药材的良种繁育、规范化种植及初、精制加工等方面的工作任务。力争全区中药材面积保持在3万亩，力争实现工农业总产值达2亿元以上。

三、发展成效

（一）茶叶产业平稳发展

茶叶是临翔区的传统优势特色产业，“十三五”以来，全区茶叶种植面积已达24.38万亩，采摘面积达21.4万亩。2019年，毛茶总产量17355吨，实现农业产值79034.67万元，18.19万涉茶人口人均纯收入达3259元；精制茶总产量15464.7吨，加工产值105813.2万元；第三产业产值6091万元，实现总产值191048.96万元，完成税收712万元。目前，全区有机认证茶园面积18826.2亩，无公害认证茶园面积14.6万亩，雨林联盟认证茶园面积670亩，欧盟认证茶园面积325亩。通过SC认证企业总数达51家，通过ISO认证企业1家，有机茶认证企业5家，省级龙头企业3家，市级龙头企业5家，茶叶初制所472个，合作社146个，种植大户280户。

2015年，临翔区被评为“全国重点产茶县”。2017年，临翔区被评为“中国茶业扶贫示范县”。2017年，临翔区邦东乡“忙麓山古茶园”“和平茶园”分别被评为云南省高原特色现代农业“魅力古茶园”“秀美茶园”。2019年8月28日，临翔区人民政府与云南农业大学、云南省高原特色农业产业研究院签订《战略合作框架协议书》，共同提升“临翔昔归茶”品牌，实现临翔名山古树茶的可持续发展，以品牌打造为载体，引领临翔区茶叶产业跨越式发展。绿色循环优质高效特色农业促进项目有序开展。临翔区绿色循环优质高效特色农业促进项目争取中央补助资金2178.5万元，建设任务分解到相关单位。2019年，完成凤翔、忙畔、博尚、邦东、圈内、蚂蚁堆6个乡（镇）75个建制村古茶树单株普查3000株，划定百年以上古茶树小班237个，面积6672亩。种植古茶园遮阴树木67375株，古茶树保护标识牌制作3020份，完成昔归古茶园摄像头安装64个，设备用房1间，实现对昔归古茶园远程监控。完成有机茶园认证5000亩；已完成生态茶园建设12万亩；完成标准化、清洁化茶叶初制厂建设10个；购置茶叶鲜叶农残速测仪20台，完成操作培训，并将速测仪配发到10个乡（镇、街道）和9户茶企业；完成太阳能物理杀虫灯安装983台；正在组织申报“临翔昔归茶”地理标志证明商标。

茶叶重点项目稳步推进。一是农村产业融合发展示范园建设项目已完成土地流转1.04万亩，完成开垦种植勐库大叶种茶9200亩，完成30亩苹果基地及1800亩苹果套种，完成水池开挖20个，建成年产量500吨茶厂1个、“醉临茶连锁门店”1个，完成年产量2000吨标准化工夫红茶、普洱茶生产厂房及茶亭主体工程建设，共投资5000万元。二是昔归普洱茶小镇建设。项目规划总控制范围6.4平方千米，用地面积3.49平方千米，核心区1平方千米，是全省80个一流特色小镇之一。主要建设内容包括昔归茶博物馆、产业、公共服务、基础设施、绿化经营5大类14个子项目，计划总投资13.46亿元。项目目标定位是，围绕昔归古树茶文化、马帮文化主题，打造“临翔昔归茶”品牌，以临翔昔归茶为重点，充分挖掘昔归新石器遗址、昔归嘎里古渡等历史文化，融合科技体验技术，整合澜沧江沿岸多元茶品类，打造云茶品牌，形成集展览、销售、茶道及文娱于一体的概念互动空间。

(二)烤烟生产任务圆满完成

临翔区具有悠久的种烟历史，早在20世纪60年代就已经开始种植，区委区政府始终把烤烟产业作为全区的支柱产业进行精心培育和发展，不断总结经验教训，坚持因地制宜、科技兴烟的发展思路。在省、市烟草部门的大力支持下，“十三五”期间，临翔区烤烟种植面积在6万亩至7万亩之间。2019年，全区完成烤烟种植6.0039万亩，涉及10个乡(镇、街道)55个建制村241个村民小组，共有农户7707户。完成收购烟叶15.55万担，占收购计划的100.32%，收购金额达2.183亿元，完成税收4803万元。在区委区政府的正确领导下，临翔区烤烟产业在过去5年间有了较快发展，目前，已形成以博尚、圈内、章驮、南美四个烟区为主，巩固马台、蚂蚁堆两个烟区，拓展平村示范区的烤烟生产格局，以生态特色跻身优质烟草行列，正凸显出较强的品牌优势。烟区基础设施得到进一步加强，烤烟产业已逐步成为全区重点支柱产业之一。烤烟已成为临翔区促进农民增收、企业增效、财政增长的重要产业，并真正意义上实现了政府、企业、烟农三满意。

2019年，对种植烤烟建档立卡贫困户进行扶持，除烟草行业补贴外，区财政对种植烤烟建档立卡贫困户在有机肥施用、地膜回收、机耕、农药、烘烤等环节进行补贴，全区共948户种植烤烟建档立卡贫困户，补助67.95万元，帮助建档立卡贫困户发展烤烟产业。此项帮扶措施的实施极大调动了建档立卡贫困户种烟的积极性，实现创收2539万元以上。

(三)生物药业稳步发展

临翔区野生中药材资源十分丰富。2019年共种植中药材2万亩。在加强对现有中药材进行管护的同时，完成新种植滇龙胆、滇黄精、草果、雪胆、滇重楼、白及、细花根、百合等中草药材2080亩；完成中药材科技培训

10期400多人，发放各种中药材种植技术资料1500余册，对外宣传报道3次；完成中药材销售252吨，实现农业产值1253万元。

第三节　盘活资源

在区委区政府的坚强领导下，区财政局认真贯彻落实上级脱贫攻坚战略部署，充分发挥财政资金在脱贫攻坚中的主导作用，不断加大资金投入力度，集中力量保障服务脱贫攻坚顺利实施。根据《中共临沧市临翔区委办公室关于提供脱贫攻坚相关资料的通知》要求，区财政局高度重视，结合部门工作职责，明确专人负责，认真对相关数据进行梳理和核对，相关情况如下。

一、整合资金

发展产业，投入是基础。

临翔区2014—2020年共计投入财政整合扶贫资金385955.01万元。2016—2019年全区共整合资金投入扶持产业发展资金25590.14万元。

(1)2016年投入产业项目资金1809万元，占扶贫专项资金12377万元的14.6%；

(2)2017年投入产业项目资金6839.99万元，占扶贫专项资金13868.23万元的49.32%，占整合财政涉农资金46851.85万元的14.6%；

(3)2018年投入产业项目资金9173.82万元，占整合使用中央、省、市级财政涉农资金实际安排数30475.19万元(剔除年末结转使用资金218.49万元)的30.1%；

(4)2019年投入产业项目资金7767.33万元，占整合使用中央、省、市级财政涉农资金实际安排数24353万元的31.9%。

二、整合发展主体

对贫困户参与面大、市场前景好的新型经营主体进行培育和扶持，充分发挥龙头企业、合作社、能人大户的带动牵引作用，把企业、合作社、基地、贫困户这些关键元素“连”起来。临翔区先后培育27个农业龙头企业，通过“合作社＋基地＋贫困户”模式带动贫困户发展，实现每个重点产业都有1个龙头企业带动发展，形成企业与基地对接、市场与贫困户对接，重点解决了有基地无产品、无效益的问题。例如，临沧天下茶都茶业集团有限公司在10个贫困村建成茶叶加工厂，与合作社签订合同，合作社与贫困户签订订单收购协议，建立了龙头企业绑定合作社、绑定贫困户的“双绑”机制。公司辐射带动31个建制村建成11万亩优质茶叶原料基地，惠及建档立卡户4707户18770人，户均增收达4550元。组建农民专业合作社，吸纳贫困农户参与经营，实行共建共管，实现“抱团发展、合作发展”。例如，临沧四通合作社采取“合作社＋基地＋贫困户”模式，建成12500亩基地，实行“统一生产资料供应、统一种植规范、统一价格收购、统一加工检验、统一包装储存、统一销往市场”“六个统一”管理模式。2019年销售产值达2200余万元，带动463户贫困户户均增收4260元，曾荣获“国家级农民专业合作社示范社”。2019年，全区促成122家合作社与58家企业达成订单合作协议，累计建成产业基地121个，带动全区2.33万户农户发展产业(其中建档立卡户10577户)，户均可增收3000元以上。

采取“能人大户＋贫困户”帮扶模式，带动贫困户增收。例如，凤翔街道中山村依托百年竹编历史，通过招商引入外地企业，村集体、合作社、企业共同筹建了中山竹艺馆。从四川省聘请竹编非遗传承人，组织群众发展竹编产业，开展技术培训1200人次，竹编手艺人从200人发展到458人，人均年收入4万元。竹编产业的发展，吸引了浙商到当地投资开发旅游产业，原来的贫困村成了名副其实的旅游村、特色村。

三、盘活土地资源

以深化农业农村综合改革为动力，落实集体所有权、稳定农户承包权、放活土地经营权，将集体资源和资产量化为贫困户和村集体资产，租赁给企业有偿使用，让贫困户获得租金收益。

以农村融合发展为契机，着力发挥基地、区位、资源、产品优势，打造和创建一批有影响力的品牌。例如，云南壹百度茶业有限公司，立足于临沧丰饶的茶树资源和优越的生态环境，聚焦于“天下茶尊，红茶之都”的深厚茶文化底蕴，创建茶叶产业发展示范园，将农业生产与品牌创建、脱贫攻坚相结合，打造全产业链模式，有力地推动了农村一、二、三产业融合互动发展，振兴区域经济。通过“先流转、再转包”的方式与茶农进行深度合作，在圈内乡4个建制村流转农户低效林、低效茶园，建成2万亩标准化有机茶园、年产2000吨的茶叶精深加工厂以及茶艺展示、农耕文化体验区，有效解决4000个劳动力就近务工。通过土地流转、企业务工、租赁返包等方式，使当地群众获得多项收入。带动附近12个村1708户贫困户户均增收

1万元以上，公司的“醉临茶”O2O平台建设成为临翔区茶产业乃至一、二、三产融合发展的新标签。通过不断发展和潜力挖掘，“纯净临翔”“拾味茶香”“临翔坚果”“云临尚品”等区域公共品牌相继发布，先后打造出“四通酱菜”“昔归茶”“火腿木瓜鸡”等100余种特色品牌，获得省级以上名牌商标3个，获得“三品”认证农产品27个。临茶印象“厚道普洱茶”荣获“天下茶尊”铂金奖。“昔归龙珠”荣获2019年中国特色旅游商品大赛银奖。临翔区被评为“2019年中国茶叶百强县”。

四、整合营销资源

以打好“绿色能源牌、绿色食品牌、健康生活目的地牌”三张牌为目标，围绕畜牧、果蔬、茶叶、生物药业、蔗糖、油料、咖啡等特色优势产业，不断提升临翔高原特色农产品的市场竞争力和品牌影响力。

(1)供销配送稳订单。以区供销社为牵引，组建蔬菜物流配送公司，建成农产品批发市场、畜禽屠宰加工厂、物流仓储中心、冷链物流中心，与8个乡(镇、街道)的1087户贫困户签订《农产品收购协议》，订单收购生态鸡、生态猪、茶叶、蔬菜等，通过统一配送，既有效平抑了市场物价，又带动了1320户贫困户增收260万元。2018年，区供销社荣获“全国供销系统先进集体”。

(2)电商服务添活力。推进全国电子商务进农村综合示范区建设，建成1个区级电商服务中心、8个乡(镇)级电商服务站、89个村级电商服务点，实现电商公共服务全覆盖。推动了农产品上网、下山，进城、出临。2019年，销售额3.9亿元，其中农产品销售额1.8亿元，惠及6800名贫困人口。临翔区荣获“全国2017—2018年电商示范百佳县”。

(3)消费扶贫拓市场。积极对接挂钩帮扶的上海市崇明区、华中科技大学、云南省中行等中央、省、市挂钩单位，实行订单式订货、标准化加工、点对点送货，切实推动消费扶贫。

第四节　实施集体经济强村工程

通过制定《临翔区推广强基惠农“股份合作”经济实施集体经济强村工程(2016—2020年)实施方案》，要求各乡(镇、街道)、各村要结合自身的区位优势、地域特点、产业优势、自然资源、公共资源、民风民俗等特色亮点，充分挖掘在土地、山林、水域、矿产、自然风景、人文景观、公共服务等方面的资源潜力，明确当地集体经济发展的定位，找准带领群众共同脱贫致富的“出路”。

一、用好“三项政策”

（一）用好脱贫攻坚政策

中共中央、国务院《关于打赢脱贫攻坚战的决定》明确：在不改变用途的情况下，财政专项扶贫资金和其他涉农资金投入设施农业、养殖、光伏、水电、乡村旅游等项目形成的资产，具备条件的可折股量化给贫困村和贫困户，尤其是丧失劳动能力的贫困户。资产可由村集体、合作社或其他经营主体统一经营。各乡（镇、街道）、村要紧紧抓住实施脱贫攻坚的重大机遇，转变思想观念，盘活资产资源，整合资金项目，用好脱贫攻坚政策，争取挂包部门支持，积极发展壮大村集体经济，带动贫困群众增收致富。

（二）用好国家财政部扶持村级集体经济发展试点政策

各乡（镇、街道）、村及区财政局要紧紧抓住临翔区被列为国家财政部扶持村级集体经济发展试点的机遇，按照财政部、省财政厅和市财政局有关要求，认真编制项目计划，争取项目资金，以农村集体资产、资源、资金等要素有效利用为纽带，以土地股份合作、农业生产经营合作为主要经营形式，因地制宜探索资源有效利用、提供服务、物业管理、混合经营等多种形式，发展壮大村集体经济。

（三）用好农村集体产权制度改革政策

中共中央、国务院《关于稳步推进农村集体产权制度改革的意见》，对实施农村集体产权制度改革，增强集体经济发展活力，以及探索集体经济新的实现形式和运行机制提出了新要求。各乡（镇、街道）、村要抓住深化农村集体产权制度改革的契机，开展清产核资，盘活集体资产，明确资产权属，鼓励整合集体积累资金、政府帮扶资金等，通过入股或者参股农业龙头企业、村村合作、村企联手共建等多种形式，发展集体经济。

二、坚持“四个导向”

（一）坚持市场主导，按市场规律办事

按照市场经济规则和股份合作有关法律法规要求，制定章程，签订协议，明确各方权利义务。当前，全区 89 个村均成立了村级集体经济实体，要以村级集体经济实体为主体，依法开展股份合作和经营活动。实施政经

分离,村级组织主要负责做好政策引导、规划引领、资金支持、财务监督等,不直接参与和干涉具体经营活动。村级集体经济实体要对财政资金形成资产的保值增值负责,建立健全收益分配机制,确保资产收益。

(二)坚持因地制宜,合理确定股权股利

开展合作前,村集体要对各方投入的资产资源进行评估,可邀请专业机构评估,也可通过双方协商评估,合理确定股权比例,确保各方利益,承担经营风险,分配经营收益,也可探索保底分红、固定分红、浮动收益等多种形式。

(三)坚持村为主导,完善监管机制

充分发挥村集体经济的主导作用和村民主体作用,运用民主决策、民主管理和民主监督机制,调动群众广泛参与的积极性。村集体应选派人员进入合作社或企业理事会、监事会,按章程和规定履行职能,健全村集体治理结构,加强民主管理,增强村集体自我发展、自我服务、自我管理、自我保障能力和水平。

(四)坚持风险防控,提高运行能力

加强内部经济核算,严格控制资产负债比例,实行村级会计委托代理,规范村级集体经济收益分配和使用,建立村集体公积金、公益金、风险金制度,支持村公益事业、扶贫济困等公共事业发展,增强化解风险的能力,确保国有和集体资产安全。各乡(镇、街道)要定期对村级集体经济实体生产经营、资金运行情况进行监管和审计,村集体经济实体要定期公开财务,接受村民监督,确保集体资金使用规范合法。

三、探索"五种模式"

(一)探索以城市和小集镇建设拉动为主的发展模式

鼓励村集体在土地使用总体规划和城乡建设总体规划前提下,量力而行建设物业项目,发展物业经济。盘活村集体办公用房、商铺店面、仓储设施等不动产,开展租赁经营;城郊接合部或小集镇的村或村民小组,可招商引资发展商贸、农家乐、车库泊位、第三产业等,发展面向城市和小集镇的特色产业,增加集体经济收入。

(二)探索以产业带动为主的发展模式

农业产业相对发达、有一定产业基础的乡(镇、街道)、村,可依托特色产业优势,整合扶贫、财政、农业、林业、水务等相关部门扶持资金,或以土地经营权流转入股等方式，与农业龙头企业、农民专业合作社、种养大户等合作，探索不同经营主体的组织形式和运营模式，宜工则工、宜农则农、宜商则商，推动一、二、三产业融合发展，壮大村级集体经济。

（三）探索以服务创收为主的发展模式

农业生产性服务需求大的村，可创立服务机构，开展代耕代种代收、统防统治、烘干储藏、集中运输、订单收购、代销代购、育种育苗等农业综合性服务；剩余劳动力多、群众服务需求大的乡（镇、街道）、村，可创立各类服务公司、劳务合作社、协会等，为各类市场主体提供公路养护、绿化管护、家政服务、企业后勤、环卫保洁、河道保洁、维修管护等有偿服务；特色旅游村和邻近各类景区的村，可依托现有旅游资源，参股开发农家乐、采摘园、度假村等实体，提供游客住宿、摊位租赁、停车场等配套服务。

（四）探索以招商合作为主的发展模式

鼓励村集体以集体资产、资源参股农民专业合作社和经营稳健的工商企业。有条件的村可引进企业，村集体通过本地资源、扶持资金和管理服务入股实现创收。固定资产闲置的村，可将旧资产置换成门面、门店、停车场等经营性资产，通过租赁、发包等方式获得集体收入；各类集体资金、集体补偿款闲置的村，可通过合法、民主程序入股经营稳定的企业获得投资收益；地处偏远、村内资源匮乏，发展空间较小的村，可结合中心镇、中心村和扶贫搬迁村建设，以乡镇统筹、易地兴建、购置物业等方式发展集体经济；鼓励“薄弱村”通过多村联合投资，结对抱团易地发展，通过政府引导和规划，寻求集体经济突破点；鼓励集体经济较发达但存量资产少、发展空间受到制约的村，与存量资产丰富、土地空间大的“薄弱村”结对发展集体经济。

（五）探索以资源开发为主的发展模式

鼓励村集体以资产资源入股与经济主体开展合作，挖掘土地、山林、水面、矿产、自然风景和人文景观等资源潜力，开发乡村旅游、水利资源、矿产资源等，发展集体经济；鼓励村集体整合利用集体机动地、荒地荒山荒坡及耕地复垦等节余土地资源，带领群众发展高原特色农业，增加集体收入；鼓励村集体开展土地流转、坡耕地整理改造，发包、出租集体土地、林地资源，通过收取承包费、按股分红、经营收益等，最大限度地获得集体收入；大力推进农村土地承包经营权确权登记颁证工作，支持村集体将群众自愿流转的土地进行返租倒包，通过市场规范流转获取租金差价；鼓励村集体创办土地股份合作社，以集体土地资源折股入社，发展农业，提高劳动生产率和土地产出率，实现土地经营收益最大化。

第五节　电商扶贫

2017 年，临翔区被商务部列为全国第四批电子商务进农村综合示范县（区）。2018 年示范项目正式实施。通过示范项目实施，2018 年，临翔区实现农村电商交易额 3.4 亿元、农产品交易额 1.23 亿元，带动 544 人创业就业。2019 年，临翔区实现农村电商交易额 3.9 亿元、农产品交易额 1.8 亿元，惠及建档立卡贫困户 6800 人，带动贫困户户均增收 1650 元。

一、主要做法

（一）高位推动周密部署

临翔区委区政府高度重视电子商务工作，制定出台促进电商发展实施意见，区委区政府主要领导定期不定期听取情况汇报，在区商务局组建成立临翔区电子商务服务中心，增加 3 个编制专门从事电商工作。无偿划拨 4000 平方米用房作为创业街，拨付 600 万元用于装修及乡村可联可视网络建设。分 4 批次拨付项目实施单位江西全城电商 1360 万元，资金拨付率 91%。2018 年 10 月，临翔区荣获“全国电商百家县”荣誉称号；同年，在由中国扶贫基金会承办的“电商扶贫 · 聚焦精准”2018 年全国电商精准扶贫论坛、全国电商扶贫典型案例发布大会上，临翔区“电商产业扶贫车间”被选为全国 50 强案例进行分享交流。

（二）规范流程优化服务

在临翔区电子商务创业街成立了电子商务公共服务中心，发布临翔区电商公共服务中心服务标准，定目标、定事项、定职责、定流程，主动服务和保障涉农涉电商的企业、专业合作社和种养殖户，在电子证照、农产品质量认证、农产品质量安全、生产主体信用、农产品溯源等方面提供“一站式”办理服务，达到“信息多跑路，群众少跑腿”的目的。区电子商务创业街累计入驻商家 35 户，孵化出园 14 户，在园企业 21 户。共服务传统电商转型企业 119 家，打造平台产品微商城 213 款。2020 年，开展直播带货 5 场，累计销售金额 40 万元，同步在线观看量 30 万，累计观看人气值 110 万。

（三）摸底产业打基础

开展农业产业信息摸底梳理，构建企业电商产品数据库。成立由商务局牵头，以农业农村等部门为成员的信息梳理小组，从地理信息（土壤水质、海拔气候、日照温差等）和产品信息（种植面积、种植产量、实时可销售数量、品类价格、生产工艺及标准、农药及化肥使用、品牌历史等）入手进行全面梳理摸排，为积极服务全区产业发展提供数据依据。通过8个乡（镇）电商服务站联动嫁接临翔区45个合作社65款农产品进入电商供应链分销平台。同时，探索并创新建立了茶叶、蜂蜜等24种农产品溯源体系。

（四）打通销售经脉强肌肉

采取“电商＋物流＋扶贫车间＋合作社＋农民”五位一体的电商扶贫新模式，解决贫困地区农产品销售难题，依托区电商服务中心，建立8个乡（镇）电商服务站、89个村级电商服务点，实现电商公共服务体系所有乡（镇）区域全覆盖。区电商服务中心“大数据”服务平台连接180余家农产品电商企业、23个产业扶贫基地，可适时溯源监测、数据分析、产销对接。相继打造“纯净临翔”“拾味茶香”“临翔坚果”“云临尚品”等区域公共品牌。积极开展消费扶贫行动，累计与华中科技大学、上海等达成订单销售临沧优质农特产品1500余万元，通过线上线下多渠道销售3500余万元（不含茶叶）。

（五）建设扶贫车间达标准

通过项目支持一点、企业投一点、银行贷一点等方式，投资1000万元，建设了临翔区电商扶贫车间，取得肉制品、茶叶及相关制品、炒货食品及坚果制品、蜂产品、蔬菜制品5条生产线SC证。对邦东昔归茶厂、南美坡脚茶庄园、博尚四通酱菜厂、火腿木瓜鸡加工厂、平村红菌厂进行扶贫车间建设补助，每个车间建设经验收合格、签订带动贫困户脱贫增收合同后，给予补助奖励5万元。通过扶贫车间建设，实行统一加工、统一存储、统一配送、统一检测、统一数据、统一认证，提升产品附加值，使非标准化的产品实现标准化，品牌化。临翔区电商扶贫车间自2020年2月开始生产以来，累计收购加工蜂蜜30吨、火腿15吨、干果29吨、野生菌5吨，产值近1210万元；累计达成市外订单销售400余万元，为全市其他企业提供代加工实现产值500余万元。

（六）整合物流降成本

致力于打通区、乡、村三级物流体系，出台《临翔区城乡高效物流实施方案》《快递进村实施办法》，整合中通快递、韵达快递、申通快递以及本地企业云南大洋芋商贸有限公司4家快递物流公司，建成1500平方米共享仓储中心，为各个乡（镇）配备 13 辆新能源电动车。快递到村及时、降费初步成形，区、乡、村三级物流体系不断完善。

（七）培养人才强支撑

立足临翔资源，培养本地化电商人才，加大农业合作社、农业龙头企业的电商人才培养，实现合作社、农业龙头企业全面触网，同时大力培养农村电商创业群体。截至 2020 年初，共培训 102 期 326 场 9746 人次，其中建档立卡户 1748 人次。新冠肺炎疫情期间，为滇西师范科技学院电商专业毕业班提供免费培训，用 5 天时间为近 800 名学生培训了电商创业知识。

二、扶贫成效

构建"数据化管理、公共化服务、标准化生产、合作化联动、平台化销售"五位一体的电商产业扶贫体系，为产业精准扶贫插上翅膀。组织有 SC 证农产品入驻 832 平台、与中国银行携手共建"公益中国"爱心扶贫 App、到华中科技大学开展农特产品义卖推介活动。深入全区贫困村开展"山货"购销对接活动，把贫困户的核桃、坚果、花生、红菇等农产品进行清理、分拣、包装，并行销全国各地。积极开展消费扶贫行动，累计与华中科技大学、武汉协和医院、中远海运、上海崇明区、云南省公安厅及中国银行等达成消费扶贫订单 2059 万元。累计为贫困户和多个合作社创造了 700 多万元的收入，其间累计招用贫困户临时工 6000 余人次，为临翔区决胜脱贫攻坚贡献了智慧和力量。

第六节　农民专业合作社全覆盖

近年来，临翔区持续深化农村改革，加快构建新型农业经营体系，将发展农民专业合作社作为构建新型农业经营体系和助推脱贫攻坚的重要举措，积极发挥农民专业合作社的示范引领作用，通过创新产业扶贫机制，按照"发展一批、规范一批、巩固一批、重点扶持一批"来规范提升合作社发展，吸纳贫困户参与合作经营，实行共建共管，加强利益联结，增强带贫益贫机制。

一、基本情况

截至 2020 年 7 月底，临翔区共有农民专业合作社 461 家（其中，国家级示范社 4 家、省级示范社 21 家、市级示范社 6 家）。经营范围主要以种植、养殖和加工(服务)为主,其中,种植业类305家,畜牧渔业类146家,加工业类6家,服务业类4家。共吸纳社员6.5万户,其中贫困户1.08万户,覆盖10个乡(镇、街道)102个建制村(社区)。

二、主要做法及成效

根据贫困户自身条件和发展需求,着力完善和规范龙头企业绑定专业合作社、企业合作社绑定贫困户“双绑”联动发展,多措并举,助力脱贫攻坚。通过采取“企业+合作社+农户”的发展模式,促成122家合作社与58家企业建立长期利益联结机制,发展订单生产,其中:发展长寿仁豌豆、荷兰豆、青花椒等种植5725亩;发展蚕桑种植1040亩;收购土鸡4027公斤,总额17.26万元;收购茶叶鲜叶185吨、干茶14.25吨,实现茶叶收入501.58万元;新建产业基地49373.5亩;发展养殖25家;生产加工3家;烤烟生产服务1家,产量15.55万担。2019年销售收入达4.0138亿元,带动10个乡(镇、街道)22828户农户户均增收在3000元以上。

(一)以产业发展为引领,找准市场定位

按照“组建一个合作社,致富一方老百姓”的工作思路,积极引导农民专业合作社立足临翔区实际情况,发展蔬菜、水果、茶叶、坚果、中药材等优势产业、特色产业,帮助广大农户实现生产规模化,有效解决贫困户小农生产与现代农业发展大市场之间的矛盾。

例如,南美乡气候、地理位置非常适合种植蔬菜,在当地党委政府和业务部门的大力扶持和帮助下成立了临沧市临翔区万美蔬菜种植农民专业合作社。合作社以“带动产业发展、服务万家、带动万家、致富万家”为宗旨,以科学创造价值为服务核心,辐射带动周边群众,形成“一户带十户,十户带一村,一村带一业”效应,不断拓宽农户增收渠道。通过“龙头企业+基层党组织+合作社+社员”的发展模式,2019年,种植长寿仁豌豆2600亩,产量547.9吨,产值317.26万元,带动农户648户,户均增收4891元。2018年,引进试种青花椒,截至目前,南美乡共种植青花椒1045亩,带动农户529户。2020年6月,合作社与南美村共同建成临翔区南美乡青花椒初加工厂,投资117万元。同年7月,第一批种植青花椒已产出,预计产量5吨,产值12万元。合作社与南美村共同建成临翔区南美乡茶叶初加工厂,2020年合作社共收购春茶鲜叶35.66吨,加工干茶毛料7.132吨,产值28.528万元,带动“六类人员”152户。合作社制定了二次分红制度和表彰优秀种植能手制度,2019年,合作社二次分红给种植户3万元,奖励优秀种

植能手10人，每人0.5万元。目前合作社业务已覆盖蔬菜、青花椒和茶叶等多个产业，带动南美乡蔬菜产业、青花椒产业和茶产业发展，带动群众增收，助力脱贫攻坚。

又如，邦东乡通过“政府＋合作社＋银行＋贫困户”的扶贫带动模式，以金融扶持、产业扶持、就业帮扶等形式，建立沁曼茶叶种植联合社。结合脱贫户文化低、产业发展难、转移就业难的特点，联合社每年举行2次茶叶产业发展技能培训，并合理有效安排就近务工岗位，由“输血式扶贫”变为“造血式扶贫”，带动群众增收，稳定脱贫摘帽，增加内生动力。2020年5月，沁曼茶叶种植联合社分红大会共发放分红资金6.6万元，惠及建档立卡户66户。

（二）壮大农业龙头企业，突出引导带动

临翔区以打好“绿色能源牌、绿色食品牌、健康生活目的地牌”为目标，以市场为导向，围绕畜牧、果蔬、茶叶、薯类、生物药业、蔗糖、油料、咖啡、蚕桑等12类特色优势产业，大力培育农业龙头企业，带动、推进农业产业化发展。目前，全区已有27户农业龙头企业，建成茶叶、酱菜、火腿、芭蕉芋、蚕桑、山泉水、食用菌、金线莲、肉食品等加工厂，辐射带动58个村，建成136万亩产业基地，实现每个重点产业都有1个龙头企业带动，每户贫困户都有1～2个稳定的增收产业。例如，临沧万昌农业开发有限公司自2014入住临翔区以来，通过“市场＋公司＋政府＋基地＋合作社＋农户＋产品”的运行模式，共发展蔬菜订单农业累计面积4.628万亩，累计总产量1.99万吨，累计实现总产值7898万元。累计带动种植户18715户，其中建档立卡户9592户，户均增收达4220元。种植蔬菜培训达420场次，培训21000余人次。

（三）强化订单农业，实现抱团发展

合作社之间通过共建共管、订单农业，推进农业产业化联合体建设，实现“抱团发展、合作发展”。积极发挥联合作用，充分发挥示范效应，大力发展订单农业，扩大原料基地，构建合作社、贫困农户利益共同体。例如，临沧四通农民专业合作社，成立于2009年，主要从事酱菜加工、销售及技术咨询服务，荣获国家级农民专业合作社示范社称号。该合作社采取“合作社＋基地＋贫困户”的经营模式，以订单为联结，与周边6个农民专业合作社合作，共与463户建档立卡贫困户签订蔬菜种植供给协议，通过“统一生产资料供应、统一种植规范、统一价格收购、统一加工检验、统一包装储存、统一销往市场”“六个统一”管理模式，建成2500亩原料基地，2019年实现建档立卡贫困户户均增收6240元。

(四)发展专业大户,提高示范效应

积极支持种植大户、养殖大户、运销大户等农村致富能人,使其积极发挥示范带头作用,带动贫困户发展生产。组织由种植大户、养殖大户等农村能人牵头,利用他们的资金、技术、管理、销售渠道等优势兴办农民专业合作社,进一步提高示范效应。例如,临沧市临翔区发海养殖专业合作社,通过“合作社+基地+集体经济+农户+建档立卡贫困户”的发展模式,建设生态山地鸡养殖基地,发展高原生态养殖。形成了脱温—养殖—运输—销售一条龙的生产经营模式,在土鸡养殖中实现了畜禽良种化、养殖专业化、生产规范化、防疫制度化、污物无害化的现代化良性循环经营模式。先后带动养殖户50多户,通过技术培训帮助、指导其开展规范化科学养殖。同时提供农产品加工、运输、储藏及统一收购、包装、销售等服务。实现村集体经济收益5.8万元。年实现销售收入1600万元。截至目前,全区共有家庭农场41家,其中有2家家庭农场获得省级示范农场称号。共登记备案规模养殖场132个,其中,年出栏200头以上规模生猪养殖场75个,年出栏5000只以上肉鸡规模养殖大户23户,年存栏5000只以上规模蛋鸡养殖大户1户,年存栏50头以上肉牛养殖大户31户,年存栏200只以上肉羊养殖大户2户。养殖大户队伍不断壮大,带动效果显著。

(五)以托管为依托,实现利益联结

根据贫困户产业发展需求,政府用产业扶贫资金支持贫困户建设圈舍,企业与贫困户签订托养协议,由企业向贫困户免费提供种苗、药饲,并进行无偿技术指导和防疫检测。贫困户按照企业的饲养周期和养殖标准向企业提供养殖产品,农户通过养殖托养模式获得托养劳务费,实现企业效益与贫困户利益联结绑定,解决贫困户资金短缺、销售渠道狭窄、抗市场风险能力弱等问题,取得了贫困户“零成本”“低风险”“短平快”稳定增收的效果。例如:山地鸡养殖依托临沧南美植宝养殖农民专业合作社和临沧山地养殖有限公司,每户贫困户年养殖山地鸡400羽(每批200羽),每羽托养支付费用7元,每户可实现增收2800元;生猪养殖依托飞达养殖有限责任公司、区供销合作社推行区域化养殖、规范化饲养、标准化管理,每户贫困户年养殖生态猪10头(每批5头),每头支付托养费用600元,每户可实现托养收入6000元。

(六)依托特色产业,推行农旅融合

推行以农业促进旅游业、以旅游业带动农业的产业融合发展模式。例如，作为区里56个贫困村之一的中山村，距主城区8千米，共有582户2419人。该村依托百年竹编历史，2018年，通过团委招商引入了外地企业，村集体、合作社、企业共同在易地扶贫搬迁点筹建了中山竹艺馆。从四川省引进竹编非遗传承人黄继忠，发动群众发展竹编产业，开展技术培训600人次，竹编手艺人从200人发展到458人，有效带动了中山村的竹编产业，127户贫困户户均增收3万元。同时吸引了企业投资建设游乐设施和林间客栈，现在的中山村已成为名副其实的旅游村、特色村。

临翔区立足地区优势产业、特色产业，引导发展农民专业合作社，积极吸纳贫困户加入农民专业合作社，在组织上与贫困户形成紧密的利益联结。按照规范提升标准，紧紧围绕脱贫摘帽和农业产业长远发展，进一步完善工作机制，创新工作思路，健全农民专业合作社规范提升的长效机制，扎实推进农民专业合作社规范建设，完善农民专业合作社利润分配制度，重点探索和完善按交易额进行盈余返还、按股权份额分红的利益返还机制，在经济上与贫困户形成更加紧密的利益联结。推动农民专业合作社在农产品加工流通、农村电商、品牌建设等方面与贫困户的有效对接，让贫困群众从加工、流通等环节分享更多的收益，带领更多群众脱贫致富，为全区打赢打好脱贫攻坚战和全面实施乡村振兴战略奠定坚实基础。

第七节　发挥本地龙头企业的带动作用

在脱贫攻坚中，产业扶贫是基础，企业是关键。临翔区充分依托本地有一定基础和实力的龙头企业，促进了产业扶贫效率和规模的不断提升。

一、依托云南善源生物科技发展有限公司推动林下产业扶贫

云南善源生物科技发展有限公司成立于2016年4月。2013年至2016年，公司成立前期，进行中药材种源收集，进行林下试种。2016年，由临沧市临翔区人民政府招商引资洽谈后，公司成立，建设林下中药材种植示范基地。2017年，在小道河林场场部建立实验室，作为公司的科研中心，并成功培育出雪胆、金线莲、滇黄精、西南远志（娘母良）等无菌苗；2018年，公司获得“云南省科技型中小企业”称号，并取得专利证书。2019年，公司完成林下种植雪胆3000余亩，林下种植金线莲60亩，并成功与华中科技大学生命科技学院签署深度开发合作协议。现已完成雪胆林下种植4800亩、金线莲林下种植120亩。

公司主要从事中药材研发、种植、加工提纯，主营雪胆、金线莲、滇黄精、西南远志(娘母良)、滇重楼、红葱，公司现已建成实验室2514平方米，拥有色谱分析仪、发酵罐、摇床、蒸馏器等试验设备，作为公司的科研中心，现已成功培育出系列无菌苗。建成组培车间4390平方米，分设有员工风淋通道、培养基灭菌房、种苗接种室、存放室、炼苗圃，年生产能力达6600万株种苗。另外，公司在职员工107人，其中专科以上学历26人，具有一个专门的组培技术团队，已经攻克了雪胆、金线莲的组培技术。

公司通过不断引进新技术，不断创新，并与华中科技大学等科技实力强的高校签订了深度科技合作协议，努力将新技术转化为生产力，促使公司健康、稳定、持续发展。公司以标准化、规范化、规模化建设优质原料基地、实现规模化生产。在此基础上，公司将进一步拓展种植产品的食品、药品、保健品等精深加工业务，推动中药材产业健康、持续发展，实现健康产品的多元化发展。公司坚持以人为本，本着严谨的科学态度、精湛的技术，以市场为导向，不断更新开发产品，把企业做强做大，为社会提供更多、更好的产品，为发展当地经济做出应有的贡献。

公司在小道河林场场部建立实验室，作为公司的科研中心。小道河林场场部位于云南省西南部，属于亚热带山地季风气候，光照充足，雨量充沛，四季如春，干湿分明，年平均气温17.2℃，交通便利，是建设实验室的最佳之地。实验室现已成功培育出雪胆无菌苗，为公司后期发展提供科研数据。基地建设参照国家基本建设程序，坚持先设计后施工的原则，根据项目建设的要求，不断鼓励科技创新、管理创新，坚持高起点、高标准、高质量地建设基地。

目前，公司的组培技术团队，已经攻克了雪胆、金线莲的组培技术，正在进行西南远志(娘母良)组培技术攻关。近年来公司取得的成果如下：发明专利4个，实用新型专利9个，质量管理体系认证证书1个，作品登记证书1个，有机转换认证证书1个，云南省科技型中小企业认定，商标注册证——雨仙草和山坳坳，2019年临沧市名优农产品十佳创新型工业企业。

公司成立至今，为周边农户提供了就业机会，其中建档立卡贫困户11户，残疾人1名。公司坚持以经济效益为中心，兼顾生态效益、经济效益和社会效益的原则，与农村产业结构相结合，改善群众生产模式和生活环境，不断带动当地经济持续发展。

今后，公司可以带动当地群众扩大中药材种植规模，将采取“公司＋国有林地及周边集体林地＋基地＋农户”的运作模式，预计每亩雪胆鲜品采收1500公斤，单价17元/公斤，每亩增收2.55万元。金线莲每亩可采收70公斤干品，单价5000元/公斤。

公司自2016年成立至今，种植雪胆、金线莲直接带动300余户（每人每月增收3000～3800元，按绩效核算）；项目带动周边农户参与种植、管理、采收，直接解决农村剩余劳力300余人的就业问题。从根本上解决农民致贫的根源，真正实现产业脱贫、产业振兴。让残疾人士真正实现即使残疾也可实现自我价值并成为家庭的主要经济来源之一，为社会为国家做出贡献。

二、依托临沧天下茶都茶业集团有限公司推动茶叶产业扶贫

临沧天下茶都茶业集团有限公司是注册于临沧市临翔区的一家民营企业。公司注册资本5000万元，主营茶叶种植加工销售和生态鸡养殖两大业务板块，秉承“植根临沧、致力扶贫、继承传统、科技驱动、着眼全球”的发展理念，推出普洱生茶、红茶、白茶、花茶、绿茶和纯造普洱（熟茶）、边销茶、山地濮蛮鸡等系列产品。

公司以产业扶贫为导向，以为天下人提供放心茶和生态产品为目标，以清洁化、标准化、有机化为要求，高标准建成坡脚茶庄园、璋珍茶厂、卫平茶厂、娜罕茶厂、南糯茶厂、永平茶厂、多依茶厂、明子茶厂、曼启茶厂、蚂蚁堆茶厂、马峰腰茶厂、昔归管理所（茶叶加工厂）等12个茶叶加工厂，配备标准化生产线15条，具备各类茶品年生产能力1.2万吨（其中低氟边销茶产能1万吨）。

公司签约合作管控临翔区茶园11万余亩，实施有机茶园建设并取得有机认证1.5万亩，正在进行绿色茶园认证5万亩，辐射临翔区32个建制村，惠及茶农17603户67862人，均与村集体、合作社建立了紧密型利益联结机制，并于2017年在临沧率先建立了产品质量追溯体系，实现了从茶杯到茶园的全过程溯源。

临沧天下茶都茶业集团有限公司以旗下临沧山地养殖有限公司为主体，以为健康生活提供生态产品为目标，以产业扶贫为导向，先后在临翔区蚂蚁堆乡、博尚镇建成曼启、杏勒、白河、曼毫、大那么、邦谷等6个生态鸡养殖基地，占地面积1200余亩，自营基地生态鸡日均存栏30万羽，年出栏能力达150万羽。

公司在各级党委政府的领导下，牢固树立“企业根基与山区人民同在，团队情感与茶农乡亲相依”的经营理念，积极发挥农产品加工企业在巩固

精准扶贫成果当中的作用，致力乡村振兴，力争2021年实现茶叶、养殖两大业务板块销售双过亿目标，进而实现农民增收、企业增效、税收贡献增长的有机统一。具体来说，在茶叶生产上，一是着力打造以名山古树茶为原料、以传统工艺为方法、以茶文化为内涵、以品牌塑造为目标的高端名优茶；二是全力做好以“低农残、有机”为标准，以工业化生产为路径选择的出口茶产品，以及满足大众日常消费的绿色茶产品；三是用好用足国家边销茶定点生产企业各项政策，以增加产区茶农收入为出发点，以为边疆少数民族提供健康茶为落脚点，大力生产销售低氟边销茶产品。在生态鸡养殖上：一是以自营养殖基地为核心，以提供技术支持和产品回收带动农户养殖为模式，以国家倡导的消费扶贫为机遇，向广大消费者提供符合绿色食品标准的生态鸡产品；二是加快现已开工的清真食品屠宰加工厂建设速度，实现养殖、屠宰、白条、熟食全产业链运营。

公司于2016年与华中科技大学推出“心手相牵”第一款扶贫茶，捐入扶贫专户60余万元，成为市里和省里“1017牵手号”扶贫茶的发端，是临沧市指定的“1017牵手号”扶贫茶生产厂家。公司与中国银行合作的“岁月同行”系列扶贫茶，已在中国银行“公益中国”平台提取、归集善款10余万元。

公司旗下12个茶叶加工厂均建到村组，解决了茶农鲜叶交售难、茶园弃管弃采严重等问题，惠及茶农17603户67862人（其中建档立卡户4707户18770人）；通过敞开鲜叶收购、吸纳固定用工和季节性用工等方式，带动茶农户均年增收2500元以上，3年累计给村集体经济分红634万元。

公司生态养殖板块以集中自营养殖为核心，通过吸纳贫困户就业、支付土地流转收入等方式，促进当地农户增收。与此同时，公司通过免费为代养户提供鸡苗、饲料和技术，带动12个村1593户建档立卡贫困户实行分散养殖，帮助农户户均年增收3000余元。

第九章

改善医疗　守护健康

习近平总书记2015年11月27日在中央扶贫开发工作会议上的重要讲话提出，要建立健全医疗保险和医疗救助制度，对因病致贫或返贫的群众给予及时有效救助。

第一节　摸清因病致贫底数

为全面落实“大病集中救治一批、慢病签约服务管理一批、重病兜底保障一批”的工作要求，临翔区将健康扶贫落实到人、精准到病，切实防止因病致贫、因病返贫。根据农村贫困患者患病情况，建立健康档案，实施分类分批救治。

一、区、乡、村三级医疗卫生机构齐发力，疾病筛查更精准

临翔区组织区、乡、村三级医疗卫生力量，通过参考医保数据、系统比对、电话核查、入户走访等方式，开展全方位的疾病筛查。筛查人员走进千家万户，在进一步核实核准疾病的同时，为贫困人口提供免费体检、家庭医生签约及政策宣传等服务。临翔区有效运用疾病筛查成果，科学分类，确定“大、重、慢”病患者，按照“三个一批”行动计划要求进行分类分批救治。

二、锁定大病对象，有效衔接、集中救治

全区排查出需要救治的大病患者，通过将其集中到卫生院，按照“三步走”的步骤对患者进行救治。卫生院医生先对其进行诊疗，不能确诊和治

疗的患者，由区级专家远程会诊，初步确定治疗方案，由区人民医院按照规范流程安排好医生、病床，由卫生院上转至区人民医院进行集中救治。此项工作的有效衔接及远程会诊系统的有效运用，不仅减少了疑似病症患者反复跑腿的不便，也缓解了区级医疗机构病床紧张的压力，更为乡镇卫生院提供了提升医疗能力的机会。目前，全区大病专项集中救治建档立卡贫困患者 832 人，并做到“一人一档一方案”。其中，“光明扶贫工程”共为全区 207 名白内障贫困患者提供了免费手术。

三、慢病签约服务，居家管理定期随访

家庭医生签约工作重点聚焦因病致贫、因病返贫人员，患有大病、慢病人员，老年人、孕产妇、儿童和残疾人，突出高血压、糖尿病、结核病、严重精神障碍 4 种常见疾病，集中精力做好签约后服务，重点强调“签约一人、履约一人、做实一人”，进一步深化家庭医生签约服务内涵。截至 2020 年 6 月，全区共完成建档立卡贫困人口签约 38810 人，履约 34479 人。其中，建档立卡贫困高血压患者签约 3374 人，糖尿病患者签约 366 人，肺结核患者签约 12 人，严重精神障碍患者签约 589 人，履约率均为 100%。

四、实行重病兜底保障，政府兜底解民忧

按照省、市《健康扶贫 30 条措施》《“三个一批”行动计划实施方案》要求，2017 年以来对全区 43 名重病患者实行医疗费用兜底保障，免除患者后顾之忧。

第二节　细化医疗扶贫政策

为推动临翔区健康扶贫工程有效实施，根据《中共中央国务院关于打赢脱贫攻坚战三年行动的指导意见》（中发〔2018〕16 号）、《中共云南省委云南省人民政府关于打赢精准脱贫攻坚战三年行动的实施意见》（云发〔2018〕20 号）、《中共临沧市委临沧市人民政府关于印发〈临沧市打赢脱贫攻坚三年行动的实施方案（2018—2020 年）〉的通知》（临发〔2018〕20 号），以及《云南省卫生健康委 云南省发展改革委 云南省财政厅 云南省医疗保障局 云南省扶贫办关于印发健康扶贫攻坚行动实施方案的通知》（云卫规财发〔2019〕5 号）、《云南省卫生健康委 民政厅 医疗保障局 扶贫办关于做好 2019 年农村贫困人口大病专项救治工作的通知》（云卫医发〔2019〕17

号)、《临沧市健康扶贫领导小组办公室关于印发〈临沧市健康扶贫攻坚行动实施方案〉的通知》(临健扶办发〔2019〕1号)等文件精神，结合临翔区健康扶贫工作实际，制定了政策方案。

一、总体要求

(一)总体思路

以习近平新时代中国特色社会主义思想为指导，深入贯彻党的十九大精神和党中央、国务院、省、市和区脱贫攻坚决策部署，坚持精准扶贫、精准脱贫基本方略，坚持省负总责、市县抓落实的工作机制，坚持目标标准，坚持问题导向，聚焦贫困地区和卫生健康服务薄弱环节，加大政策供给和投入支持力度，创新体制，防治结合，关口前移，坚决打赢健康扶贫攻坚战，保障贫困人口享有基本医疗卫生服务，防止因病致贫、因病返贫。

(二)目标任务

到2020年，贫困地区医疗卫生服务能力和可及性明显提升，贫困人口大病和长期慢性病得到及时有效治疗，艾滋病、结核病、严重精神障碍等重点疾病和地方病得到有效控制，健康教育和健康促进工作明显加强，群众的健康素养明显提升。

二、实施贫困人口大病和慢病精准救治攻坚行动

(一)全面推进大病专项救治工作

全面落实《临沧市农村贫困人口大病专项救治工作方案》(临卫计联发〔2017〕23号)，对大病患者进行集中救治。在深入做好食管癌、胃癌、结肠癌、直肠癌、终末期肾病、严重精神障碍、儿童白血病(含急性淋巴细胞白血病、急性早幼粒细胞白血病)和儿童先天性心脏病(含房间隔缺损、室间隔缺损、动脉导管未闭、肺动脉瓣狭窄、法式四联征以及合并两种或以上的复杂性先心病)、耐多药结核等病种专项救治基础上，从2018年起，将肺癌、肝癌、乳腺癌、宫颈癌、急性心肌梗死、白内障、尘肺、神经母细胞瘤、儿童淋巴瘤、骨肉瘤、血友病、地中海贫血、唇腭裂、尿道下裂等病种纳入大病救治范围。2019年，新增脑卒中、慢性阻塞性肺气肿、艾滋病机会性感染3种疾病。按照国家要求，同步扩大救治病种，做到应治尽治。

(二)做实做细慢病签约服务

把建档立卡贫困人口作为家庭医生签约服务重点，优先签约服务。家

庭医生团队要依据协议约定，签约一人，履约一人，做实一人，优先为高血压、糖尿病、结核病、严重精神障碍等慢病患者提供规范化管理与服务。鼓励家庭医生团队为建档立卡贫困人口制定个性化服务方案，宣传和普及健康素养基本知识与技能，提升建档立卡贫困人口健康素养。

三、实施贫困地区重点传染病、地方病综合防控攻坚行动

（一）实施艾滋病防治攻坚行动

全面落实艾滋病免费筛查、治疗、母婴阻断措施。组织实施机会性感染医疗救治。针对贫困艾滋病感染者，提供规范化的抗病毒治疗随访管理，督促艾滋病感染者按时服药，定期检测。

（二）做好结核病防治工作

加强贫困地区结核病主动筛查工作，对结核病患者确诊检查提供适当补助。结合实施基层医疗卫生机构服务能力提升工程，为乡（镇、街道）卫生院（社区卫生服务中心）配置结核病痰检设备，促进患者筛查和随访检查工作下沉。鼓励实施患者服药激励措施，向贫困结核病患者提供关怀服务，提高服药依从性和治疗成功率。

四、实施贫困地区妇幼健康攻坚行动

（一）保障母婴安全

加强危重孕产妇和危重儿童抢救工作，加大妇幼健康服务对口帮扶力度，提高产儿科救治能力，全力保障贫困地区母婴安全。

（二）提高贫困地区妇女健康水平

按现行政策，开展农村妇女宫颈癌、乳腺癌筛查项目和妇女常见病检查项目，提高农村妇女自我保健意识和健康水平，提升医疗服务能力。

（三）提升贫困地区儿童健康水平

开展贫困地区儿童营养改善项目，为6～24月龄儿童提供营养包，有效预防和治疗儿童营养性疾病，提高婴幼儿营养水平。

（四）加强出生缺陷综合防治

深入开展免费孕前优生健康检查，针对贫困家庭出生缺陷患儿实施出生缺陷救助项目，倡导优生优育，利用基层计划生育服务力量，加强出生缺陷综合防治宣传教育。

五、实施健康促进攻坚行动

(一)加强健康促进与教育

建立覆盖各级各类医疗卫生机构的健康教育工作网络。组织实施《云南省贫困地区健康促进三年攻坚行动方案》,针对重点人群、重点疾病、主要健康问题和健康危险因素开展健康教育,通过健康讲座等多种方式,普及健康知识。对于患病率较高的疾病患者,根据疾病特点分类发放健康教育材料,开展健康指导。面向全民普及健康素养基本知识,倡导自身是健康第一责任人理念,引导形成健康生活方式和行为,力争2020年健康素养水平达到16%。

(二)全面推进"将健康融入所有政策"

统筹推进健康城市、健康(促进)县区、卫生县城(乡镇)、健康乡村等健康促进工作,强化各部门健康职责,开展跨部门健康行动,探索建立健康影响评价制度。大力开展各类场所健康促进工作,建设一批健康促进医院、健康促进学校、健康促进机关、健康促进企业、健康社区、健康村和健康家庭,不断改善贫困地区居民的日常学习、工作和生活环境。

六、实施贫困地区基层医疗卫生机构能力提升攻坚行动

(一)全面改善设施条件

按照"填平补齐"原则,整合中央和地方资金,确保临翔区建好1～2所县级公立医院(含中医院)和妇幼保健院。重点改善乡(镇)卫生院和村卫生室设施条件。认真组织实施基层医疗卫生机构设备标准化建设工程,到2020年底,100%乡(镇)卫生院设备实现标准化配置。建制村卫生室按照现行标准实现全部达标。

(二)加强人才综合培养

通过规范化培训、全科医生培训、助理全科医生培训、转岗培训、定向免费培养等多种途径,加大卫生人才培养力度。2018—2020年,助理全科医生招录20人、全科医生转岗培训14人、招录农村订单定向免费医学生2人。争取到2020年,每个乡(镇)卫生院有1名全科医生,多渠道补充贫困地区村卫生室和乡(镇)卫生院人员。实施基层医疗卫生机构学历提升工程,到2022年底,乡(镇)卫生院在职在编中专以下专业技术人员达到中专以上学历,中专学历专业技术人员达到大专学历。所有在岗55周岁以下

乡村医生达到中专以上学历。贫困地区可放宽招聘条件，实行乡村医生“乡管村用”，逐步将乡村医生纳入乡（镇）卫生院临聘人员管理。贯彻落实好《关于进一步完善基层医疗卫生机构绩效分配机制的意见》（云卫基层发〔2015〕9号），按照“两个允许”的要求，提高基层医疗卫生机构人员待遇，激发基层运行活力。

（三）深入推进三级医院对口帮扶

按要求派出帮扶人员，连续蹲点帮扶时间不少于6个月（或12个月）。强化帮扶机制，推动支援医院与受援医院建立深度合作关系。按照《云南省卫生健康委关于做好2018年三级医院对口帮扶贫困县级医院等有关工作的函》要求，把群众急需、医疗机构紧缺薄弱、帮扶可见效果的专科建设作为重点，帮助提升医疗服务能力，提高帮扶针对性。开展帮扶成效考核，加强专项督查和定期评估，推动帮扶责任落实。

（四）实施“互联网＋医疗”健康服务

推进远程医疗服务覆盖全区所有医疗联合体和县级医院，逐步向乡（镇）卫生院和村卫生室延伸，实现医疗资源上下贯通、信息互联互通、业务高效协同，方便基层群众就近便利就医。到2020年，力争使临翔区医院能够普遍提供预约诊疗、双向转诊、检查检验结果查询、诊间结算、移动支付等线上便民惠民服务，改善群众就医体验，增强获得感。为建档立卡贫困人口提供健康教育、疾病预防、慢病管理、分级诊疗、康复指导等全方位、全周期的卫生健康服务。

（五）创新基层医疗卫生机构管理机制

推进县域医共体建设，推动实施以区级医院为龙头、乡（镇）卫生院为枢纽、村卫生室为基础的县乡村一体化管理，构建三级联动的县域医疗服务体系。

七、加强健康扶贫攻坚行动支撑保障和责任落实

（一）强化健康扶贫攻坚责任制

按照省负总责、市县抓落实的脱贫攻坚管理体制，将健康扶贫融入卫生健康工作全过程。进一步压实主体责任，逐级分解任务，明确时间表、路线图，夯实健康扶贫基层基础工作，解决政策落地“最后一公里”问题。

（二）加强目标考核

将健康扶贫纳入党委和政府扶贫开发工作成效考核。明确按照现行

扶贫标准，细化考核指标，建立考核结果反馈和问责机制，定期开展督促指导，定期通报健康扶贫主要工作任务进展和目标实现情况，指导改进工作。

（三）加强基层基础工作

开展逐级培训，分级分类对全区健康扶贫干部队伍开展培训。区卫生健康局负责培训工作，采用实战培训方式提升培训效果，通过培训进一步提高思想认识，提升政策水平、业务能力和实战技能。完善健康扶贫动态系统，推动健康扶贫信息系统逐步与建档立卡信息系统互联互通，实现信息共享，减轻基层报表信息上报录入工作。

（四）加强作风治理

深入开展健康扶贫领域作风问题专项治理，力戒形式主义、官僚主义。认真落实《关于解决形式主义突出问题为基层减负的通知》要求，推动作风建设，促进工作落实。

一是围绕落实党中央决策部署开展治理。重点治理执行健康扶贫政策变形走样、降低标准、扩大范围或层层加码、拔高标准的情况。

二是围绕联系服务建档立卡贫困群众开展治理。重点治理大病救治管理不到位、家庭医生签约后服务不到位、不规范，先诊疗后付费和"一站式"结算未落实等情况。

三是围绕履职尽责开展治理。重点治理政治意识、责任意识缺乏，对健康扶贫工作不重视、不上心，对突出问题不研究、不解决，对规范诊疗行为、就医秩序不主动、不作为等情况。

四是围绕"为基层减负"开展治理。重点治理以会议贯彻会议、以文件落实文件，缺乏实际行动和具体措施，督查、检查考核过多过滥，材料多、表格多，填报数据弄虚作假等情况。

五是认真开展问题线索排查。

（五）加大投入力度

严格按照健康扶贫工作要求，统筹各类扶贫资金，不折不扣落实各级财政投入。积极争取中央资金和项目，对纳入"十三五"国家项目储备库的项目，优先安排支持。各级卫生健康行政部门实施的重大改革、保障和改善民生项目，优先支持贫困地区。

（六）进一步动员社会力量参与

发挥社会力量参与健康扶贫，引导各类卫生健康公益项目向贫困地区倾斜。鼓励社会资本积极参与，推动贫困地区发展智慧医疗、移动医疗等新技术、新业态。

（七）营造良好舆论氛围

大力宣传健康扶贫政策，提高政策知晓度。加强健康扶贫政策解读，加大健康扶贫工作及典型经验、先进人物、先进事迹宣传力度，为健康扶贫攻坚行动提供良好舆论氛围。

一是加强领导，明确责任。成立了由区政府分管卫生健康工作领导任组长的健康扶贫领导小组，下发了《临沧市临翔区健康扶贫领导小组关于印发成员单位职责分工和办公室组成人员的通知》，对各部门的工作责任进行了细化和明确，形成了横向到边、纵向到底的工作责任网络。

二是建章立制，细化措施。结合临翔区实际出台《临翔区人民政府办公室关于印发临翔区贯彻落实云南省健康扶贫30条措施责任分解方案的通知》《临沧市临翔区健康扶贫工程“三个一批”行动计划实施方案》《临沧市临翔区农村贫困人口大病专项集中救治方案》等一系列健康扶贫规范性文件，全力推进健康扶贫工作，将“四重保障”“三个一批行动计划”“三个一工程”“先诊疗后付费”等各项健康扶贫工作做细做实。

三是实施“六大攻坚行动”，巩固脱贫成果。制定《临沧市临翔区健康扶贫攻坚行动实施方案》，通过实施贫困人口大病和慢性病精准救治攻坚行动，重点传染病、地方病综合防控攻坚行动，妇幼健康攻坚行动，健康促进攻坚行动，基层医疗卫生机构能力提升攻坚行动，加强健康扶贫攻坚行动支撑保障和责任落实“六大攻坚行动”，保障贫困人口享有基本医疗卫生服务，防止因病致贫、因病返贫。

四是坚持“一手抓疫情防控、一手抓健康扶贫”不松懈。下发《临沧市临翔区卫生健康局关于印发决战决胜健康扶贫百日总攻行动方案的通知》，在新冠肺炎疫情影响下，依旧明确目标任务、持续攻坚克难，确保全面实现基本医疗有保障和健康扶贫目标任务。

第三节　全面加强医疗能力建设

一、提升医疗卫生服务能力

加强农村医疗机构建设，不断提升医疗卫生服务能力。一是加强区级机构综合能力建设。开展区级医院综合能力提升工程，加强业务用房、床位、薄弱学科与核心专科、医学影像检查检验中心、消毒供应室及手术室建设。加强区级医院急诊科、重症监护室、区疾控中心基础建设。在财政保障投入建设的基础上，区级财政补助重点向贫困乡镇倾斜。二是加强基层医疗服务机构建设。开展基层医疗机构业务用房改扩建、康复床位建设，为乡镇卫生院、村卫生室配备基本诊疗设备等，提升乡、村两级医疗卫生机构服务能力。各级政府落实办医责任，省级财政补助向贫困地区倾斜。三是全面推动区乡村医疗卫生服务一体化管理工作，深化分级诊疗制度改革，逐步形成以基层自诊、双向转诊、急慢分治、上下联动为核心的较为完善的分级诊疗模式。完善接续性医疗服务链，提升贫困村医疗服务能力。

完善乡村医生"村来村往"定向培养制度，免费为农村培养三年中、高职农村医学专业人才，充实村级医疗卫生人才队伍。落实乡村医生养老保障政策。区政府制定出台乡村医生养老保障政策，组织符合条件的乡村医生参加企业职工养老保险，建立老年乡村医生到龄退岗制度，未参加企业职工养老保险的退岗乡村医生，由政府按月发放养老生活补助。

二、提高医疗保障水平

（1）实施健康扶贫医疗保障工程。将建档立卡贫困人口纳入医疗救助对象范围，参加新型农村合作医疗个人缴费部分由城乡医疗救助基金给予全额资助。新型农村合作医疗和大病保险制度对贫困人口实行政策倾斜，适当降低大病保险起付线，提高大病保险报销比例，将康复综合评定等20项医疗康复项目纳入基本医疗保障支付范围，降低贫困人口大病费用实际支出，支持商业保险机构承办大病保险。门诊统筹覆盖所有贫困地区。

（2）全面实施基本医疗救助费用"一站式"结算服务。加大医疗救助力度，逐步提高医疗救助对象的筹集标准，实行特殊门诊救助、住院救助、一次性定额救助和重特大疾病等救助方式。各类基本医疗保险、救助资金补助后仍有困难的，给予重特大疾病救助。

（3）加大生育关怀扶贫力度。开展幸福工程、计生小额贴息贷款、安居工程、金秋助学、关爱失独家庭和计生意外伤害保险等工作。

三、加强疾病预防控制和公共卫生服务

坚持预防为主、防治结合，真正使乡镇卫生院、村卫生室、社区卫生服务机构成为预防疾病、促进健康的重要力量，使建档立卡贫困户真正享有均等化的基本公共卫生服务。

(一)加强健康教育

区疾病预防控制中心要结合贫困群众健康素养基本知识与技能情况，以促进居民提高健康行为能力、养成健康生活行为方式为重点，编制印发健康教育资料，协助建立形式多样的健康教育宣传阵地，充分利用各种健康宣传日，与乡村医疗机构共同举办公众健康教育咨询和讲座，促进居民健康素养的提高和健康行为的养成。

(二)抓好预防接种

区疾病预防控制中心要根据预防接种工作要求和乡村实际，在协助区级卫生行政部门完善接种服务方式、服务周期，优化接种单位布局设置的同时，加强对乡村医疗机构及人员的资质管理，指导基层建设规范化免疫接种门诊，合理安排流程，加强疫苗和冷链管理，确保接种安全。要指导乡镇卫生院、村卫生室和社区卫生服务机构定期开展责任区域内适龄接种对象的摸底调查，上报疫苗和注射器的使用计划，按照《预防接种工作规范》《全国疑似预防接种异常反应监测方案》等要求开展责任区域内的预防接种工作，并对基层落实接种任务、疫苗针对传染病发病和疑似预防接种异常反应报告处置情况进行监测和评价。在28个贫困村，要指导乡镇卫生院及村卫生室提供入户接种服务。

(三)落实慢性病管理

区疾病预防控制中心要指导乡镇医疗卫生机构开展流行病学调查，确定辖区慢性病重点人群和影响因素以及干预措施。要根据工作需要，指导基层医务人员对高血压、糖尿病等慢性病患者和老年人进行健康管理，充分利用推进全民健康生活方式行动的平台，开展社区宣传和健康促进活动。要进一步提高慢性病规范化管理率，指导基层医疗卫生机构认真落实《中国高血压防治指南》和《中国糖尿病防治指南》要求，切实提高高血压、糖尿病等慢性病控制率。要将基层医疗卫生机构开展慢性病管理、老年人健康管理的效果作为基本公共卫生服务绩效考核和慢性病综合防控示范区创建的重要评估依据，推进各项慢性病防治工作在基层的落实。

(四)强化传染病及突发公共卫生事件报告和处理

区疾病预防控制中心要根据基本公共卫生服务规范的要求，指导乡镇医疗卫生机构做好传染病和突发公共卫生事件的登记、报告、信息收集等工作，及时做好审核工作。要充分依靠乡镇医疗卫生机构的技术力量，组织开展传染病及突发公共卫生事件报告、流行病学调查、病人处置、密切接触者管理、疫点疫区消毒、应急接种和预防性服药等工作，将传染病及突发公共卫生事件防控措施落到实处。

(五)指导基层不断丰富基本公共卫生服务内涵

区级财政要确保基本公共卫生服务经费的不断增长，区疾病预防控制中心要结合贫困群众需要和基层服务需求，在具备工作条件和能力的前提下，不断提高基本公共卫生服务项目质量，逐步增加基本公共卫生服务项目，并扩展现有基本公共卫生服务项目的内涵，为公众提供更多更好的基本公共卫生服务。

第四节　推动医共体建设

一、主要举措

一是创新管理体系，完善管理机制。全面落实党委领导下的院长负责制，区医共体总医院党委统一管理 4 所区级公立医疗卫生机构和 10 所乡(镇、街道)卫生院(社区卫生服务中心)的党组织。组建“一办九部”“四个片区”，实行部制改革及片区化管理模式，通过深度整合、合理流动、高效利用医共体内人财物等资源，实现“区管乡用，上下联动”的良好局面。制定《临沧市临翔区全面深化紧密型区域医共体改革工作实施方案》，细化《临翔区医共体总医院院长办公会议事规则》，印制“一办九部”《部长手册》，健全完善医共体内议事决策制度、部门联席会制度，不断提升临翔区医疗卫生机构管理水平和服务能力。

二是完善急救体系，提升基层急危重症救治能力。设立 8888120 和 2165819 两个急救电话，配置普通急救车 20 辆、负压救护车 3 辆，已全部投入到急救网络的运输工作中，下一步将成立调度中心，以构建“半小时急救圈”为目标，整合全区现有的救护车资源，提升辖区急危重症患者救治效果。

三是多方筹资，加快信息化建设步伐。成立“健康临翔”信息化建设项目办公室，由主要领导负责项目实施的总体推进，医共体成员单位多方筹资共投入 2450 万元实施“健康临翔”信息化建设项目，目前已全面进入实施阶段。区人民医院、区中医院双合机房建设已完成设施安装，软件项目已启动实施。

四是紧跟医保改革步伐，“打包付费”初见成效。研究制定《临翔区紧密型医共体城乡居民基本医疗保险打包付费资金分配和决算办法（试行）》《临翔区医疗共同体城乡居民基本医疗保险打包付费预拨资金管理办法（试行）》，并于2020年1月开始印发执行。通过前移服务，调整门诊、住院收入结构，规范和优化服务流程，严格规范分级诊疗程序等一系列措施，服务模式由粗放扩展型逐渐向质量效益型转变，医保工作与医疗质量、药品耗材采购、慢病管理、公卫服务、家庭医生签约等工作推进更加紧密地协同融合。经过半年的实践，医保在医疗服务中的基础性杠杆作用已初显成效。

五是强势推进项目建设，着力提升医疗卫生服务能力。临沧市第二人民医院建设项目、临翔区妇幼保健院搬迁重建项目、临翔区医共体项目（含17个建设内容）强势推进。临翔区人民医院“胸痛中心”“卒中中心”“危重孕产妇救治中心”“危重新生儿救治中心”创建工作有序推进。各乡（镇、街道）卫生院（社区卫生服务中心）创建一级甲等卫生院（社区卫生服务中心）工作如火如荼。博尚、章驮卫生院心脑血管救治站项目，凤翔、博尚、章驮卫生院慢病管理中心项目顺利通过验收。蚂蚁堆、邦东、圈内、马台卫生院手术室建设已完成，年底可实现辖区内一、二级手术在基层完成目标。忙畔卫生院医养中心建设项目完成规划设计，年底投入使用。各乡镇卫生院、村卫生室基础设施建设和流程再造工作基本完成。

六是建立社会保障机制，提升村医工资待遇。抓实村级网底建设，研究出台《关于加强村级医疗卫生服务能力建设的实施意见（试行）》。对全区卫生院进行分类管理，提高村医保底工资，原渠道500元不变，一类增加1500元，二类增加1000元，三类增加500元。建立激励机制，取得执业助理医师资格，在基层医疗机构服务5年以上，区政府给予一次性奖励5000元，累计10年以上给予追加奖励10000元；取得执业医师资格，在基层医疗机构服务5年以上，区政府给予一次性奖励10000元，累计10年以上给予追加奖励20000元。工龄工资按照5年以上至10年（含10年）20元/月；10年以上至15年（含15年）30元/月；15年以上至退休40元/月。建立社会保障机制，按照城乡居民养老保险100元至2000元共12个档次由村医自行选择购买，财政给予所购买金额的50%进行补助。村医人身意外伤害险每人每年100元纳入财政预算给予保障。村医交通补助按每人每月100元纳入财政预算给予补助。已离岗退休的村医和即将退休的村医依照《临沧市乡村医生养老保险实施方案》办理。同时加强村医培训，强化考核，提升村医服务能力。

二、工作职责

（一）管委会工作职责

（1）按照实事求是、科学管理、公平公开原则，根据有关法律法规和《临沧市临翔区紧密型区域医共体改革工作实施方案》要求，行使所规定的职权，研究制定医共体发展规划，制定完善运行机制，协调解决运行中的重大困难和问题，切实维护医共体成员单位的公益性质，促进医共体成员单位的运行和管理目标的实现。

（2）监督区医共体总医院运行情况及总医院领导班子履职情况。

（3）负责医共体建设过程中的“三重一大”事项。

（4）按照程序聘任区医共体总医院院长，并签订任期目标责任书；委托区医共体管理委员会办公室按照任期目标责任和年度绩效考核方案，对总医院领导班子实施绩效考核。

（5）每年听取总医院关于医共体改革运行情况的报告，听取区医共体管理委员会办公室对年度绩效考核情况做出的评价，研究决定绩效考核结果运用，并针对存在问题提出整改意见。

（6）完成区委区政府交办的其他事项。

（二）管委会办公室职责

（1）贯彻执行区医共体管理委员会有关医共体的决策和工作部署，指导督促医共体落实各项改革措施。

（2）每年向区医共体管理委员会报告区医共体总医院领导班子年度绩效考核情况，及时报告医共体重要工作动态等情况，每月以简报方式报送医共体上月推进情况。

（3）协调区医共体管理委员会组成单位对医共体运营情况进行深入调研，加强日常监管，提出改进措施，并向区医共体管理委员会报告。

（4）承办区医共体管理委员会交办的其他工作。

（三）各成员单位职责

各成员单位按照各自职责，强化政府行政监管的要求，积极落实和转变政府赋予的监管职能，创新监管方式和手段，增强医共体的发展活力和创造力，落实事前制度监管、事中跟踪监控、事后监督问题的监督机制，充分发挥信息化监管优势，推进阳光监管，提高行政监管效率。

（1）区委编委办：落实区级公立医院与基层医疗卫生机构的编制，探索编制备案制工作，动态对机构内部全员进行分门别类的清理核查分析，履行编制管理的法定职责；指导医共体完善章程，强化医共体内部治理体系建设。

（2）区发展改革局：拟定区域卫生健康发展政策和规划；从严控制机构规模和建设标准，防止盲目扩张；建立健全卫生健康项目库，向上争取卫生健康基础设施建设项目。

（3）区财政局：健全可持续的卫生与健康财政投入长效机制；落实社会医保基金投入、公共卫生投入和符合区域卫生规划的公立医院投入政策；按照区医共体管理委员会对医共体和院长绩效考核结果，及时足额拨付各项补助经费。强化医共体部门预算管理，强化对机构经济运行和财务活动的会计和审计监督，加强对营利性社会办医机构盈利率的管控。

（4）区人力资源社会保障局：为医共体提供必要的人才引进支持，建立能进能出、能上能下的用人机制；完善医共体人员柔性流动方案；指导医共体构建符合岗位特征的人事和薪酬制度；对医共体内部绩效考核与薪酬分配方案制定、人才引进等重要事项决策进行审核把关。

（5）区卫生健康局：负责组织实施医共体工作，协助解决医共体的困难和问题；会同教育体育和新闻主管部门，加强健康促进工作，普及健康知识，对医疗卫生领域实行全行业监督管理，重点加强对机构的健康扶贫、基本公共卫生服务均等化、疾病预防控制、妇女儿童健康行动计划、防治艾滋病、中医药发展、医疗质量安全、医疗费用等进行监管。

（6）区医疗保障局：负责基金筹资、年度预算分配、年终对医共体的年度考核；负责全区医疗卫生机构的医疗服务价格政策的制定；加强各医疗卫生机构价格规范管理工作；在医院申报的基础上，建立以成本和收入结构变化为基础的医疗服务价格动态调整机制；进行区域内结算支付信息共享平台建设；深化医保支付方式改革；建立互结信息公开机制，构建互结考核机制，进行医共体之间医保基金互结，监管医共体结算过程，充分发挥医保对机构诊疗行为和费用的监督制约机制，监管机构和患者的欺诈骗保行为。

（7）区市场监管局：负责贯彻执行国家药品、医疗器械分类分级管理制度及药品和医疗器械经营、使用质量管理规范；开展药品不良反应、医疗器械不良事件监测和处置工作；贯彻执行国家执业药师资格准入制度；配合相关部门做好执业药师注册管理工作；配合实施国家基本药物制度；负责麻醉药品、精神药品、疫苗等特殊药品及放射性特殊医疗器械的管理和安全监督;负责医疗器械产业招商引资和相关服务保障工作。

第五节　抓住对口帮扶机遇

一、开展协和"专家周活动",将优质医疗资源惠及边疆百姓

自华中科技大学附属武汉协和医院对口帮扶临翔区人民医院以来,共在临翔区开展协和"专家周活动"5次,有74名专家参与活动,共完成带教查房225例、义诊648余人次、现场会诊9人、专题讲座33场、疑难病例诊治及讨论15场、手术示教12例。

二、无私捐赠医疗设备,助力临翔提升医疗水平

华中科技大学同济医学院附属协和医院先后为临翔区人民医院捐赠了1台UE可视喉镜、1套远程会诊学习系统、1台便携式超声仪、1台麻醉科神经刺激仪,大大提升了临翔区人民医院救治能力。

三、引进人才,对临翔区医疗卫生事业实现造血式帮扶

特聘华中科技大学同济医学院附属协和医院原副院长姚尚龙教授为名誉院长。协和医院派出肿瘤医学专业张瑞光博士到临翔区人民医院挂职副院长,分管肿瘤中心、病理科,于2019年2月底结束任期。在张瑞光博士的努力下,临翔区人民医院成功引进肿瘤学研究生一名。2020年,任命华中科技大学同济医学院附属协和医院邹枕玮博士为临翔区人民医院副院长(挂职),4月底,邹枕玮博士正式进驻区医院肿瘤中心开展对口帮扶工作。

四、实施"百人计划",派出业务骨干进修学习

从2014年开始,临翔区先后派出32批共89名中层人员及业务骨干到协和医院进修、培训。涵盖临床、护理、医技、职能管理等专业,通过进修学习带回并开展新技术、新业务30余项。

五、着眼基本公共卫生服务项目,着力提升临翔慢病服务能力

成立临翔区医共体慢病健康管理中心,特聘华中科技大学公共卫生学院许奕华教授、华中科技大学同济医学院附属协和医院周枕玮博士为指导

专家，同时与辖区内区医院、区中医院、区妇幼保健院、区疾控中心及10家乡(镇、街道)卫生院(社区卫生服务中心)签订共建协议。积极筹建华中科技大学公共卫生学院临翔区医共体总医院慢病健康管理中心工作基地。充分利用华中科技大学远程培训平台，现场培训乡村医务人员200余人，线上培训学员837人。

第六节　建立农村居民因病住院个人自付费用监测预警联动机制

为充分发挥健康扶贫在脱贫攻坚战中的能动作用，积极探索“未贫先防”的帮扶配套措施，在逐渐减少全区贫困存量的基础上有效防止新的贫困面产生，依托和整合健康扶贫领导小组成员单位的资源，建立和完善全区农村居民因病住院个人自付费用(含自费部分，下同)监测预警机制。

一、目的意义

对全区农村居民参保人员因病住院且符合政策报销范围的，通过医疗保险住院报销结算系统开展自付费用监测，对预警线以上的患者进行综合分析，精准识别可能因病致残、因病致贫、因病返贫的建档立卡户和非建档立卡户，实施精准施策和提前救助干预，达到“未贫先防”的目的，有效控制贫困发生率反弹，提高和巩固全区脱贫成果。

二、预警设置

根据2018年农民人均纯收入贫困线为3500元和临沧市2017年农村居民人均可支配收入9814元，科学合理地设置预警线。

(1)全区建档立卡贫困户家庭成员因病住院，年内个人支付费用累计超过3000元(含3000元)的，确定为预警线。

(2)全区非建档立卡户参保对象因病住院或因政策范围内可报销的意外事故住院，患者单次住院个人支付费用超过3000元(含3000元)的，确定为预警线。

(3)全区非建档立卡户参保对象因病住院或因政策范围内可报销的意外事故住院的，患者年内累计住院个人自付费用累计超过9000元(含9000元)的，确定为预警线。

三、预警反馈、联动处置

预警处警的工作流程为：筛查信息—发布预警—分析研判—分类处警—处警反馈—总结上报。具体业务流程如下。

（一）信息筛查、预警发布

由区人社局于每月5日前提取上月全区农村居民住院结算信息数据，将预警线以上患者信息报送到区委办、区人大办、区政府办、区政协办、区脱贫攻坚指挥部、区健康扶贫办公室。由区健康扶贫办公室于每月8日前将预警信息发布到各乡（镇、街道）和相关挂钩单位，负责重大问题请示汇报工作，负责预警处警跟踪督办、收集处警情况，负责完善痕迹材料和总结上报等具体业务。

（二）预警研判、分类处警

各乡（镇、街道）是预警处警的第一责任人，务必于每月15日前组织挂钩单位、帮扶责任人、各建制村、村民小组以患者家庭为单位，对其家庭成员构成、经济基础、产业发展、年度收入等实际情况进行综合分析，特别要将非建档立卡户范围内的农村低收入、收入不稳定的“边缘户”作为重点关注、考虑对象，分析判断可能出现因病致贫的风险度，并按因病致贫的风险度科学地进行“轻”“较重”“重”“重大”四类分类并处警，最大限度地降低因病致贫率和因病返贫率。

（1）分类为“轻”的预警对象，各乡（镇、街道）、各挂钩单位、帮扶责任人要以加大产业扶贫力度、促进动员家庭富余劳动力务工就业等方式介入，有效增加农民收入，增强抵御致贫的能力。

（2）分类为“较重”的预警对象，要在“轻”的基础上将其列入社会救助范围。各乡（镇、街道）要组织好材料收集工作，向区健康扶贫办进行申请，由区健康扶贫办牵头抓总，整合民政、红十字会、妇联等部门救助资金，对申请人实行救助。临时救助原则上每半年开展一次（2018年1至8月开展一次，9至12月开展一次），享受临时救助的患者，其预警信息清零，若再次住院，个人支付部分不进行累加计算。对区健康扶贫办反馈的预警信息和救助申请，区民政局、妇联、区红十字会要进行认真分析、研判，积极向社会发起募捐，筹措资金，给予救助支持。

（3）分类为“重”的预警对象，要在“较重”的基础上将其列入农村低保申请范围。各乡（镇、街道）要按程序开展农村低保申请、审核、审批工作，不能进入低保管理的家庭，可申请享受临时救助。

（4）分类为“重大”的预警对象，要在“重”的基础上将其列入重点关注范围。各乡（镇、街道）要将其纳入农村低保对象，各挂钩单位、帮扶责任人要力所能及地给予支持帮助，各实施社会救助的单位要给予救助政策倾斜。实施以上干预后仍未能解决实际问题的，由乡（镇、街道）一事一议行文报区健康扶贫办公室，由区健康扶贫办公室收集整理后向区委区政府专题汇报。因户施策，帮助研究后续帮扶措施，在产业培育、就业培训、岗位提供等方面加大支持力度，确保不因病致贫、因病返贫。

（三）处警反馈、总结上报

各乡（镇、街道）要将当期发布预警信息的处警情况于每月 27 日前报区健康扶贫办公室，区健康扶贫办公室要及时收集、整理处警情况逐级反馈。同时，每个季度进行一次执行健康扶贫预警机制的总结，召开成员单位联席会，通报取得的成绩，总结存在的不足，明确下一阶段工作任务，同时将总结书面报送区委区政府。

四、结果运用

患者因病致残、因意外事故致残的，指导该患者（家属）办理残疾证，申请“重度残疾人护理补贴”“困难残疾人生活补贴”等现行残疾人相关政策待遇。

患者属一般优抚对象或重点优抚对象的，指导该患者（家属）申请现行优抚对象相关政策待遇。

根据分类结果用于指导该家庭申请“重特大疾病医疗救助”“农村低保”“临时救助”“农村特困人员”等现行的社会救助，并获得其他部门的相关救助。

将分类结果作为建档立卡贫困人口识别纳入和脱贫退出的参考依据。

五、保障措施

（一）人员保障

区健康扶贫办公室是贯彻落实健康扶贫预警机制的专门工作机构，要切实履行工作职责，做好牵头抓总，积极主动抓好健康扶贫重大问题的研究、难点问题的协调。工作人员以现有人员为主，区健康扶贫领导小组成员单位分别明确 1 名业务联络员，各单位要保证业务联络员随叫随到。

（二）信息共享

卫计、扶贫、民政、残联、人社、财政、妇联等部门要强化部门协作，区健康扶贫办公室应定期召开工作协调推进会，形成上下联动、左右衔接的工作格局，提升工作信息化水平，加强部门之间的信息共享，提高工作效率。

（三）宣传引导

各乡（镇、街道）、各挂钩单位、帮扶责任人要利用好与群众接触的机会，加大健康扶贫政策“基层首诊、规范转院”的就医就诊政策宣传，引导群众科学合理就医。特别是要将规范转诊转院政策不折不扣落实到目前纳入建档立卡贫困管理的家庭，保证其因病住院时，正常享受健康扶贫“四重保障”政策。

第十章

发展教育　提升能力

习近平总书记始终坚持把教育放在优先发展战略地位。强调扶贫既要富口袋,也要富脑袋。贫困地区的教育发展,是衡量脱贫攻坚成效的硬指标,更关乎全面建成小康社会。党的十八大闭幕后不久,习近平总书记到河北阜平县考察扶贫开发工作时,专门指出,要把下一代的教育工作做好,特别是要注重山区贫困地区下一代的成长。

第一节　加强教育基础建设

教育发展,基础设施必须先行。在财政十分困难的情况下,通过多方筹集资金,临翔区教育基础设施不断完善。

一、“全面改薄”有序推进,义务教育均衡发展

为加快实施教育扶贫,临翔区区级教育经费向贫困地区、老区、少数民族地区基础教育倾斜。争取省级财政分年度安排教育专项资金,用于支持学前教育、义务教育、高中教育、特殊教育和中职教育项目。对建档立卡贫困户家庭的学生从义务教育到普通高中、中等职业教育免除学杂费。健全学前教育资助制度,保障农村贫困家庭幼儿接受学前教育。稳步推进贫困地区农村义务教育阶段学生营养改善计划。适当提高对高校贫困生助学金资助标准和助学贷款额度,对贫困家庭离校未就业的高校毕业生提供就业支持。

临翔区共有 106 所义务教育学校纳入“全面改薄”专项规划,校舍建筑

面积 115619 平方米，占五年规划总数的 104.4%；完成投资 2.78 亿元，占五年规划总投资的 110.32%。全面改薄建设项目的实施，进一步改善了全区中小学办学条件。2016 年 12 月，全区义务教育均衡发展通过省级和国家评估验收。

加快乡村教师队伍建设进度。中小学教师“国培计划”重点向贫困乡镇倾斜，为乡村学校定向培养留得下、稳得住的一专多能教师，制定符合基层实际的教师招聘引进办法，建立区级统筹乡村教师补充机制，推动城乡教师合理流动和对口支援，实施贫困乡镇补充教师经费资助计划，完善教师资源配置。

加大贫困地区学校建设力度。加强农村学校办学条件建设，合理布局农村中小学校，改善基本办学条件，加快标准化建设，加强寄宿制学校建设，提高义务教育巩固率。到 2020 年，全区基础教育普及水平得到全面巩固和提升，学前教育毛入园率达 95%，义务教育巩固率达 95%，高中教育毛入学率达 90%。

二、普通高中项目有序实施，高中教育全面发展

2018 年，临翔区第一中学启动实施普通高中建设项目，新建校舍 17918.91 平方米，总投资 4962.44 万元。2019 年，为贯彻云南省高中学位缺口及规划建设工作会议，实现到 2020 年高中教育毛入学率达 90% 的目标，临翔区启动实施临翔区第三中学普通高中建设项目和临翔区第一中学普通高中建设项目。其中，临翔区第一中学普通高中改扩建项目，新建校舍 19798.56 平方米（其中，教学综合楼 8222.66 平方米，学生宿舍6235.42 平方米，办公楼 1990.48 平方米，食堂、浴室 3350.00 平方米），总投资 5773 万元。新建临翔区第三中学普通高中建设项目，办学规模为 48 个教学班，在校生 2400 人，新建校舍 48294 平方米，概算投资 26945.00 万元。临翔区普通高中建设项目的实施，将有力推动临翔高中教育全面发展。

三、抓好城乡公共体育基础设施建设，提升市民身体素质

根据《云南省全民健身实施计划》的工作任务和具体指标要求，通过前期的努力，城乡居民体育健身意识进一步增强，参加体育锻炼人数显著增加，逐步形成较为健全、具有临翔区特色的全民健身公共服务体系。全区公共体育场地开放率达 100%，已经建成健身路径 17 条。全年经常参加体育锻炼人数比例达 30%以上，国民体质测试总体合格率在 80%以上，每年

培训社会体育指导员30多人。截至目前,全区共有各类室内外场地481块(含学校),建成健身路径27条。全区共有国家级青少年俱乐部4个、省级青少年俱乐部1个、社区俱乐部2个,以及两条健身步道(滨河大道健身步道、玉龙湖健身步道)。

四、落实集中连片特困地区乡村教师生活补助政策实施方案

为贯彻落实《云南省乡村教师支持计划(2015—2020年)》,进一步加强农村教师队伍建设,提高农村教育质量,根据教育部、财政部《关于落实2013年中央1号文件要求对在连片特困地区工作的乡村教师给予生活补助的通知》(教财函〔2013〕106号),《云南省教育厅 云南省财政厅 云南省人力资源和社会保障厅关于落实连片特困地区乡村教师生活补助政策的通知》(云教〔2016〕5号),《临沧市教育局 临沧市财政局 临沧市人力资源和社会保障局关于印发〈临沧市关于落实集中连片特困地区乡村教师生活补助政策的实施意见〉的通知》(临教联发〔2016〕42号)文件精神,结合临翔区实际,特制定本实施方案。

(一)重要意义

发展义务教育,重点在农村,关键在教师。临翔区城乡经济社会发展不平衡,边远贫困地区乡村师资力量比较薄弱,教师工作任务繁重,条件艰苦。落实好连片特困地区乡村教师生活补助政策,进一步体现了党和国家对农村教育的重视、对农村教师的关心,有利于增强农村教师职业吸引力,进一步加强农村教师队伍建设,提高农村教育质量,促进义务教育均衡发展。

(二)实施范围

临翔区乡镇公办学校在编在岗教师、三年服务期内符合条件的特岗教师、在册在岗正式工勤人员和管理人员,不包括街道中心区学校的教师和工勤人员。具体街道中心区学校为:①凤翔街道教育办公室;②凤翔街道凤翔中学;③凤翔街道文华完小;④凤翔街道南信桥完小;⑤凤翔街道南京凹完小;⑥凤翔街道忙角完小;⑦忙畔街道教育办公室;⑧忙畔街道青华中学;⑨忙畔街道忙令完小;⑩忙畔街道八一完小;⑪忙畔街道丙兔完小;⑫忙畔街道忙岗完小。

(三)实施时间

自2016年9月1日起,全面实行乡村教师生活补助差别化政策。

(四)实施标准

结合临翔区实际，根据学校地理位置、乡村学校的艰苦、边远程度等因素，对全区所有学校(校点、教办、预计新建、恢复重建学校)实行乡村学校分类、差别化生活补助政策。共划分4个类别，具体标准为：一类学校每人每月500元；二类学校每人每月600元；三类学校每人每月800元；四类学校每人每月1000元。

第二节　做实“一村一幼”

临翔区自2013年以来，以“班改幼”和“一村一幼”建设为抓手，大力发展农村学前教育。

全区93个建制村按照“一县一示范、一乡一公办、一村一幼”的“三个一”目标建设建制村幼儿园，基本实现“一乡一公办、一村一幼”全覆盖。截至2020年8月，临翔区建成独立建制幼儿园59所，新建幼儿园面积4.3万平方米，完成投资1.31亿元。通过“班改幼”和“一村一幼”项目的实施以及民办教育的有力补充，全区学前教育学位不断增加，学前资源总量不断扩大，幼儿入园率大幅提升。幼儿园数从2013年的18所发展到2020年的122所，在园幼儿由9637人上升到11594人，幼儿园毛入园率由84.15%增至92.21%，学前教育蓬勃发展。

2018年10月23日至24日，临翔区精心筹备并成功举办了云南省“一村一幼”工作推进现场会，全省126名县教育局局长、全省90名省一级一等幼儿园园长、全市80多名省一级二等、三等幼儿园及乡村幼儿园园长，共同分享乡村幼儿园创建与课程游戏化推进成果，临翔区幼儿教育发展及办学水平得到广泛认可。

第三节　多措并举　不断提升教育质量

以教育扶贫为发展契机，临翔区多措并举，在扩大教育规模的同时实现了全区基础教育教学质量的稳步提高。

一、以党建为引领，加强组织领导，为全面提升教育质量提供组织保障

(1)以轮训的形式，对全体党员教师进行触及思想灵魂的再培训，使其

牢记入党誓词，强化党员身份认同，牢记使命与担当，着力发挥党员教师的先锋模范表率作用。开展学校党总支与党支部达标创建活动，杜绝不合格党支部，把基层党组织建设成战斗堡垒，以学校党组织带领全体教师团结干事求发展，同时，结合“不忘初心、牢记使命”主题教育活动，带领党员教师端正办学思想和执教行为，聚焦教学这一中心工作，努力提高教育教学质量。

(2)成立提升教育质量领导小组，领导小组以临翔区教育体育局党政一把手为组长，分管领导为副组长，区直各中学校长、各乡(镇、街道)教育办公室党总支书记为成员，领导小组下设办公室于临翔区教育体育局教研电教室，由教研电教室主任兼任办公室主任，负责指导全区的教育教学管理工作。

(3)实施局领导定点挂钩乡(镇)、挂钩学校制。局领导班子成员分别挂钩全区各乡(镇)，教体局各股室主任分别担任挂钩工作联络员，局领导认真执行挂钩帮扶制度，定期到挂钩乡(镇)的中小学住校蹲点，调研与了解学校存在的问题与困难，撰写挂钩蹲点报告，协调解决学校工作中的难点，引导学校各级各类人员聚焦提升教育质量这一中心工作。

二、加强制度建设，为全面提升教育教学质量保驾护航

临翔区教体局结合临翔区教育实际，多方征集意见，围绕党建和党风廉政建设工作、师德建设与专业发展、教育教学常规管理、校际教育帮扶、教育教学质量评价、教学奖惩等教育教学管理关键环节，拟定了《临沧市临翔区教育体育局22项教育管理制度》，规范学校管理行为。围绕乡(镇)教育办公室、中小学校、幼儿园及教师四级考评体系，拟定具有指导性、方向性的考评实施意见和细则，发挥考评的导向性作用，凝心聚力提升教育教学质量。以加强教学研究为引导，制定了中小学教学常规管理办法、学科工作室建设实施方案、特色教师评选和管理办法等教研教学管理制度。对以上制度，区教育体育局汇编成册，以文件形式印发至各学校，每学期组织督查三次，确保制度执行落实不走样。

三、加强教研机构建设，为提升教育教学质量提供人员保障

(1)加强区教育体育局教研电教室建设，按编制配足配齐教研电教室学科教研员；帮助各乡镇（街道）教育办公室至少选配一名教学业务精、教学成绩突出、责任心强的教研师训员，每学期组织教研师训员进行业务

交流与培训活动。

(2)加大临翔区教研电教室教育科研设备及活动经费投入,配备了教研员所需的图书、书柜、电脑、摄像机、照相机、光碟刻录机等设备。

(3)中小学各学科至少选聘了2名业务素质过硬的学科教师作为兼职教研员,组建了区级小学语文、数学、科学、道德与法治学科工作室,中小学体育和幼儿学科工作室,初中语文、数学、英语、道德与法治、历史、地理、物理、化学、生物学科工作室。按学科工作室考评细则及计划要求,每学期至少组织开展教学研究活动一次,提高本学科教师专业能力。

(4)在区直各校(园)中,成立了专管教学研究的教科室,教科室设主任1名,负责主抓学校的教育科研工作,着力发挥教研工作对提高教学效率的导向性作用。

(5)组建了区、乡两级特色教师工作室,着力引导和服务教师特色经验提炼或建构教学特色与经验。

四、多层次开展实效教研活动,为提升教育教学质量提供理论与实践支持

(1)按管理权限及分工,坚持开展对乡(镇)教育办公室、学校及教师的教学常规工作的督查与考评工作,全面督查与抽查考评相结合,每学期组织3次督查,并将考评结果与校长、学校领导班子考评及教师绩效工资挂钩,激发教师的从教积极性。

(2)严格组织好每学期一次的学业水平检测工作,严肃考试与统一阅卷纪律,营造公平竞争环境,树立良好的教风与学风,并认真做好成绩统计与分析,认真做好质量分析,每学期编印出版中小学《教研简讯》各一期。

(3)坚持组织课堂教学改革观摩培训暨推进活动,每学年至少组织2次全区性的课堂教学改革观摩培训暨推进活动,一次针对校(园)长和中层领导,一次针对中小幼部分学科教师。每次课堂教学改革观摩培训暨推进活动,都分校赛、乡赛和区赛三个层次进行,聚焦课堂教学质量。

(4)加强特色教师总结提炼,促进教师专业化成长,以开展面对面教研活动和连片教研活动为契机,拓宽专业成长思路,更新全区教师的科研意识,树立自我发展观念,深入各乡镇、学校指导,并开展了具有针对性的专题讲座,加快教师专业化成长的步伐,加快特色教师工作室的工作进程。

(5)持续开展对阅读推广的研究活动,致力于阅读文化建设。督促和指导学校加强学校图书室和班级图书角的建设与管理,学校都增加了图书室藏书,设立了班级图书角;加强了与国内阅读推广公益组织的联系,促进

学校与陈一心基金、心平基金，以及云南师范大学教育与管理学院王凌院长的研究团队、朱永新教授的新教育团队等建立联系，优化学校阅读文化建设。

(6)加强课题研究及管理工作。对课题研究重要性的宣传与制度保障相结合，将教育科研课题在研及结题纳入教育科研成果奖励范畴，发动和鼓励教师参与课题研究工作。同时，制定了《临翔区教育局在研课题年度检查评价标准》，规范课题研究及管理工作，加强对课题研究的指导与培训，让课题研究与教学改革有机结合起来，提高教学效率。

(7)开展全区性的实效备课研究活动，利用学科工作室、研训小组等载体，抓实解读文本的实效性备课，让备课真正为课堂教学服务，为提高教师专业发展水平服务。

五、努力推进课堂教学改革，加速提升教育教学质量

(1)结合常规工作考评，每学期不定期到教办和学校进行业务指导，对教办主任、校(园)长、教研师训员、教导(教科室)主任进行专题培训；深入学校指导教研组活动和课堂教学，与一线教师共同交流切磋，提高教师专业素养。

(2)有计划地用好多方培训机会，努力为学校和教师提供“走出去、请进来”的学习机会，邀请区内外名师或课改专家到临翔区做报告，组织校领导、中层干部、骨干教师参加省内外课改现场会或专题培训，多方面提升管理队伍和教师队伍的专业知识与业务能力。

六、加大经费投入，为全面提升教育教学质量提供经费保障

(1)保障教研室设备购置和活动经费。购置相关的业务设备，保障每年中小幼校(园)长课堂教学改革观摩培训、中小幼部分学科教师课堂教学改革观摩培训、中小学全部学科命题竞赛和精细化管理推进会等活动经费。

(2)根据《临沧市临翔区教育局教育科研成果及优秀班主任先进班主任奖励性绩效工资发放实施意见》(临翔教发〔2012〕97号)文件，每年筹措并兑现教育科研成果奖励30多万元。

(3)积极争取“国培计划”云南省项目县支持，为一线教师争取到培训经费196万元，通过置换脱产研修、乡村教师访名校、乡村中小学校长培训、教师网络研修等方式，5400多人次的教师得到了不同程度的培训。

(4)每年争取区人民政府专项资金300万元,对高考、中考和市区统考成绩优秀的单位及个人进行表彰奖励,提升教师的工作积极性、成就感、幸福感。

七、积极发挥职业教育优势,助力脱贫攻坚

职业教育是国民教育体系和人力资源开发的重要组成部分,是广大青年打开通往成功大门的重要途径。精准脱贫取得的成果,只有通过对贫困人口职业技能的提高,才能确保其高效应用。

积极开展继续教育和职业培训。构建劳动者终身职业培训体系,依托各类院校、社会组织,建立有利于劳动者接受继续教育和职业培训的灵活学习制度,推进学习型社会建设。坚持面向人人,对未升学初高中毕业生、残疾人、失业人员等群体普遍开展继续教育和职业培训,帮助进城务工人员、一线职工、转业军人和新型农民提升就业创业能力。加大创业培训力度,对有创业要求和培训愿望、具备一定创业条件的高校毕业生、返乡农民工及处于创业初期的创业者提供创业培训。到2020年,全区从业人员继续教育年参与率达60%以上。

积极对接滇西科技师范学院每年面向全市定向招录贫困村学生政策,争取省内外高校自主招生、定向招生和预科生招收指标向临翔区贫困村倾斜,力争用10年时间,为每个贫困村至少培育5名大学生。协调联系中等职业院校每年培养200名不同类别的乡土人才。实施义务教育阶段中小学"1+1"城乡结对帮扶共建计划和"百企帮百校"行动计划。对在区内就读普通高中学校贫困家庭学生给予每人每年1500元的助学金补助。优先保障考入高等院校的贫困家庭学生获得入学困难补助和4000元以内生源地信用助学贴息贷款支持。提高贫困乡村教师工资,增加岗位津贴,实行特岗计划、国培计划向贫困乡、贫困村学校倾斜。

经过多年发展,临翔区职业教育中心已是一所集中等职业教育、成人函授教育、短期职业技能培训于一体的中等职业学校。学校开设汽车运用与维修、计算机应用、高星级饭店运营与管理、电子商务、运动训练5个专业,共有全日制学生376人,非全日制成人中专学生1821人。学校作为云南开放大学"一村一名大学生计划"临翔区办学点,承担了全区村两委领导、致富带头人学历提升的培训任务,开设专科和本科班,共有学员398人。同时,学校发挥第八十一国家职业技能鉴定所的职能作用,承担了临翔、耿马、永德、镇康等职教中心及临沧市农校的汽车维修工培训鉴定工

作。学校依托“家校企”合作办学，全面实施“三全”育人，让学生走出大山，做最好的自己。认真落实“东西协作”扶贫计划，共向浙江、广东等地培养输送建档立卡贫困学生 56 人，培养专业技能人才，为贫困家庭增收致富奠定就业基础，教师以“用心陪伴、助力成才”的工作理念，合力实施职业素养教育，每年为社会培养了大批专业技术人才。

八、精准对口帮扶，以点带面提质量

由于临翔区地处边疆，总体教育质量不高，区内各级各类学校办学水平参差不齐，区教育体育局决定以先进带后进，对口帮扶，以点带面，整体提高临翔区中小学、幼儿园办学水平。利用华中科技大学对口帮扶临翔区的机遇，协调华中科技大学附中、附小、附属幼儿园与临翔区一中、临翔区杏勒完小、临翔区中心幼儿园建立了对口帮扶关系；利用上海市崇明区对口帮扶临翔区的机遇，协调崇明区教育部门与临翔区大文中学建立了对口帮扶关系；牵头区内优质幼儿园与民办幼儿园，城区优质小学与山区小学，优质初中与后进初中，建立了对口帮扶关系，共同努力提高教育质量。

近年来，临翔区高考成绩取得较大突破，一本目标 13 人，实际达到 77 人，二本 729 人，艺体生上线人数超百人大关，实现学校考取八大美院零突破，成为临沧市首家书法专业本科上线的学校。

第四节　实施农民素质提升行动

一、做实宣讲工作

临翔区委组建习近平新时代中国特色社会主义思想宣讲团，区委宣传部组织“南汀乡音”特色宣讲团和少数民族语言火塘宣讲小分队，乡（镇、街道）和部门按要求组织宣讲队伍，形成“集中宣讲和常态化宣讲，领导干部带头讲、挂钩部门联系讲、基层干部深入讲”的宣讲大格局，基层宣讲依托“流动党校”“村史室”“农村大讲坛”“农民讲习所”“科普示范基地”“新时代文明实践中心”等载体，把习近平总书记关于“三农”工作、脱贫攻坚工作、全面小康的重要论述和中央扶贫工作会议精神、农村工作会议精神，以及省委、市委相关会议精神，宣讲到村、到组、到户，让党的正确理论和惠民政策进入寻常百姓家，使之家喻户晓、深入人心。5 年来，全区开展相关扶贫理论、政策村、组及以上宣讲 9000 余场次，听众 279000 余人次。

二、做实培训工作

区委组织部和区委党校坚持把习近平总书记关于"三农"工作、脱贫攻坚工作、全面小康重要论述和中央扶贫工作会议精神、农村工作会议精神，以及省委、市委相关会议精神，纳入村（社区）两委班子和农村普通党员的培训内容。在统一举办培训班的同时，把党课讲到乡镇，讲到村组，有效地帮助村组干部和广大农村党员提升理论素养和科学素质。

三、做实宣传推动

区级各媒体常态化地开设专栏、专板，常态化地在重要时段大力宣传全区各条战线扶贫工作的推进情况，常态化地报道先进典型和成功经验。有效提振了全区各族干部群众的扶贫干劲，催生了全区各族干部群众攻坚克难的动力。

第五节　多层次开展干部培训

为深入学习贯彻习近平新时代中国特色社会主义思想，认真贯彻党的十九大关于脱贫攻坚工作的部署要求和习近平总书记扶贫开发战略思想，进一步强化广大党员干部群众脱贫攻坚理论化、专业化、精准化学习培训，服务全区实施乡村振兴战略、打好新时代脱贫攻坚战的工作大局，根据区委区政府关于脱贫攻坚工作要求，结合临翔区实际，提出《临翔区脱贫攻坚学习培训体系建设实施意见》。

一、建立脱贫攻坚学习培训体系

（一）建立脱贫攻坚学习培训体系的目的意义

开展脱贫攻坚学习培训工作是建设高素质专业化干部队伍、坚决打好脱贫攻坚战的先导性、基础性、战略性工程，是贯彻落实中央、省委、市委精准扶贫精准脱贫决策部署的重要途径，是决战脱贫攻坚、决胜全面小康、实现跨越发展的重要保证，对如期实现全区农村贫困人口脱贫、贫困乡全部摘帽目标任务具有十分重要的意义。全区打响脱贫攻坚战以来，各乡（镇、街道）各部门按照中央、省委、市委和区委的要求，围绕脱贫攻坚工作需要和干部队伍建设的实际，认真组织开展各层级、各系统、各领域的脱贫攻坚学习培训，取得了明显成效，有效地提升了党员干部群众的素质和能力，为脱贫攻坚打下了良好基础。但与新时代脱贫攻坚工作的需要相比，与建设高素质专业化干部队伍的要求相比，还存在一些不适应的地方。主要表现在：理论联系实际不够紧密，不能有效回答贫困群众关注的现实和热点问题；培训形式相对单一，吸引力、感染力有待加强；少数党员干部第一书记、督导组成员、驻村扶贫工作队队员对“三农”工作、扶贫政策、村情民意熟悉不够，帮扶能力不足，帮扶办法简单，导致帮扶效果不明显，群众满意度不高。建立脱贫攻坚学习培训体系，加强学习教育、加快学用转化，有利于进一步深化干部队伍思想认识、熟悉政策业务、压实工作责任、提升能力水平、改进工作作风；有利于进一步增强贫困群众对脱贫攻坚政策的精准运用和生产增收技能的理解掌握；有利于形成思想共识，提振党员干部群众打好脱贫攻坚战的士气。各级各部门要从决战决胜脱贫攻坚的高度，进一步增强责任感和紧迫感，采取多种形式，加强脱贫攻坚学习教育培训，着力提升党员干部群众的综合素质能力，确保脱贫攻坚目标任务的顺利完成。

（二）脱贫攻坚学习培训体系的总体思路和工作目标

1.总体思路

以习近平新时代中国特色社会主义思想为指引，紧紧围绕习近平总书记扶贫开发战略思想，坚持精准扶贫精准脱贫基本方略，认真贯彻落实中央、省委、市委关于打好精准脱贫攻坚战的决策部署，围绕中心、服务大局，分级分类、全员培训，完善政策、创新机制，突出加强脱贫攻坚政策理论教育和专业化能力培训，突出提升扶贫干部研究解决脱贫攻坚困难和问题的能力水平，突出加快补齐贫困群众“精神短板”，坚持培训资源向脱贫攻坚一线倾斜、培训内容紧扣脱贫攻坚需要、培训方式贴近脱贫攻坚实战，为决战决胜脱贫攻坚提供坚强的思想政治保证和人才智力支持。

2.工作目标

通过精准摸排党员干部群众在脱贫攻坚工作中的培训需求和培训意愿，进一步建立健全学习培训制度，综合运用党委（党组）理论学习中心组学习、干部轮训、专题培训、请进来辅导、走出去培训、现场教学培训、网络在线学习等多种方式，全面加强脱贫攻坚理论、政策、业务知识培训，促进培训科学化、规范化、专业化、精准化，逐步构建起与脱贫攻坚实际工作相适应、满足党员干部群众需求的学习培训体系。

领导干部培训目标：各级党委（党组）围绕脱贫攻坚工作每年至少开展1次以上理论中心组学习，将脱贫攻坚知识纳入区级干部教育培训主体班次必学内容，确保实现领导干部脱贫攻坚政策知识培训全覆盖。

驻村扶贫工作队队员培训目标：确保每名驻村扶贫工作队队员每年至少参加1次集中培训。

党员干部培训目标：每个行业扶贫责任单位每年适时组织开展相关业务知识培训，实现所有行业脱贫攻坚培训全覆盖；各级基层党组织确保每名基层党组织书记每年至少参加1次集中培训，3年内实现全部党员进乡级及以上党校集中轮训全覆盖；全面实施“村干部学历提升计划”，实现每村至少培养1名大专以上学历村干部。

基层群众培训目标：2018年，全区累计开展各类精准扶贫培训2万人次以上，完成农村电子商务创业宣传培训1000人次，完成农村实用技术培训2000人次，按计划每年培养100名不同类别的乡土人才。2019年，建档立卡贫困户至少有1人掌握1门以上实用技术，全区农村中高级技能人才达300人以上。2020年，完成普及电商基础知识培训8000人次，培养100名以上青年电商专业人才；实现建档立卡贫困乡、村群众实用技术培训全覆盖。

（三）脱贫攻坚学习培训体系的培训对象及职能职责

1.分级培训对象

区级负责培训乡科级领导干部、驻村工作队队员和村级党组织书记；乡（镇、街道）党（工）委负责培训村组干部和基层党员群众；区级各行业扶贫责任部门结合行业扶贫任务办好业务培训班，其余培训对象由各乡（镇、街道）、区直各部门分级负责、兜底培训，确保全员覆盖。

2.部门职能职责

区委组织部、区委党校将脱贫攻坚政策理论和业务技能知识作为干部教育培训的必学内容和重点教学课程，在大规模干部轮训中实现脱贫攻坚政策知识全员覆盖。

区扶贫办重点围绕解决扶贫工作具体问题，提高扶贫工作实际能力，创新群众工作方式方法，加强专业化能力培训，大力培育懂扶贫、会帮扶、作风硬的扶贫干部队伍。

行业扶贫责任单位，按照贫困群众需求确定培训目标和任务，牵头组织抓好各类培训。

区发改局负责实施易地扶贫搬迁、以工代赈扶贫工程等业务培训；区财政局负责实施财政专项扶贫资金监督管理和绩效考核评价等业务培训；区农业局负责实施农村实用人才培训、新型职业农民培训和农村富余劳动力转移培训；区林业局负责实施以建档立卡贫困户为主要对象的林业科技示范培训;区人社局负责实施建档立卡贫困家庭劳动力就业技能培训;区教育局负责实施教育扶贫政策业务和技能培训;区民政局负责实施农村低保等保障救助政策培训;区商务局负责实施农村电子商务带头人和实用型人才培训;区卫计局负责实施乡村医疗卫生人才业务技能培训;区科技局、区科协负责实施农业科学技术示范培训;区统计局负责脱贫统计监测业务培训;区档案局负责建档立卡贫困乡村工作档案达标培训;工会、共青团、妇联负责实施贫困地区农民工、青年、妇女等劳动力创业就业引导性培训。

区扶贫开发领导小组成员单位、其他行业扶贫责任单位结合职能职责,做好涉及脱贫攻坚领域的业务培训。

(四)脱贫攻坚学习培训体系的主要培训内容

坚持"脱贫攻坚需要什么就培训什么,干部群众缺什么就补什么"的原则,紧扣脱贫攻坚需求和各地实际,根据不同培训对象,科学设置培训内容,重点培训以下四个方面。

1.习近平总书记扶贫开发战略思想

深入学习习近平总书记扶贫开发战略思想,深刻理解和掌握其理论精髓、方法路径,凝聚思想共识,增强行动自觉,提升政策水平,强化组织能力,扎实推进脱贫攻坚工作。

2.脱贫攻坚相关政策

贯彻中央和省委关于脱贫攻坚的政策举措和部署要求,培训产业扶贫、金融扶贫、教育扶贫、易地扶贫搬迁、劳务输出脱贫、兜底保障脱贫、健康扶贫、生态补偿脱贫、社会扶贫、贫困农户危房改造等方面的政策法规、业务知识和专业技能,确保广大干部精准、科学、有效地贯彻落实脱贫攻坚各项政策措施。

3.精准扶贫业务知识

培训贫困对象精准识别、建档立卡、精准退出、档案管理、统计监测、扶贫考核、扶贫督查项目建设、扶贫资金使用管理、涉农资金整合、基层党建、群众工作等方面的业务知识,切实增强脱贫攻坚工作的精准度和实效性,提升群众的满意度和获得感。

4.脱贫致富专业技能

培训项目开发、经营管理、市场营销、电子商务等方面的专业技能,提升驻村工作队队员、村"两委"干部和结对帮扶责任人带领贫困村及贫困户脱贫致富的能力水平,提升贫困群众掌握现代农业科技、实用技能技术,主动谋发展、勤致富的意识和能力。

（五）脱贫攻坚学习培训体系的主要培训方式

1. 立足脱贫攻坚路线方针，深化理论学习中心组学习

坚持把习近平总书记扶贫开发战略思想、精准扶贫精准脱贫基本方略和党中央关于打好精准脱贫攻坚战的决策部署作为各级各部门党委（党组）理论学习中心组学习的重要内容。将学习习近平总书记在精准脱贫攻坚战座谈会上的重要讲话精神、全国扶贫开发工作会议精神等重大会议精神等内容列入年度学习计划，明确指导思想、学习内容、学习时间和具体要求。根据实际情况，确定学习主题、创新学习方式、完善学习制度，确保真学、真信、真用。坚持把学习理论同研究当前脱贫攻坚工作中的重大问题结合起来，同研究解决贫困地区群众最关心、最直接、最现实的问题结合起来，同本地区本部门本单位的工作职责和目标任务结合起来，使科学理论真正成为指导脱贫攻坚工作和决策的思想武器，成为决战决胜脱贫攻坚的强大动力。

2. 立足脱贫攻坚政策理论，开展干部轮训

把脱贫攻坚政策理论和基础知识作为党员干部教育培训的重要内容，列入党校、行政学校必修课，坚持分级分类培训，推动脱贫攻坚政策进党校、进机关、进基层、进农村。区委组织部、区委党校在分期分批开展全区科级领导干部学习贯彻习近平新时代中国特色社会主义思想和党的十九大精神轮训过程中，按要求设置脱贫攻坚专题，切实抓好各项教学培训工作，实现全员覆盖，引导各级干部提高思想认识，树立正确的政绩观，提高推动脱贫攻坚的能力水平。区扶贫办、区扶贫开发领导小组成员单位及相关涉农部门结合工作实际，把开展脱贫攻坚党员干部培训作为全年工作的重点任务之一，注重开发精品课程，制定专业教材，切实提高培训的指导性和针对性。各基层党（工）委切实发挥学习引领作用，深入开展“百名讲师上讲台”“千堂党课进基层”“万名党员进党校”“农村党员冬春训”等活动，通过送教下乡，对乡镇干部、村干部、第一书记和驻村扶贫工作队队员进行全覆盖培训，引导广大党员干部进一步坚定脱贫攻坚的信心和决心，提振打好脱贫攻坚战的精气神，确保决胜脱贫攻坚战目标任务的圆满完成。

3. 立足脱贫攻坚专业化能力提升，开展精准施训

坚持按需施教、因材施教、精准化培训，大力开展脱贫攻坚、乡村振兴战略、区域协调发展战略等方面的专业化培训。区委组织部、区委党校、区扶贫办按计划每年至少举办 1 期脱贫攻坚专题培训班。区扶贫办、区扶贫开发领导小组成员单位有计划地邀请省级和市级挂职领导、上级扶贫部门

领导、国内专家教授、已脱贫地区专业人士等专家学者到临翔区授课；有针对性地举办各类专题讲座，邀请分管扶贫工作的厅、处、科级领导干部进行专题授课，不断提高培训质量和效果。各级各部门要进一步细化制定本部门本行业脱贫攻坚培训工作方案，按计划推进实施，进一步促进贫困地区产业转型升级，切实提高党员干部的群众工作能力和扶贫工作水平，增强贫困群众和低收入人群综合素质，加强政策引导、教育引导、典型引导，注重扶贫与扶志扶智相结合，带动贫困地区和贫困群众实现脱贫致富。

4.立足帮扶资源特长及优势，开展灵活培训

依托华中科技大学的教学资源、特长优势，以推进临翔区脱贫攻坚、乡村振兴、城镇规划建设、农业产业化建设、教育事业发展、医疗服务、科技应用、干部能力建设等为重点，适时开办华中科技大学院士专家“临翔大讲坛”，进一步提升扶贫干部能力素质，拓宽扶贫干部工作思路、开阔扶贫干部工作视野，把学到的知识运用到工作中，认真开展好精准扶贫工作。

5.立足不断拓宽视野补齐短板，开展走出去培训

大力培养扶贫干部战略思维和开放视野，积极拓宽基层党员干部教育培训渠道，注重利用区内外培训资源开展培训。依托教育部从高校选派到临翔区的挂职干部，中央、省级、市级单位和央企、省企挂职干部，以及华中科技大学援临干部等外部资源，强化脱贫攻坚学习培训合作，开展走出去培训，有计划选派扶贫干部、后备干部、基层党员干部到发达地区学习脱贫攻坚先进工作经验，适时与华中科技大学联合举办重点村党组织书记、重点涉农部门领导干部脱贫攻坚专题培训班。农业、林业、人社、教育、民政、卫计、商务、科技、科协等涉农部门要围绕行业扶贫精心设计专题，精准设计课程，在保证脱贫攻坚工作按计划推进的同时，有计划、有针对性、分阶段地开展外出观摩学习培训。通过走出去培训，使参训人员进一步借鉴、吸取先进发达地区脱贫攻坚的成功做法和经验，充分感受自身差距，增强决战脱贫攻坚的责任感和紧迫感，提升扶贫工作的能力和水平。

6.立足用好用活资源优势，开展延伸培训

依托“农村大讲堂”，以区委党校教师和乡土人才为宣讲主体，紧紧围绕“习近平新时代中国特色社会主义思想、党的十九大精神、脱贫攻坚和乡村振兴战略”等开展宣讲，引导群众提振脱贫信心，树立良好风气，激发内生动力，强化感恩意识。深化干部直接联系服务群众工作，科级领导干部、帮扶责任人每月驻村时间累计不少于 5 天，围绕脱贫攻坚目标任务，深入自然村（组）和群众家中，开展讲政策、访民情、办实事活动，认真收集群众

诉求和意愿，切实帮助群众解决困难问题。

7. 立足示范学习和借鉴推广，开展现场教学培训

努力挖掘临翔区党员干部教育资源禀赋，结合创建干部教育培训现场教学基地工作，注重打造可学习、可示范、可借鉴、可推广的脱贫攻坚工作现场教学基地，采取理论学习、案例教学、现场观摩、组织外出调研学习等方式，召开产业扶贫、就业扶贫、易地扶贫搬迁、教育扶贫、健康扶贫、农村危房改造等现场观摩会，使各级领导干部深刻领会习近平扶贫思想精神实质，准确把握脱贫攻坚的发展规律和时代要求，学懂、弄通精准脱贫攻坚的方法论，提高研究攻坚问题、解决攻坚难题的专业化能力。充分利用农村产业发展示范点、党建工作示范点、农业科技推广示范点、特色产业发展基地等现场教学培训资源，以建档立卡贫困地区和贫困户为重点，组织基层党员群众到现场开展观摩培训。注重把培训课堂安排在田间地头、产业地块、建设现场，使干部群众易学习、易领会、易操作，实现扶贫与扶志扶智相结合，增强贫困地区群众自我发展的"造血功能"。扶贫部门、基层党组织要以深入开展"党的光辉照边疆，边疆人民心向党"实践活动为契机，灵活运用"干部夜校""家庭党校""农家课堂""流动课堂"等方式，用好、用活村史馆、村民小组活动场所以及党员群众教育培训讲习所，组织干部、专家、教师深入基层一线和贫困地区，广泛宣传贯彻国家、省、市、区的扶贫政策、扶贫方式和扶贫成效，教育引导农村贫困群众树牢自主发展意识和脱贫攻坚主体意识，摒弃"等靠要"思想，汇聚脱贫攻坚的正能量。

8. 立足运用科技化、信息化手段，开展网络化培训

牢固树立互联网思维，运用现代信息技术推动互联网与脱贫攻坚学习培训融合发展。依托云南省干部在线学习学院、云岭先锋、临翔先锋等新媒体，党员干部 QQ 群、微信群、手机 App 等现代化学习平台，打造相互学习、相互交流的新载体，引导各级干部自觉学网、懂网、用网。扶贫部门及涉农部门定期不定期上载脱贫攻坚政策业务培训视频、培训课件以及政策知识和工作信息，进一步有效整合党员干部现代远程教育平台与综合服务平台、临翔区农业信息网等网络培训资源，利用"互联网＋"等现代网络技术，广泛开展形式多样的移动学习，实现学习资源的共建共享，不断扩大学习培训覆盖面。结合强基惠农"股份合作"经济，支持基层党组织和党员带头参与电商创业，推进农村电子商务进平台，提高扶贫干部、贫困地区党员群众利用新科技推动脱贫攻坚、促进产业发展、共同创业致富的意识和能力。

(六)脱贫攻坚学习培训体系的考核评估及结果运用

1.强化考核评估

区扶贫开发领导小组办公室注重及时跟踪各项学习培训工作的具体落实情况,采取定期督查、随机抽查、实地核查等形式,对各乡(镇、街道)、区级各有关部门开展脱贫攻坚学习培训情况进行督促检查,确保各项培训目标任务落实到位。区委组织部、区委党校、区扶贫办采取问卷调查、讨论发言、学习测试、撰写学习体会文章等方式,考核学员在脱贫攻坚政策业务知识方面的学习成效。针对不同班次的学员,进一步完善学习考核制度,建立即时评价、综合评价、专项评价相结合的立体多元考核评估办法,科学设置学习培训指标体系,形成以质量为导向的考核评价机制、激励约束机制、责任落实机制。

2.强化考核结果运用

坚持把脱贫攻坚理论水平、学习能力和执行能力作为领导干部的一项重要素质要求,注重考核结果在干部培养使用方面的作用,将参加脱贫攻坚学习培训的表现情况和学习效果作为在脱贫攻坚第一线考察识别干部的重要条件,把培训考核情况作为领导干部职务晋升、评先评优的重要依据,使学习能力强、理论水平高、工作业绩优、群众评价好的干部优先得到选拔使用。对学风不正、学纪不严,甚至不听招呼、纪律涣散的干部,进行召回管理、提醒问责直至组织处理,切实发挥好考核指挥棒的激励作用。

3.强化学风建设

把从严要求、从严教育、从严管理贯穿于脱贫攻坚学习培训全过程,推进制度化管理、规范化培训。严格落实中央、省委、市委关于在干部教育培训中进一步加强学员管理的规定,以及《关于在全区干部教育培训中进一步加强和改进学员管理的规定》,严格教师和学员管理,努力营造实事求是、勤奋好学的学习风气。培训主管部门采取随机抽查、学风督导、跟班管理、学员违纪通报等方式,切实加强和改进学风监督,确保学风学纪建设制度规定落到实处。

二、关键时期强化培训

(一)加强"不忘初心、牢记使命"主题教育

临翔区把脱贫攻坚作为开展"不忘初心、牢记使命"主题教育最重要、最根本的实践载体,紧盯目标任务,持续发力,一体推进学习教育、调查研究、检视问题、整改落实四项重点措施,以主题教育成效助力脱贫攻坚迈上

新的台阶。

将主题教育与脱贫攻坚紧密结合起来，把学习教育课堂建在脱贫攻坚一线。区处级以上领导班子和各级领导干部主动认领任务，带头参与主题教育，在认真扎实学习好主题教育规定内容的同时，加强脱贫攻坚和乡村振兴政策、知识学习，把主题教育学习成果转化为指导、推动工作的能力。全区56支驻村帮扶工作队、187名队员和1126名“临翔脱贫奔小康联系群众实干队”队员把主题教育的课堂搬到田间地头、村组院落，做到学习教育与脱贫攻坚“两不误”“双促进”。目前，临翔区、乡、村三级联动，学习教育主战场全面下移，全区各级党支部通过“三会一课”、党员活动日等累计召开1500余场次会议，15000余名党员干部全部学在基层、干在基层。

将脱贫攻坚工作状况纳入主题教育调查研究内容。区委主要领导带头深入最贫困的村开展调查研究，既挂帅又出征，逐村逐户、逐人逐项解决问题，坚决攻克最后的贫困堡垒。39名处级以上领导干部带头深入脱贫攻坚一线开展调查研究，深入脱贫攻坚挂包村、主题教育联系点、软弱涣散党组织联系点，看实情、听介绍、开座谈、问需求、话心声、谈措施，摸清实际情况，找准问题症结，制定解决举措。全区646名科级领导干部精准确定调研课题，详细制定调研方案，大兴调查研究之风，带着问题深入田间地头、脱贫攻坚一线听取民意，将调研与本单位或本人已建立的问题清单结合起来，采取蹲点调研等方式，边调研、边征求意见、边发现问题、边解决问题。

将扶贫工作的短板纳入主题教育检视整改主要内容。以强烈的自我革命精神，紧扣“两不愁三保障”，聚焦脱贫攻坚巩固提升工作，全面检视问题，查找短板，以正视问题的自觉和刀刃向内的勇气，针对走访、排查、清理、调研、检视出来的脱贫攻坚问题，找准问题症结，尽快补齐短板。通过在义务教育有保障、基本医疗有保障、住房安全有保障、饮水安全有保障等方面持续精准发力，解决好“两不愁三保障”突出问题；通过政府主导推动、能人回乡创业、贫困户自立自强、培育“互联网＋”等新业态，发展脱贫产业，夯实稳定脱贫基础；通过对10个软弱涣散村（社区）党组织进行整顿提升，提升基层党组织引领脱贫攻坚的战斗力；通过深化“党的光辉照边疆，边疆人民心向党”实践活动，发挥“新时代农民讲习所”和“农村大讲堂”作用，深入开展“讲实话、说变化、感党恩、谋幸福”活动，进一步激发群众内生动力；通过采取“督查巡查＋暗访”的方式，从严从实抓好中央第十二巡视组对云南省开展脱贫攻坚专项巡视反馈意见，以及2018年省对市、县（区）扶贫开发成效考核、第三方评估检查、东西部扶贫协作考核、市区联合督查巡察组等发现问题的整改，以问题整改推动各项工作落实，确保问题整改销号清零，在解决实际问题中切实抓好落实。

（二）强化党性教育

临沧市临翔区紧紧围绕决战脱贫攻坚工作重点，强化理论教育，强化党性教育，强化技能培训，切实坚定干部理想信念，确保干部遵纪守法，提升干部综合素质，为开拓临翔跨越式发展新境界提供坚强的思想政治保证和人才智力支持。

1.强化理论教育，坚定干部理想信念

把习近平新时代中国特色社会主义思想学习教育与学习贯彻党的十九大精神结合起来，与推进“两学一做”学习教育常态化、制度化结合起来，采取党委（党组）理论学习中心组学习、专题培训、集中轮训、在线学习、读书会、理论宣讲等方式，组织干部读原著、学原文、悟原理，教育引导干部全面学、系统学、深入学，在学懂弄通做实上下功夫，深刻领会习近平新时代中国特色社会主义思想的重大政治意义、理论意义、实践意义，深入掌握这一重要思想的时代背景、科学体系、精神实质、实践要求，准确把握贯穿其中的马克思主义立场、观点、方法，增强“四个意识”，坚定“四个自信”，筑牢同以习近平同志为核心的党中央保持高度一致的思想根基。目前，已举办科级领导干部学习贯彻习近平新时代中国特色社会主义思想和十九大精神专题培训班3期，培训科级领导干部920人；开展党委（党组）中心组学习169期次，参学1105人次。

2.强化党性教育，确保干部遵纪守法

把学习党章作为党性教育的必修课，教育引导党员干部自觉尊崇党章、贯彻党章、维护党章。加强党规党纪特别是政治纪律、政治规矩教育，开展经常性警示教育，引导干部知敬畏、存戒惧、守底线。加强党的宗旨和作风教育，引导干部深入贯彻以人民为中心的发展思想，践行全心全意为人民服务的根本宗旨，始终保持同人民群众的血肉联系。加强党内政治文化教育，弘扬忠诚老实、公道正派、实事求是、清正廉洁等价值观，引导干部自觉增强党内政治生活的政治性、时代性、原则性、战斗性。加强社会主义核心价值体系、道德品行教育，引导干部切实增强“四个意识”，坚定“四个自信”。加强马克思主义基本原理和中国特色社会主义理论体系、党的路线方针政策、党史国史、国情形势等教育培训，强化社会主义核心价值观、道德品行教育，引导党员干部学而信、学而用、学而行，切实增强道路自信、理论自信、制度自信、文化自信。目前，已开展党的十九大精神宣讲62场次，受教育5000余人次；开展“万名党员进党校”培训班17期，参训2260人次。

3.强化技能培训，提升干部综合素质

按需施教、因材施教、精准培训的原则，开展深化供给侧结构性改革、创新驱动发展战略、乡村振兴战略、区域协调发展战略、深化市场经济体制改革和对外开放合作等方面的培训。注重加强对党风廉政建设、意识形态、精神文明建设、脱贫攻坚、妇女儿童、保密工作、环境保护、沿边对外开放、民族团结进步示范区建设、产业发展、城镇规划建设管理、法制建设、社会治理、生态文明、学网用网等内容的教育培训和宣传普及，着力提升各行业、各系统、各部门干部的专业化能力和水平，不断增强各级领导干部决战脱贫攻坚、决胜全面小康、推动跨越发展的能力和本领。目前，已举办1期临翔区驻村扶贫工作队队员学习贯彻习近平新时代中国特色社会主义思想和十九大精神专题培训班，参训361人；举办1期临翔区通信员学习贯彻习近平新时代中国特色社会主义思想和十九大精神专题培训班，参训85人。

第十一章

就业创业　重中之重

习近平总书记指出，要优先支持贫困劳动力务工就业，在企业复工复产、重大项目开工、物流体系建设等方面优先组织和使用贫困劳动力，鼓励企业更多招用贫困地区特别是建档立卡贫困家庭人员，通过东西部扶贫协作，点对点帮助贫困劳动力尽快有序返岗。

第一节　广泛动员就业

近年来，临翔区坚持扩大就业方针，搭建就业服务平台、落实就业政策、强化职业培训、完善就业服务，统筹做好高校毕业生、返乡农民工、就业困难人员的就业创业，化解就业结构矛盾。

一、创新就业方式，扩大就业岗位，鼓励创业创新

(1)落实“五证合一、一照一码”登记制度改革规定和要求，按税务机关纳税服务规范做好涉税服务事项办理。加大对驰名、著名、知名商标的培育和保护力度，减轻创业者负担，激发市场主体创业创新活力，支持以大学生为主的青年创业创新，鼓励农村劳动力创业创新。

(2)采取开发社区服务、政府购买服务、公益性等方式增设就业岗位138个，设置乡村公益性岗位1440人。通过举办现场招聘会的方式就业181人；组织培训就业一批。组织农村富余劳动力参加就业援助月、春风行动、沪滇劳务协作等招聘会，实现就业10211人。加强职业技能培训工作，落实培训各项补贴政策，拓展就业服务工作新空间，组织机关事业单位技

术人员任职资格培训38人。采取扶持龙头企业发展带动就业，依托临沧勇禾竹文化有限公司、临翔区四通酱菜农民专业合作社、临翔区亚丰种植农民专业合作社等龙头企业就业409人。着力推动重点项目建设，推荐区内富余劳动力参与项目建设，拓宽就业渠道，在建的铁路、高速公路、房地产等项目均有本地人员参与务工。

二、多措并举，促进就业

(1)建立“临翔区农村劳动力人力资源管理系统”，成立了农村劳动力转移就业合作社，采取“互联网＋转移培训就业”模式，至2018年初，已开展职业技能培训、实用技术引导性培训428场次，完成农村劳动力转移就业4.1万人。

(2)2018年，创建临翔青年创业园和“青年之家”服务平台，为青年创业者提供了143个创业工作间。

(3)建成电子商务一条街，入驻企业24家，打造“云临尚品”地方区域品牌。

(4)出台《临翔区关于贯彻落实进一步构建和谐劳动关系的实施意见》，至2018年4月，共办理劳动监察案件23件，追回工人工资968万元。目前，938个单位签订用工劳动合同1.8万份，劳动关系更加和谐稳定，就业创业工作全面推进。

(5)发放创业贷款。至2018年初，为68户发放创业担保贷款，共发放资金1005万元；为244户发放“贷免扶补”创业担保贷款，共发放资金3301万元；为1户发放小企业贷款，发放资金300万元，累计带动就业1211人。第一季度，兑现财政贴息资金253.4万元。通过市、县(区)共同努力，出台就业创业政策，积极扶持一批有创业能力、创业意愿的农村新青年积极利用创业小额担保贷款创业发展。截至2015年7月底，临沧市共为2298人发放“失业人员小额担保贷款”，发放金额11880万元，带动就业5285人；为2886人发放“贷免扶补”，发放金额15491万元，带动就业6637人。这些扶持资金的注入，提升了农村新青年的创业意识，助推了创业成功。靠着相关部门的帮扶，临翔区昔本村的黄应菊从一名普通农村妇女，成长为带领村民致富的领头雁。说起曾得到的帮扶，她赞不绝口：“有了这些帮扶政策，在家乡创业一样有广阔的舞台。”2008年，黄应菊创办了“昔本四通酱菜厂”，并注册了“满坛红”商标，同时发动酱菜腌制户成立昔本酱菜专业协会，随后成立“四通酱菜农民专业合作社”，形成“合作社＋基地＋农户”

的经营管理模式。2014 年，合作社得到了人力资源和社会保障部门劳动密集型企业贴息贷款 200 万元扶持，随着市场供求不断扩大，黄应菊又做出了一个大胆的决定：扩建厂房，扩大规模，增强生产加工能力，让农户扩大种植面积，获得更大收益。

(6)支持贫困地区建设基层就业和社会保障服务平台，为贫困人口提供职业培训政策信息咨询、职业指导和职业介绍等服务。加大对贫困人口创业政策扶持力度，推动“贷免扶补”创业担保贷款、“两个 10 万元”微型企业培育工程、创业园区扶持等政策措施优先覆盖贫困人口，强化创业培训等扶持政策及创业咨询、创业孵化等服务手段的衔接，按法律法规规定给予税费减免。大力发展现代服务业和制造业，创造更多就业空间。对在城镇工作生活一年以上的贫困人口，输入地政府要承担相应的帮扶责任，优先提供基本公共服务，促进有能力在城镇稳定就业和生活的农村贫困人口有序实现市民化。2019 年 1 至 4 月份，新增转移就业 10695 人(其中建档立卡贫困劳动力转移就业 2581 人)，区内转移就业 7849 人，区外省内转移就业 904 人，省外转移就业 1942 人；“贷免扶补”扶持 101 户带动就业 241 人，创业担保贷款扶持创业 30 人带动就业 65 人；就业扶贫车间扶持 3 户，带动就业 281 人。城镇登记失业率控制在 3.46%以内。

三、支持和帮助就近就业

走进临沧永奇服饰制造有限公司的生产车间，一件件服装整齐划一地排列在车间走廊，一张张笑脸在白炽灯和五颜六色的布料映衬下显得格外灿烂，工人们正在各条生产线上赶订单、忙生产，四处都可听见机器运转的轰鸣声、看见工人忙碌的身影。

幸福是什么？对于临翔区章驮乡龙坪村聂小兰来说，幸福就是“打工无须赴他乡，挣钱就在家门口”。“以前外出打工，需要坐 1 个小时的乡村客车摇晃到临沧城，10 个小时的大巴车颠簸到省城昆明，再坐 20 个小时的火车才能够到达打工地广州。结束一天一夜的赶路后，还得背着沉重的行囊，四处寻找住处，那种背井离乡的日子真不是滋味。如今，骑着电摩托，从住处到上班的地方，10 分钟就能到达了，每天都可以回家，陪陪老人，逗逗孩子，感觉很踏实，甚是幸福”。

幸福是什么？对于临翔区圈内乡文远村李润妹来说，幸福就是“钱多，事少，离家近”。以前在村里，洗衣做饭干农活带孩子拉家常就是儿媳妇的标配，到外省打工就是不顾家不孝顺，这是文远村大部分外来媳妇的心声。

现在，在临沧城就可以打工了，尽管需要租房子，但是公司会给员工提供部分住房补贴，车旅补贴等。“即使平时不可以回家，但是周末就可以回家，农忙时也可以请假回家，农活可以做点，孩子、老人也可以兼顾，每个月还有4000多元的工资，真的很好，我很喜欢现在这样的生活。”正在缝制服装的李润妹说。

临沧永奇服饰制造有限公司于2015年1月在临沧工业园区注册成立，是一家集自主研发、设计、生产、销售于一体的，具有自主知识产权的临沧本土服装制造企业，为当地群众提供大量就业岗位，让很多人实现了家门口就能就业。目前，公司打造的临沧本土服装品牌“永奇”牌服装已进入临沧市场专柜销售，同时公司承接了缅甸邦康市及我国普洱市、曲靖市、临沧市、临翔区等地的多家单位的制服和学校校服的制造。下一步，公司打算进一步扩大生产规模，为当地增加就业岗位和税收，让更多的人能够实现在家门口就业。

第二节 培训就业

临翔区高度聚焦目标精准和任务精准，将劳动力培训作为推进精准扶贫精准脱贫工作的突破口，针对文化低、技能弱、就业难、增收慢等问题成为致贫主因，精准制定接地气、可操作的培训新政以固本强基，充分考虑当地产业发展规划，组织开展技能培训。

一、技能扶贫攻坚

临翔区以群众需求为基准点，采取群众“下单”，部门“接单”模式，创新培训方式，增强技能培训的针对性和实效性，筑牢就业脱贫保障网，全力打好技能扶贫攻坚战。

通过增强“内动力”来提升“吸引力”。紧贴市场需求和贫困劳动力实际，调整优化培训目录，指导培训机构采取送训下乡、师徒传艺、实操演示、模拟训练等方法，灵活组织培训，切实提升课程的吸引力。以订单式、定向式、定岗式培训，确保贫困群众通过培训实现“一人一技、一技促脱贫”。至2020年7月，已开展重点人群（农村）技能提升培训25班次1000人次，企业职工技能培训21班次945人次，农村实用技术引导性培训14850人次，累计转移就业107984人，其中省外就业5263人。

近日，临沧市临翔区在忙畔街道玉龙社区、凤翔街道锦凤社区开展了为期 7 天的茶艺师职业技能培训，满足社会对服务型技能人才的需求，提高群众就业创业职业技能，助推精准扶贫和乡村振兴。

为切实抓好此次职业技能培训工作，组织机构制定了详细的培训方案，并组织相关工作人员深入两个社区进行宣传发动，开展培训需求调查，切实摸清每一个劳动力的培训意愿，将学科专业与产业需求精准对接。根据调查摸底情况，将培训对象落实到人。变“政府端菜”为“群众点菜”，切实让群众自觉自愿参与职业技能培训，不断提升劳动者转移就业技能，实现群众持续稳定增收。

授课老师从“识茶、品茶、茶礼仪、茶与健康、茶与修养”等方面为学员进行了全面讲解，并亲自示范冲泡技术。通过参加此次培训，学员们表示，对茶文化有了更深刻的了解和认识。同时，一致认为掌握一门服务技能，不仅为培养自身气质和生活习惯奠定了良好基础，还为自己今后就业创业提供了技术支撑。

此次培训得到临翔区人社局的全程指导，具体由云县宏华职业技能培训学校实施，共有 95 人参加，培训结束后为考核合格者颁发相应职业资格证书。2020 年，临翔区计划培训茶艺师 550 人。

组织开展了“首届手工制晒青茶”技能比赛，着力突出培训内容的实用性、灵活性，依托邦东、南美片区茶叶精加工、蚂蚁堆片区蔬菜与药材种植、博尚片区乡村旅游与陶瓷制作、凤翔片区竹编技术等产业优势。

二、外出务工培训

加强对农村劳动力实用技术和职业技能培训，使其掌握一技之长。通过发展生产和外出务工稳定增加收入，完成 89 个建制村 15 个社区 38 个易地搬迁点培训全覆盖，让贫困群众有技能、可就业、能致富，彻底铲除“穷根”、甩掉“穷帽”。计划开展农村技术引导性培训 2.57 万人次，职业技能提升培训开设乡村旅游讲解员、服务礼仪、茶艺师、农村致富带头人、电工、焊工等 32 个工种 277 个班次 11080 人次。

面对新冠肺炎疫情影响，区委区政府认真贯彻落实中央推进新冠肺炎疫情防控和经济社会发展工作部署会议要求，一手抓好疫情防控，一手抓好脱贫攻坚，做到“两手抓、两不误、两促进”，全面摸清返乡务工人员底数，通过微信公众号、“微播临翔”、报刊、电视等渠道，对疫情防控知识和农村劳动力返岗就业信息进行广泛宣传。主动服务企业复产复工，采取召开专题协调会、处级领导挂钩重点企业、科级干部上门的方式，服务脱贫攻坚带贫益贫企业和项目复工复产。

2020年2月29日下午，云南临沧市临翔区128名外出务工人员登上了直达南京的包机，前往江苏昆山务工。这是临翔区“点对点”精准输送的第二批劳务人员。临翔区分三批“点对点”输送劳务人员300名。

“跑那么远去打工，能适应工厂要求吗？承诺的工资能兑现吗？”章驮乡勐旺村村民付天红心里没底。第一次出远门打工的村民，难免有这个担心。临翔区党委专门派出1名乡镇干部和1名人社部门服务人员，到用工企业做好沟通对接和务工人员管理服务；同时成立临翔区驻昆山市流动党支部，服务外出务工人员。截至目前，临翔区与178家省内外企业对接2.3万多个就业岗位，组织输出1.5万多名劳务人员返岗复工。

三、农村电商人才培训

2018年5月30日，在临沧市临翔区电子商务公共服务中心，40余名农村电商创业人才齐聚一堂，兴致勃勃地向全城电商集团的培训专家学习电商创业知识，为临翔优质农产品“走出去”寻找出路。

据了解，培养农村电商人才，是临翔区为打赢脱贫攻坚战而采取的一项有效措施。2018年，临翔区整合培训资源实施“万名电商普及工程”，委托第三方培训机构和电商龙头企业，以建档立卡贫困户、电商创业脱贫带头人、农村青年致富带头人、农村留守妇女和残疾人等为重点，开展电商人才培训，着力培育万名懂信息技术、会电商经营、能带动脱贫的本土电商扶贫人才，助力全区脱贫攻坚工作，预计覆盖80%以上建档立卡贫困户。

目前，全区完成了7000余名农村电商从业人员知识和技能普及培训，培养农村青年电商骨干100多名，实现了每个贫困村至少有1名电商扶贫骨干。累计投资700多万元建成约4000平方米的电商创业街1条，区级电子商务公共服务中心1个，乡（镇）电子商务公共服务站8个，建立电子商务就业创业实习基地5个，吸引了83个企业团队、300多名高等院校毕业生到临翔区从事农村电子商务及相关服务工作；全区有9类53款本土农特产品上线销售，30多个单位食堂通过“临农e购”等电商平台集中采买本土食材，完成农产品电子商务销售额6500多万元，为农户增收3000多万元。

四、励志培训

为扎实开展好精准扶贫精准脱贫工作，大力实施乡村振兴战略，激发贫困群众内生动力，全面提升劳动力素质，确保不让一个农民掉队。在区委区政府的高度重视下，通过增强“内动力”来提升“战斗力”，实施农民群众“自立自强”能力提升培训。培训参照应急民兵培训模式，以区人武部为主要阵地，对参训人员实行军事化封闭式管理，培训内容以“军事训练＋文化学习＋技能培训”为主，参训群众在教官的指导下，学习丰富的理论知识和实训基地的操作演练，掌握一门就业技能，从而激发群众内生动力，解除“等靠要”“慵懒散”等陋习，开设5期每期15天的培训班，参训人数共计99人。

五、多措并举打好技能扶贫攻坚战

2020年以来，临翔区紧紧围绕“战疫情、稳就业、助脱贫、促发展”工作重心，以群众需求为基准点，采取群众“下单”，部门“接单”模式，创新培训模式，增强技能培训的针对性和实效性。培训工作有实招见成果，截至目前共培训劳动力2.57万人，实现务工收入5亿元以上，筑牢就业脱贫保障网。

（一）盘清摸实家底，找准短板

当前临翔区农村劳动力132939人，普遍存在文化低、技能弱、就业难、增收慢等问题，这也是致贫主因，抓好贫困劳动力技能培训尤为重要。为确保农村劳动力培训实现全覆盖，让贫困群众有技能、可就业、能致富，彻底铲除“穷根”、甩掉“穷帽”。年内完成89个贫困村、38个易地搬迁点培训全覆盖，计划开展农村技术引导性培训14623人，职业技能提升培训开设茶艺师、农村致富带头人、焊工等32个工种277个班次11080人次。

（二）以培训促就业，杜绝两张皮

坚持增强内动力、提升吸引力原则，紧贴市场需求和贫困劳动力实际，调整优化培训目录，指导培训机构采取送训下乡、师徒传艺、实操演示、模拟训练等方法，灵活组织培训，切实提升课程的吸引力。以订单式、定向式、定岗式培训，确保贫困群众通过培训实现“一人一技、一技促脱贫”。截至目前，开展重点人群（农村）技能提升培训25班次1000人次，企业职工技能培训21个班次945人次，农村实用技术引导性培训14850人次，累计转移就业107984人，其中省外就业5263人。

（三）以需求为标尺，“接单”培训

为解决培训科目与群众需求不吻合、课程吸引力弱、群众参与度不高、

培训成效不明显的问题。相关部门在培训科目选择上充分征求群众培训意愿，考虑当地产业发展规划，通过群众“点单”、单位“接单”模式组织培训。邦东、南美片区注重茶叶精加工，蚂蚁堆片区注重蔬菜、药材种植，博尚注重乡村旅游和陶瓷制作，凤翔注重竹编技术。

（四）突出特色培训，以工匠带动提升影响力

以赛促练、以练促训，提升技能培训含金量，大力弘扬工匠精神，举办“首届手工制晒青茶”技能比赛，组织全区各区域茶叶制作能手大比拼，深入交流晒青茶技艺，取长补短，去粗取精，全面提高茶叶加工水品，培养了一批高技能人才，营造了浓厚的茶文化氛围，有效推动临翔区茶产业持续健康发展。依托就业扶贫车间、农业合作社、“名师名匠工作室”等载体，通过技能＋引导、技能＋创业等模式，开展“个性化”培训，助推乡村旅游产业发展，在博尚碗窑开展土陶技术培训 150 人，凤翔中山竹艺馆开展竹编技艺培训 87 人，有效带动周边群众以制陶、竹编等技艺参与乡村旅游建设，在家门口就能增收致富。

第三节　外派推荐就业

转移就业，稳定是关键。临翔区始终坚持“劳动力转移就业到哪里，跟踪服务就跟进到哪里”的原则，通过抓好就业服务、稳岗服务、关爱留守人员三项工作，实现建档立卡贫困劳动力有保障地转移就业。

一、做好宣传引导和岗位推介服务

充分利用临翔区宏华人力资源服务公司平台，加强与省内外重点企业衔接，开展点对点输出服务就业。与区内在建的重点项目单位沟通推荐，使未能实现省外务工人员就近务工。对自主择业农户加强技术培训，提升自我管理、创新发展能力，帮助解决部分兼顾产业发展的农户务工。对部分在家发展产业、照顾老人和孩子读书的富余劳动力，采取开拓道路、公益林、环境卫生等公益性岗位的方式提供就业。

充分动员村级联络员（劳务经纪人）、人力资源公司、用工企业等社会力量参与，开展到村到户到人的送政策、送岗位、送服务活动，并定于每月 26 日为招聘日，确保有就业意愿的建档立卡贫困户 100％推荐就业。充分利用沪滇劳务协作机制，强化与上海、武汉等企业对接，集中开展“转移就业百日行动”“春风行动”“沪滇合作、崇临协作”等大型专场招聘活动，营造

全社会参与的良好氛围，扩大就业岗位供给，推动劳动力稳定转移就业。2020年，开展各类招聘活动5场次，对接沿海发达地区企业30余家，提供岗位5000余个。

临翔区委区政府高度重视农村劳动力转移就业工作，多次召开会议专题研究部署，第一时间安排人社部门对市内外的用工企业及岗位信息进行梳理，并积极与江苏、浙江、上海等地的人社部门和用工企业对接，全力拓宽外出务工信息来源，并鼓励返乡农民工就地就近灵活就业、创业。依托沪滇劳务协作机制及人力资源服务公司，全面收集符合转移务工区域的就业企业及岗位。

自2020年2月22日开始，临翔区采取"线上线下"双联动方式全力推进劳动力转移准备工作，一是电话摸排发动。全区上下联动，责任分包到人，抽调区直机关部门150余名工作人员，以农村劳动力转移就业台账为基础，通过电话调查核实，迅速摸清全区现有的6万余名农村劳动力的返岗就业情况及务工意向。二是点对点、面对面组织动员。通过人社干部、驻村工作队队员、实干队员包组，召开小组会议，现场组织岗位推荐招聘，做到应输尽输、应转尽转。同时积极与沿海经济发达地区的政府、企业对接，与江苏、浙江等地建立联系对接机制，并与以江苏省昆山市丘钛公司为代表的国内外知名企业建立合作意向。为下一步农村劳动力大规模、有组织地集中统一输出做足充分准备。共发布133家省外企业2万余个就业岗位、54家市内企业3000余个就业岗位，推荐不愿外出务工人员到区内重点工程、宾馆酒店、商贸物流、泊乐通、南华晶鑫糖业等企业就近就地务工。对外出务工人员提供"一站式""点对点""门对门"服务，通过包机方式分3批向江苏昆山丘钛集团输送务工人员378人。截至2020年底，全区26137名贫困劳动力中，19408人实现转移就业。

二、抓住重点，多管齐下

临翔区始终将城乡富余劳动力，特别是农村贫困劳动力等列为帮促就业的重点群体，围绕需求、供给两端发力，多管齐下推动劳动力转移就业。重点对28个贫困村主要就业人员进行技术培训，培训主要职能部门为区人社局、扶贫办、农业局等。

从区直部门抽调160多名工作人员，对全区劳动力转移就业台账上的73504个城乡富余劳动力逐一电话核实信息，摸清底数。至2020年3月，全区排查出需劳动力转移就业人员43574人，剩下的正在加紧排查中。

针对前期排查出的富余劳动力底数，区人力资源和社会保障局抽派5名班子成员每人分包2个乡（镇、街道），统筹协调开展劳动力转移就业工作，并抽调20名干部职工进驻乡镇蹲点（每个乡镇蹲点2人）。蹲点人员协助乡村干部、驻村第一书记及驻村队员“点对点、面对面”宣传讲解相关劳动力转移就业政策，向农户介绍劳务输出工作运作模式、企业用工信息及待遇、各方责任义务及报名须知等信息，鼓励贫困和富余劳动力积极外出务工。对有转移就业意愿的人员进行详细询问登记，记录好他们的转移意向是省外、省内市外、市内区外、区内乡外、乡内等详情，同时记录好每个劳动力所具有的特长及意向性工种。目前，全区共排查登记计划外出务工人员4526人，排查登记工作还在进行中。根据全区排查登记的劳动力转移人员就业需求，积极与省内外企业联系对接，掌握企业用工时间、岗位、需求等，已联系45家市内企业提供3000多个就业岗位，133家省外企业提供20000多个就业岗位。适时在新闻媒体及微信公众号上发布《临翔区近期劳动力转移就业招聘岗位及招聘人数的通知》，并结合企业用工岗位需求，向登记在册的有转移就业意愿的劳动力精准推荐岗位，保证转移就业人员能做自己喜欢的工作。目前，全区累计转移就业10961人，其中，国外转移就业86人，省外转移就业1314人，市外省内转移就业1260人，辖区内就近就地就业8301人。已集中组织输出209人，近期还将集中向省外输出300人。

为了让转移就业人员能够安全到达就业岗位，临翔区成立了工作组，从加强自身防疫到交通都给予了相应保障。积极与有一定规模、人员相对集中的企业联系对接，组织转移就业人员统一体检、统一乘车、统一输出，并邀请区级医院医务人员对即将输出的人员培训疫情防护知识，同时为每人免费发放3只口罩，用于路途中的疫情防护。零散转移就业人员及就近就地就业人员，由当地乡镇卫生院培训疫情防护知识，给予免费体检，并出具健康证明，由村就业服务中心免费提供路途中所用口罩，每人3只。在对所有转移就业人员的去向做好登记的同时，向大家公布区、乡、村三级就业服务中心电话号码，叮嘱大家在外出过程中一旦遇到困难和问题立即反馈，各级就业服务中心将及时统筹协调，帮助解决。

三、落实沪滇劳务协作

为进一步落实2018年上海市对口支援专项资金支持沪滇劳务协作及云南省就业创业各项政策，深入推进全区劳动力转移就业工作，确保各项转移就业补贴落到实处，就做好2018年度转移就业补贴申请工作做出如下安排。

1.沪滇项目资金补贴政策

(1)对当地用人单位吸纳贫困劳动力给予稳定就业补贴。稳定就业3个月以上6个月(含)以下的，给予每人300元补贴；稳定就业6个月以上12个月(含)以下的，给予每人700元补贴；稳定就业12个月以上的，给予每人1500元补贴。

(2)对当地吸纳贫困劳动力就业的扶贫车间、农民合作社等给予一次性奖补。对吸纳5名以上贫困劳动力稳定就业6个月以上的扶贫车间、农民合作社等，给予每人1000元奖补。

(3)对外出务工的贫困劳动力给予一次性生活补贴。对稳定就业3个月以上的贫困劳动力，给予一次性生活补贴：省内每人500元，省外每人1000元。

(4)对贫困村村“两委”给予服务补助。对积极促成贫困劳动力外出务工并稳定就业3个月以上的村“两委”，给予一次性服务补助：州(市)内每人200元，州(市)外每人300元。

2.就业专项资金补贴政策

人力资源服务机构、村委会、农村劳动力经纪人输出贫困劳动力，按省内每人200元、省外每人300元给予补助。

以上两类补贴政策可叠加申请。

四、重点做好易地扶贫搬迁户劳动力转移稳就业

临翔区将易地扶贫搬迁作为脱贫攻坚的主战场，把劳动力转移培训输出作为重点工作，促进搬迁农户持续增加收入，确保实现“搬得出、稳得住、能致富”的目标。

对全区易地搬迁农户富余劳动开展全面排查，了解掌握劳动力转移培训情况、外出务工情况、产业发展情况。全区1033户易地扶贫搬迁农户，现有劳动力1015户2251人。至2020年底，省外务工111人，省内区外务工485人，区内务工426人，自主创业94人，从事公益岗位55人，累计就业1171人，实现一户易地搬迁农户有一个稳定的就业岗位。制定《临翔区易地扶贫搬迁安置点2020年农村劳动力转移就业工作方案》，组成专班深入38个易地扶贫搬迁集中安置点开展座谈宣传动员，重点对富余劳动力转移人员进行培训，建立就业台账和农户外出务工跟踪服务机制。

加强转移就业脱贫。实施技能扶贫专项行动，加大劳动力培训转移就业力度，免费对贫困户劳动力开展订单、定岗、定向培训，支持贫困群众就地和到省内外经济发展较好地区或跨境就业创业，对跨省、跨境务工的贫困人口给予交通补助，加大向东部沿海地区劳务输出的组织服务力度。组织职业院校开展以就业为导向的职业技能培训，确保有条件的贫困户掌握1～2项实用技术。对初、高中毕业未能升学的贫困家庭学生实行100%免费职业技能培训，并积极推荐就业。进一步加大就业专项资金向贫困县转移支付力度。

第四节　“青创园”带动创业

位于玉龙花园小区于2018年5月4日开园的临翔区青年创业园，作为“创业孵化园＋众创空间＋青年之家”三位一体的服务型创业创新示范基地，实行互促互补、统筹管理的运营模式。临翔区青年创业园依托“互联网＋”“大数据”等，对入园初创企业进行数据统计分析。

一、引入先进管理模式

通过青年创业园微信服务平台“临翔优创＋”统计企业发展规模、经营状况等，并根据分析结果对创业企业进行评估、回访和指导，实行“1名服务团干部＋1名创业导师＋1名创业导航企业”的服务模式，通过发挥团干部的协调服务优势、创业导师的智力支持优势和导航企业的市场资源优势，为初创企业提供点对点、一对一的托管式服务和扶持。

二、临翔区贴心服务点亮青年创业之路

2019年以来，临翔区始终把服务青年就业创业作为服务青年的重要工作来抓，共青团临翔区委积极发挥自身优势，争取各方资源，通过给创业青年解疑惑、讲政策、送指导、提供资金支持等贴心服务，点亮青年创业之路。

通过一年多的运营，临翔区青年创业园入驻初创企业63家，创业青年200余人。临翔区打造“临翔青年说”网宣品牌，建设工作网、联系网、服务网“三网合一”的“网上共青团”，形成“互联网＋共青团”格局，实现团网深度融合、团青充分互动、线上线下一体运行。利用“临翔青年”“临翔U创＋”微信平台及“临翔创客”官方抖音号，把党委政府和各级团组织的声音以青年喜闻乐见的方式传播和扩散到广大青年群体中，引领初创企业健康发展和创业青年健康成长。通过“党建＋创新创业”“党建＋红色志愿行动”，引导初创企业健康发展，弘扬青春正能量。

提供多方位支持，持续组织开展创业青年贷款贴息工作，全面服务青年就业创业。2020 年上半年，共审核贷免扶补创业贷款申请材料 100 户，目前已为 100 户发放贷款，发放金额 1335 万元；共审核小额创业担保贷款申请材料 20 户，目前已为 13 户发放贷款，发放金额 195 万元；向市委市政府申请企业发展扶持资金 100 万元，完成农村劳动力转移就业及培训 666 人次。

三、组织团员青年、青年创业者、社会青年参观交流

先后组织参观了临翔区青年创业园、临沧城市规划馆，让创业青年全面了解临沧过去的深厚底蕴、现在的伟大成就及未来的宏伟蓝图。用青年喜闻乐见的方式面对面进行互动交流，现场答疑解惑，把党和国家的扶持政策送到创业青年手中，为青年创业指点迷津。

“参观临翔区青年创业园，认识了很多创业的小伙伴，前辈们和我们分享职场成长经历，分析创业中会遇到的问题，他们用自己的故事给我们提出创业路上的意见建议，这是十分宝贵的。”临沧金太阳科技有限公司负责人刘园园说。

积极开展“临翔青年五四奖章”“两红两优”“临翔青年优秀志愿者（团队）”表彰工作，树立和评选了一批具有时代特点、能引领社会风气的青年典型和基层团组织，用生动事迹带动、教育、激励青年。在纪念五四运动 100 周年大会上集中授予 9 名同志“临翔青年五四奖章”荣誉称号，表彰“五四红旗团委”2 个、“五四红旗团支部”10 个、“优秀共青团干部”15 名、“优秀共青团员”25 名，“优秀青年志愿团队”2 个，“优秀青年志愿者”11 名。推荐上报“临沧青年五四奖章”3 人、“临沧市优秀团支部”1 个、“临沧市优秀团委”1 个、“临沧市优秀团干”2 名、“临沧市优秀团员”3 名。博尚镇团委获得“云南省五四红旗团委”称号，西部计划志愿者陶文萍获得“云南省优秀共青团员”称号。

第五节　公益性岗位就业

公益性岗位是帮助困难群众和建档立卡贫困劳动力最直接、最有效的手段之一，临翔区不断加大公益性岗位开发力度。依托美丽乡村、特色小镇建设因地开设公益性岗位，帮助“无法离乡、无业可扶、无力脱贫”的“三无”贫困劳动力解决就业难的问题，在全区 89 个贫困村开发村级卫生保洁员、护林员、乡村公路养护员、社会公共事务协管员等乡村公益性岗位 1500

个。为解决受疫情影响导致返贫风险的贫困劳动力就业问题，开发了733个公益性特岗，切实发挥托底安置作用。

一、积极开发公益性岗位

加强本地就业岗位开发，吸纳无法外出务工贫困劳动力等群体就近就地就业。截至目前，累计开发乡村公共服务岗位1955人、公益性特岗733人、城镇公益性岗位675人、政府购买服务720人。2020年共发放公益性岗位补贴952.39万元，发放社会保险补贴18.37万元。

临翔区在集中开发公益性岗位的基础上，充分发挥光伏扶贫对贫困村集体经济增收的突出作用，以标准促精准、以服务促落实，进一步优化举措、精准对接、强化服务、精细管理，按照户申请、村级评议、乡级审核、县级备案的程序，积极开发光伏公益性岗位。力促就业困难群体"快就业稳就业"。截至2020年8月，光伏扶贫设置扶贫专岗2079个，吸纳贫困人口就业数2079人，每月发放岗位工资166.32万元。

二、积极做好弱势群体就业创业工作

近年来，临翔区把做好弱势群体就业创业工作作为关注和保障民生的重要举措来抓，通过加强组织领导、完善就业服务体系、加大培训力度、构筑和谐稳定的就业再就业环境，破解弱势群体就业创业难题，推动全区就业再就业工作。

进一步加大对残疾人、失业人员和新增劳动力的就业宣传和引导力度，鼓励残疾人、失业人员等就业困难人员到公益性岗位、餐饮、娱乐及非公企业就业。同时，加大周边地区或省大型企业劳务输出力度，密切与周边地区或省大型企业的往来合作关系，为经济效益较好的企业输出城乡富余劳动力。2014年，全区实现城镇新增就业3531人，农村劳动力转移就业19329人，城镇登记失业率为3.9％。

积极加强公共就业服务体系建设，全面提升各级公共就业服务机构的服务质量和服务水平，按照"机构、人员、经费、场地、制度、工作"六落实的要求，截至目前，临翔区共设置公共就业服务机构14个，其中，就业管理服务机构1个，乡(镇、街道)社会保障服务平台10个，公共职业介绍机构2个，就业培训机构1个。全区乡(镇、街道)基层平台共配备专兼职工作人员15人，全区90个村民委员会、12个社区居民委员会均设置就业社会保障工作人员。同时，拓展就业服务机构服务项目，在全区推行公共人力资源市场"等级评估"制度，提升公共人力资源市场的服务水平和服务能力。

加大对就业培训机构基础设施投入力度，壮大培训规模，做到实训场所与培训专业设置匹配，教学、实训设备先进、齐全，使弱势群体得到更专业、更全面、更具有针对性的培训。

为提高弱势群体、残疾人等就业困难群体的就业能力、工作能力和职业转换能力，临翔区把临沧市财贸学校、临沧市卫生学校和临沧市农业学校确定为弱势群体就业培训基地，充分整合利用现有各类教育培训资源，积极开展转移就业培训工作。区农业、扶贫、妇联等相关部门依托扶持项目和根据自身行业特点，积极开展弱势群体就业培训。开设专门课程，以基本权益保护、法律知识、城市生活常识、寻找就业岗位等为主要内容，积极为就业困难弱势群体免费开展引导性培训。同时，结合社会岗位需求和就业困难群体的技能特点，开展针对性就业培训，培养技能型人才。2014年1月至11月，组织开展果树工（核桃管护及嫁接技术）培训1期106人，组织开展农艺工（烤烟栽培技术）培训4期560人，组织开展动物疫病防治培训1期160人，组织开展茶叶加工技术培训3期330人。

组织实施创业促进就业政策，鼓励和支持残疾人及失业人员、高校毕业生、农村富余劳动力、企业在职职工等各类就业困难人员自主创业，为自主创业人员免费开展创业培训，为确保“贷免扶补”小额贷款创业人员成功创业，按照“1+3”（1名创业人员有1个承办单位负责服务、1个联络员负责联系、1个创业导师负责）跟踪服务机制为创业人员提供创业帮扶，提高创业成功率。2014年1月至11月，对266名申请“贷免扶补”创业贷款人员进行了创业培训。同时，把小额担保贷款范围扩展到所有创业者，提高创业培训补贴标准，完善小额担保贷款政策，对还款及时、信誉度高、经营好的创业者加大扶持力度，每年给予一定额度的循环贷款支持或基金奖励。2009年以来，临翔区累计扶持弱势群体创业2349人，其中，“贷免扶补”创业1505人、小额担保贷款创业844人。扶持劳动密集型企业创业16户。累计带动就业6779人，其中，“贷免扶补”带动就业4560人，小额担保贷款带动就业1860人，劳动密集型小企业带动就业359人。

第十二章

乡村规划　提质增效

习近平总书记要求，要真真实实把情况摸清楚，做好基层工作，关键是要做到情况明。情况搞清楚了，才能把工作做到家、做到位。大家心里要有一本账，要做明白人。要思考：我们这个地方穷在哪里？为什么穷？有哪些优势？哪些自力更生可以完成？哪些需要依靠上面帮助和支持才能完成？要搞好规划，扬长避短，不要眉毛胡子一把抓。

第一节　规划与扶贫同步

国土空间规划是可持续发展的空间蓝图，也是各类开发保护建设活动的基本依据。临翔区始终坚持以人民为中心的发展理念，把总体规划的落脚点放在土地资源配置上，把各专项规划的重点集中在宜居宜业宜养上，促进人口与土地资源的和谐发展，牢固树立规划先行的理念，构建区委区政府主要领导亲自抓，部门负责人具体抓的工作机构，结合临翔区位优势、资源禀赋和“十三五”规划、“十四五”规划，高位推进临翔区国土空间总体规划编制工作。

一、规划先行

（一）贯彻精神，高度重视

按照党中央、国务院印发的《关于建立国土空间规划体系并监督实施的若干意见》，以及对推进“多规合一”、建立统一的国土空间规划体系做出的部署安排，临翔区结合省、市工作方案相关要求，及时成立了以区长为组长的国土空间规划编制工作领导小组，领导小组办公室下设在区自然资源局，区自然资源局局长担任办公室主任，负责全区国土空间规划编制工作。适时组织召开会议，传达学习中央、省、市有关国土空间规划编制工作的政策要求，并按照“政府组织、专家领衔、部门合作、公众参与、科学决策”的工作组织方式，领导小组成员单位各司其职，确保国土空间规划编制工作既严格落实上级规划的管控性要求和约束性指标，又注重优化国土空间功能和布局，努力构建生产空间集约高效、生活空间宜居适度、生态空间山清水秀，安全和谐、富有竞争力和可持续发展的国土空间格局。

（二）迅速行动，全力推进

按照“多规合一”“划管结合”的总体思路，拟定了临翔区国土空间规划编制工作方案，依据统筹划定生态保护红线、永久基本农田、城镇开发边界三条控制线的有关要求，积极开展“三区三线”划定工作（三区：生活空间、生产空间、生态空间。三线：生态保护红线、基本农田保护红线、城镇开发边界线）。将原划定生态保护红线中的空洞补齐，再对辖区内重大项目、重大民生工程、在建项目及规划项目分行业进行梳理核实，在图纸上与生态保护红线调整成果进行叠加分析，确保在建和拟建项目从生态保护红线中调出，留足未来发展空间，满足当前、“十四五”期间乃至更长时期的发展需求，最终从省级公益林中优先选择与原划定生态保护红线集中连片程度较高的纳入生态保护红线。目前，已基本完成全区生态保护红线调整核实工作，生态保护红线调整核实成果已上报自然资源部。同时，完成了澜沧江自然保护区界线、永久基本农田、矿权、公益林、林业变更成果、国土三调成果等相关基础数据收集，国土空间开发保护现状评估报告初稿编制，以及国土空间规划“一张图”实施监督信息系统在线填报工作。下一步将根据省、市的要求开展基本农田保护红线、城镇开发边界线的划定工作。

（三）规划村庄，相辅相成

国土空间规划编制基于现有的村庄规划成果，同时“多规合一”实用性村庄规划编制以国土空间规划为指导，相辅相成，互为促进。临翔区立足乡镇资源禀赋，突出地方特点、文化特色、时代特征，充分利用“万名干部规划家乡行动”成果，根据 2019 年 9 月云南省自然资源厅公布云南省第一批古茶山周边村庄规划试点名单，启动了以邦东乡昔归村忙麓山古茶园周边村庄作为试点的规划编制工作，将邦东乡邦东村昔归组、荒田组、邦东组等 10 个村民小组一并纳入规划，现已完成规划成果审查审批，为全区下一步开展“多规合一”实用性村庄规划奠定了基础。同时，临翔区以古茶山周边村庄规划编制为契机，借力完善村域内的基础设施建设，村容村貌特色提升明显。2020年9月，云南省自然资源厅下发《关于公布村庄规划编制2020年省级试点名单及工作要求的通知》，将临翔区南美乡坡脚村列为试点，临翔区切实利用好茶村庄编制经验，认真开展临翔区南美乡坡脚村“多规合一”实用性村庄规划编制工作，目前已完成编制单位招投标和资料收集。

（四）招标座谈，精益求精

2020年6月，临翔区政府委托临沧市自然资源和规划局，将临翔区区级国土空间总体规划、乡级国土空间总体规划、专题研究、“双评价”（资源环境承载力和国土空间开发适宜性评价）及“双评估”（国土空间开发保护现状评估和空间规划实施评估）等五项工作内容纳入市级国土空间总体规划统一采购。临沧市自然资源和规划局于2020年8月完成采购工作，中标单位为中社科（北京）城乡规划设计研究院、云南省设计院集团有限公司、昆明麦普空间科技有限公司联合体。并于10月26日召集相关部门和中标单位召开国土空间规划编制工作调研座谈会，各参会单位结合各自职能职责及行业发展规划，对国土空间总体规划编制工作提出了宝贵的意见建议，会议明确了要准确把握临翔区地理区位，以可持续发展创新议程示范区为统领，以构建综合交通网络为中心，合理布局开发空间，把“十四五”规划乃至未来一段时间的项目全部纳入国土空间规划，深刻认识国土空间规划的重要性。主要领导要亲自抓，与编制单位进行深入的沟通和交流，确保以精益求精的工匠精神按时保质完成临翔区国土空间规划编制工作，全力助推临翔区高质量跨越发展。

临翔区牢固树立规划先行的理念，立足区位优势、资源禀赋，结合“十四五”规划，高位推进国土空间总体规划编制工作。

二、示范带动

临翔区突出规划先行、示范带动，以“百村示范、千村整治”工程为抓手，着力推动美丽乡村建设。

临翔区制定了“百村示范、千村整治”工程实施方案，规划建设100个5类各具特色示范村，每个示范村有1名处级以上领导挂钩指导，1个责任部门负责服务，确保示范村顺利推进。蚂蚁堆驿亭新村、曼岗那罕、中山大银铺等示范村已初见成效。建成卫生公厕130座，垃圾池245个，安装路灯3349盏，村庄绿化486889平方米，设置分类垃圾桶904个，种养大户152

户，家庭农场2个，累计投入资金4425.35万元。

坚持区、乡、村三级党政主要领导负责制，以村为单位，抓好村"两委"、理事长、路长、户长源头管理。采取新建补助一批、改造补助一批、兜底建设一批的方式推动厕所革命，建成卫生厕所576座，改造完成无害化卫生户厕43427座。采取城市周边和乡（镇）区、周边村庄进行标准化处理，山区和半山半坝村庄进行三级生态氧化处理的方式推进污水治理，建成管网137.65千米，建有生态处理设施24个，499个自然村实现污水治理，乡镇驻地污水处理设施覆盖率达100%。距离城区20千米以内的村寨，实行"户分类、村收集、企业统一转运、集中处理"；距离乡镇所在地5千米以内的村庄，实行"户分类、组收集、村转运、乡镇处理"；生活垃圾不具备外运条件的少数偏远山区，实行"源头减量、就近就地焚烧或填埋处理"的方式推进垃圾处理。建成填埋场、焚烧炉、阳光堆肥房等垃圾无害化处理设施295个，建成和设置垃圾房、垃圾池、垃圾箱、垃圾桶5212个。

实施乡村通畅公路、村组道路和危险路段修复改造，建制村公路硬化率达100%；广播电视、宽带互联网、4G网络覆盖率均达100%。建成并投入使用村民小组活动场所568个，畜禽粪污处理设施不断完善。现已建成洁净村庄178个、洁净庭院2000户。

临翔区以规划为引领，实施"百村示范、千村整治"工程，建设乡村旅游示范村，打造鲜花盛开的村庄，打牢乡村振兴示范村建设基础，推动脱贫攻坚与乡村振兴有效衔接。

全区以"万名干部规划家乡行动"为契机，切实做好自然村规划工作。全区所有自然村已完成"两图一书一表一民约"（自然村村域规划图、自然村村庄规划图、规划说明书、规划项目统计表、自然村乡规民约）。

着力提升城乡人居环境，推动千村出实效、变新貌。深入推进农村人居环境整治三年行动计划，10个乡（镇、街道）102个建制村（社区）825个自然村形成"物的资源清单、人的资源清单、问题清单、工作清单"，梳理问题清单5868个，2076个问题清单已经组织发动群众自行解决。

建立自然村乡规民约、生活垃圾治理收费机制、周五集中清扫保洁制度、清洁评比机制、入户路投工投劳机制等；完成8个乡（镇）总体规划，控制详细规划和建设规模，实现村庄规划全覆盖，在5个乡（镇）建成污水处理厂（站），所有乡（镇）配备垃圾清运车，垃圾处理实现户清扫、村收集、乡转运，乡（镇）所在地生活垃圾处理设施覆盖率100%；建制村公共卫生间覆盖率100%，户厕改造率达90%；乡（镇）成立规委会，102个建制村（社区）

配备村庄规划、国土管理、环境卫生专管员，配备61名自然村村庄规划巡查员，形成区、乡、村三级立体管理体系。

加快推进示范村建设，充分发挥其示范引领及带动效应。确定乡（镇）驻地示范村、公路沿线示范村、产业发展示范村、乡村旅游示范村、特色示范村共100个，由处级以上领导、区直部门和乡镇党政主要领导等挂钩，与村“两委”合力推进示范村建设。

围绕“生态美、发展美、风气美”的发展目标，2020年前，临翔区把100自然村建成“百村示范”村；围绕“农业增效、农民增收、农村增美”要求和吃、住、行、游、购、娱六大旅游要素及A级景区标准，到2021年，将把腾龙、大银铺等12个自然村建设成乡村旅游示范村；围绕“产业美、环境美、乡风美”目标和鲜花盛开的村庄8条标准，2020年年内把幕布、驿亭新村等18个自然村建设成鲜花盛开的示范村庄。

三、“万名干部规划家乡”

683名规划牵头人，700场次培训，2309场次56008人次群众会议，完成区、乡、村三级审查工作并向市规划局备案……近年来，临翔区10个乡（镇、街道）85个建制村（社区）683个自然村前所未有的热闹，父老乡亲们前所未有的喜悦，他们纷纷伸出大拇指，点赞临翔区“万名干部规划家乡行动”。

2019年以来，临翔区把“万名干部规划家乡行动”作为“一把手工程”，及时成立了区委主要领导任组长、区政府主要领导任常务副组长的领导小组，将“万名干部规划家乡行动”与“美丽乡村”“百村示范、千村整治”“鲜花盛开的村庄”等工作相结合，周密部署、高位推动。

一年之计在于春。春节期间，临翔籍公职人员纷纷回到自己的故乡，带着温度和感情，倾情投入到“万名干部规划家乡行动”中，发挥熟人、熟路、熟山水的优势，利用回家过年的宝贵时间，带领父老乡亲们规划家乡，全区“万名干部规划家乡行动”全面铺开。

那些昔日从穷山沟里飞出去的金凤凰，以一种舍我其谁的坚决，见缝插针地利用双休日、节假日，不厌其烦地回到家乡，头顶理想，脚踩泥巴，撸起袖子，饱含深情地将希望的种子撒向故土，为乡亲们播下明天的希望。

经过1760名公职人员150多个日夜同心同德的努力，圆满完成了全区自然村村域规划图、自然村村庄规划图、规划说明书、规划项目统计表，为临翔的美丽乡村建设绘就了发展蓝图，广大群众赞不绝口。

四、乡村振兴

在艰苦卓绝的脱贫攻坚过程中，临翔区认真贯彻落实党中央、国务院《关于实施乡村振兴战略的意见》，按照“产业兴旺、生态宜居、乡风文明、治理有效、生活富裕”的总要求，坚持脱贫攻坚与乡村振兴战略有效衔接，扎实推进“百村示范、千村整治”工程，围绕“大美临沧、美在乡间、花开四季、香飘八方”要求，建成了腾龙村、幕布村、碗窑村、中山村等美丽村庄 270 个、洁净村庄 900 个、洁净庭院 10600 个、鲜花盛开的村庄 45 个。博尚镇勐准村等 5 个建制村被评定为省级美丽村庄，圈内乡坝胡村等 4 个建制村被评定为市级美丽村庄，南美乡南华村等 5 个建制村被评定为县级美丽村庄。同时，临翔区获 2019 年中国乡村振兴发展示范区称号。

五、产业规划

发展经济、精准扶贫，关键都是产业。临翔区按照“全区域规划、多业态相融、长短结合、以短养长、持续发展”的思路，进一步优化产业发展规划，按照《临翔区“十三五”产业精准扶贫规划》《临翔区产业扶贫和村集体经济发展计划》，制定《临翔区推进重点产业发展实施意见》，围绕“一村一品、一乡一特”的发展思路，努力打造“人无我有、人有我优、人优我特、人特我精”的产业品牌，为 89 个建制村量身定制了一套有基地、有加工、有市场、可实施、可见效的产业发展规划，确保每个贫困村有 1 至 2 个产业发展项目。积极探索推进“龙头企业带动、合作社带动、科技引领带动、能人大户带动、资产租赁带动、扶贫车间带动、畜禽托养带动、融合发展带动、金融扶贫带动”9 种产业扶贫模式，有效破解贫困户增收难题。

开展多形式、多层次、多渠道的宣传培训，使广大贫困户熟知合作社基本知识、运行机制、利益联结方式、社员收益等情况，引导贫困户主动参与到合作社产业发展的各个环节，由区农业农村局 139 名干部对 839 家合作社进行分片挂钩，把责任明确到人，加强合作社的指导工作，同时建立区、乡、村三级微信群，随时互动、及时解决问题，建成区级合作社服务微信群 1 个、乡级合作社服务微信群 10 个、村级合作社服务微信群 102 个。

全面实行订单农业，做实“两个绑定”，企业与合作社签订收购订单，合作社与农户签订生产订单，通过绿源翔公司与 42 家合作社、村委会签订了农产品订单协议，与 1100 多户农户签订了购销协议；大力推进生猪产业转型升级，与江西双胞胎畜牧发展有限公司签订 150 万头生猪规模养殖项目合作框架协议；投资 1.22 亿元建设临翔区供销资产经营有限公司牲畜屠宰厂，规划建设年加工 22 万头猪、5 万头肉牛、200 万羽禽类标准化屠宰生产线 3 条，以及年加工临沧野生蔬菜 1000 吨、药膳食材 200 吨、肉熟食类 1000 吨生产线 1 条；纠正过去“固定收益”做法，引入“积分制”管理，重在参与式扶贫、重在激发贫困群众内生动力。

与市场紧密契合，开展“订单式”“定向式”职业技能培训，每月收集群众诉求，实行培训需求统计上报机制。因需施培，开展农村技能和实用技术培训 36 场次，培训 3650 余人次。因地制宜开发公益性岗位，帮助无法离乡、无业可扶、无力脱贫的“三无”贫困劳动力解决就业难的问题，确保就业困难贫困户在“家门口就业”。同时，认定 5 个“扶贫车间”，吸纳 409 名贫困劳动力就业，组织 144 名贫困劳动力参加沪滇劳务协作就业扶贫专场招聘会，达成就业意向 43 人。

第二节　特色村寨建设带动村级脱贫

一、依托乡村旅游实现脱贫的腾龙村

腾龙村隶属临翔区博尚镇勐准村，是一个民族村，现有 65 户 232 人，全部为拉祜族。以前是一个贫困村，2012 年农民人均纯收入仅为 3840 元，低于全镇平均水平 2340 元，低于全区平均水平 1212 元。现在是一个潜力村，村内自然环境优美，民族文化浓郁，发展民族文化产业、现代观光农业、旅游业、农家乐很有潜力。2013 年 4 月以来，在市委市政府和区委区政府的关心支持下，腾龙村积极推进美丽乡村建设，推动产业转型升级，实施乡村振兴战略，大力发展乡村旅游，着力打造乡村旅游综合体。

（一）高标准规划

腾龙村立足邻近机场、交通便利、背山面湖的区位优势，天蓝地绿、溪流清澈、风光优美的生态优势，直过民族、民风淳朴、民俗浓郁的人文优势，按照“拉祜风情、湖畔明珠、山水人家、美丽村寨”的定位，围绕“景美、民富、人乐”的目标，从特色民居、村庄道路、村庄绿化、水体景观、观景栈道、文化广场等方面，按百户村规模对村庄整体布局进行一次性规划。

（二）高起点建设

围绕特色民居、基础设施、景观打造、产业发展等方面，投资 2932.8 万元，积极推进美丽乡村建设，为发展乡村旅游打牢基础。

特色民居方面：依山就势、错落有致、统一风格、统一户型，突出农村和拉祜族特点，新建砖混二层特色民居 65 户，每户二楼均设一间标准间，用于发展旅游住宿。

基础设施方面：统一规划建设水、电、路等基础设施，配建标准化养殖小区，实现人畜分离，改善村庄旅游环境；建设民族文化墙、文化广场、文化传习所、旅游公厕等公共服务设施，提高服务承载能力。

景观打造方面：围绕全村景区化建设的思路，按照"突出特色、记住乡愁"的建设理念，突出文化和旅游功能，建设拉祜风情浓郁的石刻标识和主寨门，引水入村，修复古井、保护古树，修建人行栈道和观景台，建设叠水、水车、水碓、小桥、休闲亭等村景小品，在寨内因地制宜打造旅游景观。

产业发展方面：突出生态文明，以"一块田、两棵树、一张铺"为主要内容，调整优化产业结构，形成以烤烟、油菜、茶叶、核桃和旅游为主的产业布局。"一块田"，即在现有农田种植烤烟、油菜等经济作物，发展农业经济；"两棵树"，即加强核桃树、茶树管理，发展林业经济；"一张铺"，即利用每家每户的一间标准间，培育发展餐饮、旅游、民族文化等服务业。目前，建成高原特色产业基地烤烟 158 亩、油菜 320 亩、茶叶 206 亩、核桃 788 亩。

（三）高质量打造

2018 年 4 月，市、区两级将腾龙村列为乡村振兴示范点，市委常委、区委书记亲自挂钩，积极引企入村，村企合作，村民流转土地，企业负责投资经营，采取"企业＋合作社＋农户"的模式，开发旅游项目，按照"一院、二区、四地、五场"的总体布局，规划打造集旅游、花海、特色养殖、民族原生态体验、民俗客栈、户外拓展训练、养生等于一体的腾龙拉祜风情旅游小镇。旅游小镇规划占地面积 2600 亩，估算投资 1.8 亿元。"一院"，即汽车影院；"二区"，即花海花田种植区、餐饮烧烤垂钓区；"四地"，即养老养生基地、汽车营地、摄影基地、拓展训练基地；"五场"，即家庭农场、各类协会比赛场、儿童娱乐场、卡丁车练习场、多功能会议场。目前，已完成花海种植区建设，建成彩色花海 107 亩，完成投资 197 万元。自 2018 年 8 月中旬以来，彩色花海共接待游客超过 2 万人次。餐饮烧烤垂钓区、儿童娱乐场、卡丁车练习场等建设已开展前期工作。

通过建设美丽乡村、实施乡村振兴战略、发展乡村旅游，提高了腾龙的知名度，带动了腾龙经济社会的快速发展。2018 年，当地农民人均纯收入达 12629 元，是 2012 年的 3.2 倍，实现了村美、民富、人乐。

二、“三个组织化”敲开乡村致富门的中山村

中山村地处临翔区凤翔街道东南边，四面环山，故谓之中山，是临翔区56个贫困村之一，村委会所在地大银铺距离临沧城9千米，辖区面积21.7平方千米，下辖10个自然村（罗家寨、大村、中山组、华家坡、彭家村、李白水、石家寨、大银铺、石头寨、肖家寨）13个村民小组，全村共有629户2419人，有建档立卡贫困户226户952人。有1个党总支，下设2个党支部，有59名党员。产业主要以蔬菜、茶叶、养蚕、竹编、畜牧为主。2019年底，中山村实现农村经济总收入达4896.52万元，农村人均纯收入达13125元。近年来，中山村以易地扶贫搬迁、产业扶贫、就业扶贫“三个组织化”为抓手，着力把党的组织优势转化为组织动员各方力量助推脱贫攻坚的强大合力，推动贫困群众挪穷窝、兴产业、奔小康，实现了从贫困村到旅游村的华丽蜕变，走出了一条“聚焦脱贫抓党建、抓好党建促脱贫”的新路子。

（1）组织引领筑牢搬迁“核心”。2016年底，中山村启动了大银铺易地扶贫搬迁安置点建设工作，为让当地贫困群众早日挪出穷窝，村党总支建立了“$N+1$”帮扶包联机制，对30户涉及搬迁的贫困群众，分别明确1名党员、1名村干部、1名驻村扶贫工作队队员、1名挂钩帮扶干部进行帮扶，实行一户一策“套餐服务”，全面做好政策宣传、搬迁动员、思想沟通、后续帮扶等工作，通过党组织宣传发动在前、党员示范搬迁在前、政策宣讲在前，切实激发了广大搬迁群众的内生动力，实现了从“要我搬”到“我要搬”的转变。该安置点于2018年春节前实现竣工入住，水、电、路等公共基础设施建设同步完成。

（2）以文兴产打造发展“引擎”。中山村立足悠久的竹编历史文化资源，在易地扶贫搬迁集中安置点建设了集竹编展示、销售、观光、体验为一体的竹艺馆，成立了竹编产业党支部，由支部牵头组建了吉华竹编农民专业合作社，全村的竹编手艺人和易地扶贫搬迁贫困群众全部加入合作社。同时引进了临沧勇禾竹文化有限公司，建立了“党组织＋企业＋合作社＋农户”的发展模式，由党组织负责发动群众参与生产，企业负责产品研发和销售，合作社负责技术培训和质量把关，农户负责具体生产。从四川引进了竹编非遗文化传承人，成立中山非遗扶贫就业工坊，定期举办竹编工艺品编制技术培训班，从选材、破节、划蔑条、抽丝片到编织全套技术进行循序渐进的培训，不断丰富竹编种类，增加产品附加值，辐射带动贫困群众增收致富。目前，已开展竹编技术培训班4期，培养竹编手艺人458人。

2019年，实现村集体经济收入26.24万元，226户贫困户人均纯收入同比增加1972元。

（3）农旅融合构建就业“舞台”。成立乡村旅游党支部，组建旅游发展协会，采取“支部＋协会”的模式，将竹编文化与乡村生态旅游有机融合打造4A级景区。乡村旅游党支部班子成员与协会负责人实行“双向进入、交叉任职”，切实强化党对景区就业、景区规划、乡村治理等全领域工作的领导。成立中山村旅游就业扶贫车间，优先保障易地扶贫搬迁农户实现本地就业，有效带动全村农户参与乡村旅游发展获得稳定增收。目前，共为当地群众提供本地就业岗位143个，实现人均月增收2800元。

（4）党群携手共建善治“家园”。制定“乡规民约三字经”，实行“网格化”治理，建立自治、法治、德治相结合的乡村治理体系。以村民小组为单位划分了13个治理网格，以村民小组长、党员为主体构建网格长队伍。网格长主要负责在网格中宣传上情、掌握下情、处理民情、应对急情，力争群众生产生活所涉“小事不出网格，大事全网联动”，构建了充满活力、和谐有序的善治乡村。

2019年，中山村党组织被评为省级“规范化建设示范党支部”，中山竹编非遗文化旅游特色村项目被《人民日报》中国民生发展论坛授予“2019年民生示范工程”称号。通过实施“三个组织化”，让当地搬迁群众搬出了实实在在的幸福感，以党组织为核心构建了“发展共商、治理共抓、资源共享、特色共创”的脱贫攻坚“共同体”，探索出了一条基层党建与脱贫攻坚“同频共振”、融合发展的新路径。

第三节　特色小镇建设带动整乡脱贫

根据《中共临沧市临翔区委办公室 临沧市临翔区人民政府办公室关于推进临翔区城镇化建设迎来跨越发展重大机遇 大力发展乡村旅游重点项目及重点工作的通知》（临翔办通〔2020〕37号），在华中科技大学建筑与城市规划学院的精心帮扶下，重点建设临翔区昔归普洱茶小镇和南美拉祜特色小镇，带动邦东乡和南美乡脱贫奔小康和经济长期稳定发展。

一、临翔区昔归普洱茶小镇

临翔区昔归普洱茶小镇，位于临翔区邦东乡，距市中心60多千米，是观“醉人的云海”的地方，那里有着茂密的原始森林、参天的大树和清澈的溪流。好山好水出好茶，昔归茶和冰岛茶一样，在临沧家喻户晓，是上等好茶的代名词，昔归普洱茶小镇因昔归茶而成名。昔归普洱茶小镇规划总控制范围 6.4 平方千米，规划总用地面积 3.49 平方千米，核心区为邦东乡昔归片区，建设用地 1 平方千米。主要建设内容包括产业、公共服务、基础设施、绿化经营 4 大类 14 个子项目。

临翔区昔归普洱茶小镇，以昔归茶产业为龙头，结合新旅游六要素"商、养、学、闲、情、奇"，紧扣游客、茶商、茶农、茶产业工人的需求，打造集人文历史、旅游观光、产业生产和原生态体验等于一体的茶文化旅游小镇。

特色小镇的发展与建设，以建设国家 4A 级旅游景区，全国知名的茶文化名镇，交通运输旅游融合发展示范区，国家级休闲农业与乡村旅游示范点和现代农业庄园，云南省澜沧江沿江旅游经济带的重要节点为目标，深入挖掘和全面展示昔归茶文化，将昔归普洱茶小镇的山、水、茶、文有机融合，重点打造昔归普洱茶小镇的旅游产业，带动小镇商贸和周边传统产业的发展，促进当地生产条件和生活环境的改善。

项目分三期建设，估算总投资 26.5 亿元，其中，一期投资 8.9 亿元，二期投资 11.6 亿元，三期投资 6.0 亿元。截至 2020 年 8 月 3 日，项目实际完成投资 1262.2 万元。

二、南美拉祜特色小镇

临翔区拉祜族历史悠久，文化底蕴深厚。拉祜族人民在长期的生产生活实践中，以自身的独特习性和文化历史，形成了独特的民族形态、人文内涵和农耕文化。本项目依托南美特色风情村寨、高山牧场、坡脚冰岛茶、古茶林茶园、池秀芭拉虹鳟鱼精品庄园、优质温泉、白石崖、自然山林等自然生态与人文底蕴优势，建成集生态观光、山地运动、民俗体验、休闲度假、养老养生等功能于一体的特色旅游小镇。

临翔区南美乡周边有茶马古镇、博尚水库生态湿地区、拉祜文化风情园等景点，可以串联形成小型的地域文化特色与生态环境相结合的旅游环线。茶山坡至博尚镇 40 多千米西环旅游线途经白石崖、古茶林、马鹿坑水库、碗窑陶器文化村，自北向南有林勐公路 61 千米穿过，向南 17 千米可达临双线，再由此出 120 千米，可至沧源腹地参观佤山风情，向北 20 千米小板路直通林场丫口与省道临新 219 线相接，东下 25 千米可至临沧城，北出可至耿马自治县，亦可经此过孟定镇出清水河口岸游览缅甸风光，是一个交通便捷的旅游接待营地。

南美拉祜特色小镇核心区规划面积 1.2 平方千米，规划区面积 3.2 平方千米。东至阿里新寨，西至南美河，南至西山路口，北至观景台。计划投资概算 10.24 亿元，其中，产业投资 3.33 亿元，社会投资 6.91 亿元。按照“一年初见成效、两年基本完成、三年全面完成”的总体要求，将南美拉祜族乡打造成“国家级生态农业示范园区”“国家重点生态功能区”“全国乡村旅游发展典范”“全国最佳宜居特色小镇”“全国最美田园风光”“中国最动人特色小镇”。

第四节　全域规划提升全区脱贫质量

临翔区地处澜沧江和怒江分水岭，辖 7 乡 1 镇 2 街道，89 个村 15 个社区，总人口 33 万人，少数民族人口占 21%。由于历史、交通等诸多因素制约，临翔区一度有 4 个贫困乡(1 个深度贫困乡)、56 个贫困村(21 个深度贫困村)，10814 户 43021 人建档立卡贫困人口，截至 2019 年末，已全部脱贫退出。脱贫摘帽是起点而非终点。临翔区在脱贫攻坚新长征路上会加倍撸起袖子加油干，举全区之力狠抓责任落实、政策落实、工作落实，确保相对贫困人口有保障不添愁，一心一意跟党走。

一、构建全域旅游新规划

近年来，临翔区结合旅游资源实际情况，以发掘旅游资源特质为抓手，以创建 A 级景区为目标，在景区建设方面迈出了坚实的步伐，完成玉龙湖旅游景区、南美拉祜生态旅游度假区、秘境谷森林小镇、和成·临沧生态文化创意产业园 4 个 3A 级景区创建工作；完成临沧花果山城市森林公园、五老山国家级森林公园 2 个 2A 级景区创建工作，形成全域旅游新格局。目前，临翔区可游景区(点)达 10 余个。其中，3A 级景区 4 个，2A 级景区 2 个。2019 年 1—12 月，全区共接待国内外旅游者 697.24 万人次，同比增长 29.99%。其中，接待国外旅游者 1.09 万人次，同比增长 10.96%；接待国内旅游者 696.15 万人次，同比增长 30.03%。实现旅游总收入 67.33 亿元，同比增长 30.39%。下一步工作中，临翔区将加快推动实施省级全域旅游示范区创建，按 5A 级景区标准规划建设临翔区旅游城市综合体，完成南美拉祜生态旅游度假区、和成·临沧生态文化创意产业园 2 家 4A 及景区创建工作，加快推进临沧“佤山凤城”旅游城市综合体项目建设，将临翔打造成全市乃至全省新兴旅游目的地和养生度假胜地。

积极推进全域旅游示范区创建工作，推动旅游产业结构调整和优化，促进全区旅游产业全面转型升级。一是整合优势资源，认真抓好项目规划建设。按照《临沧市临翔区2019年处级领导挂钩服务重点项目》的要求，积极与各项目业主沟通对接，主动服务，抓好项目督促及推进情况收集、整理和报送。配合做好《临沧市临翔区国家可持续发展议程创新示范区建设方案(2018—2020年)》中涉及文旅相关基数测算等内容的补充完善。配合自然资源局做好生态保护红线评估工作，梳理核实邦东乡昔归普洱茶小镇、卫平农耕文化产业园、旗山城市森林公园等37个旅游项目。积极做好项目上报，上报五老山国际休闲营地基础设施建设、澜沧江航道旅游等5个项目。二是以“百村示范、千村整治”为契机，全力推进乡村旅游示范村建设。按照产业兴旺、生态宜居、乡风文明、治理有效、生活富裕的总要求，成功打造了中山村这一采用“龙头企业＋村集体＋合作社＋贫困户”模式的乡村旅游示范村，并以试点经验带动，积极推进12个乡村旅游示范村建设。目前，已制定印发《临翔区大力推动乡村旅游发展的实施方案》，对资源优势明显、发展潜力巨大的腾龙村、中山村，以“一部手机游云南”为载体，开展国家A级景区创建工作，中山村秘境谷森林小镇成功申报为国家3A级景区。结合区、乡旅游线路建设，完善基础设施，提升人居环境，开发旅游产品，推动点线串联。临翔区被认定为云南省旅游扶贫示范县，南美乡被认定为云南省旅游扶贫示范乡，中山村、腾龙村被认定为云南省旅游扶贫示范村。三是全面推进，认真抓好“一机游”建设工作。主动融入全省“一部手机游云南”工作大局，积极推进各项建设任务，已全面完成第一批和第二批、第三批各项工作目标任务，并在全市范围取得良好成绩。成立了“一部手机游云南指挥中心”“旅游购物退(换)货中心”“旅游投诉处置指挥中心”“旅游市场监管综合调度指挥中心”4个中心。4个中心建成并实行统一办公，由区文化和旅游局、市场监督管理局等6个部门轮流值班，明确了相关工作职责和制度。截至目前，临翔区“一部手机游云南”投诉中心共接到投诉案件31起，全部妥善办理。同时，设立了玉龙湖景区、和成·临沧生态文化创意产业园、南美拉祜生态旅游度假区、中山秘境谷森林小镇4个3A级旅游景区旅游购物退(换)货点，开通119家旅游企业投诉账号；完成辖区内酒店、餐饮企业、旅行社等行业评价办法；6家星级酒店、7家餐饮企业、4家旅行社、29座旅游厕所上线“游云南”App。目前，到临翔区的游客已能在App上实现机票和部分酒店、餐饮企业在线订购。

(一)致力促进文旅融合

借助象脚鼓制作、碗窑土陶、昔归团茶、中山竹编、南美服饰等已形成的非遗文化影响力,助推临翔文旅融合发展步伐,重点打造已确定的12个乡村旅游示范村。一是抓好《临翔区乡村旅游发展规划》《临翔区"十四五"文化旅游产业发展规划》《临翔区旅游产业高质量发展规划及三年(2020—2022年)行动计划》编制工作。二是以"一部手机游云南"为切入点,全面提高旅游业的智慧化、信息化水平,推动临翔旅游业从传统的旅游管理方式向现代化的管理方式转变。三是做好项目建设服务工作。抓好在建项目博尚碗窑土陶文化中心建设工作,启动2020年2座旅游厕所建设工作,在抓好临翔区名人名企庄园、临翔区昔归度假湾区、临翔区五老山国际休闲营地等项目前期工作的同时,继续抓好临翔区处级领导挂钩服务18个重点项目的对接服务工作。四是推动12个旅游特色村建设工作。把南美乡南楞田自然村按定位高端、服务配套等要求,打造成临翔乡村旅游形象品牌旅游村;把博尚腾龙自然村、凤翔街道中山大银铺自然村,打造成为临翔区两个精品旅游村。同时,启动凤翔街道昔本新村旧寨自然村、邦东昔归自然村、博尚碗窑自然村、幕布自然村重点旅游村建设工作;启动章驮腊东自然村、榨房自然村,南美坡脚竹笆桥自然村,凤翔街道昔本文华自然村,以及南美南华半坡自然村旅游示范村建设工作。五是完成1个3A级景区创建工作,启动1个3A级景区、2个2A级景区创建工作。

(二)大力实施文化惠民

一是开展文化惠民演出活动。把一村一年一场戏、送文化下乡等文化惠民工程落到实处、落到细处。以开办文艺辅导培训班为抓手,建立起区-乡-村三级统筹的文化活动队伍,提高演出频次和质量,不断丰富城乡居民文化生活,提高群众获得感、幸福感和满意度。全年完成各类文艺演出活动75场次以上。二是持续实施精品打造工程。将民间文艺创作与精品打造有机结合起来,采取措施激发民间创作活力,并提高现有创作力量的作品质量,着力打造文艺精品。突出做好聚焦"弘扬中国梦、奋进新时代"主题以及全面建成小康社会等重要时间节点,集中力量抓好主题文艺作品创作,向建党100周年献礼。

(三)奋力弘扬传统文化

一是加强文物保护,确保文物安全。积极向上申请专项资金,加大文物保护资金投入,加强文物保护项目申报。2020年底前,完成省级文物保护单位临沧专员公署旧址修缮，完成子孙庙、龙窑两个市级文物保护单位消防设施一项一策等工作。二是加强非遗保护传承，加大非遗项目申报力度，增强非遗保护传承水平和传承活力。做好南美乡南楞田村传统文化生态保护区保护规划项目申报工作。

（四）努力优化发展环境

一是提升公共文化服务效能。以临翔区5个“云南省贫困地区百县万村综合文化服务中心示范点”创建为引领，全面提升基层公共文化服务水平。全力推进图书馆、文化馆“总分馆制”建设。到2020年，基本建立区图书馆、文化馆为总馆、乡（镇、街道）文化站为分馆、流动服务站点为服务点的总分馆体系。实现区图书馆、文化馆（站、室）基础设施标准化、文化资源共享化、服务系统网络化、管理运行一体化，建成“统一标识、统一平台、统一资源调配、统一人员培训、统一服务规范、统一绩效考评，分级建设、集中管理、分解服务”的模式。二是加强人才队伍建设。通过聘请文旅发展工作顾问、外出交流学习、专题培训等方式，进一步提高文旅从业人员的业务水平。

（五）全力做好双招双引

一是加大招商引资。瞄准重点资源、重点项目，选取国内外有势力、有投资意愿的投资商、运营商和服务商，有目标地上门推介招商，争取引进几个文化旅游项目，提升精品旅游和文化创意产业发展水平。二是突出招才引智。以浙江安吉鲁家村与南美乡南美村挂钩帮扶为契机，拟请安吉鲁家村相关人员作为临翔区文化旅游发展顾问，为临翔区文化旅游发展献计献策，为全区文旅人才队伍建设提供培训指导。

（六）竭力开拓旅游市场

实行传统媒体与新媒体宣传相融合，线上营销与线下体验相促进的战略，构筑全方位整体营销格局。继续推进“旅游革命”九大工程，加快自驾车旅游营地、自驾游停车场建设步伐，吸引自驾车游客。持续加大旅游促销力度，积极组织参加旅游对外交流合作，不断提高临翔区旅游产品的知名度，提升临翔区旅游新形象。

二、以特色规划引领城镇化发展

城市发展如何让城市更舒适、更宜居、更宜业？近年来，临翔区坚持以人民为中心的发展思想，牢固树立为人民规划城市的理念，充分发挥规划战略作用，结合实际，以规划引领城市发展。

（1）编制《临沧市中心城区海绵城市专项规划》和《临沧市城市排水防涝专项规划》。本着增强城市防涝能力，避免城市内涝，让临沧城在适应环境变化和应对自然灾害等方面具有良好的弹性，更好地渗水、滞水、蓄水、净水、用水、排水，促进人与自然和谐发展的发展思路，编制了《临沧市中心城区海绵城市专项规划》和《临沧市城市排水防涝专项规划》，充分融入海绵城市理念，以市政道路、公园绿地、水景观为着力点，采取下沉式绿地、透水铺装等方式，先后完成10条市政道路人行道或非机动车道透水铺装建设，并将树池改造成花池，完成沧江园、玉龙湖等公园绿地下沉式改造，逐步实现城市道路、街区海绵化。

（2）编制《主城区水生态文明建设规划》。结合打造体现民族特色和地方特点的临沧城，以现代化为目标，在做足水生态文明文章上下功夫，编制《主城区水生态文明建设规划》，利用临沧一城两河、双河交融的独特优势，完成了亚微湖、3个片区城市水景观、4个人工瀑布、5块生态湿地、8个河道水景观的规划，着力打造“以水为媒”的水生态文明城市。目前，亚微湖、忙角瀑布建设正加快推进。同时，注重历史、民族文化的挖掘和保护，主城区以临沧红和乔治白为主基调，突出临沧特色元素。

（3）编制《临沧市城市绿地系统规划》。围绕建成生态宜居城市目标，编制《临沧市城市绿地系统规划》，对照国家园林城市要求，加快城市绿地建设，完成了沧江路公园、环城东路游园等27个绿地公园建设和提升，主城区绿地面积达725公顷，建成区绿地率32％，人均绿地面积9.1平方米。

（4）编制《临沧市中心城区综合管廊专项规划》。以建设独具特色的城市景观廊桥和景观精品建筑为标准，编制《临沧市中心城区综合管廊专项规划》，实施临沧城市森林公园景观廊桥和景观精品建筑建设项目，规划沿临翔区南汀河西河建设34座景观廊桥，其中：仿古商业廊桥11座、新建通车桥7座、改造现有通车桥10座、新建人行桥6座，设计建筑面积约48450平方米；规划建设12幢景观精品建筑，面积约为11630平方米。项目估算总投资4亿元，项目建设方式为合作企业全额筹资建设。目前，已建成廊桥8座、精品建筑9栋。佤山风城、亚微会展中心等颇具临沧特色的项目正在有序推进。

（5）编制《主城区公共停车场布点规划》。聚焦市民出行停车难的问题，编制《主城区公共停车场布点规划》，规划建设34个公共停车场，有效缓解由于停车难造成的交通拥堵，提升群众幸福指数。

此外，以《临沧市城市总体规划》为基础，编制完成了 7 个乡的总体规划，明确各自的特色定位和发展方向，深入开展"万名干部规划家乡行动"，683 名牵头人 1497 名公职人员回乡规划，编制完成 683 个自然村综合性规划。

下一步，临翔区将以"海绵化建设、标准化治理、人性化服务"为总目标，全面提升城市规划、建设、管理、服务、经营水平，努力建设现代化城市，走出一条具有临翔特色的城镇化道路。

第十三章

生态优势　潜力无限

临翔区认真践行习近平总书记“绿水青山就是金山银山”的绿色发展理念，立足生态优势，突出建设“生态美、发展美、风气美”的美丽临翔，多项工作取得良好成效。全区森林覆盖率从25.0％到74.1％，增长了49.1个百分点。尚东红书记2020年6月28日在区委理论学习中心组2020年度第三次集中学习会议上指出，要更加注重“大保护”，率先把临翔建成最美丽的地方。

第一节　立足生态优势

区委提出，要深化生态文明体制改革，认真落实生态环境保护制度，做到有所为、有所不为，对生态环境损害大的项目坚决不要，努力把祖先留给我们的山、水、林、田等自然资源保护好、留下来。要坚定不移地推进主体功能区战略，控制开发强度，调整空间结构，严守生态功能保障基线、环境质量安全底线、自然资源利用保护上线“三大红线”，着力构建生产空间集约高效、生活空间宜居适度、生态空间山青水绿的人居环境。着力抓好美丽县城、美丽公路、美丽乡村、特色小镇等美丽典型示范，深入实施澜沧江流域临翔段、南汀河流域综合保护开发，加强饮用水源地安全保障，扎实推进水土流失治理，保护生物多样性，筑牢生态安全屏障。

一、建设天更蓝、山更绿、水更清、空气更清新的美丽临翔

加强生态环境保护和治理修复，建设天更蓝、山更绿、水更清、空气更

清新的美丽临翔。

区委提出，要深入学习领会习近平总书记推动长江经济带发展重要战略思想的精髓要义，深刻认识蕴含其中的认识论和方法论，使之贯穿于临沧生态文明建设全过程，以“功成不必在我”的精神境界和“功成必定有我”的历史担当，坚持全局和局部相配套、治本和治标相结合、渐进和突破相衔接，加快建立健全以生态价值观念为准则的生态文化体系，以产业生态化和生态产业化为主体的生态经济体系，以改善生态环境质量为核心的目标责任体系，以治理体系和治理能力现代化为保障的生态文明制度体系，以生态系统良性循环和环境风险有效防控为重点的生态安全体系，持之以恒推进生态保护和污染防治，加快建设天更蓝、山更绿、水更清、空气更清新的美丽临翔。

（一）深入实施环境保护和生态修复工程

生态环境是临翔的优势，是大自然赐予临翔的宝贵财富。但也不能对环境盲目乐观、没有危机感，不能因为现在生态环境良好，就缺乏对环境保护的长期性、复杂性和艰巨性的认识。要牢固树立保护生态环境就是保护生产力、改善生态环境就是发展生产力的理念，像保护眼睛一样保护生态环境，像对待生命一样对待生态环境，按照“坚持人与自然和谐共生、绿水青山就是金山银山、良好生态环境是最普惠的民生福祉、山水林田湖草是生命共同体、用最严格制度最严密法治保护生态环境、共谋全球生态文明建设”“六个原则”，把环境保护和生态修复摆在压倒性位置，持续强化生态文明建设，坚决保护好临翔的绿水青山、蓝天白云。要严格落实主体功能区规划，推动城乡、土地利用、生态环境保护等规划“多规合一”，强化空间“一张图”管控。从时间、空间的维度把生态文明理念融入经济社会建设各领域，明确生产、生活、生态空间，加快完成生态保护红线、基本农田保护红线、城镇开发边界线三条控制线划定工作。在建设项目选择上坚决不选重复性项目和重工业项目，在基础设施建设上坚决不穿坝子、不占良田好地，提升优化市级空间规划。要坚决打好污染防治这场硬战。深入实施大气、水、土壤污染防治行动计划和工业污染全面达标排放计划，防控和整治农业面源污染。要不折不扣抓好国家土地督察成都局和省环境保护督察组反馈意见的整改落实，严格环境执法，坚决制止和惩处破坏生态环境行为。要全面实施国土绿化行动，扎实推进森林临翔建设，大力实施退耕还林还草、石漠化综合治理、水土流失综合防治、矿区及周边生态治理等重点工程，完善自然保护区、森林公园、国家公园等保护地管理，筑牢滇西南生态安全屏障。

（二）持续抓好提升城乡人居环境行动

习近平总书记强调，要把解决突出生态环境问题作为民生优先领域。要坚持长短结合，实施标本兼治，既要盯住城市，也要辐射农村；既要盯住道路、广场、街区等“面子”问题，也要解决城乡基础设施与公共服务设施建设滞后等“里子”问题；既要大力整治外部硬件环境，也要同步推进生产生活方式和社会治理方式转型中突出问题的解决。要以项目建设为抓手，围绕城乡“四治三改一拆一增”和村庄“七改三清”19 项目标任务，从任务中找项目，推动工作项目化、项目具体化、责任清单化。要全面实施“增绿、增花、增果、增水、增光”工程，抓好道路两旁绿化美化，打造一批“鲜花盛开的村庄（街道）”，建设“四好农村路”和加大“两违”建筑治理工作力度。要充分发挥村民主体作用，健全村民自治机制，建立完善乡规民约，引导农民积极呵护田园、水源和家园，积极参与环境问题整治，提升卫生健康意识，激发农民建设美丽家园的自觉性和主动性

（三）着力压实生态文明建设责任

生态文明建设，关系人民福祉，关乎民族未来，这既是环保问题、民生问题，更是政治责任。要充分认识到，自觉抓好抓实生态文明建设，是对党中央保护生态环境决策部署落实的体现，是贯彻绿色发展理念的体现，是检验领导干部“四个意识”的重要标尺，考验着一个地方、一个部门、一个队伍对党中央、对人民的态度。要坚决把“党政同责”“一岗双责”落到实处，严格实行党政领导干部生态环境损害责任追究，抓好领导干部自然资源资产离任审计工作，扎实开展县域生态环境质量监测评价工作。要全面落实以河长制为重点的“五长制”，按照组织体系到位、制度体系到位、责任落实到位、监督检查与考核评估到位的要求，明确各级“五长制”和相关部门职责，加快构建责任明确、协调有序、监管严格、保护有力的环境保护机制，协同推进环境保护工作。要全面压实党委政府主体责任和企业责任，健全完善协商与合作机制，坚持全社会共建共治，构建政府为主导、企业为主体、社会组织和公众共同参与的环境治理体系。要抓好环境保护督察，建立生态环境保护责任清单，一级抓一级，层层传导压力，形成广泛联动、密切协作的强大合力。要建立科学合理的考核评价体系，把考核结果作为临翔区各级领导班子和领导干部奖惩和提拔使用的重要依据，对那些损害生态环境的领导干部，要真追责、敢追责、严追责，做到终身追责。

二、坚定不移走生态优先、绿色发展之路，推动形成绿色生产和生活方式

习近平总书记指出，绿色发展是构建高质量现代化经济体系的必然要求，是解决污染问题的根本之策。要深入贯彻新发展理念，坚定不移走生态优先、绿色发展之路，大力发展绿色产业，构建科技含量高、资源消耗低、环境污染少的产业结构和生产方式，加快推动生活方式绿色化，促进生态系统和经济系统良性循环，实现经济效益、生态效益、社会效益有机统一。

要深入推进供给侧结构性改革。正确处理好发展速度、规模、总量和发展质量的关系，坚持在发展中保护、在保护中发展，深化要素市场化配置改革，着力在“破”“立”“降”上下功夫，不断提高供给质量和效益，推动质量变革、效率变革、动力变革。要大力破除无效供给，综合运用市场化、法治化手段，引导水泥企业化解过剩产能，加快煤矿转型升级，抓好去库存各项工作。要实施创新驱动发展战略，培育壮大新产业、新业态、新模式等发展新动能，推动实体经济发展特别是工业提质增效、优化升级，着力加强创新临沧建设，持续释放内需潜力，使经济发展走上低能耗、高产出之路。要大力降低实体经济成本，落实已出台的各项减税降费措施，进一步降低制度性交易成本、税费成本及融资、用电等成本。

绿色是云南的底色，也是临翔的魅力所在。要按照“两型三化”产业发展要求，坚持绿色导向，在发展的前提之下把生态环境保护好，利用生态环境优势发展一种因环境而产生的产业，让这样的产业倒过来促进环境改善。牢固树立“绿水青山就是金山银山”理念，把我们的绿水青山变成金山银山。

一是践行绿色发展理念。加强保护五老山森林公园、澜沧江自然保护区，大力实施澜沧江、南汀河、西河沿线生态产业化建设及生态修复工程。创建节约型机关、绿色学校、绿色社区、绿色家庭。

二是实行较严格的生态环境保护制度。全面停止天然林商业性采伐，严厉打击破坏森林资源行为。不折不扣抓好国家土地例行督察及省第二环保督察组反馈问题整改。严格执行生态红线管控制度，做好生态保护红线、基本农田保护红线、城镇开发边界线“三线”划定。启动创建省级文明城市、省级生态区，稳步推进省级生态乡镇创建。

三是推动形成绿色生活方式。绿色生活方式同每个人息息相关，每个人都应该做践行者、推动者。要把生态环境保护的理念和要求融入、贯穿生产、分配、交换、消费各个环节，让绿色生活方式体现在每一件具体事务、

每一项具体工作中。要加快建立绿色生产和消费的制度体系和政策导向，建立健全绿色低碳循环发展的经济体系。要推进资源全面节约和循环利用，实施国家节水行动，降低能耗、物耗，实现生产系统和生活系统循环衔接。要引导公众树立绿色消费理念，着力推动生活方式变革，在衣、食、住、行等各方面提倡勤俭节约、绿色低碳，促进消费品的循环使用和共享使用。要大力倡导文明健康的生活方式，开展创建节约型机关、绿色家庭、绿色学校、绿色社区和绿色出行等行动，促进生活方式绿色化。

四是持续改善城乡人居环境。以开展文明城市、卫生城市、智慧城市、平安城市、森林城市、园林城市“六城同建”为抓手，以全省“城市双修”试点城市为契机，深化开展城乡“四治三改一拆一增”和村庄“七改三清”。加强城市网格化管理，着力实施以河长制为主的“六长制”。打通8条断头路、丁字路，建设9个城市公共停车场，打造19条精品街，加快推进头塘街、章嘎片区棚户区改造。实施生活垃圾资源化处理、垃圾收转运系统工程。持续开展“两违”整治。加快推进海绵城市、仙鹭塘湿地公园、忙角瀑布、南屏社区三角梅大观园建设，让临沧城更有活力、更有色彩、更有灵性。积极开展村庄环境整治，推进实施村庄垃圾、污水、公厕“三个一百”项目，大幅改善城乡人居环境，建设美丽临翔。

三、加快推进澜沧江流域临翔段“两山”示范带建设，努力把绿水青山变成金山银山

就如何推进澜沧江流域临翔段“两山”示范带建设，在此基础上，围绕贯彻落实习近平总书记关于推动长江经济带发展重要战略思想，还需要把握好以下几个方面的问题。

（一）把澜沧江生态环境保护摆在压倒性位置

习近平总书记指出，在生态环境保护上一定要算大账、算长远账、算整体账、算综合账，不能因小失大、顾此失彼、寅吃卯粮、急功近利。推进澜沧江流域临翔段“两山”示范带建设，必须始终贯彻“共抓大保护，不搞大开发”的重要战略思想，坚持生态优先、绿色发展，充分尊重自然规律、经济规律、社会规律，把生态环境保护摆上优先地位，加强澜沧江全流域生态环境监管和综合治理，涉及澜沧江的一切经济活动都要以不破坏生态环境为前提。要建立健全较严格的生态环境保护和水资源管理制度，全面实施水污染治理、水生态修复和水资源保护“三水共治”，正确处理好防洪、通航、发电、渔业、旅游等矛盾，自觉推动绿色循环低碳发展，加快形成节约能源资

源和保护生态环境的产业结构、增长方式、消费模式，努力把澜沧江建成充满活力的绿色生态廊道。

（二）坚持澜沧江流域协同发展

澜沧江在临沧辖区内流程306千米，全市除镇康县外，其他7县（区）均包括在流域范围内，开发的辐射带动面较广。同时，澜沧江开发涉及水、路、港、岸、产、城及生物、湿地、环境等多个方面，是一个整体，必须全面把握、统筹谋划。一方面，临翔区流域的各乡（镇）、村及有关企业要增强系统思维，坚持协同发展、互动合作，统筹好各地各类资源要素，变各自为政的孤立式发展为区域协同的联动式发展，促进澜沧江沿线地区效率最大化和发展一体化，使区域经济更具均衡性和可持续性，切实保障沿江人民群众享有同等的发展权。另一方面，要与上下游及周边县沟通、交流与合作，争取在规划、产业、旅游开发、基础设施、水资源保护与利用等方面进行衔接、合作，努力形成优势互补、互利共赢的发展格局。

（三）始终抓好澜沧江沿线民生保障

推动澜沧江流域临翔段“两山”示范带建设的最终目的是让人民群众受益。要牢固树立以人民为中心的发展思想，把推动澜沧江流域临翔段“两山”示范带建设与乡村振兴战略、脱贫攻坚有机结合起来，一个乡镇一个乡镇地研究、一个村一个村地研究，切实保障和改善民生，统筹研究和解决好澜沧江沿线各族群众的衣、食、住、行及产业发展等问题，切实改善沿江群众生产生活条件。要充分调动沿江群众参与澜沧江流域临翔段“两山”示范带建设的积极性，结合各自优势，大力发展水产养殖、特色农业，旅游业等，并从开发中获得最大利益和回报，加快脱贫致富步伐，让沿江各族群众共饮一江水、同奔小康路。

环境就是民生，青山就是美丽，蓝天也是幸福。要更加紧密地团结在以习近平同志为核心的党中央周围，以更加坚定的决心，更加有力的举措，坚持生态优先、绿色发展，扎实推进生态文明建设，大力推动高质量跨越发展，为加快建设美丽临翔而努力奋斗。

四、把临翔建成美丽家园

党的十九大报告指出，建设生态文明是中华民族永续发展的千年大计，必须树立和践行绿水青山就是金山银山的理念，建设美丽中国，为人民创造良好生产生活环境，为全球生态安全做出贡献。在全省生态文明建设大会上，云南省委书记陈豪提出要“努力把云南建设成为中国最美丽省份”,临沧市委书记杨浩东提出要“率先把临沧建成最美丽的地方”。这为临翔发挥生态优势、推进生态文明建设指明了方向。我们要在生态文明建设上当排头兵,把临翔建设成为美丽家园。这是省委省政府、市委市政府对我们的要求,也是我们这一代人对临翔生态文明建设、环境保护的历史责任和担当,更是全区各族人民对优美生态环境的强烈愿望。我们要以把临翔建设成为美丽家园为目标,以更有力的担当作为,在生态建设和环境保护、绿色发展、制度建设等方面勇于创新、探索经验、走在全市前列,全面提升生态文明建设水平,做到生态美、环境美、山水美、城市美、乡村美。

(一)从严从实抓好中央环境保护督察“回头看”整改工作

各级各部门要在立行立改基础上,再接再厉、真抓实干,认识再深化、问题再聚焦、责任再压实,以最严格的要求确保整改到位,使督察整改过程成为提升生态环境质量和人民生活质量的过程。要聚焦中央环境保护督察整改不到位的问题,突出饮用水水源地保护、自然保护区管理、农业面源污染治理、“两污”基础设施建设、黑臭水体整治、建设工地及道路扬尘控制、工业企业“散乱污”整治、固体废弃物利用及处置、清洁能源替代等环境问题,集中力量开展攻坚行动,做到问题不查清不放过、整改不到位不放过、责任不落实不放过、群众不满意不放过。要严把验收关口,由区环保局牵头,制定整改验收标准,建立分级负责的现场检查制度。要加大监督执纪问责力度,对“表面整改”“假装整改”“敷衍整改”“应付整改”的,将严厉追责问责。要及时公开查处和整改情况,加大正面典型宣传和反面典型曝光力度,选择一批涉及民生、老百姓关注度高的环境违法典型案例,全程跟踪报道查处整改情况,自觉接受社会监督,向全社会传递临翔区保护生态环境、查处环境保护违法行为的坚定决心。

(二)坚决打好污染防治攻坚战

要全力抓好南汀河、西河水系保护修复,铁厂河水库、鸭子塘水库、中山水库、博尚水库等水源地保护,加大城市黑臭水体治理、农业面源污染治理和澜沧江生态保护修复力度,切实解决一批社会反映强烈的突出问题,使生态环境保护水平同全面建成小康社会目标相适应,让人民群众有更多获得感。要扎实推进河长制,坚持污染减排和生态扩容两手发力,加快工业、农业、生活污染源整治,全面实施土壤污染防治行动计划,强化土壤污染管控和修复,加快推进垃圾分类处理,强化固体废弃物污染防治,使农用地和建设用地土壤环境安全得到保障。打好污染防治攻坚战,必须坚持精准施策,因地制宜确定污染防治思路,不同行业要针对各自难点,下大力气攻坚克难，确保靶向精准、措施精准、改善明显、效果持久；必须群策群力、群防群治，打一场污染防治攻坚的人民战争，把建设美丽家园化为各族人民的高度意志和行动自觉。

（三）全面推动绿色发展

生态环境问题归根结底是发展方式问题，加快形成绿色发展方式，是解决环境污染问题的根本之策。要牢固树立和践行绿水青山就是金山银山的理念，坚持走生态优先、绿色发展的新路子，在调结构、优布局上狠下功夫，实施好能效、水效和环保领跑者制度，改变传统的“大量生产、大量消耗、大量排放”的生产模式和消费模式，全面节约能源资源，协同推动经济高质量跨越式发展和生态环境高水平保护。要调整产业结构，下大力气淘汰关停落后产能，采取提高环保标准、严格安全生产标准、加大执法力度等多种手段倒逼企业转型升级，统筹推进绿色能源、绿色食品、健康生活目的地“三张牌”。大力发展战略性新兴产业、高新技术产业，促进数字经济、物联网、智慧旅游、新能源汽车及生态出行、远程教育与医疗、节能环保等领域优先发展，增加新的增长动能，加快构建“两型三化”现代产业体系。要坚持产业生态化和生态产业化互促共进，完善支持绿色发展的价格、投资等政策，努力引进一批符合绿色发展要求的项目，引领全区经济转型升级、绿色发展。要把生态优先、绿色发展贯穿城乡规划建设管理、产业发展、生产方式、生活方式等各个方面，积极开展绿色经济试验示范和绿色创建，积极探索让生态效益转化为经济效益、让生态优势转化为发展优势的绿色发展路径，推动绿色发展、绿色生产、绿色生活，让绿水青山转化为金山银山。要加快推进农村以电代柴、以气代柴行动，增加清洁能源使用。要全面落实生态保护红线、基本农田保护红线、城镇开发边界线三条控制线的划定和保护任务，调整农业投入结构，全面规划部署有机种植，减少化肥、农药使用量，增加有机肥使用量，倡导有机农业，打造有机农产品品牌。

（四）深入实施城乡人居环境提升行动

这是深入贯彻以人民为中心的发展理念的具体体现，是把临翔建设成为美丽家园的应有之义。全区上下必须高度统一思想、统一认识、统一行动，把实施城乡人居环境提升行动坚持不懈抓下去，全面推进城乡“四治三改一拆一增”和乡村“七改三清”环境综合整治，下大力气改善城乡环境质量、承载功能、居住条件、特色风貌，让临翔城乡美丽起来。

一是统筹做好村镇布局，编制好村镇建设规划，让规划覆盖到每一寸土地，以科学规划引领新时代村镇有序发展，切实做到存量问题尽快消减，增量问题坚决杜绝。

二是在全区开展大规模国土绿化行动，科学选育苗木，广泛开展沿路、沿河、沿江、沿集镇造林绿化活动，加快村庄绿化、庭院绿化、荒山绿化，在面山、田边地角、房前屋后、路旁沟畔见缝植绿、见空补绿，让绿色成为临翔的主色调。

三是扎实开展移风易俗活动，养成科学文明生活习惯，引导广大城乡居民不断增强环境卫生意识和环境保护观念，全面提升文明素质，焕发文明新气象。

（五）改革完善生态环境治理体系

环境治理是系统工程，需要综合运用行政、市场、法治、科技等多种手段。要加快构建生态环境治理体系，不断提升生态环境治理能力和水平，为全面加强生态环境保护、坚决打好污染防治攻坚战夯实基础、强化支撑。

一是要实现统一监管。改革生态环境保护管理体制，强化生态环境保护修复和污染防治统一监管，健全区域流域生态环境管理体制，健全生态环境监测体系，将分散的生态环境保护职责整合起来，统一政策规划标准制定，统一监测评估，统一监督执法，统一督察问责。

二是要深化生态环境保护体制机制改革。推进自然资源资产产权、国土空间开发保护、空间规划体系、资源总量管理与全面节约、资源有偿使用与生态补偿、环境治理体系、环境治理与生态保护市场体系等改革，实行最严格的生态环境保护制度，健全环保信用评价、信息强制性披露、严惩重罚等制度，构建产权清晰、多元参与、激励与约束并重、系统完整的生态文明制度体系。

三是要激发市场活力。要加大财政投入，确保资金投入同污染防治攻坚战任务相匹配。要健全完善相关支持配套政策，充分运用市场化手段，撬动更多社会资本进入生态环境保护领域。要采取多种方式推动建立第三方参与治污新机制，探索建立绿色发展基金，以社会化、市场化途径解决环境污染治理投融资难题。

四是要形成全民共治。把临翔建设成为最美丽的家园，是全区各族人民的共同愿望。要加强生态文明宣传教育，大力挖掘、保护和弘扬各民族保护生态的优秀传统文化，提高全社会生态文明意识，促进政府、企业、公众各尽其责、共同发力，政府积极发挥主导作用，企业主动承担环境治理主体责任，公众自觉践行绿色生活。要加强舆论引导，把部门、军营、学校、工厂以及家家户户人人发动起来，投身美丽家园建设，使生态文明和环境保护理念深入人心，形成全社会共同参与的良好风尚。

五、美丽临翔建设初见成效

(一)生态保护修复力度提升

临翔区森林覆盖率在1950年时有50%，因为毁林开荒，到1979年全区森林覆盖率只有25%。经过40余年的不懈努力，特别是党的十八大以来，临翔区通过实施飞播造林、退耕还林、青山绿水、绿色通道、城市绿化、澜沧江流域防护体系等项目，森林蓄积量逐年增加，公益林的生态效应进一步得到彰显，森林资源得到了较好的保护。目前，全区森林覆盖率已达74.1%，城市绿化覆盖率达45%，城区街道绿化覆盖率达49%，天朗气清，苍树吐翠，“绿色”已成为临翔最美的一张名片。

做好94.15万亩公益林的保护，完成特种珍稀用材林造林6万亩，森林抚育20万亩。森林蓄积增长量1266.8万立方米，到2020年森林蓄积量达到2533.6万立方米。新建2个地方级湿地公园，对沿江和沿河实施生态修复。贫困村宜林荒山绿化率达95%，村庄绿化覆盖率达30%。在贫困地区继续落实好退耕还林、天然林保护、生态公益林建设与保护等补贴政策，提高补贴标准。

充分利用当地自然条件，将扶贫开发与生态文明建设紧密结合，做活开放式生态经济，着力抓好28个重点村的生态扶贫，符合生态和环保要求的产业发展项目优先在贫困村布点。开展适合当地的林下经济、绿色产业、生态旅游、生态搬迁等。加快培育林业专业合作社、家庭林场、股份合作林场、林业专业协会等新型林业经营主体，到2020年总数达到25家以上，带动建设林下经济示范基地30万亩。打造星级森林人家示范点10个，营造乡村生态景观林1万亩。大力扶持、发展林下经济，重点实施现代竹业项目，建设10万亩丰产竹林示范基地。继续加大低产低效林改造力度，提高丰产竹林基地建设规模。提高产品精深加工水平，弘扬竹木文化和生态旅游，打造笋竹加工交易平台，健全竹木产业资源流通机制。至2020年，全区林业总产值达到30亿元。

(二)严格落实河(湖)长制

编制澜沧江流域(临翔段)保护发展规划，科学划定临翔生态保护红线区，守住生态保护红线、环境质量底线、资源利用上线。制定“生态美”建设、生态扶贫等实施方案，明确发展总体目标，到2020年，城市空气质量优良天数占比达97.2%以上；集中式饮用水水源水质和纳入国家考核的地表水水质达到或优于Ⅲ类的比例达100%。

全面开展党政领导干部生态环境损害责任追究和领导干部自然资源资产离任审计，强化环境评价考核和监管执法。扎实抓好国家土地例行督察5个方面14类170个问题整改落实。实施新一轮退耕还林，新造林8.15万亩。完成第二次全国污染源普查。发放节柴灶2500台、太阳能热水器2784套，新购置新能源公交车49辆，全面淘汰黄标车，节约资源、绿色消费、低碳生活的理念正在形成。临翔区被评为“省平安林区创建先进单位”，入围“中国生态魅力区”。

紧盯129名区、乡、村三级河长责任落实，全面抓好澜沧江、南汀河、西河生态保护修复，加强铁厂河水库、鸭子塘水库、中山水库等水源地保护，加大博尚水库综合治理力度，加大城市黑臭水体、农业面源污染治理。认真抓好中央、省级环境保护督查16项问题整改。坚持污染减排和生态扩容两手发力，加快工业、农业、生活污染源整治，普查清查工矿企业1978家、农户636户。加快推进垃圾分类处理，强化固体废弃物污染防治。切实加大环境违法查处力度，查处违规企业7家。检察机关办理生态环境资源领域行政公益诉讼案件13件。

(三)推动开发生态旅游，打造“康体养生旅居城”

临翔区已经完成24个重点旅游区村庄规划，完成斗阁、碗窑省级历史文化名村、博尚省级历史文化名镇申报工作。持续抓好博尚古镇、曼莱乐园、五老山国际休闲营地、澜沧江旅游产业开发及和成·临沧生态文化创意产业园、茶马古镇、昔归庄园项目建设，启动博尚、南美片区露营地、房车营地、自驾车营地建设。腾龙“万花谷”接待游客超过3万人次。炼玉陶瓷文化园各式窑炉基本建成，第一窑临沧七彩瓷成功烧制出炉。全面推进“一部手机游云南”建设，“游云南”App正式运行。加强旅游市场整治，做好文明旅游宣传。接待国内外游客520万人次，旅游总收入49.3亿元。

(四)城乡人居环境不断提升

临翔区紧紧抓住“全省30个全面提升城乡人居环境重点县”机遇，扎实开展城乡“四治三改一拆一增”和村庄“七改三清”行动，拆除“两违”建筑16.54万平方米，主城区绿化面积新增9.1万平方米，绿地率达36.53%。打造腾龙、细嘎、石房、小铺子等鲜花盛开的村庄16个。建成8个乡(镇)污水处理厂，实现建制村公厕全覆盖。坚持“周五全域洁净日”制度、乡村垃圾收费制度，垃圾处理设施和垃圾清运车配备覆盖所有乡(镇)，乡村垃圾实现户收集、乡转运处理。在民航小区、中山村进行农村生活垃圾分类和资源化利用试点工作。完成旧村改造 107 个，建成美丽宜居乡村 54 个，创建洁净村庄 180 个、洁净家庭 2180 户。在省“三农”发展综合考评中排名第 6。

严格实施林地保护利用规划，有效落实 93.05 万亩天然林和 94.15 万亩生态公益林管护措施；组织实施新一轮退耕还林 2.45 万亩，新造林 4 万亩。全力打好蓝天碧水净土保卫战，2020 年上半年，临翔区空气质量优良天数占比保持在 97.2%以上；国控地表水考核断面水质达到或优于Ⅲ类；加油站、养殖场、医疗机构等排污管理更加完善。建成中山、驿亭新村等示范村 26 个，美丽乡村 20 个，鲜花盛开村庄 11 个，洁净村庄 107 个，洁净庭院 1365 个。自然村建成污水处理设施 87 套，管网 278.8 千米，499 个自然村的污水得到妥善治理。

森林城镇景观更加美丽。以“森林临翔”建设为契机，深入开展城乡植树造林“十百千万”工程，累计完成城乡植树造林 220 万株，全民义务植树 11 万株。临沧主城区负氧离子浓度超过 2000 个/立方厘米，人居环境得到有效改善，成了名副其实的绿色“大氧吧”，先后被评为中国十佳绿色城市、国家森林城市、云南省园林城市。

森林文化建设加快推进。把城市森林公园作为传播生态文化的重要载体，先后建成五老山国家森林公园、小道河省级森林公园、临沧市花果山城市森林公园、临沧城滨河森林公园，省级森林自然保护区面积达 36 万亩。五老山国家森林公园被评为省级生态文明教育基地。

生态建设成效显著。周福潮是临翔区林业局的一名退休职工，他于 1987 年进入小道河林场，当时的小道河大多都是只长蕨菜、茅草和紫茎泽兰的荒山，他和林场的 22 个人每天的工作就是挑着树苗种树，有时一天要走近 20 千米，在林场 7 年，种过的树都数不清。经过一代人的辛苦努力，到 1993 年小道河林场人工华山松林面积达 4 万多亩，占小道河林场土地面积的 82.9%。经过几年来的精心管护，现在的小道河林场森林覆盖率超过 96.7%。荒山披上了绿装，小树长成了大树，并通过发展鸡血藤、金线莲等林下种植提升经济效益。小道河林场的变迁是临翔区保护生态、发展林业的一个缩影。多年来，通过大力实施封山育林、退耕还林、荒山造林、公益林补偿、新能源推广利用、节能改造等资源保护工程，临翔区林地保有量不断增加，活立木蓄积量稳步增长，城镇面山、公路沿线、水库周围、南汀河、澜沧江沿岸生态逐步好转。近年来，累计营造林 180 万亩，实施退耕还林 14.95 万亩，巩固退耕还林成果林业项目后续产业 11.2 万亩，完成退耕还林补植补造 1.23 万亩，全区林业用地面积已达 18.9 万亩。

第二节　发展生态产业

2015 年，习近平总书记到云南考察时，要求云南把生态环境保护放在更加突出的位置，努力成为我国生态文明建设排头兵。2020 年初，习近平总书记再次到云南考察，要求云南在成为我国生态文明建设排头兵上不断取得新进展，谱写好中国梦的云南篇章。省委省政府认真贯彻习近平总书记考察云南重要讲话精神，出台了《加快构建现代化产业体系的决定》，提出要培育包括环保产业在内的若干千亿级产业，建设“绿色制造强省”，为云南省发展环保产业明确了目标、指明了方向。

一、总体情况

根据云南省委省政府、临沧市委市政府的统一安排，临翔区制定出台培育“绿色食品”“绿色能源”“健康生活目的地”三张牌经济实施意见，推动一、二、三产业融合发展。

（一）巩固提升绿色产业基地

建成核桃 91.61 万亩、茶园 24.38 万亩、澳洲坚果 19.25 万亩、桑园 3608 亩、中药材 1.99 万亩。加快省级全域旅游示范区创建步伐，积极推进南美拉祜风情小镇、昔归普洱茶小镇等特色小镇建设。秘境谷森林小镇、腾龙花海、仙鹭塘湿地公园等一批集旅游观光、休闲养生、农耕体验于一体的生态旅游项目有序推进。2020 年上半年，接待游客 235.09 万人次，实现旅游总收入 24.3 亿元。

（二）积极发挥林业产业优势，助力精准脱贫

实施林业扶贫项目，多渠道筹集项目资金，向 89 个建制村 701 个自然村 10807 户建档立卡贫困户及边缘户免费提供红豆杉等各类高价值林木苗木 40.2 万株，完成投资 130.5 万元；完成新一轮退耕还林 4 万亩，其中涉及建档立卡贫困户 2541 户 9858 人，面积 13087.4 亩。

（三）大力发展绿色经济

发展林下经济，实施新一轮退耕还林 4.15 万亩，荒山荒地造林 3 万亩。加快推进南美、昔归 2 个特色小镇和亚微会展中心建设，开工建设富润旅游文化特色镇、泰恒古镇、玉龙湖旅游综合体、天颐茶庄园五星级

酒店。

（四）快速发展林业产业

坚持把生态建设、产业发展和农民增收紧密结合起来，按照建设现代林业的总体要求，着力打造现代林业产业基地。累计完成中低产林改造16.5万亩、低效林改造10万亩，建成特色经济林145万亩、工业原材料林32.5万亩、珍贵用材林1万亩，发展林下经济种植1.2万亩。涉林企业发展迅猛，各类林产品经销加工户发展到47家，其中市级龙头企业4家，建成亿元以上规模企业1家。采取“企业＋基地＋专业合作社”的经营模式，成立林农专业合作社37个，其中省级示范社1个。核桃种植面积96万亩产值达3.93亿元，坚果种植面积23.6万亩产值达308.9万元，已逐渐成为林农增收的支柱产业。2017年末，全区实现林业产值23.67亿元，农民人均林业收入达4560元。

截至2019年末，全区林业用地面积309.3万亩，占全区总面积的77.75%，其中：有林地249.39万亩、灌木林地40.84万亩、未成林造林地14.61万亩、其他林地4.46万亩，划定生态公益林94.15万亩（其中国家级51.44万亩、省级42.71万亩），停伐保护天然林93.05万亩。境内有森林植物77科3200种，药用植物116种，菌类植物23种，野生动物53种。截至2019年末，活立木蓄积量达1530万立方米，实现林业总产值31.32亿元，农民人均林业收入达5360元。有核桃种植面积96万亩、澳洲坚果种植面积25.71万亩，建有澜沧江省级自然保护区、五老山国有林场、马鹿坑国有林场，建成森林防火瞭望塔4座、防火公路183千米、各类防火隔离带350千米。

二、主要生态产业发展情况

截至2019年末，临翔区累计发展木本油料产业121.71万亩，其中核桃96万亩、澳洲坚果25.71万亩。

1.核桃

截至2019年末，临翔区核桃种植面积达96万亩（其中蚂蚁堆乡22.9万亩、章驮乡12.4万亩、南美乡3.7万亩、忙畔街道6.7万亩、凤翔街道8.3万亩、博尚镇9.1万亩、马台乡9万亩、邦东乡6.8万亩、平村乡1.2万亩、圈内乡15.9万亩）。

实现挂果69.5万亩（其中蚂蚁堆乡15.4万亩、章驮乡9.8万亩、南美乡1.5万亩、忙畔街道5.2万亩、凤翔街道7.5万亩、博尚镇7.9万亩、马台乡 6.7 万亩、邦东乡 4.8 万亩、平村乡 0.9 万亩、圈内乡 9.8 万亩)。

实现产量 6.38 万吨(其中蚂蚁堆乡 1.32 万吨、章驮乡 0.9 万吨、南美乡 0.13 万吨、忙畔街道 0.47 万吨、凤翔街道 0.49 万吨、博尚镇 0.63 万吨、马台乡 0.61 万吨、邦东乡 0.54 万吨、平村乡 0.4 万吨、圈内乡 0.89 万吨)。

实现产值 75922 万元(其中蚂蚁堆乡 15708 万元、章驮乡 10710 万元、南美乡 1547 万元、忙畔街道 5593 万元、凤翔街道 5831 万元、博尚镇 7497 万元、马台乡 7259 万元、邦东乡 6426 万元、平村乡 4760 万元、圈内乡 10591 万元)。

2. 澳洲坚果

截至 2019 年末,临翔区澳洲坚果种植面积达 25.71 万亩(其中蚂蚁堆乡 4.89 万亩、章驮乡 0.5 万亩、忙畔街道 0.13 万亩、博尚镇 3.2 万亩、马台乡 6.7 万亩、邦东乡 4.8 万亩、平村乡 3.6 万亩、圈内乡 1.89 万亩)。

实现挂果 2.5 万亩(其中蚂蚁堆乡 0.8 万亩、博尚镇 0.15 万亩、马台乡 0.6 万亩、邦东乡 0.4 万亩、平村乡 0.4 万亩、圈内乡 0.15 万亩)。

实现产量 4000 吨(其中蚂蚁堆乡 1280 吨、博尚镇 240 吨、马台乡 960 吨、邦东乡 640 吨、平村乡 640 吨、圈内乡 240 吨)。

实现产值 5000 万元(其中蚂蚁堆乡 1600 万元、博尚镇 300 万元、马台乡 1200 万元、邦东乡 800 万元、平村乡 800 万元、圈内乡 300 万元)。

第三节　落实生态补偿

依托森林生态效益补偿、农村能源推进建设、高价值经济林木、退耕还林、生态护林员选聘等林业扶贫项目,2014—2019,林业和草原局累计投入林业生态扶贫资金 31545.22 万元,其中,惠及建档立卡贫困户 10814 户 43034 人,涉及资金 4616.6638 万元。

一、建立健全生态补偿机制

制定有利于贫困地区、贫困人口的生态环境保护补偿政策和资源开发收益分配政策,使贫困地区实现可持续发展。按照主体功能区规划要求,逐步加大生态保护转移支付力度,进一步完善资金分配办法,完善森林覆盖率、交界断面水环境功能达标率、主要污染物减排完成情况等生态考核指标和办法,提高奖补额度,并对重点村予以倾斜支持。增加区级财政投入，积极争取中央、省和市财政转移支付，逐步加大流域生态补偿力度；在资金筹措和分配上向南汀河流域上游地区、澜沧江流域和贫困地区倾斜，对水质状况较好、水环境和生态保护贡献大、节约用水多的乡加大补偿。支持重点流域下游地区与上游地区建立协商平台和机制，根据与上游地区交界断面水质达标与改善情况、生态保护情况等，对上游地区给予适当的资金奖励，并采取对口协作、产业转移、人才培训、共建园区等方式加大横向生态补偿实施力度。

二、创新生态建设和补偿资金使用方式

按照生态建设产业化、产业建设生态化要求，创新生态建设模式，生态建设重点为木本油料产业（核桃、坚果）、珍贵用材林产业、林下产业。以陡坡地生态治理（退耕还林）、造林补贴、木本油料基地建设、巩固退耕还林成果等工程项目为支撑，28 个建档立卡贫困村，发展核桃、澳洲坚果等木本油料基地 0.99 万亩。精准脱贫期间，每年向 8397 户建档立卡贫困户每户免费发放 15 株珍贵用材树木，5 年内将完成 62.97 万株任务，每户农户将集聚一笔财富，形成一个大额“存单”，成为珍贵用材树种大径材培育基地，成为贫困群众持续发展的“绿色银行”。充分利用贫困地区资源，着力发展林下经济。通过林果、林草、林菌、林药、林禽、林畜、林菜、林蜂等模式，建立企业带大户、大户带农户、千家万户共同参与的发展格局，达到“不砍树也致富”的目的。脱贫攻坚期，每个建档立卡贫困村建成一个林下经济基地。脱贫巩固期，每个建档立卡贫困村建成两个以上林下产业基地。

使用权属于集体的省级公益林，属于 28 个贫困村每亩 5 元全部支付给村集体，经村民代表大会通过后，按照所有者补偿费、村集体监管费和直接管护费分别安排使用。

（1）所有者补偿费占全部补偿性支出的比例原则上不低于 50%，用于支付省级公益林范围内集体林权所有者和经营者的补偿费用。具体比例由村民会议或村民代表会议审定，并按照亩均标准应得金额兑付给全体村民。

（2）村集体监管费占全部补偿性支出的比例原则上不高于 10%，由村集体用于省级公益林的管护宣传、防火、防盗、防虫害、监管护林员、管护质量检查及造林补植抚育等支出。

（3）直接管护费占全部补偿性支出的比例原则上不高于 40%，用于支付省级公益林护林员的管护费用。

(4)省级公益林属于 28 个贫困村,每亩由区级财政再安排 1 元补偿资金。

三、落实"生态补偿脱贫一批"

按照"生态补偿脱贫一批"的要求,一是临翔区全区划定生态公益林 94.15 万亩(其中国有 35.56 万亩、集体与个人 58.59 万亩),2016—2019 年累计投入资金 5056.2 万元,累计为 2320 户 8584 人建档立卡贫困户兑现 165.25 万元;二是临翔区天然商品林停伐补助总面积 93.05 万亩,每年投入资金 1336.1 万元,惠及全区建档立卡贫困户 5342 户 19231 人;三是向建档立卡贫困户发放高价值经济林木 687410 株,投入资金 346.1068 万元。

积极发挥林业产业优势,助力精准脱贫。实施林业扶贫项目,多渠道筹集项目资金,向 89 个建制村 701 个自然村 10807 户建档立卡贫困户及边缘户免费提供红豆杉等各类高价值林木苗木 40.2 万株,完成投资 130.5 万元;完成新一轮退耕还林 4 万亩,其中涉及建档立卡贫困户 2541 户 9858 人,面积 13087.4 亩。在涉及贫困户的 89 个村,择优选聘 181 名贫困人口担任护林员,每年让贫困户户均增收 8400 元。

(一)森林生态效益补偿

临翔区全区划定生态公益林 94.15 万亩(其中国有 35.56 万亩、集体和个人 58.59 万亩),2014—2019 年累计投入资金 6320.25 万元。在生态公益林项目中累计为建档立卡农户兑现 244.57 万元。其中,2014—2016 年兑现 120.47821 万元,补偿面积 4.015783 万亩,惠及全区建档立卡农户 2204 户 7934 人;2017 年兑现 40.93449 万元,补偿面积 4.093449 万亩,惠及全区建档立卡农户 2236 户 8049 人;2018 年兑现 41.3094 万元,补偿面积 4.13094 万亩,惠及全区建档立卡农户 2266 户 8157 人;2019 年兑现 41.8479 万元,补偿面积 4.18479 万亩,涉及建档立卡贫困户 2320 户 8584 人。

临翔区天然商品林停伐补助总面积 93.05 万亩,自 2016 年开始至今,累计投入资金 5344.4 万元。其中每年天然商品林停伐补助资金涉及农户 2.25 万户 354.6378 万元,截至 2019 年,为建档立卡农户共计发放资金 1418.5512 万元。2016 年为建档立卡农户兑现 90.4519 万元,补偿面积 9.04519 万亩,惠及全区建档立卡农户 5342 户 19231 人;2017 年为建档立卡农户兑现 91.1085 万元,补偿面积 9.11085 万亩,惠及全区建档立卡农户 5379 户 19364 人；2018 年为建档立卡农户兑现 91.8147 万元，补偿面积 9.18147万亩，惠及全区建档立卡农户 5427 户 20079 人；2019 年为建档立卡农户兑现 91.8129 万元，补偿面积 9.18129 万亩，惠及全区建档立卡农户 5426 户 20043 人。

(二)推进农村节能建设

(1)太阳能热水器。2014—2018 年共完成发放太阳能热水器 5836 套，累计补助资金 880.9312 万元，惠及全区建档立卡贫困户 5836 户 20141 人。其中，2014—2017 年发放太阳能热水器 3052 套，累计补助资金 305.2 万元，惠及全区建档立卡贫困户 3052 户 11021 人；2018 年发放太阳能热水器 2784 套，累计补助资金 575.7312 万元，惠及全区建档立卡贫困户 2784 户 9120 人。

(2)节柴灶。2014—2018 年共完成发放节柴灶 6919 套，累计补助资金 187.07 万元，共惠及全区建档立卡贫困户 6919 户 25250 人。其中，2014—2017 年发放节柴灶 4419 套，累计补助资金 132.57 万元，惠及全区建档立卡贫困户 4419 户 15725 人；2018 年发放节柴灶 2500 套，累计补助资金 54.5 万元，惠及全区建档立卡贫困户 2500 户 9525 人。

(三)发放高价值经济林木

按照区委区政府的工作安排部署，自 2016 年开始向全区所有建档立卡贫困户发放高价值经济林木，其中 2016 年每户发放 15 株高价值经济林木，2017 年每户发放 15 株高价值经济林木，2018 年每户发放 30 株高价值经济林木。

2016 年公开招投标采购高价值经济林木 228665 株，资金共计 83.60 万元；2017 年公开招投标采购高价值经济林木 133905 株，资金共计 27.40 万元；2018 年公开招投标采购高价值经济林木 324840 株，资金共计 235.1068万元。

(四)退耕还林

1.新一轮退耕还林

结合临翔区国土二调不在册的 25 度以上的坡耕地面积和林业产业发展实际情况，通过技术人员摸底调查，在充分尊重农户意愿的基础上，选择合适的地块、树种及在经济、生态价值最优化的情况下，找出愿意实施新一轮退耕还林项目的农户。

2016 年新一轮退耕还林任务 4 万亩，涉及农户 5935 户，已完成种苗发放4万亩，投入种苗费1200万元，并兑现前两批补偿资金共计3200万元。其中，第一批补偿资金2000万元，涉及建档立卡贫困户退耕还林面积1.374231万亩，共2074户，补偿资金687.1155万元；第二批补偿资金1200万元，涉及建档立卡贫困户退耕还林面积13884.27亩，共2064户，补偿资金416.5281万元。

2017年新一轮退耕还林任务4.15万亩，涉及农户5510户，已完成种苗发放4.15万亩，投入种苗费1660万元，并兑现第一批补偿资金2075万元。其中，涉及建档立卡贫困户退耕还林面积10091.3亩，共1307户，补偿资金504.565万元。

2.前一轮退耕还林

前一轮退耕还林任务4.78526万亩，涉及农户14883户。2015—2019年共兑现3341.78万元，涉及建档立卡贫困户退耕还林面积0.624533万亩，共1741户，兑现补偿资金339.194万元。

(五)生态护林员选聘

临翔区2016年至2018年期间，共选聘生态护林员190人，每人每年发放工资8400元(另购260元意外伤害险)。涉及建档立卡贫困户190户190人，带动家庭人员807人，共发放生态护林员工资329.56万元。

2019年，共选聘生态护林员376名，共计发放工资315.84万元，涉及建档立卡贫困户376户376人，带动家庭成员1766人。

(六)林业项目

临翔区2014—2019年期间，完成木本油料基地建设24.71万亩，累计投资5142万元；完成低效林改造7万亩，累计投资700万元；完成木本油料提质增效1.97万亩，累计投资197万元。

(七)林业技术培训

2017年开展林业技术培训8场次，涉及建档立卡贫困户1325户，补助资金6.8万元。2018年开展林业技术培训20场次，涉及建档立卡贫困户9870户，补助资金30万元。2019年开展林业技术培训20场次，涉及建档立卡贫困户9623户，补助资金30万元。

第十四章

精神武装　昂扬斗志

习近平总书记指出，扶贫既要富口袋，也要富脑袋。要坚持以促进人的全面发展的理念指导扶贫开发，丰富贫困地区文化活动，加强贫困地区社会建设，提升贫困群众教育、文化、健康水平和综合素质，振奋贫困地区和贫困群众精神风貌。在临沧市统一领导、组织下，临翔区以"党的光辉照边疆，边疆人民心向党"教育实践活动作为重要载体，不断提升广大人民群众的精神面貌。

第一节　"党的光辉照边疆，边疆人民心向党"教育活动营造脱贫氛围

2017 年 3 月 22 日，尚东红书记在主持临翔区委理论学习中心组 2017 年度第一次集中学习时，以"党的光辉照边疆，边疆人民心向党"为主题发表讲话，要求把握精髓要义，凝聚力量，推动工作，以优异的成绩迎接党的十九大胜利召开。

一、开展"党的光辉照边疆，边疆人民心向党"教育活动的目的意义

尚东红书记在教育活动动员会上说，中国共产党自 1921 年成立以来，由小到大，由弱到强，紧紧依靠人民，跨过一道又一道沟坎，取得一个又一个胜利，从一个仅有 50 余名党员的党组织发展成为今天拥有近 9000 万名党员、400 多万个基层组织的大党。中国共产党经过长期艰苦斗争、浴血奋

战，带领广大人民群众推翻了三座大山，赢得了民族独立和人民解放，成立了人民当家做主的新中国。党执政以来，团结和带领全国各族人民自力更生、艰苦奋斗、改革开放，发展社会主义市场经济，走出了一条中国特色社会主义道路。中国共产党的诞生，深刻改变了近代以后中华民族发展的方向和进程，深刻改变了中国人民和中华民族的前途和命运，深刻改变了世界发展的趋势和格局，为中华民族做出了伟大的贡献。事实证明，中国共产党是一个伟大的党、光荣的党、正确的党。

1.“党的光辉照边疆，边疆人民心向党”是临翔革命斗争的历史见证

在中国共产党的领导下，临翔于1949年成立了地方党组织，在平村建立了革命根据地，领导革命斗争，开展民主建设工作，以邓炳荣、夏良才、杨和玉、杨春璠为代表的临翔革命儿女，抛头颅、洒热血，为临翔和平解放事业做出了不可磨灭的贡献。1950年，缅宁解放，成立了县委县政府，开展征粮剿匪、减租退押、土地改革和镇压反革命运动等革命斗争，为恢复经济发展、改善人民群众生产生活付出了艰辛努力，经济建设和社会发展取得了显著成绩，带领南美拉祜族群众从原始社会直接迈入了社会主义社会，巩固了边疆稳定、民族团结的大好局面。一首传唱祖国大江南北的《阿佤人民唱新歌》，就是“党的光辉照边疆，边疆人民心向党”的真实写照，充分反映了临翔人民思想纯朴，勤劳善良，一心向党，服从党的领导，听从党的安排，执行党的决定，任何时候都忠诚于党，任何时候都与党中央同心同路同行，感党恩、听党话、跟党走的生动画面。

2.开展“党的光辉照边疆，边疆人民心向党”教育活动，引导广大干部群众切实增强“四个自信”“四个意识”、做到“两个维护”

党的十八届六中全会丰富、发展了“四个全面”科学论断，深化了对党的建设规律、执政规律的认识，为党带领全国人民进行具有新的历史特点的伟大斗争提供了制度保障，具有重大的政治意义、理论意义、历史意义和现实意义。“党的光辉照边疆，边疆人民心向党”教育活动是贯彻落实全会精神，推动全会精神落实到边、落实到底，不留盲区、不留死角的重要载体，引导广大干部群众切实增强“四个自信”“四个意识”，使全区各族人民深刻地感受到社会主义制度的优越性，感受到只有共产党才有新中国，感受到只有共产党的领导才有繁荣发展的今天的临翔，激发干部群众知恩感恩、敬党爱党信党，坚决拥护以习近平同志为核心的党中央，在思想上、政治上、行动上与党中央保持高度一致。

中共临沧市委四届二次全会提出“党的光辉照边疆，边疆人民心向党”

教育活动，是在全面实施“十三五”规划的重要之年，加快脱贫攻坚进程，实现发展速度更快、发展基础更实、人民群众更满意，与全省全国同步全面建成小康的关键节点做出的重要安排部署，对于全区各级党组织和广大党员树牢宗旨意识、坚持群众路线、弘扬“临沧作风”、创造“临沧速度”、展现“临翔效益”，进一步增强做好联系群众、宣传群众、组织群众、团结群众工作本领，保持党同人民群众的血肉联系，巩固党在边疆民族地区的执政基础，凝聚党员干部和各族群众的智慧和力量，奋力实现中国梦临翔篇章，具有重大的政治意义、理论意义和现实意义。

3.“党的光辉照边疆，边疆人民心向党”是临翔跨越发展的生动体现

改革开放以来，在中共十一届三中全会精神指引下，党中央团结带领全国各族人民，积极探索、勇于实践，锐意进取、开拓创新，开辟了中国特色社会主义道路，形成了中国特色社会主义理论体系。坚定不移地推进体制改革，毫不动摇地促进对外开放，取得了社会主义现代化建设举世瞩目的巨大辉煌成就，实现了人民生活由温饱不足向总体小康的历史性跨越，民众生存与发展的要求更是获得了前所未有的尊重和满足，实现了从高度集中的计划经济体制到充满活力的社会主义市场经济体制、从封闭半封闭到全方位开放的伟大历史转折。

党的十八大以来，以习近平同志为总书记的新一届党中央领导集体，提出了实现中华民族伟大复兴的中国梦，统筹推进“五位一体”总体布局和“四个全面”战略布局，全面建成小康社会的百年梦想即将实现。在中国共产党的坚强领导下，临翔人民艰苦奋斗，自力更生，勤劳致富，实现了经济社会跨越式发展，生产总值从1978年的3.6亿元，发展到2016年的99.9亿元，综合经济实力显著增强，基础设施建设快速推进，对外开放不断扩大，产业转型升级步伐加快，生态文明建设稳步推进，城乡面貌发生巨大变化，各项改革扎实推进，民生保障水平持续提高，党的建设不断加强，呈现出经济发展、社会稳定、民族团结、人民生活水平不断提高的良好局面，谱写了中国梦临翔篇章。

临翔经济社会要实现跨越式发展，离不开党的坚强领导，离不开全区各族人民万众一心、众志成城、苦干实干。我们要以“党的光辉照边疆，边疆人民心向党”统领全区各方面工作，大力弘扬“头顶理想，脚踩泥巴，心中有民，手上有招，创新干、团结干、拼命干”的“临沧作风”，努力打造一支有信念、有思路、有激情、有办法的“临翔铁军”，坚持一张蓝图干到底，不改思路、不换频道，把工作项目化、项目具体化，凝心聚力、抢抓机遇、乘势而上，

在助推“临沧速度”中展现“同频共振、不折不扣、开拓进取、追求卓越、甘于奉献、克期完成、走在前列”的临翔效益，为实现临翔跨越式发展而努力奋斗。

4.开展“党的光辉照边疆，边疆人民心向党”教育活动，是增进民族团结进步、维护边疆和谐稳定的必然要求

临翔地处边疆民族地区，做好民族团结进步和维稳工作，事关社会稳定和长治久安，事关国家主权和安边固疆，事关民族团结进步和中华民族伟大复兴，是一项极其重要的政治任务。我们要大力营造“党的光辉照边疆，边疆人民心向党”的浓厚氛围，引导和教育边疆各族群众牢固树立国家意识、中华民族共同体意识，树立正确的祖国观、民族观，弘扬社会主义核心价值观，增强对伟大祖国、中华民族、中华文化、中国特色社会主义道路的认同。

5.“党的光辉照边疆，边疆人民心向党”是临翔面向未来的坚强保障

习近平总书记视察云南时提出，将云南建成民族团结进步示范区、生态文明建设排头兵、面向南亚东南亚辐射中心“三个定位”，充分体现了党的执政智慧、执政胸怀和执政情结。刘云山、孟建柱等深入临翔区调研，对南美乡党建扶贫“双推进”和幕布村“六个共同”经验给予了肯定。这是临翔历史上从未有过的，充分体现了党中央对边疆开发开放的高度重视，对边疆各族人民的深厚情意和亲切关怀。随着国家“一带一路”倡议和“孟中印缅经济走廊”战略的实施，临沧第一条铁路、第一条高速公路正处于如火如荼建设之中，制约边疆发展的瓶颈将得到破解，未来的临翔，将成为云南“五出境”通道上的重要节点城市。

二、创新载体 推动党群同路

持续巩固好“党的光辉照边疆，边疆人民心向党”的良好局面，关键在行动、关键要有载体。

（一）建强党的阵地，强化政策宣传

充分发挥基层阵地服务改革、服务发展、服务民生、服务群众、服务党员的作用，凝聚党心民心，实现党群同心。

1.着力推进“基层党建提升年”活动

围绕“党的光辉照边疆，边疆人民心向党”教育活动目标，按照“统筹谋划、分类实施，无的要有、有的要强”的思路，着力严责任、补短板、抓规范、树品牌，推动基层党建工作全面提升、全面过硬。

2.实施党组织覆盖提升工作

对具备条件建立党组织的单位，全部组建党组织；对暂不具备条件建立党组织的单位，采取下派、进驻、调剂、联合组建等方式组建党组织，做到党的组织建设全覆盖。

3.建立教育培训基地

区级依托区委党校，乡(镇、街道)依托成人教育学校，村(社区)依托村组活动场所、远程教育、综合服务平台，建立区、乡、村“感恩教育基地”，并充分发挥革命老区优势，挖掘打造一批红色教育基地，以思想政治理论、党的路线方针政策、宪法法律知识、统一战线和民族宗教工作知识、正反两方面的警示教育教材，特别是脱贫攻坚、惠民政策为主要内容，采取分期分批方式，对党员、干部、群众进行培训。

4.建好村组活动场所

按照建制村(社区)“13有”、村民小组“10有”标准，推进村组活动场所建设，强化基层党组织的政治功能和服务功能，在每个村组活动场所设置“党的光辉照边疆、边疆人民心向党”主题文化墙，营造爱党爱国的浓厚氛围。2017年，建设村组活动场所231个，实现全覆盖。

(二)传递党的声音，推动党群同路同行

强化对党的路线方针政策的宣传，弘扬正能量，提振精气神，实现党群同路。

1.持续开展“两学一做”学习教育

把“党的光辉照边疆，边疆人民心向党”学习研讨作为开展“两学一做”学习教育的重要内容，结合学党章党规、学系列讲话、做合格党员同部署同落实，不断把“两学一做”学习教育引向深入。

2.开展“忠诚教育和感恩教育”活动

以“党的光辉照边疆，边疆人民心向党”为主题，采取“走出去、请进来”、中心组学习、专题讲座、重温党史、座谈研讨、交流心得等形式，在全体党员群众中开展忠诚教育和感恩教育，进一步增强“四个意识”。

3.开设宣传专栏

区级依托区电视台、临翔手机报、临翔网、临翔政务信息网等新媒体，乡(镇、街道)、村(社区)充分利用综合服务平台、远程教育站点、宣传栏、黑板报等，以政策解读、先进典型宣传、工作成效展示为主要内容，广泛开展宣传，及时传递党的声音。

4.开展系列活动

组织开展“我要向党说句心里话”、领导干部讲党课、演讲比赛、歌咏比赛、文艺汇演、书画摄影展、微电影拍摄、种植映山红、推出一批红色歌曲、撰写一批理论文章等活动，采取丰富多彩的形式，把党的主张、党的声音、党的路线方针政策宣传到村村寨寨、家家户户，切实增强党组织的凝聚力和号召力。

(三)当好党的使者，推动党群同行

要求党员干部群众大力弘扬“头顶理想，脚踩泥巴，心中有民，手上有招，创新干、团结干、拼命干”的临沧作风，展现“同频共振、不折不扣、开拓奋进、追求卓越、甘于奉献、克期完成、走在前列”的“临翔效益”，切实宣传贯彻落实党的各项方针政策，当好党的使者，做到党有号召、党员群众有行动，实现党群同行。

在临沧市统一领导组织下，临翔区在“不忘初心、牢记使命”主题教育中，把“党的光辉照边疆，边疆人民心向党”教育活动作为重要载体之一，持续做好“照”的工作，不断写好“向”的文章，边疆各族干部群众“心向党中央、热爱总书记，坚决维护核心跟党走”的氛围更加浓厚。

以村为单位，全面推行党员身份公开，做到党员身份亮出来、党员形象树起来、工作实绩干出来。

(1)开展村干部学历提升行动。加强与云南开放大学等高校的联系，支持鼓励村干部积极参与学历提升教育，增强当好党的使者的能力。

(2)开展“百名先进使者”选树活动。在全区各行各业、各领域中，选出行动迅速、组织有力，宣传贯彻落实党的路线方针政策成效显著、示范作用好的百名先进使者，编制先进使者图片画册，发放各级各部门学习，营造学比赶超的浓厚氛围。

(3)开展“强化作风促落实”活动。坚持把纪律和规矩挺在前面，抓实“明责知责”这个前提、“履职尽责”这个根本、“考责问责”这个要害，探索实践监督执纪“四种形态”，持续纠正“四风”，促进干部作风好转。

通过建强党的阵地，传递党的声音，当好党的使者，教育引导各级党组织和广大党员干部增强“四个意识”，进一步纯洁党员、干部、群众队伍，实现党员群众一条心，营造“边疆人民心向党”的生动局面，为临翔决战脱贫攻坚、决胜全面小康、实现跨越发展提供坚强的思想引领和行动保障。

尚东红书记要求各级各部门和广大党员干部统一思想，提高认识，深学细照，扎实开展好“党的光辉照边疆，边疆人民心向党”主题教育，引导干部群众抢抓机遇，苦干实干，谋求跨越。

三、提升认识 精准发力

2017年4月28日，在区委理论学习中心组开展“党的光辉照边疆，边疆人民心向党”专题研讨会上，尚东红书记就如何开展好活动提出了明确要求。

（一）要提高对“党的光辉照边疆，边疆人民心向党”的认识

1.党员干部带好头

坚持把政治建设摆在首位，教育引导广大党员牢记党的宗旨，锻造忠诚、干净、担当政治品格，使党员、干部进一步成为“党的光辉照边疆”的使者、责任人和实践者。建立党员领导干部落实组织生活制度督促提醒、跟踪问效、考核评价3项机制，形成按时参加党的组织生活的思想自觉和行动自觉。深入整治干事创业精气神不够、患得患失、不担当不作为的问题，全市各级各部门共查找出问题274个，列出整改措施258条。深入整治“选人用人风气不正、导向不明、政治生态不好”问题，精准制定整治措施31条。排查出党员教育管理宽松软问题35个，制定整治措施30条。坚持把政治表现作为选人用人“第一道考题”，通过“五看四查两测”，多角度考察识别干部政治素质，坚决把政治上的“两面人”挡在门外。旗帜鲜明地激励干部担当作为，为72名反映失实的干部澄清问题。实施农村“领头雁”培养工程，持续改善村组干部待遇，实施村干部“学历水平和能力素质双提升行动计划”，采取财政补贴、跟班锻炼等措施，培养储备村组后备力量13801名。着力提升干部干事创业本领，全市干部教育工作实现培训规模、培训投入、培训质量“三个翻番”。坚持用身边事教育身边人，组织开展向全国人民满意公务员曾绍成、祖国守边人毕世华等先进典型学习活动。

2.搭建平台

突出抓好边疆党建长廊建设，不断夯实党在边疆的执政基础，使各级党组织进一步成为“党的光辉照边疆”的平台。深入推进农村基层组织“四级联创”。排查整治软弱涣散基层党组织113个，扎实推动党支部规范化达标创建，2017年内50%的县（区）将建成“达标县（区）”、55%以上的乡（镇）建成“达标乡镇”、80%以上的村（社区）基层党组织建成“达标党支部”。深入实施边境村党建示范引领工程。制定25条60项具体措施，挂图作战，深入实施“组织强边、开放活边、富民兴边、联防固边、和谐稳边”行动，以重点突破带动整体提升，目前已完成目标任务的90%以上。深化拓

展党政军警民固边兴边机制。健全完善边境县、乡国门党工委，探索把边境村辖区内的驻军、边防、海关、口岸、企业等统筹起来，成立联合党组织，群防群治、共管边境，深化拓展党政军警民合力固边兴边的临沧经验。通过一个支部一个支部提升、一个阵地一个阵地巩固，党的旗帜在边疆大地高高飘扬。

3.举全市之力建设国家可持续发展议程创新示范区

启动实施基础设施建设提速行动、绿色产业推进行动、边境经济开放合作行动、脱贫攻坚与乡村振兴产业提升行动、民族文化传承与开发行动“五大行动”，配套实施17项重大工程和99个重点项目，把建设国家可持续发展议程创新示范区作为重中之重。坚决打赢打好脱贫攻坚战。抓实已摘帽的7县(区)脱贫成果巩固，全力推动永德县高质量脱贫，2017年底要确保实现6个“直过民族”和人口较少民族整族脱贫，剩余1.38万建档立卡贫困人口全部脱贫，29个贫困村全部退出。深入实施“百千工程”。加快推进500个示范村建设，确保2017年内初见成效；深入实施千村整治，促进农村人居环境大改善、乡风文明大提升。加快沿边小康村建设。把沿边公路作为重要突破口，573千米沿边公路2019年11月底前可全面贯通，2019年底率先把沿边村寨建成小康村。大力发展乡村旅游。着力解决好“点、线、面”的问题，近期、中期、远期的问题，“地、钱、人”的问题，承接好临沧即将迎来的旅游高峰。

紧扣学习贯彻习近平新时代中国特色社会主义思想这个根本任务，既突出关键少数，又兼顾绝大多数，让边疆各族群众心里亮堂拥护党，发自内心信任党，坚定决心紧跟党。针对基层党员整体文化素质不高的实际，组织全市6万多名农村普通党员进入乡(镇)以上党校全覆盖培训，发挥“佤山宣讲团”“火塘少数民族语宣讲小分队”“农民讲习所”的作用，依托562支驻村工作队分片包组进村入户开展兜底宣讲，用临沧话、大白话和少数民族语言，把党的先进理论装进边疆群众的脑袋。制作公映《党的光辉照边疆，边疆人民心向党》纪录片，以历史、现实、未来为脉络，通过一个个感人至深的故事，讲述党的光辉照耀沧江大地、临沧人民一心向党的真挚情感。依托全市1590个村史室，引导边疆各族群众“算好惠民政策账、基础投入账、产业发展账、个人贡献账”，对比过去和现在“吃什么饭、走什么路、穿什么衣、住什么房”，在算账对比中懂得“惠在何处、福从何来、恩向谁报、心跟谁走”，汇聚感党恩、听党话、颂党情、跟党走的强大正能量。

要深化“党的光辉照边疆，边疆人民心向党”实践活动，谱写临翔人民团结进步的新时代赞歌。继续把“党的光辉照边疆，边疆人民心向党”实践活动，作为团结凝聚干部群众的抓手，在“照”和“向”上再深入、再具体，把习近平总书记的光辉思想照到临翔的每一个角落，把党的路线方针政策落实到各行各业、村村寨寨、千家万户，使每一名党员、每一名干部都成为“党的光辉照边疆，边疆人民心向党”的使者、责任人和实践者，使每一级党组织都成为“党的光辉照边疆，边疆人民心向党”的平台，使每一个项目都成为“党的光辉照边疆，边疆人民心向党”的载体，让党的光辉一览无余普照在临翔大地上，让临翔各族人民充分享受党的阳光雨露。要在临翔各族群众中广泛宣传党和国家的光辉历史和当地发展成就，让广大群众知史爱党、知史爱国，增强群众对伟大祖国、中华民族、中华文化、中国共产党、中国特色社会主义的认同，提高群众心向中国共产党、心向党中央的自觉性，升华群众对党的感情、对国家的感情，进一步坚定跟党走的决心，引领临翔各族群众紧密团结在党的周围。

（二）精准发力

临翔区始终以“党的光辉照边疆，边疆人民心向党”为引领，以打赢打好脱贫攻坚战为导向，扎实开展“自强、诚信、感恩”主题实践活动，切实增强贫困地区群众的“自强、诚信、感恩”意识。

1.着力在“照”上发力，推动“党的光辉照边疆”

深入实施党建扶贫“双推进”，不断压实区、乡、村“三级书记”抓扶贫的主体责任，充分发挥各级党组织的桥梁、纽带、阵地作用和广大党员干部的使者、责任人、实践者作用，牢牢抓住精准扶贫精准脱贫这条生命线，对照“两不愁三保障”，抓实项目这个载体，统筹推进“五个一批”，全力抓好产业扶贫、安居房建设、教育医疗保障、基础设施建设、人居环境提升等工作，以脱贫攻坚的实干和成效认真贯彻落实党的各项决策部署，让党的惠民政策真正落到实处，让党的光辉照在群众的心坎上。扎实推进“挂包帮，转走访”工作，选派 226 名干部驻村开展帮扶工作，组织 3697 名干部结对帮扶 10794 户建档立卡贫困户，要求全区干部职工每月驻村 5 天，和群众想在一起、干在一起，真正把党的光辉传递到村村寨寨，落实到具体的工作实践中。

2.着力在“向”上发力，引导“边疆人民心向党”

扎实推进村史室、农家书屋、村级活动场所等建设管理和融合发展，并依托这些平台先后举办“流动党校”“农村大讲坛”“农民讲习所”等活动 850 场次，打通联系服务群众的“最后一公里”，有效开展习近平新时代中国特色社会主义思想和党的十九大精神宣讲，深入推进理想信念、知党恩感党恩、爱国固边等主题教育活动，教育引导广大群众更加坚定心向党、听党话、跟党走的信心和决心。以创建省级文明城市为契机，加强社会主义核心价值观宣传教育、思想道德教育、形势政策教育、法律法规教育，着力培养群众自立自强、不甘贫困、心怀感恩、艰苦奋斗的意识，让贫困群众在知党恩中增加脱贫信心、在感党恩中寻找致富道路。

通过活动的开展，有效营造了“党的光辉照边疆，边疆人民心向党”的浓厚氛围，使各级党组织和党员干部增强了“四个意识”，培养了“临沧作风”，形成了创新干、团结干、拼命干的浓厚氛围，推动了脱贫政策的落地见效，让群众切身感受到了党的温暖和关怀，为打赢打好脱贫攻坚战夯实了思想基础、群众基础、基层基础。同时，有效教育了群众、感化了群众、激励了群众，切实增强了群众“自强、诚信、感恩”意识，全面激发脱贫攻坚的内生动力，凝聚起决战脱贫攻坚、决胜全面小康、推动高质量跨越发展的强大正能量。临翔区委宣传部结合开展“不忘初心、牢记使命”主题教育学习，安排部署主题教育各项工作，提高政治站位，深刻认识开展“不忘初心、牢记使命”主题教育的重大意义，坚持深入学习贯彻习近平新时代中国特色社会主义思想，把“学习总书记、遵从总书记、爱戴总书记”贯穿始终，切实加强党的建设，把弘扬“跨越发展、争创一流、比学赶超、奋勇争先”精神和践行“临沧作风”贯穿始终，在“照”和“向”上下功夫，把深化“党的光辉照边疆，边疆人民心向党”实践活动贯穿始终，突出能力素质提升，把开展增强脚力、眼力、脑力、笔力“四力”教育实践贯穿始终，聚焦主责主业，把服务临翔高质量跨越发展贯穿始终，扎实开展好主题教育工作。

3. 把深入学习贯彻习近平新时代中国特色社会主义思想作为主题教育的根本任务，贯穿于主题教育的主线

深入学习近平总书记对云南“一个跨越”“三个定位”“五个着力”的重要指示精神，不断增强“四个意识”、坚定“四个自信”、做到“两个维护”，坚定不移地用习近平新时代中国特色社会主义思想武装头脑、指导实践、推动工作，不断取得新进步、达到新高度。

认真贯彻落实新时代党的建设总要求，切实抓好机关党建工作，统筹推进政治建设、廉政建设、能力建设和作风建设。把党的政治建设摆在首位，坚持“严”字当头，全面推进党的政治建设、思想建设、组织建设、作风建设、纪律建设，教育引导广大党员干部切实转变工作作风，把大力弘扬“跨越发展、争创一流、比学赶超、奋勇争先”精神和“临沧作风”贯穿始终，勇于

担当，创新干、团结干、拼命干。

4. 把“党的光辉照边疆，边疆人民心向党”实践活动作为开展主题教育的载体和抓手

在创新形式、创新载体上下功夫，结合开展“自强·诚信·感恩”主题教育和“讲实话·说变化·感党恩·谋幸福”主题教育实践活动，在如何“照”、如何“向”上多思考、多做文章，运用各种媒体和宣传手段把习近平总书记的光辉思想宣传到各行各业、村村寨寨、千家万户，引导各族人民“心向党”，教育引导群众不忘初心感党恩、坚定信心跟党走。

增强“四力”教育实践工作是宣传思想战线的一项基础性、战略性、全局性工程。在开展主题教育中，搞好结合，把开展增强“四力”教育实践持续推进、不断深化，做到力度不减、措施不变。以提高政治能力为根本，以增强专业本领为关键，以培养优良作风为基础，扎扎实实练好内功，努力做到政治过硬、本领高强、务实创新、能打胜仗，为开创宣传思想工作新局面提供坚实保障。

通过开展主题教育，把队伍建设得更加坚强有力，自觉承担起举旗帜、聚民心、育新人、兴文化、展形象的使命任务，围绕区委区政府中心工作，不忘初心、牢记使命，始终保持奋斗精神和革命精神，在基础性、战略性工作上下功夫，在关键处、要害处下功夫，在工作质量和水平上下功夫，奋力推动全区宣传思想文化工作取得突破，为临翔区推动高质量跨越发展提供更加有力的思想舆论保证和良好的精神文化条件。

第二节　“讲实话·说变化·感党恩·谋幸福”实践活动增强脱贫信心

改革开放以来，特别是脱贫攻坚工作开展以来，通过各级各部门艰苦奋斗、攻坚克难，全区基础设施和公共服务已经得到全面提升，以人民为中心的“两不愁三保障”已经全面解决，经济社会各项工作实现长足发展。取得成绩的同时，也要看到群众工作仍需加强。经区委区政府研究决定，开展“讲实话·说变化·感党恩·谋幸福”主题教育实践活动，就是要进一步加强群众工作，强化社会治理，弘扬社会主义核心价值观，引导群众讲实话、讲真话，感党恩、跟党走，增强集体观念，营造团结奋进的良好氛围，为脱贫攻坚加油鼓劲。

一、工作目标

继续深入开展“自强·诚信·感恩”“党的光辉照边疆，边疆人民心向党”主题实践活动，以脱贫攻坚、乡村振兴为抓手，大力弘扬勤劳致富、诚实守信等传统美德，解决部分群众思想素质滑坡，集体观念淡薄，不说实话、不懂感恩、不赡养老人等问题；建立懒惰守贫、失信缺德惩戒机制；形成讲实话、说变化、感党恩、谋幸福的社会氛围，提升群众的集体荣誉感，增强获得感、幸福感。让勤劳致富、诚实友善光荣，懒惰守贫、失信缺德可耻，成为全社会的共识。

二、工作内容

（一）召开动员会

一是区级召开一次“讲实话·说变化·感党恩·谋幸福”主题教育实践活动动员会议。

二是以村为单位，由包村组长负责，召集实干队、向导员、翻译员，对迎接检查标准及群众工作方法进行培训，重点讲清楚“讲实话·说变化·感党恩·谋幸福主题教育活动方案”“群众会宣讲通稿”“迎检要点”，统一思想，熟知标准、方法。

（二）组织家庭收入分析会

一是由包组包户干部负责，以理事会为主体，以组为单位召开户长会议，参考“群众会宣讲通稿”，宣讲改革开放以来，特别是脱贫攻坚以来的发展变化，算清村民小组获得的基础设施投入账，到户到人的政策实惠账，下一步乡村振兴带来的机遇、愿景；宣讲和发放党委政府给党员群众的一封信，宣扬传统美德，教育引导群众讲实话、讲真话，感党恩、跟党走，摒弃慵懒散滑等陋习，树立正气。

二是由村民理事会一事一议，将惩戒懒惰守贫、不赡养老人、失信人员等事项纳入村民公约，加强社会治理，共同遵守，由全体村民进行监督。

三是分析收入。自家收入自己说，大家算，自己签字认可，纳入村民公约，进行共同监督。

四是由理事会现场推选出每户 1 个明白人，作为脱贫迎检回答人，组建“村民小组明白人微信群”，推选出村民小组迎检向导员。

五是收集群众诉求。倡导互帮互助解决，解决不了的逐级上报。

（三）举办“迎新春·送春联”干群联谊活动

一是由区委宣传部、区文联牵头，组织书法协会义务编写、印制春联。

二是由区委宣传部牵头，区妇联、区文体广电旅游局配合，组织挂包单位、实干队、村妇联组织到自然村与群众开展联谊活动，将春联送到户，增进干群关系。

（四）用好工作力量

一是高度重视理事会力量，村“两委”、工作队、实干队要经常召集理事会，脱贫攻坚向导员、翻译员开展议事，宣传各级党委政府最新惠农政策，组织交叉检查，通报村组各项工作进展情况，部署村组下一步工作。

二是压实挂钩帮扶责任人挂包责任，围绕迎检重点，做实“户户清”，解决清零销号问题。

（五）放好宣传广播

充分利用活动场所广播器材，每天循环播放传统美德、村民公约、奖励措施，全方位营造实施乡村振兴、弘扬社会正气、惩戒歪风邪气的良好氛围。播放时间为7：00—8：00，19：00—20：00。有条件的村组要组织群众开展打歌等群众性文体活动。没有广播器材（广播无法覆盖）的村民小组，由区文体广电旅游局负责配齐。

（六）开展小手拉大手活动

学校、家庭、政府配合，宣讲党的政策、脱贫攻坚带来的实惠、人居环境提升、社会主义核心价值观，学校要充分发挥作用，将政策、卫生融入课堂，并引导学生带动父母共同支持好迎检工作。

（七）坚持周五洁净日制度

每周五组织群众开展大扫除，清洁水源、清洁田园、清洁家园，开展庭院卫生“六净一规范”制度，即院内净、客厅净、卧室净、厨房净、厕所净、个人卫生净和院内摆放规范，提升脱贫形象。

（八）开展交叉检查

以乡（镇、街道）为单位，包乡队长统筹，开展交叉检查，及时发现并消除风险。

（九）选树一批先进小组

对工作开展得好、群众积极性高、脱贫验收配合好的小组，优先安排实施乡村振兴项目。

三、工作步骤

（一）宣传发动阶段（2018 年 12 月 16 日至 12 月 20 日）

区级召开动员会议安排部署“讲实话·说变化·感党恩·谋幸福”主题教育实践活动；召开各村动员培训会议，进一步统一思想，凝聚共识。

（二）深入推进阶段（2018 年 12 月 21 日至 2019 年 2 月 3 日）

一是以村民小组为单位，由各村民小组理事会主持召开家庭收入分析会。进一步宣传落实“讲实话·说变化·感党恩·谋幸福”主题教育实践活动。

二是举办“迎新春·送春联”干群联谊活动。

三是常态化循环播放传统美德、村民公约，全方位营造实施乡村振兴、弘扬社会正气、惩戒歪风邪气的良好氛围。

四是常态化开展小手拉大手活动。

五是常态化开展周五洁净日活动。

六是常态化开展交叉检查。

（三）总结提高阶段（2019 年 2 月 4 日至 3 月 31 日）

一是根据“讲实话·说变化·感党恩·谋幸福”主题教育实践活动开展情况，每个建制村评选 2 个先进小组。

二是以脱贫攻坚检查验收结果检验“讲实话·说变化·感党恩·谋幸福”主题教育实践活动成效，兑现奖励。

三是总结工作经验。认真总结“讲实话·说变化·感党恩·谋幸福”主题教育实践活动经验，构建长效机制，长期开展活动。

四、保障措施

（一）强化经费保障

一是以村民小组为单位，每个村民小组安排 5000 元脱贫攻坚工作经费，由村级进行统筹。被抽到检查验收且顺利通过验收的小组，每个组给予 3 万元奖励，用于组内公益事业建设。

二是在每个建制村内选 2 个先进小组，给予 2 万元公益事业建设经费。

三是“迎新春·送春联”干群联谊活动经费，一事一议，由区财政保障，给区直各单位活动经费 1 万元。

(二)先进组优先实施乡村振兴

对评选出的先进小组优先实施绿化、亮化、美化、道路硬化等方面的项目。

(三)强化组织纪律保障

“讲实话·说变化·感党恩·谋幸福”主题教育实践活动，由区纪委、监察委暗访督促，对行动迟缓、敷衍了事、推诿扯皮的，按照《临沧市临翔区脱贫攻坚工作责任追究问责办法》严肃追责问责。

第三节 励志培训改懒治愚

临翔区是全国832个国家级贫困县之一，属全国扶贫开发重点县、滇西边境片区县和云南省革命老区县，贫困面大、贫困程度深。与云南省大多数贫困县一样，懒汉醉汉的脱贫问题同样也是临翔区脱贫攻坚征程上的一个心病、一块短板、一大难题，把懒汉变勤、把醉汉唤醒是摆在全区领导干部面前的重要课题。为此，临翔区秉持“扶贫先扶志，扶贫必扶志”的理念，抓住“自立自强”这个关键要害，千方百计激发贫困群众内生动力，在破解“懒汉勤醉汉醒”的问题上，开展了一系列卓有成效的探索与实践。

一、把懒汉醉汉送出乡村，给他们开方子

懒汉醉汉被识别为贫困户，最有意见的是人民群众，最为难的是各级党委政府和工作队。不拿进来，与贫困对象动态管理的政策不符；拿进来，对群众不好交代，更与“不能让一个临翔同胞掉队”的初衷相违背。因此，只有把懒汉变勤、把醉汉唤醒才能还群众一个公道，带群众走上正道。临翔区听民心顺民意，探索性地开办了懒汉醉汉“自立自强”培训班，在10个乡(镇、街道)89个建制村中排查出最具代表性的87名懒汉醉汉，把他们送出乡村，分3个批次对他们进行为期15天的封闭式培训(日程安排见本章后面附件)。培训参照临翔区应急民兵培训模式，以区人民武装部为主要阵地，对参训人员实行军事化封闭式管理，以“军事训练＋文化学习＋技能培训”为主要培训内容。给他们开方子，力求让他们醒脑子、强身子、挣票子。

二、把懒汉醉汉带回课堂，帮他们醒脑子

走进课堂，培训老师精心准备了“自立自强”“党的光辉照边疆，边疆人

民心向党”“产业兴旺”“生态宜居”“乡风文明”“治理有效”“生活富裕”“听党话、感党恩、跟党走”等10余节主题醒脑教育课。激励大家转变思想,改掉陋习,在党和国家的支持、帮助下振作精神,甩开膀子放手干,用自己的双手创造自身价值,让我们的家庭从困境中走出来,为关心、帮助我们的人排忧解难。转变以往“等靠要”的“懒汉思想”,不再“坐等靠”政府救助,向我们身边已脱贫的农民朋友学习,自力更生摆脱贫困,依靠自己的双手改变贫困状况,开创美好生活。

三、把懒汉醉汉请进营房,带他们强身子

“世界上最严密的组织是军队,最有战斗力的人是军人”,“自立自强”培训班进驻营房,弘扬军人作风,借鉴军队管理,学习人民军队忠于国家、无私奉献的好思想,学习人民军队听党指挥、顾全大局、团结协作的精神。起床、叠被、出操、一日三餐,稍息、立正、队列、体能训练,严苛的教官一声令下,酣睡的大汉立即起床。通过为期15天的军事化封闭式训练,懒汉醉汉逐渐养成了自立自强、自觉自发、自我管理的习惯,精神更好了,身子更强了。

四、把懒汉醉汉送上“战场”,助他们挣票子

在“自立自强”培训班上,学员们除了上“醒脑课”“强身课”外,还参加了培训班为他们特意安排的“技能课”。课程内容有就业引导、农民专业合作社、电子商务、茶树嫁接、生态茶园建设、生物药业种植、土肥科技、农作物病虫害防控、动物疫病防控、坚果咖啡核桃种植与管理、生猪肉牛养殖、油菜种植等10余门专业技能课程。目的就是培养懒汉醉汉一技之长,让他们能挣到票子、吃饱肚子、养活全家子。

蚂蚁堆乡杏勒村自强互助社是临翔区探索扶志脱贫的又一具体实践。互助社由村“两委”负责租赁20亩土地,其中,10亩订单种植土豆、长寿仁豌豆各1季;10亩订单种植青菜、洋白菜等蔬菜共2季;租赁20亩山林,由互助社群众建设鸡舍等设施,每批次放养20000只鸡,每年放养3批次。由实干队员动员懒汉醉汉参与集中劳动,种植蔬菜,获得收入。互助社聘请1至2名村内能人管理群众,由蚂蚁堆乡农技人员教授种植技术,政府协调扶贫项目给予资金支持。通过政府引导、群众参与的方式,逐步激发群众内生动力,实现自我发展。

在扶志脱贫的探索与实践中,临翔区知民心、顺民意,工作取得了阶段

性成效，懒汉醉汉逐渐清醒了、勤快了，主动脱贫的意识提高了，生活方式转变了，收入也增加了。

在今后的工作中，临翔区将一如既往地教育和引导群众知恩感恩、勇于担当、主动作为。在“懒汉勤醉汉醒”的具体实践中不断总结经验，寻求突破，致力于让后进群众改变自我，甩掉“等靠要”“懒汉思想”，在生活中用实际行动来报答党对我们的关心、帮助，为生我、养我的家园担负起责任，接受全区各族群众的检阅。

第四节　新时代乡村文化建设巩固脱贫成果

自脱贫攻坚战打响以来，临翔区文化和旅游局始终坚持中国特色社会主义文化发展道路，推动社会主义文化大发展大繁荣。通过弘扬“文化自信”理念，以推动公共文化体系建设为主要任务，以提高公共文化服务水平为重点，以服务群众精神文化需求为落脚点，着力推进乡村文化建设。为激发乡村蓬勃发展、助推脱贫攻坚注入内生动力。

一、抓公共文化服务体系建设，促脱贫成果巩固提升

（一）建立基层公共文化服务网络体系

2020年初，全区有1个区级图书馆、1个区级文化馆、10个乡（镇、街道）文化站、104个村（社区）综合文化服务中心，创建率达100%。其中，有省级文化示范村5个、市级文化示范村5个。按照《临沧市文化和旅游局关于做好图书馆文化馆总分馆制建设工作的通知》要求，2020年计划建2个总馆（区文化馆、区图书馆），11个分馆和15个服务点。当时，已完成5个服务点的建设。按照《旅游厕所建设管理指南》，已建成27座旅游厕所。

（二）落实“两馆一站”免费开放

2019年图书馆共接待读者达71023人次，书刊文献外借达60650人次，借还图书达61971册次，电子阅览室接待读者达11247人次。积极开展全区农家书屋管理员培训，组织文艺骨干深入各乡（镇、街道）、社区、学校，开展文艺辅导培训，每年培训文艺骨干2000余人。

（三）不断提升文化惠民水平

积极开展多样化志愿服务，帮助贫困群众解决实际问题。加强节目创编和日常排演，创作了反映临翔发展变化、接地气、有新意的原创作品《光

头新娘》及歌曲《拉祜姑娘》、器乐合奏《拉祜迎宾曲》等一批文艺作品，文艺演出和群众文化活动异彩纷呈，每年组织到乡（镇、街道）、村（社区）、校园、军营开展文艺演出活动和送戏下乡活动75场次。用文化文艺形式宣传习近平总书记关于扶贫工作的重要论述，宣传中央、省、市脱贫攻坚的决策部署，宣传脱贫攻坚取得的显著成效，提振贫困群众脱贫攻坚的精气神。

（四）有序推进群众文化辅导

深入开展脱贫扶志宣传活动，营造良好社会氛围。每年派出辅导人员200余人次，到乡（镇、街道）、村（社区）和企事业单位开展广场舞培训及辅导45场次，参训人数达3000余人次。深入宣传党的十八大以来临翔区脱贫攻坚取得的辉煌成就，以及脱贫攻坚行动给贫困群众生产生活带来的巨大变化，人民群众获得感、幸福感、安全感显著提升的实际成效，进一步鼓舞贫困群众战胜困难、摆脱贫困、走向小康的斗志和勇气。

二、抓引导扶持力度，推动文化事业发展

（1）深入实施民族文化保护发展和“双百”工程，努力打造一批世居少数民族文化精品工程，加快临翔区民族文化基础设施建设步伐。不断夯实壮大3个特色手工业扶贫基地（碗窑陶器、中山竹编、文伟民族服饰）和16个休闲乡村旅游扶贫基地。

（2）积极搭建民族文化对外交流平台，丰富交流内容，促进文化交流互鉴和文化精品走出去，服务于国家“一带一路”倡议大局。扶持少数民族电影、文创产品等文化精品走出去，讲好民族故事，传播临翔声音。

（3）围绕打造民族文化品牌，从保护、开发、利用上不断加大工作力度，开展好以傣族、彝族和拉祜族为主的民族文化活动，突出各少数民族传统特色文化，在语言、服饰、生活习俗、民居等方面注重保留民族传统特色。

（4）逐年改善16个少数民族村（寨）民族文化传习所（馆）配套设施，通过民族文化传习所（馆）展示传统生产工具、生活用具、民族服饰、乐器、手工艺品，保存文化记忆，鼓励、引导少数民族群众将歌舞、生产技术及工艺、节日庆典、婚丧习俗融入日常生活，展示民风、民俗，传承文化记忆，在民族团结进步示范创建中“见人、见物、见生活”。截至目前，争取民族文化抢救保护项目15个，建成拉祜族、傣族、彝族文化传习所（馆）11个。

三、抓扶贫项目建设，完善文化基础设施

围绕脱贫摘帽和巩固提升的总目标，充分利用建档立卡工作成果，紧

盯贫困人口和贫困村的脱贫需求，做到扶贫对象精准、措施到户精准、项目安排精准、资金使用精准、脱贫成效精准，为全区决战决胜脱贫攻坚工作奠定基础。

坚持因需规划、聚焦精准、规范程序、群众参与、公开透明的原则，对临翔区文化和旅游局2020年脱贫攻坚项目库进行动态调整。调整后共有4个脱贫攻坚项目。

其中已完成2个，一是博尚镇博尚村旅游项目，由博尚镇实施，项目投资400万元，建设内容包括建设彩色混凝土透水路面2135平方米，旅游公厕2座，修建观光栈道245米，停车场580平方米，种植月季、玫瑰28.5亩。二是文化活动室设施配套项目，由区文化和旅游局实施，项目投资20万元，为10个自然村每村配备1套音响设备。

正在施工的有2个，一是南美乡古村落提升改造项目，由南美乡实施，投资规模为2.1亿元，正在申报国债券。项目内容包括新建传统木掌楼275栋，修缮25栋，建设多功能展厅1座、古村落内部栈道12.4千米等。目前已完成一期项目主体建筑88户，附属设施村内绿化、古村落旅游公厕、高低压电线、文化广场、环保排污工程、水体景观、太阳能路灯、消防工程及环村栈道2千米，投资约1540万元。完成二期项目32间拉祜木掌楼框架毛房建设和1间休憩亭建设、民宿内部装修14间，对一期旧木掌楼进行内部装修清理5栋。完成环村栈道主体建设1.5千米、古村落餐厅建设、50米寨门长廊建设，投资869万元。二是搭桥节文化园建设项目，由南美乡实施，总投资2500万元。建设内容包括勐缅密缅舞台1个，观众看台1个，旅游公厕1个，特色产品销售中心1个等，目前，已完成搭桥节文化园场地平整，完成建设勐缅密缅舞台1个，观众看台1个，旅游公厕1个，水上拔河场地80平方米，完成2座800平方米游客服务中心建设，完成1、2号停车场建设，10千米环通公路初步铺垫。

四、抓文化遗产保护，促进文物“活化”利用

着力传承和弘扬优秀传统文化，让传统文化在精准脱贫中焕发出新的生命力。一是开展文物保护利用行动。加强文物保护利用和文化遗产保护、传承，认真做好民族文物的普查、保护工作，以及文物文化遗产的收集、抢救、归类、整理、申报工作，完善文物普查登记，建立健全文物资源数据库。成立了临翔区文物审查委员会，建立联动机制，不断完善文物保护制度，实现文物安全常态化管理。对勐旺塔及西北塔、临沧专员公署旧址、采花坝石刻、东文笔塔等32个文物保护单位及24个不可移动登记保护单位

进行挂牌保护。根据文物认定标准，对原临翔区84个不可移动登记保护单位进行全面审查核实，最终确定了永泉猛虎营遗址、永和何家大院等24个点为临翔区不可移动登记保护单位。进一步强化文物历史文化宣传，促进文物活化利用。二是开展非物质文化遗产保护、传承行动。加强非物质文化遗产保护和传承，做好非遗申报工作，建立完善非遗名录体系。临翔区共有民族民间传统文化保护项目136项，其中国家级1项（傣族象脚鼓制作技艺），省级3项（碗窑陶器制作技艺、南美拉祜族传统文化生态保护区、南美拉祜族搭桥节）。有民族民间文化传承带头人117名，其中国家级传承人1人（俸传诗），省级传承人8人。积极组织非遗项目参加全国、全省非物质文化遗产联展，先后参加了“一带一路”中国·芒市国际非物质文化遗产展、中国—南亚博览会、中缅“天涯共此时”歌舞音乐演出、全省非物质文化遗产联展等活动。2019年完成临翔区中山竹编制作技艺、南美拉祜族服饰制作技艺、平村特色五红珍馐美食制作技艺、酒药粑粑制作技艺4个项目申报，完成临翔区第三批区级传承人申报及公布工作。

五、抓文艺精品创作，推进文艺繁荣发展

坚持以为人民服务为宗旨，围绕“优秀传统文化、重大革命历史、现实”三类题材，组织引导文艺工作者和爱好者积极开展创作。

一是制定了《临沧市临翔区文化艺术精品创作扶持办法》，促进文艺创作有序发展，主动适应临翔区经济社会发展需要，进一步繁荣文化艺术事业，激励全区广大文化艺术工作者积极投身文化艺术创作，不断出精品、出人才，推动临翔区文化繁荣发展。

二是加强文艺创作队伍建设。通过政府购买的方式，以编外人员公开招聘方式核定30人成立临翔区民族文化工作队，做好基层文艺骨干培训工作。每年举办2期创作人员专题培训班，聘请省、市有资质、有造诣的老师授课和点评，不断提高临翔区艺术工作者的创作水平。同时，对时代特色鲜明、立意创新的作品进行重点修改、提炼，做成精品。选送的作品《花与鼓》和《鼓之韵》在云南省2019年国家级非物质文化遗产傣族象脚鼓舞大赛中分别荣获一等奖和三等奖；《菩仿》获云南省第九届民族民间歌舞乐展演金奖；《陶趣》获云南省第十届民族民间歌舞乐展演优秀节目；《茶山坡情歌》获临沧市第三届歌舞乐展演金奖；微电影《寻找最美一杯茶》获第六届亚洲微电影艺术节金海棠最佳作品奖，《爱在南美》获第三届亚洲微电影艺术节“金海棠”一等奖，《昔归情深》获第三届亚洲微电影艺术节“金海棠”二等奖。

六、抓民族特色节庆活动，促文旅产业融合发展

努力将民族文化元素融合到旅游项目中，挖掘民族民俗节庆资源，重点挖掘开发民族文化、山水文化、历史文化、茶文化资源，积极组织开展佤山风情美食节系列活动，认真举办南美搭桥节、碗窑国际柴烧节、傣族泼水节、南美开酒节等活动，将民族特色与市场需求结合，遵循民族特色、绿色生态、原汁原味的本土特色路线，以“民族文化＋旅游”“非遗文化＋旅游”“农耕文化＋旅游”“农业景观＋旅游”“生态景观＋旅游”等模式，大力开发乡村旅游项目。目前，已成功打造了融合竹编文化的中山秘境谷森林小镇，融合拉祜族文化的南美特色小镇，融合观光休闲体验的腾龙村，融合土陶文化的碗窑村等一批乡村旅游项目。中山秘境谷森林小镇成功申报为国家3A级景区。临翔区、南美乡、中山村、腾龙村成功申报为省级旅游扶贫示范县、乡、村。2019年，临翔区休闲农业和乡村旅游接待游客278.46万人次，实现乡村旅游收入10.19亿元。

临翔区被评为“中国最佳国际休闲旅游目的地”；选送的“昔归龙珠”获2019年中国特色旅游商品大赛银奖、《花与鼓》和《鼓之韵》在云南省2019年国家级非物质文化遗产傣族象脚鼓舞大赛上分别获一等奖和三等奖；中山秘境谷森林小镇成功申报为国家3A级景区；临翔区被认定为云南省旅游扶贫示范县，南美乡被认定为云南省旅游扶贫示范乡，博尚镇腾龙村、凤翔街道中山村被认定为云南省旅游扶贫示范村。全年共接待国内旅游者696.15万人次，同比增长30.03％；接待海外旅游者10841人次，同比增长10.96％。实现旅游总收入67.33亿元，同比增长30.39％。

本章附件　临翔区农民群众“自立自强”能力提升培训班日程安排表

日期	课题	时间	主讲(持)人	地点
第1天	开班仪式	14:30—16:00	李文灿 区委副书记	区人武部
第2天	体检	7:30—11:30	毛华廷 区人武部作训科	区人民医院
	党的十九大精神	14:30—16:00	区委党校教师	区林业局
	务工就业 基础知识培训	16:15—18:00	陶明 区人社局副局长	

续表

日期	课题	时间	主讲(持)人	地点
第3天	军事训练	7:30—11:30	毛华廷 区人武部作训科	区人武部
	产业兴旺	14:30—16:00	区委党校教师	区林业局
	脱贫攻坚政策	16:15—18:00	康家东 区扶贫办副主任	
第4天	军事训练	7:30—11:30	毛华廷 区人武部作训科	区人武部
	生活富裕	14:30—16:00	区委党校教师	区林业局
	农民专业 合作社知识	16:15—18:00	董亚琼 区农业局高级经济师	
第5天	军事训练	7:30—11:30	毛华廷 区人武部作训科	区人武部
	城区环境卫生清洁	14:30—18:00	区住建局	临沧城区
第6天	军事训练	7:30—11:30	毛华廷 区人武部作训科	区人武部
	生态宜居	14:30—16:00	区委党校教师	区林业局
	生物药业种植技术 (重楼、雪胆、 黄精、砂仁等)	16:15—18:00	李绍兴 区生物资源办 高级农艺师	
第7天	军事训练	7:30—11:30	毛华廷 区人武部作训科	区人武部
	乡风文明	14:30—16:00	区委党校教师	区林业局
	农作物病虫害 防控技术培训	16:15—18:00	周兵 区农业局高级农艺师	
第8天	休息			
第9天	军事训练	7:30—11:30	毛华廷 区人武部作训科	区人武部
	自强自立	14:30—16:00	区委党校教师	区林业局
	动物疫病防控 技术培训	16:15—18:00	李辉建 区农业局高级兽医师	

续表

日期	课题	时间	主讲(持)人	地点
第10天	军事训练	7:30—11:30	毛华廷 区人武部作训科	区人武部
	听党话， 感党恩，跟党走	14:30—16:00	区委党校教师	区林业局
	土肥科技培训	16:15—18:00	赵应学 区农业局高级农艺师	
第11天	参加城区 环境卫生清洁	7:30—11:30	区住建局	临沧城区
	观看纪录片	14:30—16:00	区委党校教师	区林业局
	烤烟种植、烘烤 技术培训	16:15—18:00	杨亚双 区烟草公司生产科科长	
第12天	参加城区“两违” 专项治理	7:30—11:30	区综合执法局	临沧城区
	坚果、咖啡、核桃 种植与管理技术	16:15—18:00	苏礼忠 区林业局高级工程师	区林业局
第13天	文明城市创建宣讲， 观看区脱贫攻坚专题片	7:30—11:30	区委宣传部、区扶贫办	区林业局
	生猪、肉牛 养殖技术培训	16:15—18:00	杨自菊 区农业局高级畜牧师	
第14天	参加城区“两违” 专项治理	7:30—11:30	区综合执法局	临沧城区
	茶树嫁接技术与 生态茶园建设技术规程	16:15—18:00	肖如昆 区生物资源办中级农艺师	区林业局
	整理内务	16:15—18:00	毛华廷 区人武部作训科	
第15天	军事训练	7:30—11:30	毛华廷 区人武部作训科	区人武部
	结业(评选优秀学员)	14:30—16:00	王久 区人武部部长	区人武部

第十五章

党建护航　打造铁军

习近平总书记指出，脱贫攻坚，从严从实是要领。必须坚持把全面从严治党要求贯穿脱贫攻坚工作全过程和各环节，实施经常性的督查巡查和最严格的考核评估，确保脱贫过程扎实、脱贫结果真实，使脱贫攻坚成效经得起实践和历史检验。临翔区践行总书记指示要求，以党建护航，打造扶贫铁军，确保了脱贫攻坚任务的高质量完成。

第一节　以政治建设打造素质过硬的干部队伍

一、以政治建设引领人才工作和干部队伍建设

（一）以政治建设为引领

2018 年 9 月 22 日，在临翔区组织工作会议上，尚东红书记就如何抓党的建设和组织工作提出以下要求。

一是要坚持把党的政治建设摆在首位，持续巩固"党的光辉照边疆、边疆人民心向党"的生动局面；全区各级党组织要增强"四个意识"，坚定"四个自信"，以思想、行动、言论"三个绝对忠诚"，坚决维护习近平总书记党中央的核心、全党的核心地位，坚决维护党中央权威和集中统一领导。

二是要突出政治功能和组织力，切实加强党的组织体系建设；要从提升党组织的组织力、抓党建促脱贫攻坚、抓党建促乡村振兴、提高党的建设质量四个方面不断建强党的肌体的"细胞"。

三是要以建立"五大体系"为着力点，打造适应高质量跨越式发展要求

的“临翔铁军”；要建立源头培养、跟踪培养、全程培养的素质培养体系，把好干部培育出来；建立日常考核、分类考核、近距离考核的知事识人体系，把好干部识别出来；建立以德为先、任人唯贤、人事相宜的选拔任用体系，把好干部选拔出来；建立管思想、管工作、管作风、管纪律的从严管理体系，把好干部管教出来；建立崇尚实干、带动担当、加油鼓劲的正向激励体系，让广大干部担当起来。

四是要实施更加积极、更加开放、更加有效的人才政策；通过树立系统、开放、发展的人才观，努力开创人才工作新局面。

五是要扛起政治责任，强化党的建设和对组织工作的领导；要按照习近平总书记建设“讲政治、重公道、业务精、作风好”模范部门的要求，始终不渝做绝对忠诚、绝对可靠的模范，甘为人梯、公道正派的模范，求真务实、敢于担当的模范，刚正不阿、严格自律的模范。

(二)切实把政治建设落到实处

2020年1月12日上午，在四届区委第89次常委(扩大)会议上，尚东红书记对各级党组织书记和广大党员干部提出以下要求。

一是要当好“扛旗人”，旗帜鲜明地坚持和完善党的领导，增强“四个意识”，坚定“四个自信”，做到“两个维护”，拧紧管党治党的螺丝钉，把全面从严治党的思路举措落实得更加科学有效，把存在的问题改彻底、改到位，以整改实际成效全面提高谋划工作的质量。

二是要找准“发力点”，提升基层党组织组织力，强化政治功能，发挥政治优势，探索共建共治共享的城市基层治理“新路子”，推进抓党建促乡村振兴、促基层治理，推动“互联网＋党建”向“智慧党建”优化升级，用高质量党建引领高水平基层治理。

三是要勇当“负重人”，切实把习近平新时代中国特色社会主义思想转化为推进临翔改革发展稳定和党的建设各项工作的实际行动，把初心使命变成党员干部锐意进取、开拓创新的精气神和埋头苦干、真抓实干的自觉行动，对党忠诚、为党分忧、为党尽职，只争朝夕，不负韶华。

二、强化政治建设学习培训

按照区委统一部署，全区各部门、各单位先后开展加强政治建设的学习培训活动。下面介绍的是区委组织部、区纪检监察部门、区中医院开展学习培训和研讨交流情况。

(一)区委组织部围绕“党的政治建设、全面从严治党”专题开展研讨交流

“我认为党员讲政治就是要对党绝对忠诚,并以坚定的信念检验忠诚、以突出的业绩检验忠诚、以从严的作风检验忠诚。”临翔区委常委、组织部部长罗维政说。临翔区委组织部召开理论学习中心组学习会议,进行“不忘初心、牢记使命”主题教育集体学习,围绕“党的政治建设、全面从严治党”专题开展研讨交流,区委第六巡回指导组到会指导。

此次集体学习分四个阶段进行:一是观看专题片《打铁必须自身硬》;二是学习《习近平关于“不忘初心、牢记使命”论述摘编》第一篇和《习近平新时代中国特色社会主义思想学习纲要》第三篇、第四篇;三是学习习近平总书记考察云南重要讲话精神;四是以“深入学习贯彻习近平新时代中国特色社会主义思想,守初心、担使命,以党的政治建设为统领,推动全面从严治党向纵深发展”为主题,重点围绕“党的政治建设、全面从严治党”专题开展研讨交流。

前三个阶段学习结束后,区委组织部科级以上党员干部依次围绕“党的政治建设、全面从严治党”主题作交流发言,谈认识、谈心得、谈收获、谈体会、谈感想、谈打算……“组织部门既是全区‘主题教育’工作的组织者,也是参与者,这要求我们必须进一步提高旗帜鲜明讲政治的思想行动自觉,做坚定不移学习贯彻习近平新时代中国特色社会主义思想的表率。”区委组织部副部长白湘荣发言说。罗维政说:“组织部门是政治部门,组工干部是政治干部,旗帜鲜明讲政治是组织部门的头等大事,较强的政治理论素养是组工干部安身立命的看家本领,我们必须成为认真学习贯彻习近平新时代中国特色社会主义思想的模范,读原著、学原文、悟原理,经常学、反复学、持续学,真学习、真学懂、真落实,切实把习近平新时代中国特色社会主义思想转化为武装头脑、指导实践、推动工作的强大正能量。”

(二)纪检监察机关突出抓好党的政治建设,努力建设让党放心、让人民群众满意的机关

“习近平总书记在十九届中央纪委四次全会上要求纪检监察机关下更大气力把队伍建强、让干部过硬。强调建设高素质专业化干部队伍,做忠诚干净担当、敢于善于斗争的战士。临翔区纪检监察机关认真贯彻落实习近平总书记重要讲话精神,不断提升纪检监察干部能力素质,有效推进纪检监察工作规范化、专业化、法治化。”临翔区纪委监委主要负责人表示。

临翔区纪检监察机关始终坚持以初心使命作为政治本色和前进动力,

区纪委常委会始终把深入学习贯彻习近平新时代中国特色社会主义思想作为首要政治任务，强调以党的政治建设为统领、为灵魂，带头加强机关党的建设，增强“四个意识”、坚定“四个自信”、做到“两个维护”。不断完善学习制度，采取支部会、读书会、报告会、讲坛讲座等形式，教育引导广大纪检监察干部全面系统学、持续跟进学。年内纪委常委会开展5次集中学习，发挥领学促学作用，进一步突出抓好党的政治建设这个根本性建设，努力建设让党放心、让人民群众满意的纪检监察机关。

临翔区纪检监察机关紧跟适应新时代新任务新要求，不断提升干部队伍政治素质和业务能力，在全区纪检监察系统集中开展纪律作风专项整治和警示教育，督促广大纪检监察干部对照典型案例认真剖析、撰写警示材料，全面查找问题、深入整改。通过定期学习、培训等方式，加强对法律法规、办案流程、办案安全、档案管理、信息宣传等多个方面的学习。对《中国共产党纪律检查机关监督执纪工作规则》（以下简称《规则》）和《监察机关监督执法工作规定》（以下简称《规定》）进行全员培训，督促纪检监察干部围绕《规则》《规定》逐项对照学习，确保凡是写入法规的都要严格落实，使每一项要求都化作行动、化为习惯。2019年，共开展13次专题培训、4次考试，组织804人次参加省、市、区各类培训。

临翔区纪检监察机关始终在强化自我监督、自我约束上做表率，不断健全内控机制，年初印发了《中共临沧市临翔区纪委 临沧市临翔区监委机关工作规则（试行）的通知》，促进纪检监察机关管理工作科学化、制度化、规范化，为机关工作人员架起“高压线”，建好“防火墙”。同时精准运用“四种形态”，对反映纪检监察干部的问题线索认真核查、及时研判，让咬耳扯袖、红脸出汗成为常态。严肃查处纪检监察干部执纪违纪、执法违法等行为，将违反政治纪律和政治规矩、以案谋私、跑风漏气、执纪违纪问题作为查处重点，及时打扫庭院、清理门户，坚决防止“灯下黑”。

（三）区中医院开展“不忘初心、牢记使命”主题教育集中学习专题研讨——“加强党的政治建设”

为认真落实中央、省委、市委、区委关于“不忘初心、牢记使命”主题教育工作要求的具体举措，确保主题教育学习活动取得实效，2019年10月12日，临沧市临翔区中医院开展“不忘初心、牢记使命”主题教育集中学习专题研讨——“加强党的政治建设”，会议由区中医院党支部书记、院长主持，全院中层干部、党员共计50余人参加会议，会议共有以下三项议程。

一是在学习会前集体学习了习近平总书记在庆祝中华人民共和国成

立70周年大会上的讲话。

二是在学习会上由党支部委员叶芳领学《习近平新时代中国特色社会主义思想学习纲要》部分章节。支部委员李本江领学《习近平关于"不忘初心、牢记使命"论述摘编》部分章节。

三是中医院党支部书记、院长刘晓宏,副院长童明仙,围绕"加强党的政治建设"专题,结合理论学习和自身工作实际分别作交流发言。

刘晓宏表示,加强党的政治建设,必须坚持和加强党的全面领导。我们要坚决维护习近平总书记党中央的核心、全党的核心地位。党员干部特别是领导干部必须增强"四个意识",坚定"四个自信",做到"两个维护"。要始终坚持党的领导不动摇,贯彻党的路线方针政策不含糊,做到党中央提倡的坚决响应、党中央决定的坚决执行、党中央禁止的坚决不做,确保令行禁止、步调统一。加强党的建设,就是要在日常工作中以主题教育为契机抓好思想建党、理论强党,以理论上的清醒保持政治上的坚定,把主题教育活动始终贯穿到为人民服务中去。

童明仙表示,加强政治建设,要在践行对党绝对忠诚上见行动。习近平总书记指出,对党绝对忠诚要害在"绝对"两个字,就是唯一的、彻底的、无条件的、不掺任何杂质的、没有任何水分的忠诚。对党绝对忠诚,必须严守政治纪律。把增强"四个意识"、做到"两个维护"作为最根本的政治纪律、政治规矩,增强维护意识、坚定维护行动、提高维护能力、确保维护效果,自觉在思想上、政治上、行动上同以习近平同志为核心的党中央保持高度一致。切切实实地服务好每一位患者,就是用实际行动践行对党的绝对忠诚,也就是最有力的政治建设行动。

三、以党的政治建设为统领,不断提高管党治党科学化水平

党的十八大以来,在习近平新时代中国特色社会主义思想的指导下,在深入推进精准脱贫和脱贫攻坚进程中,不断积累政治建设经验。

第一,坚决维护党中央权威,牢固坚定"政治信仰"。区委常委班子成员带头以身作则、率先垂范,全面落实党的各项决策部署,层层树标杆、做表率。全区各级党组织和党员干部旗帜鲜明讲政治,尊崇党章、敬畏党纪,全面加强党的领导和党的建设,不断增强政治意识、大局意识、核心意识、看齐意识,坚定中国特色社会主义道路自信、理论自信、制度自信、文化自信。坚决维护党中央权威和集中统一领导,坚决维护习近平总书记这个领导核心,坚定执行党的政治路线、严格遵守党的政治纪律和政治规矩,对党

绝对忠诚，在政治立场、政治方向、政治原则、政治道路上同党中央保持高度一致。

第二，严肃党内政治生活，严格执行政治制度。切实增强党内政治生活的政治性、时代性、原则性、战斗性，修订完善了“工作规则”“议事规则”“按季度听取工作汇报制度”，认真落实政治责任，严格执行新形势下党内政治生活若干准则，健康开展党内政治生活，严格落实“三重一大”集体决策、主要领导“末位表态”制度，按照集体领导、民主集中、个别酝酿、会议决定的原则，对重大问题、重大事项、重要工作通过常委会议研究部署。区委常委带头以普通党员身份参加所在党支部的组织生活，严格执行“三会一课”、民主生活会与组织生活会、谈心谈话、民主评议等制度，出台《临翔区党和国家机关党员干部民主生活会制度》，按要求认真组织召开区委常委班子民主生活会，认真开展批评和自我批评，加强交流，增进团结。

第三，注重加强党性锻炼，切实增强“政治定力”。区委常委班子带头，在全区各级党组织和党员干部中弘扬忠诚老实、公道正派、实事求是、清正廉洁等价值观，坚决防止和反对个人主义、分散主义、自由主义、本位主义、好人主义，坚决防止和反对宗派主义、圈子文化、码头文化。全区党员干部积极投身脱贫攻坚、抢险救灾、民生保障等工作，在急难险重任务中，切实加强党性锻炼，坚定理想信念，补足共产党员精神上的“钙”，把对党忠诚、为党分忧、为党尽职、为民造福作为根本政治担当，永葆共产党人政治本色。

第四，高度重视问题整改，扎实开展“政治理疗”。高度重视中央巡视组“回头看”、省委第六巡视组巡视意见反馈整改工作。制定下发了《关于贯彻落实中央第十一巡视组对云南省开展巡视“回头看”反馈意见的整改方案》《省委第六巡视组对临沧市临翔区开展巡视情况反馈意见的整改方案》，及时召开常委会、整改动员会，区委主要领导对照问题清单进行专门动员和安排部署，对症下药，对全区各级各类党组织和党员干部认真进行“政治理疗”，确保标本兼治取得成效，并注重巩固整改成果。认真执行市委《关于在全市开展巡察工作的实施意见》，及时完善巡察机制，组建巡察机构，审议通过四届区委巡察工作规划和年度计划，配强了巡察工作队伍。

第五，积极开展巡察工作，认真进行“政治体检”。高度重视巡察工作，认真落实政治巡察主体责任，深化政治巡视，紧紧围绕党的领导、党的建设，聚焦全面从严治党、严肃党内政治生活、维护政治生态等方面开展“政治体检”。坚持把政治纪律和政治规矩摆在首位，从政治上发现问题、解决问题，提高政治站位和政治觉悟，纠正被巡察单位、党组织落实党中央决策部署不坚决、不到位的问题。结合实际，研究出台《中共临沧市临翔区委巡察工作实施细则(试行)》，切实加强组织领导，推动临翔区巡察工作不断向基层延伸，着力发现问题、形成震慑。

第二节　以思想理论建设开拓干部视野

临翔区将思想理论建设贯穿于脱贫攻坚工作，始终紧盯“两不愁三保障”目标，切实加强和改进思想理论建设，发挥思想理论建设的引领力、领导力、感染力、号召力的作用，形成强大战斗力，为全区精准脱贫攻坚奠定了坚实的思想基础。

一、主要做法

(一)强化理论武装 筑牢思想根基

为全面打赢精准扶贫攻坚战，临翔区整合资源、强化理论学习，凝聚各方力量、助力脱贫攻坚。以区委理论学习中心组为龙头，以“学习强国”学习平台和各类学习讲堂为主阵地。提升政治站位，加强理论学习，凝聚思想共识。区委常委班子带头学习贯彻习近平总书记关于扶贫工作的重要论述，把深入学习习近平新时代中国特色社会主义思想和习近平总书记对云南工作的重要指示精神，特别是习近平总书记关于扶贫工作的重要论述作为区委理论学习中心组学习习近平新时代中国特色社会主义思想读书会的重要内容，制订学习计划，通过领导干部个人自学、邀请专家授课、集中学习研讨等方式，持续加强理论学习，凝聚思想共识。全区党委(党组)把习近平总书记关于“三农”工作、脱贫攻坚工作、全面小康的重要论述和中央扶贫工作会议精神、农村工作会议精神以及省委、市委相关会议精神纳入理论学习重要内容，认真组织学习并撰写心得体会文章。

近5年来，区委理论学习中心组组织相关内容学习研讨7次，全区党委(党组)学习400场次。其中，2020年区委组织召开常委会5次安排部署脱贫攻坚工作，区扶贫开发领导小组2次召开全体(扩大)会议研究部署脱贫攻坚工作，并以视频的形式召开到乡、村两级，进一步增强全面打赢脱贫攻坚战的责任感、紧迫感和使命感。

(二)提升专题培训，助力脱贫攻坚

只有不断加强培训学习，才能开拓干部视野，服务好更多的贫困户。

一是对基层党员干部统一培训。临翔区坚持把习近平总书记关于“三农”工作、脱贫攻坚工作、全面小康的重要论述和中央扶贫工作会议精神、农村工作会议精神以及省委、市委相关会议精神纳入村（社区）“两委”班子和农村普通党员的培训内容，在统一举办培训班的同时，把党课讲到乡（镇），讲到村（组），有效地帮助村（组）干部和广大农村党员提升理论素养和科学素质。

二是分级分类举办专题培训班。组织全区党政领导干部、行业部门干部、扶贫系统干部、帮扶干部、贫困村干部培训全覆盖。据统计，区级举办各类脱贫攻坚专题培训班 13 期，2345 人次参加培训；乡、村两级共组织培训干部 7880 人次。

（三）配强宣讲队伍，开展多样宣讲

1. 加强理论宣讲队伍建设

从各乡（镇、街道）各单位政治过硬、年富力强、热爱宣讲工作的党员中确定理论宣讲员，组建习近平新时代中国特色社会主义思想宣讲团，“南汀乡音”特色宣讲团和“少数民族语言火塘宣讲”小分队，乡（镇、街道）和部门组织的宣讲队伍。宣讲队伍始终坚持把服务和宣讲结合起来，形成“集中宣讲和常态化宣讲，领导干部带头讲、挂钩部门联系讲、基层干部深入讲”的宣讲大格局，采取专家讲理论、干部讲政策、百姓讲故事的方式，把中央的各种扶贫政策和精神带到百姓中去。近 5 年，全区共开展相关扶贫理论、政策宣讲 9000 余场次，听众 279000 余人次。

2. 整合基层公共服务资源，让党的惠民政策进入寻常百姓家

基层宣讲主要依托“流动党校”“村史室”“农村大讲坛”“农民讲习所”“科普示范基地”“新时代文明实践中心”等载体，把习近平总书记关于“三农”工作、脱贫攻坚工作、全面小康的重要论述和中央扶贫工作会议精神、农村工作会议精神，以及省委、市委相关会议精神，讲到村、讲到组、讲到户，让党的正确理论和惠民政策进入寻常百姓家，使之家喻户晓、深入人心。

3. 开展零距离、面对面座谈交流的方式宣讲

省、市宣讲专家赴乡（镇、街道）、村（组）零距离、面对面开展宣讲。针对干部群众提出的问题，现场给予释疑解惑，这种理论宣讲带着“泥土味”，不仅让党员干部入脑入心，也让普通百姓感到耳目一新。

4. 采取文艺宣讲形式

针对临翔区实际，许多宣讲小分队，深入民族村寨、田间地头、火塘边，

用乡音土语议事，拿衣食住行说事。把理论融入快板、小品、说唱、相声、歌舞等文艺形式，既宣传各项政策，又引来现场群众阵阵喝彩。集理论宣讲、政策解读、看文艺演出为一体的文化盛宴，节目好看，政策记得牢，深受广大群众称赞，既武装了头脑，又丰富了知识、分享了快乐。

二、取得的成效

（一）提升了政治站位，增强了思想理论素养

开展各种专题的政治理论学习，一是提高了全区干部职工的政治理论素养。坚持在脱贫攻坚中增强"四个意识"、坚定"四个自信"、做到"两个维护"。坚定了理想信念，切实增强了全区领导干部做好脱贫攻坚工作的责任感和使命感。二是增强自身责任意识。全区广大领导干部牢固树立了高度的政治敏锐性和组织纪律性，将每项工作不折不扣地落实到位，实实在在把工作做好，全心全意为脱贫工作献计献策。三是敢担当、有作为。全区广大领导干部心中始终装着群众，立足基层，爱岗敬业，艰苦奋斗，为全区扶贫工作尽自己的一份力，做一份贡献。

（二）拓宽了思维视野，提升了工作业务能力

一是开展专题业务学习和政策解读。使领导干部和广大党员干部了解掌握扶贫政策，学习了科学扶贫、精准扶贫和内源扶贫相结合推进脱贫攻坚工作的对策措施，有效提升了领导干部的能力素质，为做好脱贫攻坚工作奠定了坚实的理论基础。

二是形式多样的培训，提升了干部的能力。在广大党员干部出现本领扶贫恐慌的时候，集中开展轮流培训，科学开设培训课程，实现扶贫干部培训全覆盖，提升干部的扶贫能力和信心，增加脱贫攻坚工作的后劲，确保干部全力以赴投身脱贫攻坚伟大事业，确保干部和广大群众一起埋头苦干，确保上下联动、万众一心向着扶贫问题和挑战冲刺，就能打赢脱贫攻坚这场战役。

三是开拓了干部视野。通过组织学习、集中专题培训、聆听理论宣讲，全区领导干部学习了新理念、新模式，转变了思维，更新了观念，拓宽了视野，产生有效破解难题的新招，提高扶贫工作水平和效率，坚持"一村一策、一户一法"，进一步完善与创新帮扶方式和措施，帮助贫困户走出一条稳定脱贫、逐步致富的新路子。

第三节　以纪律和作风建设保证扶贫工作方向

2015年以来，临翔区纪委牢固树立“有违纪问题发现不了是失职，发现了问题不查办是渎职，查办了没有突破是不称职”的理念，切实加强领导，强化线索排查，加大纪律审查力度，释放越往后执纪越严的信号。

一、以“四个到位”抓实脱贫攻坚专项纪律检查

临翔区纪委监察局在进一步强化专项纪律检查过程中，把“四个到位”作为脱贫攻坚专项纪律检查的有力抓手。

（一）责任包片到位

采取“划分责任田”的方式，组建以副书记、副局长为组长的5个专项纪律检查工作组，以3个贫困乡28个贫困村为重点，对全区各乡（镇、街道）及各相关职能部门实行分片包干督查负责制。

（二）检查深入到位

“放大眼睛”紧盯贫困群众关注的建房补助资金、产业发展项目等问题和阶段性工作重点，坚持采取先户后组、由组至村，再到乡（镇、街道）和区直部门的“自下而上”督查方式，从最基层发现和解决问题。

（三）问题反馈到位

“丁对丁卯对卯”地制定出督查问题清单，进行逐项督查，并就问题提出意见建议，专报区委区政府主要领导，共开展专项纪律检查4次，发现存在问题及提出工作建议26条。

（四）监督执纪到位

充分运用“四种形态”强化督查成果运用，做到早提醒、早教育、早整改，对脱贫攻坚主体责任落实不到位的领导干部约谈3人次。

二、压实责任、紧盯问题、强化问责

临翔区纪委不断压紧压实全面从严治党责任，紧盯扶贫领域违规违纪问题，不断强化监督执纪问责工作，做到监督执纪问责与扶贫工作同时进行、同步跟进，为打赢全区脱贫攻坚战提供坚强保障。

（一）突出执纪重点

围绕全区脱贫攻坚工作任务，坚持问题导向，重点查纠主体责任落实

不力，贯彻落实党中央关于打赢脱贫攻坚战的重大决策部署态度不坚决、工作不扎实、敷衍应付，职能部门履责不力、监管不严，不作为、慢作为、乱作为，监督责任履行不力等问题；重点查处扶贫领域贪污侵占、行贿受贿、虚报冒领、截留挪用、吃拿卡要、优亲厚友，扶贫项目实施中滥用职权、以权谋私等问题，以及在脱贫攻坚中搞形式主义、官僚主义等问题。

（二）加强组织领导

围绕廉洁扶贫目标任务，成立专项行动指挥部，负责对开展廉洁扶贫专项行动的组织领导和统筹协调。组建由区纪委常委、区监委委员任组长的 10 个专项行动督察组，强化“监督的再监督、检查的再检查”，紧盯 5 个方面问题，对 10 个乡（镇、街道）开展高强度、多轮次、全覆盖、常态化监督检查，确保精准扶贫精准脱贫。

（三）拓宽基层监督举报渠道

开通“临翔清风”脱贫攻坚微信一键举报平台，印制发放“廉洁扶贫”监督卡 4587 张，以微信扫码举报的方式，发动社会各界和广大群众积极参与监督。设置了 2 个举报箱和 1 个举报电话，创建了集督查巡查组职能介绍、接受群众举报与受理情况反馈、督查巡查动态发布等功能于一体的微信公众号，统一制作并向干部群众发放了脱贫攻坚举报联络卡。认真梳理扶贫领域腐败和作风问题线索，重点督办，通报曝光；对工作中推诿扯皮、推进滞后等问题严肃追责问责，确保廉洁扶贫专项行动各项工作落到实处。

（四）限时整改、销号管理

对督查巡查组提出的问题清单，明确整改时限、责任部门和责任人。同时，高度重视督查巡查问题并形成整改清单、销号清单，印发各乡（镇、街道）和部门，同类问题立行立改，责成区纪委跟踪执纪问责。督查巡查组对应临翔区的销号清单，常态化全面进行回访，确保回访开列清单、回访不留死角。截至 2018 年初，全区共排查扶贫领域问题线索 164 条，查处扶贫领域违纪问题 1 件 1 人，约谈 9 人，发出督办通知 2 份 74 条，通报曝光 3 起扶贫领域腐败和作风问题典型案例。

三、采取积极有效措施着力防止脱贫工作中的形式主义和倾向性苗头性问题

2017 年以来，临翔区在脱贫攻坚政策举措落实过程中，坚持严字当头、实字托底，采取积极有效措施着力防止脱贫工作中的形式主义和倾向性苗

头性问题，为脱贫攻坚提供坚强纪律保障。

（一）强化责任落实，用好问责“利器”

区委区政府制定出台《临翔区脱贫攻坚工作问责办法（试行）》，对承担脱贫攻坚工作任务的组织、事业单位及其领导干部和工作人员，因不履行或不正确履行脱贫攻坚工作职责，影响脱贫攻坚工作顺利推进，在工作中违反各项纪律被点名通报的相关单位和责任人进行责任追究。至2017年初，共对脱贫攻坚工作监管不力的25个单位进行通报批评，对脱贫攻坚主体责任落实不到位的领导干部约谈3人次，对不胜任岗位职责、驻村工作季度考核排名后5位的25名干部实行召回管理。

（二）整合督查力量，突出纪律“纠偏”

由区纪委牵头，区委督查室、区政府督查室、区扶贫办组成5个脱贫攻坚专项纪律检查组，制定临翔区脱贫攻坚专项纪律检查工作方案。围绕脱贫资金、干部作风、工作落实、工程推进、民房建设、产业发展、贫困户增收等事项进行督查，着力整治不作为、慢作为、乱作为问题，严肃查处违纪违规问题，确保相关政策落实到位、资金使用安全有效、各项工作按时间节点完成、项目实施顺利推进。至2017年初，共开展脱贫攻坚专项纪律督查14次，发现存在问题42个，提出处理工作建议42条。

（三）抓实公开监管，确保督促落实“坠底”

为防止脱贫攻坚中的形式主义和倾向性苗头性问题，针对“群众真正想知道的不公开、公开不及时、公开监管面不广以及公开情况无法有效监管”等问题，由区纪委牵头，通过“互联网＋公开”，建立区级电子监管平台、10个乡（镇、街道）建立监管链接平台、102个村（社区）建立公开前台、全区377个村民活动场所设立公开栏，上下联动、横向到边、党政同责、建章立制，实现脱贫攻坚政策措施及信息公开监管网格化，着力保障群众的知情权、参与权、表达权和监督权。

（四）抓住责任主体，落实目标“清单”

区委区政府紧紧抓住想干事、敢干事这两个关键，大力弘扬“头顶理想，脚踩泥巴，心中有民，手上有招，创新干、团结干、拼命干”的“临沧作风”，切实履行和落实好精准脱贫主体责任。根据精准脱贫各阶段工作任务和重心，采取向各单位和部门党政一把手开具限时督办通知“双联单”的方式，为精准脱贫任务落实提供“目标任务指令”，实现了“履责一单清”。对责任不落实、措施不到位、限期目标达不到，累计开出3次督办“双联单”

的单位和部门党政主要领导实行严厉问责，其目标倒逼责任落实效果明显。截至2017年初，就民居房建设进度、脱贫攻坚惠民政策落实、产业推进、纪律作风等事项共开具限时督办“双联单”79份。

四、明确四个要求

（一）“强”领导

实行区纪委常委包案制度，召开案件审理联席会议，制定应急处置预案，区纪委书记亲自对上年度没有案件查办的乡镇纪委书记进行工作约谈，每名区纪委常委负责1至2个乡镇的案件，做到包组织、包协调、包督促、包落实，切实加大对乡（镇、街道）纪律审查工作的领导和指导。从2015年开始，实现10个乡（镇、街道）纪（工）委案件查办全覆盖。

（二）“提”数量

加强与公、检、法等司法机关及林业、计生、审计等行政执法部门协调联系，查找“案中案”“关联案”，深挖连带案件线索。2015年脱贫攻坚开始第一年，全区共立案查办各类违纪违法案件29件，其中自办案件10件。

（三）“严”规范

高度重视办案安全工作，加强办案场所规范化建设，坚持高标准、高质量建设区纪委办案标准谈话室，确保依纪依法安全文明办案；同时对办案人员谈话室监控系统、安检系统、谈话指挥等现代办案设施的使用、谈话方式方法技巧和保密知识进行培训，与现代化办案新模式接轨。

（四）“升”能力

区纪委书记带队到昆明市纪委和曲靖市纪委学习考察先进地区办案工作经验；以案代训，着力提高办案人员剖析案件、突破案件的能力，强化组织协调、调查取证、谈话攻坚三项办案基本功；加强办案人员法律法规、业务知识和办案程序等知识的学习，提高办案人员的政策理论素养和运用法律法规水平，进而提升整体办案水平。

五、以“双联单”督促精准脱贫工作落实

2017年3月，临翔区积极创新精准脱贫工作责任落实督查方式，通过开具限时督办“双联单”的方式，突出部门主责，确保精准脱贫责任落实“不脱靶”。

(一)"清单"压实部门主责

区委主要领导根据精准脱贫各阶段工作任务和重心,采取向各单位和部门党政一把手开具限时督办通知"双联单"的方式,督促精准脱贫工作责任"坠底",为精准脱贫任务落实提供"目标任务指令",实现了"履责一单清"。对责任不落实、措施不到位、限期目标达不到,累计开出3次督办"双联单"的单位和部门党政主要领导实行严厉问责。近年来,区委主要领导就脱贫攻坚惠民政策落实、产业推进、纪律作风等事项共开具限时督办"双联单"79份。

(二)强化结果运用

制定出台《临翔区脱贫攻坚工作问责办法(试行)》,对承担脱贫攻坚工作任务的组织、事业单位及其领导干部和工作人员,因不履行或不正确履行脱贫攻坚工作职责,影响脱贫攻坚工作顺利推进,在工作中违反各项纪律被点名通报的相关单位和责任人进行责任追究。由区纪委牵头,区委督查室、区政府督查室、区扶贫办组成5个脱贫攻坚专项纪律检查组,制定《临翔区2016年脱贫攻坚专项纪律检查工作方案》,围绕干部作风、工程推进、贫困户增收等事项进行督查,开展脱贫攻坚专项纪律督查14次,发现存在问题42个,提出工作建议42条。

六、抓实农村"三资"监督管理

2016年以来,临翔区纪委全面构建"部门监督、行政监察、社会监督"三位一体的监督模式,抓紧抓实农村"三资"监督管理工作。

(一)延伸监督

在全区的102个村(社区)371个村组活动场所设置"资金资产资源及惠民政策公开栏",实行每季度一公开,并将区纪委、乡(镇、街道)纪(工)委、村(居)务监督委的监督电话进行公示,把监督触角延伸至村民小组和自然村。

(二)阳光运行

在成立乡(镇、街道)交易中心、建立农村集体资产资源动态管理台账的基础上将农村集体资产资源纳入乡(镇、街道)公共资源交易中心集中交易,按"四议两公开"的办法,实现集体资产资源交易行为由过去的村组暗箱操作向阳光运行转变。

(三)统一监管

全区102个村(社区)全部实行“村财乡管”为主要内容的农村财务管理体制改革,对村(社区)级形成的所有收入和支出全部纳入村级会计委托代理服务中心统一监管,明确规定所有款项全部实行收支两条线管理和村主任“一支笔”审批制。

(四)强化宣传

建立临翔区“三资”管理及惠民政策公开微信群,把“三资”管理及惠民政策公开内容与临翔区精准扶贫大数据平台对接融合,实现“三资”管理及惠民政策的电子监管。2016年以来,政府信息公开网站及时公布政府信息3137条,区工程建设领域项目信息和信用信息发布公示公告99条;微信公众平台“微播临翔”全年发布政策解读稿件123期,政务微博“吉祥临翔”累计推送博文156条;临翔手机报向6000余用户发送216期2100余条信息。

七、建立“小金库”治理长效机制

临翔区通过着力强化警示教育、监督检查、制度建设和责任追究,积极构建不想为、不便为、不能为、不敢为的“小金库”治理长效机制。2016年以来,临翔区纪委开展“小金库”专项纪律检查30余次,发现“小金库”问题线索19条,党纪、政纪处分19人,其中移送司法机关处理3件3人,收缴违纪资金80余万元。

(一)强化警示教育,筑牢不想为的意识

以通报反面典型案例及廉政提醒谈话加强宣传教育,发挥警示警醒作用,提前打好预防针,对倾向性苗头性问题及时扯袖子、咬耳朵、打招呼,促整改。2016年以来,在全区通报典型案例2起,纪委常委与下级党政主要负责人共计127人开展廉政谈话,反复强调“小金库”对经济发展的危害、对个人的腐蚀和影响,使其在思想上牢固树立正确的人生观、价值观,筑牢拒腐防变的防线,彻底根除“小金库”的思想根源。

(二)强化监督检查,营造不便为的氛围

建立以财政、审计、纪检部门监督,单位内部监督,社会监督三级监督制约体系,以监督检查、重点督查和关键抽查的方式,对虚列支出、虚开发票套取资金、公款私存、违规收费、违规处置国有资产等进行监督检查。进一步强化纪委监督的再监督、检查的再检查职能,实现监督检查全覆盖,不留死角。

(三)强化制度建设,形成不能为的机制

积极构建和完善"小金库"治理长效工作机制,印发了《临沧市临翔区深入开展贯彻执行中央八项规定严肃财经纪律和"小金库"专项治理工作方案》《关于进一步严明纪律规定认真开展"小金库"问题整治工作的通知》等文件,进一步严明了纪律和要求。

(四)强化责任追究,夯实不敢为的基础

在监督检查中发现存在"小金库"问题的单位,除收缴违纪资金外,对直接责任人一律先予停职,再予党纪、政纪处分,既追究当事人责任,又追究主体责任、监督责任和领导责任,让"小金库"无生存的土壤和条件。

第四节　以督查巡查促党建促扶贫

加强扶贫领域监督执纪问责,是纪检监察机关的重大政治责任和重要政治任务。自脱贫攻坚战打响以来,临翔区纪委监委持续深化扶贫领域监督执纪问责工作,持之以恒严厉打击扶贫领域中损害群众切身利益的腐败和作风问题,为打赢脱贫攻坚战提供了坚强有力的纪律保障。

一、以纪律和作风建设保证扶贫工作方向

临翔区持续深入开展扶贫领域腐败和作风问题专项治理,印发了《关于开展扶贫领域腐败和作风问题专项治理自查自纠工作的通知》,围绕"十个专项治理重点"工作,各级各部门持续开展自查自纠,形成一报告三清单。同时,纪检监察机关重点查看乡(镇、街道)及相关部门自查自纠是否做到"四到位",开展专项治理过程中对发现的问题责令限期整改。

(一)严格落实各项规章制度

认真贯彻落实《中国共产党问责条例》《临翔区脱贫攻坚工作问责办法(试行)》《临沧市临翔区脱贫攻坚工作责任追究办法(试行)》,对扶贫领域损害群众利益不正之风和腐败问题频发,对扶贫责任落实不力、突出问题整治不力、走过场,以及审查不认真、责任处理不到位,对扶贫领域监管中玩忽职守、失职渎职、徇私舞弊,以及出现系统性违纪问题的,实行"一案双查",严肃追究有关单位部门党组织和领导干部的责任。2015 年以来,全区共查处扶贫领域侵害群众利益不正之风和腐败案件 77 件 81 人。

抓紧抓实驻村干部纪律作风问题，2017年以前持续抽调督查组重点对计划脱贫出列的19个贫困村脱贫攻坚25项重点工作纪律作风建设情况进行专项检查，区脱贫攻坚工作指挥部通报了区直12个单位的驻村干部在督查当日存在应到岗而未到岗的情况。

（二）印发《扶贫领域腐败和作风问题专项治理工作方案（**2018—2020**年）》

要求在全区范围内围绕履行主体责任不力、履行监督责任不力、扶贫领域的腐败问题、扶贫领域的作风问题，由区、乡纪检监察机关牵头，相关部门认真做好职责范围内的专项治理工作，纪检监察机关内设机构加强协作配合，派驻机构发挥好探头作用，认真开展自查自纠。

以《省纪委监委关于宣威市海岱镇旧屋村民小组饮水安全工程造假问题调查情况的通报》等典型案例为鉴，认真组织学习，并按照文件要求细致开展排查，确保各级各部门在实施扶贫领域民生工程中不发生违规决策、严重失职渎职情况，工程项目弄虚作假、套取专项资金情况，相关部门履职不力、把关不严、敷衍塞责情况，质量问题突出、群众反映强烈、“民心工程”变成“失心工程”等情况。

（三）加强冲刺阶段监督检查

制定《关于开展脱贫攻坚工作冲刺阶段监督检查方案》，抽调10名纪检监察干部组建5个专项督查组，围绕全区各挂钩单位主要领导是否带队、驻村工作人数是否达到2/3、驻村开展工作期间是否存在影响公职人员形象的“吃请”现象等内容，深入各乡（镇、街道）、村、组全面开展纪律督查，每日形成督查专报及时报送，共报送22期。2018年，针对全区实干队员及各挂包部门帮扶责任人工作纪律情况和市驻临翔区脱贫攻坚督查巡查组全覆盖反馈问题整改落实情况，开展脱贫攻坚专项督查。共督查10个乡（镇、街道）58个村（社区），对212个问题开展“回头看”，共销号137个，形成督查报告10期，提出处置意见14条。

（四）以专题教育强化专项整治

2019年，印发了《临翔区在“不忘初心、牢记使命”主题教育中专项整治漠视群众利益问题的实施方案》，在区委“不忘初心、牢记使命”主题教育领导小组直接领导下，成立工作专班，加强组织领导，明确责任主体，细化工作责任清单。指定17个牵头单位、20余个参与单位及责任单位统筹协调，全区各级各部门积极参与排查，对照整治重点中扶贫领域腐败和作风问题、民生领域侵害群众利益问题、群众身边的不正之风与“微腐败”问题、统计造假问题等 4 个大方面 23 个小项，认真排查是否存在“对群众关心的利益问题漠然处之、空头承诺、推诿扯皮以及办事不公、侵害群众利益”的现象。

紧盯监督执纪问责工作质效，加大通报力度。认真落实监督执纪问责五项工作机制，2018 年以来，共排查受理扶贫领域问题线索 933 条、处置办结 908 条。对问题进行分析研判，共发出督办通知 19 件、转办 13 件、交办 14 件。充分发挥警示震慑教育作用，2016 年以来通报曝光典型案例 68 起 117 人。用身边事教育身边人，营造了良好的舆论氛围，确保扶贫领域监督执纪问责工作取得实效。

二、以督查促党建促扶贫

临翔区纪委监委始终以问题为导向，深入开展扶贫领域腐败和作风问题专项治理，不断强化脱贫攻坚纪律监督检查，有效提升精准督查实效。建立了“督查抽查巡察”制度。精心组织开展扶贫领域专项纪律检查、专项巡察、随机抽查，及时对政策落地、资金使用、纪律作风等问题进行督促检查。建立“五项工作”机制。坚持问题导向、目标导向，整合力量，围绕“两明确、三到位、四不准”要求落实问题线索排查机制、移交机制、处置机制、追责机制、报告通报机制，强化扶贫领域监督执纪问责。

2017 年，临翔区纪委监委紧紧围绕《临沧市临翔区实施“328”工程坚决打赢脱贫攻坚战实施意见》，以整治不作为、慢作为、乱作为问题为着力点，针对各级督查、巡察发现的问题清单，组成工作组进行问题核实，强化脱贫攻坚专项纪律督查。

2020 年全面启动脱贫摘帽后“四不摘”专项纪律检查，立足“监督的再监督、检查的再检查”职责定位，印发《关于开展脱贫攻坚绩效和脱贫摘帽后“四个不摘”情况专项纪律检查的工作方案》，以责任落实、工作作风、任务推进三个方面为重点，全面开展专项纪律检查，重在发现问题、解决问题、推动工作，着力解决群众反映强烈、损害群众利益的突出问题，为全区高质量脱贫提供强有力的纪律保障。

印发《区纪委常委、区监委委员带队开展扶贫领域腐败和作风问题专项治理蹲点监督的工作方案》，开展蹲点监督，主动发现和推动解决问题。2020 年，由区纪委常委、区监委委员带队，对乡（镇、街道）及脱贫攻坚主责部门实施为期 15 天的蹲点监督，对监督中发现的问题以咬定青山不放松的态度，一盯到底、持续跟踪，使发现问题都能得以切实解决。

制定《关于开展廉洁扶贫专项行动的实施方案》，2019 年，成立 11 个专项督查组，对省级发现 26 条问题及市、区级排查并发出督办通知的 215 条问题的整改情况进行督查，并形成督查情况报告。制定《关于开展脱贫攻坚工作专项监督检查方案》，成立 9 个监督检查工作组，对 2017 年 5 月至 2018 年 5 月各级监督检查发现扶贫领域存在的 306 个问题的整改落实情况进行回访检查；选调 10 名有经验的老同志进驻区纪委，成立脱贫攻坚工作专项督查验收组，每 5 日对区委明察暗访组发现的问题进行一次跟踪回访检查。

根据《中共临沧市纪律检查委员会〈转办通知〉》文件要求，组成专项调查组，采取查看档案资料、个别谈话、实地查看等方式，对市农业农村局在调查核实临翔区实施的 40 个产业扶贫项目中存在的项目实施进度慢、完成项目未及时组织验收、部分项目未发挥效益或发挥效益不充分和台账不够健全等问题，进行再跟踪、再落实，对未按计划开展项目的 6 个责任单位分别提出了处置意见。

实行捆绑式监督执纪监察联动机制，召开扶贫领域腐败和作风问题专项治理监督检查工作会议，进行常态化监督检查，实地调研，形成监督合力，推动脱贫攻坚职能部门履行责任。2019 年以来带着问题清单开展常态化监督检查 6 次，提醒谈话 26 人。同时，对连续 3 个月零报告或不报告的 7 家单位进行督查，提醒谈话 9 人。

三、畅通扶贫领域监督渠道

用好脱贫攻坚“五级联动”监督平台，本着实现矛盾纠纷得到有效化解、群众合理诉求得到认真解决、违纪违法人员责任得到严肃追究的工作目标，充分利用“五级联动”机制，进一步畅通群众诉求渠道，切实解决群众合理诉求。2015 年以来，督促受理办理群众诉求 18074 件，办结 18002 件，办结率 99.6％。

强化扶贫领域“互联网＋公开”监督工作，在临沧市纪委统一组织领导下，对区级电子监管平台进行日常监督管理，重点突出对农村“三资”、惠民政策、惠民资金等公开监管，通过“公示栏＋临沧廉政网＋三公开信息电子监管平台”的形式，实现区、乡、村、组及群众上下联动的群众监督与电子监管公开机制。2015 年以来，全区 10 个乡（镇、街道）建立了公开录入监管平台，102 个村（社区）建立公开前台，383 个村民活动场所、38 个易地扶贫搬迁安置点设立公开栏，全区监督平台数据上传公开脱贫攻坚惠民资金41070.61万元，惠民人数450231人。同时，开设纪检监察网站“扶贫领域监督执纪问责”专栏，开通“廉洁临沧”脱贫攻坚微信一键举报平台，拓宽基层监督举报渠道。

建立廉洁扶贫民情信息收集员工作制度，在全区范围内选聘1392名民情信息收集员，进一步拓宽监督渠道、畅通群众利益诉求。截至2020年8月，临翔区民情信息收集员共收集反馈各类信息595条，帮助解决群众困难问题670个，收到有效案件线索15件，办结14件，处理13人。

后记

POSTSCRIPT

受教育部和华中科技大学安排，我于 2017 年 5 月至 2019 年 7 月赴云南省临沧市临翔区挂职担任副区长，重点负责联系协调和落实学校在当地的定点帮扶和其他相关工作，全程参与和见证了临翔区脱贫摘帽的最后关键阶段。在两年零两个月时间里，我与临翔干部群众工作在一起，吃住在一起，苦在一起，乐在一起，与临翔干部群众结下了深厚的情谊。两年多时间里，我目睹了以尚东红书记和魏丛柱区长为代表的临翔区委区政府一班人在习近平总书记和党中央的坚强领导下，积极贯彻落实党中央、国务院及云南省、临沧市脱贫攻坚决策部署，践行脱贫攻坚使命，解放思想、顽强拼搏、勇于作为，用顽强的毅力和品质诠释了习近平总书记“以人民为中心”的执政理念；目睹了临翔区广大干部践行“头顶理想，脚踩泥巴，心中有民，手中有招，创新干、团结干、拼命干”的“临沧作风”，坚持“百姓脱贫、干部脱皮”，把百姓当亲人，牺牲小我、不计得失、一心为民的新时代干部作风；目睹了临翔区广大群众坚韧不拔、自强不息、乐观向上、心怀感恩的精神风貌。“两年临翔行，一生临翔情”，这段经历将成为我一生最为宝贵的财富，也将永远激励我乐观向上、努力工作、面对困难。

2020 年 3 月 6 日，习近平总书记在决战决胜脱贫攻坚座谈会上明确指出，脱贫攻坚不仅要做得好，而且要讲得好。要重点宣传党中央关于脱贫攻坚的决策部署，宣传各地区各部门统筹推进疫情防控和脱贫攻坚工作的新举措好办法，宣传基层扶贫干部的典型事迹和贫困地区人民群众艰苦奋斗的感人故事。希望通过这本书，全面反映临翔区委区政府深入学习贯彻习近平扶贫开发重要战略思想和党中央脱贫攻坚一系列决策部署情况；全面反映临翔区委区政府全面准确贯彻落实云南省和临沧市脱贫攻坚决策部署并创造性地开展工作情况，重点反映临翔区脱贫攻坚中的突出特色和亮点；全面反映临翔区干部群众在脱贫攻坚工作中取得的重要成绩和表现出来的精神面貌。这本书不仅是对临翔区脱贫攻坚工作的一次总结，也是对国家精准扶贫政策实施的一个鲜活记录。希望能以临翔区作为案例，让更多人了解这场必将载入中国史册的脱贫攻坚战，特别是了解其中的艰巨性、复杂性和广大干部群众的艰辛付出。

本书得以出版，要感谢临翔区尚东红书记和魏丛柱区长的信任和支持！要感谢华中科技大学路钢、丁烈云、邵新宇、李元元、梁茜、许晓东、袁汉桥等校领导的关心和帮助！感谢教育部两任滇西扶贫挂职总队长郭春鸣司长和李平主任的关心和指导！在本书编写过程中，临翔区原区委办主任孔继勇（现为区政协主席）、区扶贫办匡正伟主任、区委党史研究室鲁宝良主任做了大量协调工作，区委办、区政府办及区里各局、乡（镇、街道）领导和相关工作人员为本书编写在资料准备方面付出了大量辛劳，华中科技大学扶贫办的李祖元老师以及学校派驻临翔区的几任挂职干部马国斌、蒋文海、许奕华、马明荃、宋建涛、张瑞光、姚坦、盛静波等，也为本书编写提供了重要帮助，在此一并表示感谢！

作　者

2021 年 8 月